Multimedia-Kurs Datenbanksysteme

Springer-Verlag
Berlin Heidelberg GmbH

Werner Kießling
Gerhard Köstler

Multimedia-Kurs Datenbanksysteme

Mit CD-ROM,
zahlreichen Abbildungen
und Animationen

 Springer

Prof. Dr. Werner Kießling
Dr. Gerhard Köstler
Lehrstuhl für Praktische Informatik
Datenbanken und Informationssysteme
Universität Augsburg
Universitätsstraße 14, D-86159 Augsburg

Additional material to this book can be downloaded from http://extras.springer.com

Die Deutsche Bibliothek - CIP-Einheitsaufnahme
Multimedia-Kurs Datenbanksysteme/ Werner Kießling, Gerhard Köstler.
ISBN 978-3-540-63836-0   ISBN 978-3-662-12551-9 (eBook)
DOI 10.1007/978-3-662-12551-9

Umschlaggestaltung: Künkel + Lopka Werbeagentur, Heidelberg
Satz: Mit Springer-Latex-Makro erstellte reproduktionsfertige Autorenvorlage
Gedruckt auf säurefreiem Papier SPIN: 10645187   45/3142 - 5 4 3 2 1 0

Vorwort

Zielsetzung des Kurses

Datenbanksysteme (DB-Systeme, DBS) sind in der modernen Informationsgesellschaft zu einer zentralen Schlüsseltechnologie gereift. Als Querschnittstechnologie sind sie aus den vielfältigen Anwendungsbereichen inzwischen nicht mehr wegzudenken. Demzufolge sind fundierte methodische und praktische Kenntnisse auf diesem Fachgebiet heutzutage für jeden Informatiker und Software-Entwickler unentbehrlich. Der vorliegende **Multimedia-Kurs Datenbanksysteme** bietet erstmalig dieses Wissen in Form moderner **Lernsoftware auf CD-ROM** an, wobei parallel dazu das vertraute Medium Buch ebenso noch zur Verfügung steht.

Das **Kursmaterial** gliedert sich in eine **Vorlesungsschiene** mit drei Hauptteilen und ein **Übungsschiene** mit Wiederholungs- und Vertiefungsteilen sowie Übungsaufgaben mit Musterlösungen.

- Der erste Hauptteil über **Relationale Datenbanksysteme** beschäftigt sich mit Eigenschaften von Datenbanksystemen, dem Entity-Relationship-Modell, dem Relationenmodell und relationalen Query-Sprachen, dem kommerziellen SQL2-Standard (Structured Query Language), algebraischer Query-Optimierung, der Ablaufsteuerung paralleler Transaktionen, der Normalformentheorie sowie der DB-Recovery und verteilten DB-Systemen.
- Darauf aufbauend behandelt der zweite Hauptteil **Deduktive Datenbanksysteme**, insbesondere deren logische Grundlagen, die regelbasierte DATALOG-Programmierung sowie ausgewählte Implementierungs- und Optimierungsaspekte.
- Der dritte Hauptteil über **Objekt-Datenbanksysteme** behandelt die Grundlagen objektorientierter DB-Systeme, den Standard ODMG-93 und ausgewählte Implementierungsprobleme. Den Abschluß bilden objektrelationale DB-Systeme mit dem kommenden SQL3-Standard, speziell dessen deduktive und objektorientierte Erweiterungen.

Der zentrale Bestandteil ist die **CD-ROM**, die das komplette Kursmaterial in multimedial aufbereiteter Form enthält. Als zusätzliches Bonbon wird für Nutzer mit Netzzugang ein kostenloser **Online-SQL-Programmierservice** angeboten.

Zur Pflege alter, liebgewonnener Gewohnheiten wird auch die **gedruckte Fassung** der Vorlesungsschiene mitgeliefert. Klassische Glossare und Indexverzeichnisse wurden dabei bewußt weggelassen, da die Hypertext-Version auf der CD-ROM hierfür viel besser geeignet ist.

Der *Multimedia-Kurs Datenbanksysteme* nutzt die Hypertext-Features von HTML zusammen mit multimedialen Elementen zur innovativen, zeitgemäßen Präsentation des Stoffs. Dadurch eröffnen sich viele neuartige Optionen, die gewöhnliche Lehrbücher nicht bieten können:

- Die Repräsentation als **Hypertext** – einschließlich Formeln – erlaubt die explizite Darstellung von Querbeziehungen mit Hilfe von Links. Damit kann man Querverweise rasch und unmittelbar verfolgen.
- Als weitere Lernhilfe werden unterschiedliche **Verzeichnisse** (Gesamtglossar, Seitenglossare) angeboten. Ermüdendes Nachschlagen von Textverweisen und Hin-und-her-Blättern in klassischen, rein sequentiellen Lehrbüchern gehören somit der Vergangenheit an.
- **Animationen** und andere **Multimedia-Elemente** erleichtern das Erlernen eines komplizierten Sachverhalts oft beträchtlich.
- Die gegenüber konventionellen Darstellungen abwechslungsreichere Gestaltung der Texte läßt den **Spaß am Lernen** nicht verschwinden – ein wesentlicher Pluspunkt.
- Die bei vorhandenem Internetzugang gegebene Möglichkeit, Übungen zur Vorlesung **interaktiv** auszuführen und somit die Korrektheit prüfen zu lassen, unterstützt den Lernvorgang erheblich. Konventionelle Lernmethoden bieten diesen Vorteil nicht.

Bei der Stoffauswahl aus dem sehr umfangreichen und rapide wachsenden Gebiet der DB-Systeme wurde besonderer Wert auf methodische Fundierung **und** praktische Anwendbarkeit gelegt. Das entstandene Vorlesungsskript stellt dabei einen Kompromiß zwischen der großen Stofffülle herkömmlicher Lehrbücher und oftmals unzureichenden Vorlesungsmitschriften dar. Dieser Ansatz macht die vorliegende Fassung zu einem effizienteren **Lernbuch** im Gegensatz zu traditionellen Lehrbüchern. Beispielsweise wird in den allermeisten Fällen auf aufwendige Beweise verzichtet. Als Ergänzung, Vertiefung, Referenz für technische Details oder als Nachschlagewerk für weiterführende Hinweise wird darüber hinaus aus der Vielzahl konventioneller Datenbanklehrbücher eine Auswahl angeboten.

Zielgruppen

Effizienteres Lernen stellt heute eine der zentralen Anforderungen an die akademische Lehre dar. Eine Hauptzielgruppe des vorliegenden Skripts sind **Studierende** an

Universitäten, speziell für die Diplom-Studiengänge Informatik, Wirtschaftsinformatik, Wirtschaftsingenieurwesen oder auch Mathematik bzw. Wirtschaftsmathematik mit Nebenfach Informatik. Unter dem steigenden Druck eines frühen Diploms müssen sie immer effizienter arbeiten, um ihr Studium in der vorgesehenen Zeit erfolgreich beenden zu können. Diese Vorgabe ist nicht immer einfach zu erfüllen, zumal darüber hinaus oft noch organisatorische Probleme wie ungünstige Vorlesungstermine auftreten. Der *Multimedia-Kurs Datenbanksysteme* will den engagierten Studierenden innovative Möglichkeiten für ein besseres Selbststudium an die Hand geben, um vorhandene Hürden leichter zu überwinden. Dazu führt der Kurs Schritt für Schritt in die Thematik der Datenbanksysteme ein, ohne außergewöhnliche Spezialkenntnisse vorauszusetzen. Zahlreiche Übungen sowie Zugriffsmöglichkeiten zu einer Online-Datenbank erlauben die Festigung des gelernten Wissens. Bei der Konzeption des Kurses wurde besonderes Gewicht auf die Unterstützung der Prüfungsvorbereitung gelegt. Ein Gesamtglossar gibt eine Übersicht wichtiger Begriffe. Zusätzliche Seitenglossare erleichtern das Querlesen.

Studierende stellen die wohl wichtigste Zielgruppe des *Multimedia-Kurs Datenbanksysteme* dar, sind aber sicher nicht die einzige. Auch in der Weiterbildung im Bereich **Mitarbeiterschulung** in der kommerziellen Praxis kann dieser Kurs nutzbringend eingesetzt werden. Damit kann eine sowohl zeit- als auch kostengünstigere Form der Mitarbeiterschulung zur Ergänzung konventioneller Schulungsprogramme oder als Ersatz für sie offeriert werden.

Aufwand und Danksagungen

Selbstverständlich ist, daß der Aufwand für die Erstellung einer Multimedia-Lehreinheit beträchtlich höher ist als bei konventioneller Arbeitsweise. Als Beispiel sei hierfür folgendes Zitat aus einer Empfehlung des 179. Plenums der Hochschulrektorenkonferenz vom 9. Juli 1996 angeführt:

„... ist beim Einsatz Neuer Medien in Rechnung zu stellen, daß deren Entwicklung im Vergleich zu herkömmlichen Lehreinheiten nach gegenwärtigem Stand einen um den Faktor 50–100 höheren Aufwand erfordert ... "

Diese Einschätzung können die Autoren derzeit uneingeschränkt bestätigen (ohne den genauen Faktor zu nennen). Das fast völlige Fehlen adäquater Werkzeuge zur rationellen Erstellung von Online-Multimedia-Lehreinheiten führt zwangsläufig zu einer enormen *Software-Komplexität*, verbunden mit beträchtlichem Personalaufwand. Im einzelnen liest sich die Vorgeschichte und der Aufwand, der zu diesem *Multimedia-Kurs Datenbanksysteme* geführt haben, wie folgt:

Zwischen 1990 und 1992 wurden entsprechende (konventionelle) Vorlesungen und Praktika von den Autoren im Hauptfach Informatik an der Technischen Universität und der Ludwig-Maximilians-Universität in München abgehalten. Seit 1993 werden die Vorlesungen Datenbanksysteme I + II in jährlichen Zyklen (jeweils vierstündig im Wintersemester und Sommersemester) an der Universität Augsburg im Nebenfach Informatik vom Lehrstuhl Prof. Kießling angeboten. Erstmals erfolgte mit dem Wintersemester 1996/97 die multimediale Umstellung: Statt mit Kreide bzw. Folien wird der Stoff in der hier vorliegenden HTML-Form im Hörsaal mit Laptop, Beamer und schnurloser Maus präsentiert. Eine erste Evaluation zeigt dabei eine ganz hervorragende Akzeptanz bei den Studierenden.

Die dann vergleichsweise schnelle Realisierung der Multimedia-Version wäre nicht ohne den engagierten Einsatz etlicher Mitarbeiter am Lehrstuhl möglich gewesen. Ganz besonders *bedanken* wir uns bei

- Herrn Dipl.-Inform. *Achim Leubner* für die Aufbereitung der Übungen für den Hauptteil 1 sowie die Erstellung des CGI-Anschlusses für den Online-SQL-Service,
- Herrn Dipl.-Inf. *Matthias Wagner* für die Aufbereitung der Übungen für die Hauptteile 2 und 3,
- Herrn Dipl.-Inform. Dipl.-Math. *Joachim Draeger* für die Unterstützung bei der Erstellung der HTML-Version,
- Frau *Mia Grabolus* für die Erstellung der Shockwave-Animationen,
- Frau *Andrea Rugullis* für die Unterstützung bei der Erstellung der Latex-Version,
- den Herren Dipl.-Math. *Wolf-Tilo Balke*, Dipl.-Math. *Thomas Birke* und Dipl.-Inform. *Ebénézer Ntienjem* für das Korrekturlesen einzelner Teile,
- Herrn Stud. math. *Maged Abou Chacra* für das Testen der CD-ROM auf den verschiedensten Hardware- und Softwarekonfigurationen.

Außerhalb des Lehrstuhls gilt unser Dank

- Herrn *Georg Grabolus* von der Firma Heréo (Augsburg) für die Beratung bei der graphischen Gestaltung und für das Design und die Erstellung der schicken Schaltflächen und Icons der HTML-Version,
- Herrn Dr. *Christian Roth* von der Firma TransAction Software GmbH (München) für die Bereitstellung der neuesten Version des SQL-Datenbanksystems TransBase als Grundlage für die Übungsaufgaben des 1. Hauptteils,
- den Professoren Drs. *Peter Dadam* (Universität Ulm) und *Ulrich Güntzer* (Universität Tübingen), sowie Herrn Dr. *Günther Specht* (Technische Universität München) für konstruktive Anregungen bei der Sichtung einer Zwischenversion des Kurses,
- sowie Herrn Dr. *Hans Wössner* vom Springer-Verlag (Heidelberg) für die aufgeschlossene Zusammenarbeit bei der Publikation dieses auch im Verlagsbereich Neuland erschließenden Projekts.

Damit wünschen die Autoren allen Nutzern des *Multimedia-Kurs Datenbanksysteme* effizientes Lernen und natürlich viel Spaß mit den Neuen Medien.

Augsburg, im Februar 1998   Werner Kießling, Gerhard Köstler

Inhaltsverzeichnis

Teil 2. Deduktive Datenbanksysteme

Einleitung

1. Installations- und Benutzungshinweise für die CD-ROM

1.1 Systemvoraussetzungen

Die Systemvoraussetzungen zielen auf einen hohen Verbreitungsgrad. Benötigt werden:

- ein HTML-Browser (Netscape Navigator/Communicator oder Microsoft Internet Explorer, jeweils ab Version 3.x),
- ein CD-ROM-Laufwerk.

Wegen der Plattform-Unabhängigkeit von HTML eignet sich eine Vielzahl der gängigen Rechnerumgebungen, z.B.:

- ein PC unter den Betriebssystemen Windows 95, Windows NT oder einem PC-UNIX (z.B. Linux) oder
- eine UNIX-Workstation (z.B. unter den Betriebssystemen HP-UX, Solaris oder AIX) oder
- ein Macintosh-Rechner.

Empfohlen werden zusätzlich:

- ein 17-Zoll-Farbbildschirm (oder größer),
- ein Internet-Zugang zur Nutzung des Online-SQL-Service,
- die kostenlose Shockwave-Software für Netscape Navigator/Communicator oder Microsoft Internet Explorer (erhältlich für Windows 95, Windows NT und Macintosh).

1.2 Benutzungshinweise

Der Multimedia-Kurs liegt auf der dem Buch beigefügten CD-ROM vor als eine Menge von verknüpften HTML-Dokumenten in einem ISO-9660-Dateisystem (dem Standard-Dateisystem für CD-ROM) ohne herstellerspezifische Erweiterungen. Die folgenden Abschnitte geben Hinweise zur Installation und Benutzung dieser CD-ROM.

Installation

Unter **Windows** genügt es, die CD-ROM in das Laufwerk einzulegen. Der Kurs ist danach unter der Laufwerksnummer, die dem CD-ROM-Laufwerk zugeordnet ist, verfügbar (z.B. `D:`).

Unter **Linux** muß die CD-ROM „gemountet" werden, z.B. in einem Verzeichnis `/multimediakurs`. Der folgende Befehl zeigt die notwendigen Optionen des `mount`-Kommandos (die Gerätedatei des CD-ROM-Laufwerkes sei `/dev/cdrom`):

```
mount -t iso9660 -o norock -o map=normal
      -o check=relaxed /dev/cdrom /multimediakurs
```

Start des Kurses

1. Starten Sie den HTML-Browser Ihrer Wahl (z.B. Netscape oder Internet Explorer) und öffnen Sie darin die Datei `INDEX.HTM`, `Index.htm` oder `index.htm` im obersten Verzeichnis der CD-ROM. Sie stellt den Startpunkt für den Multimedia-Kurs dar.
2. Ein Mausklick auf das Wort „Datenbanksysteme" führt Sie in das Hauptmenü des Kurses.

HTML-Browsereinstellungen

Aufgrund der mangelnden Unterstützung von mathematischem Formelsatz durch die Sprache **HTML** mußte bei der Entwicklung des Multimedia-Kurses eine Entwurfsschriftgröße und eine Schriftart festgelegt werden. Es werden deshalb je nach Bildschirmauflösung folgende Schriftarten zum Betrachten des Kurses empfohlen:

- eine 12–14-Punkt-Proportionalschrift aus der Schriftfamilie Times,
- eine Festbreitenschrift gleicher Größe aus der Schriftfamilie Courier.

Die Einstellung dieser Schriftarten für Ihren HTML-Browser entnehmen Sie bitte der entsprechenden Benutzungsanleitung.

2. Die Lernsoftware auf CD-ROM

2.1 Aufbau der CD-ROM

Wir wollen einen Vorgeschmack auf das gesamte HTML-basierte Kursmaterial auf
der CD-ROM vermitteln. Hier ist zuerst ein Bildschirm-Dump des Hauptmenüs
abgebildet.

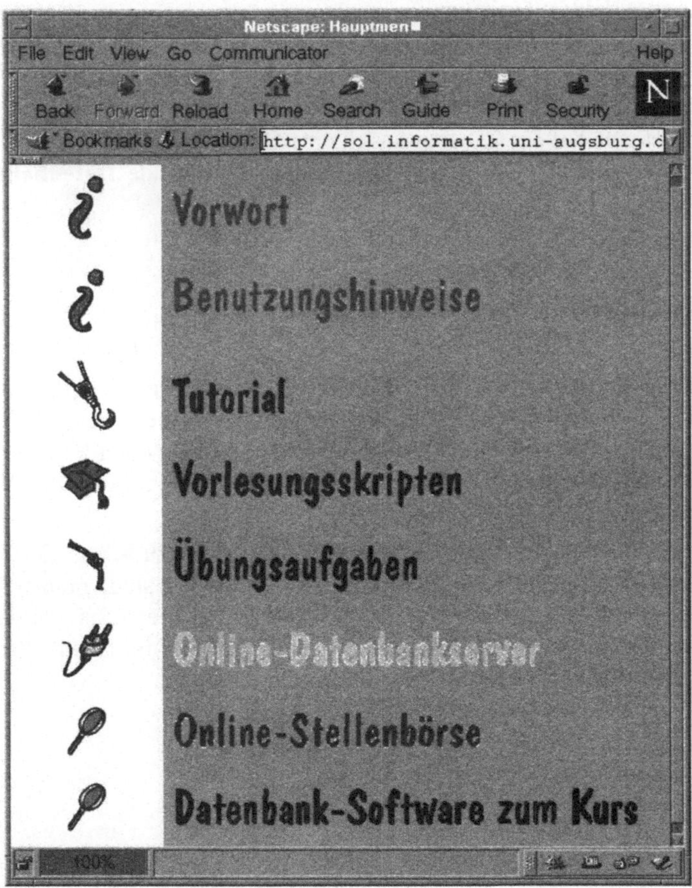

Die CD-ROM zum *Multimedia-Kurs Datenbanksysteme* enthält insgesamt folgendes Kursmaterial:

- **Die Vorlesungsschiene:**

  gliedert sich in
    - Teil 1. Relationale Datenbanksysteme
    - Teil 2. Deduktive Datenbanksysteme
    - Teil 3. Objekt-Datenbanksysteme
- **Die Übungsschiene:**

  umfaßt zu jedem der Teile 1, 2, und 3 jeweils
    - Wiederholung und evtl. Vertiefung
    - Übungsaufgaben
    - Lösungsvorschläge
- **Der Online-SQL-Service:**

  bietet
    - voreingerichtete Datenbanken
    - frei formulierbare SQL-Anfragen

Man beachte, daß das Buch zum Kurs nur die Vorlesungsschiene enthält. Wie man sieht, findet man auf der CD-ROM auch eine **Online-Stellenbörse** für Informatiker und Software-Entwickler, sowie Hinweise auf ergänzende **Datenbank-Software zum Kurs**.

2.2 Ausschnitt aus der Vorlesungsschiene

Die nächste Abbildung zeigt den verkleinerten Bildschirm-Dump eines Teils einer HTML-Seite. Mit dem Navigations-Panel kann entsprechend der logischen Gliederung online geblättert werden. Mit den Inhalts-, Glossar- und Hilfe-Schaltflächen kann man sich jederzeit zurechtfinden. Das Seitenglossar verweist auf wichtige Begriffe auf dieser HTML-Seite.

Neben Diagrammen und Tabellen sind auch Formeln zu sehen. Da Formeln im aktuellen HTML-Standard nur unzureichend integriert sind, mußten diese teils als (nicht skalierbare) GIF-Dateien eingebunden werden. Bei der Betrachtung des Dumps ist zu berücksichtigen, daß am Bildschirm die HTML-Seiten selbstverständlich farbig ansprechend erscheinen.

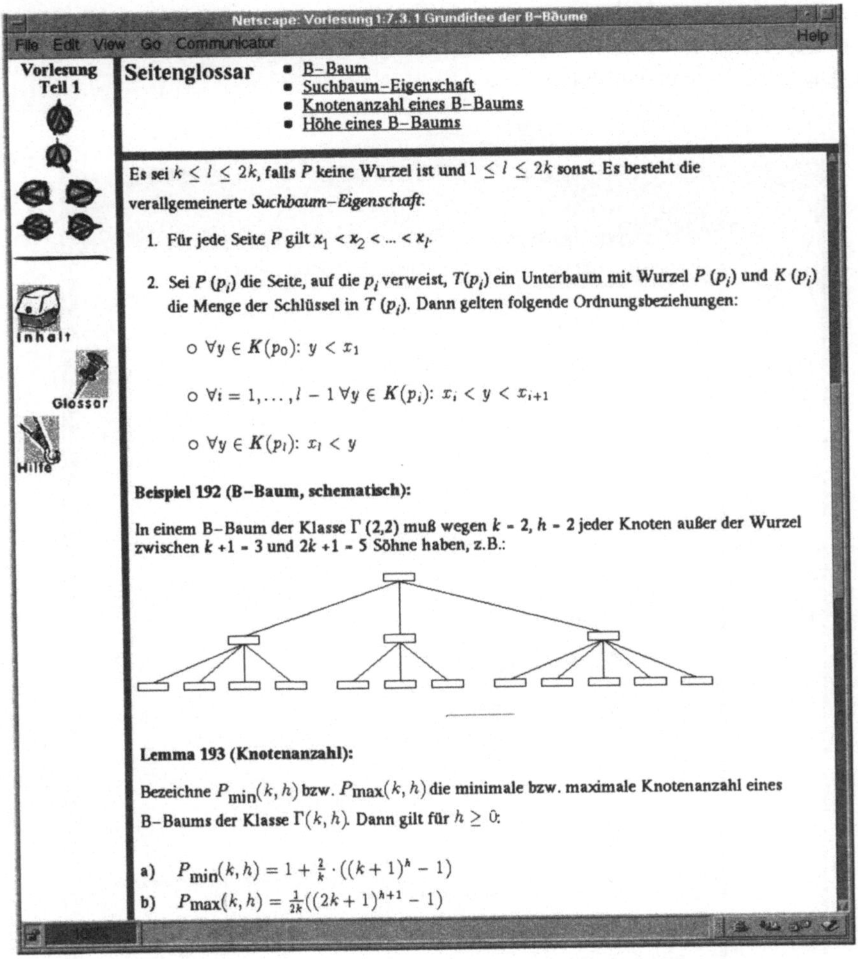

Netscape: Vorlesung 1:7.3.1 Grundidee der B-Bäume

File Edit View Go Communicator — Help

Vorlesung Teil 1

Inhalt

Glossar

Hilfe

Seitenglossar
- B-Baum
- Suchbaum-Eigenschaft
- Knotenanzahl eines B-Baums
- Höhe eines B-Baums

Es sei $k \leq l \leq 2k$, falls P keine Wurzel ist und $1 \leq l \leq 2k$ sonst. Es besteht die verallgemeinerte *Suchbaum-Eigenschaft*:

1. Für jede Seite P gilt $x_1 < x_2 < ... < x_l$.

2. Sei $P(p_i)$ die Seite, auf die p_i verweist, $T(p_i)$ ein Unterbaum mit Wurzel $P(p_i)$ und $K(p_i)$ die Menge der Schlüssel in $T(p_i)$. Dann gelten folgende Ordnungsbeziehungen:

   - $\forall y \in K(p_0): y < x_1$

   - $\forall i = 1, ..., l-1 \; \forall y \in K(p_i): x_i < y < x_{i+1}$

   - $\forall y \in K(p_l): x_l < y$

Beispiel 192 (B-Baum, schematisch):

In einem B-Baum der Klasse $\Gamma(2,2)$ muß wegen $k = 2$, $h = 2$ jeder Knoten außer der Wurzel zwischen $k+1 = 3$ und $2k+1 = 5$ Söhne haben, z.B.:

Lemma 193 (Knotenanzahl):

Bezeichne $P_{\min}(k,h)$ bzw. $P_{\max}(k,h)$ die minimale bzw. maximale Knotenanzahl eines B-Baums der Klasse $\Gamma(k,h)$. Dann gilt für $h \geq 0$:

a) $P_{\min}(k,h) = 1 + \frac{2}{k} \cdot ((k+1)^h - 1)$

b) $P_{\max}(k,h) = \frac{1}{2k}((2k+1)^{h+1} - 1)$

2.3 Die Animationen

Das Medium der Animation eröffnet eine neue didaktische Möglichkeit der Stoffvermittlung. In der hier vorliegenden Papierversion können wir den Lesern natürlich nur einzelne Frames aus einer Animation zur Illustration anbieten. Verfügbare Animationen sind in der Papierversion gekennzeichnet durch:

Animation

Zuerst zeigen wir eine HTML-Seite mit einem Hyperlink zur Animation. Anschließend sieht man die Startseite der Animation, gefolgt von einem Bildschirm-Dump eines Schnappschusses der animierten GIF-Version. Die vollständige Animation für dieses Beispiel besteht aus 730 solcher Einzelframes, die zugrundeliegende GIF-Datei ist – wie ersichtlich – 3840 KBytes groß.

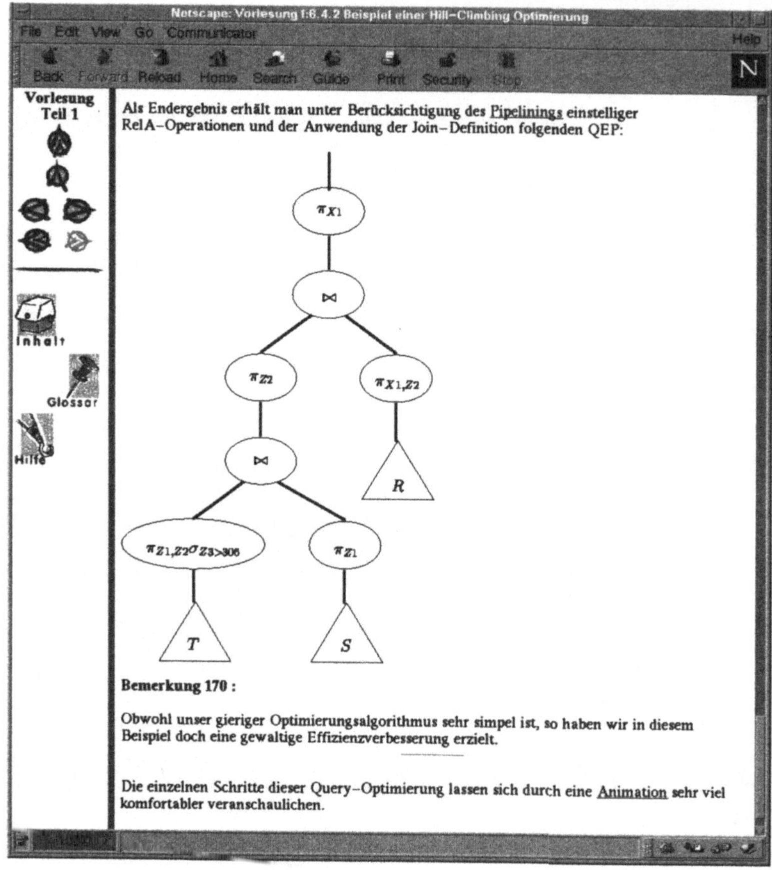

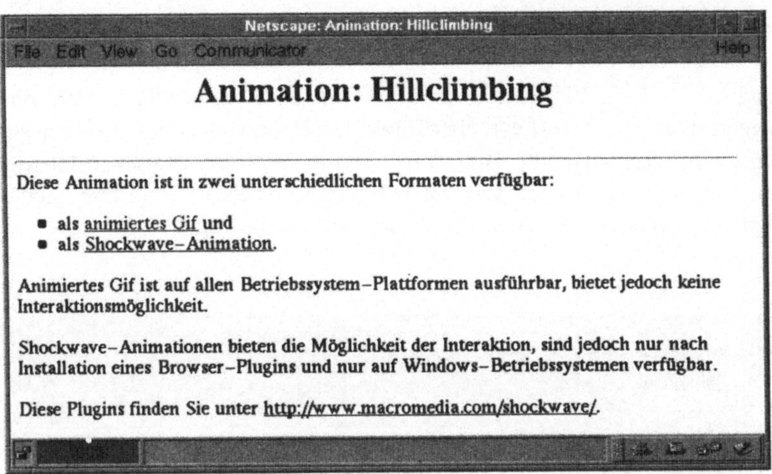

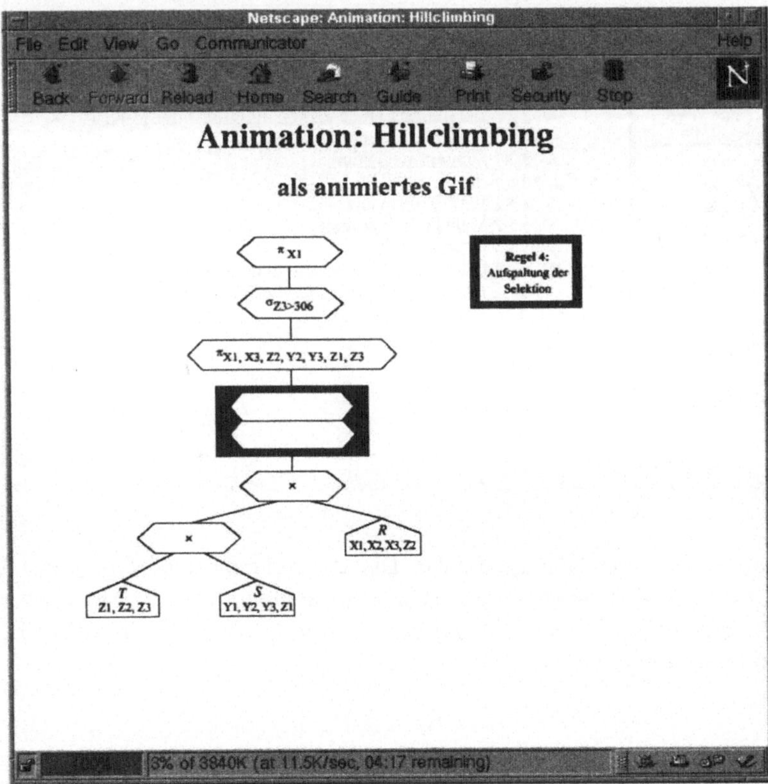

Die Shockwave-Animationen haben den zusätzlichen Vorteil, daß sie mit Videorecorder-Funktionalität (d.h. Play-, Stop-, und Back-Schaltflächen) ausgestattet sind.

2.4 Ausschnitt aus der Übungsschiene

Als nächstes soll ein Eindruck vom Übungsmaterial vermittelt werden, das nicht
in ausgedruckter Form vorliegt, aber direkt bei Bedarf aus dem Browser gedruckt
werden kann. Nachfolgender Bildschirm-Dump zeigt den typischen Gliederungs-
aufbau. Mit dem inzwischen vertrauten Navigations-Panel kann man sich wieder
innerhalb der logischen Struktur der Übungsschiene bewegen.

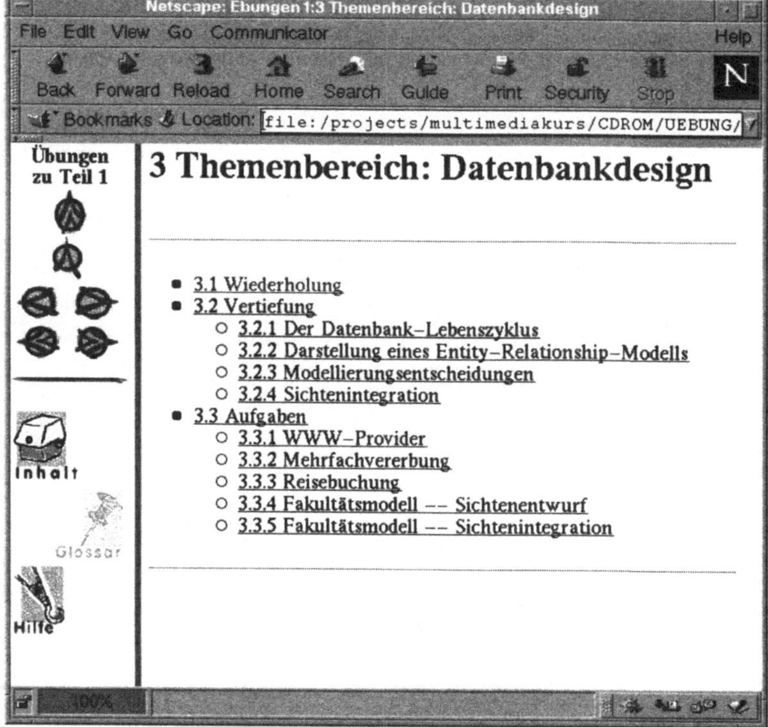

Nun zeigen wir eine Übungsaufgabe. Die drei erkennbaren Hyperlinks führen
zurück in die Vorlesung (falls man schnell noch etwas genauer nachlesen muß),
zum Lösungsvorschlag oder zum Online-SQL-Service (wo man die eigene Lösung
sofort interaktiv testen kann).

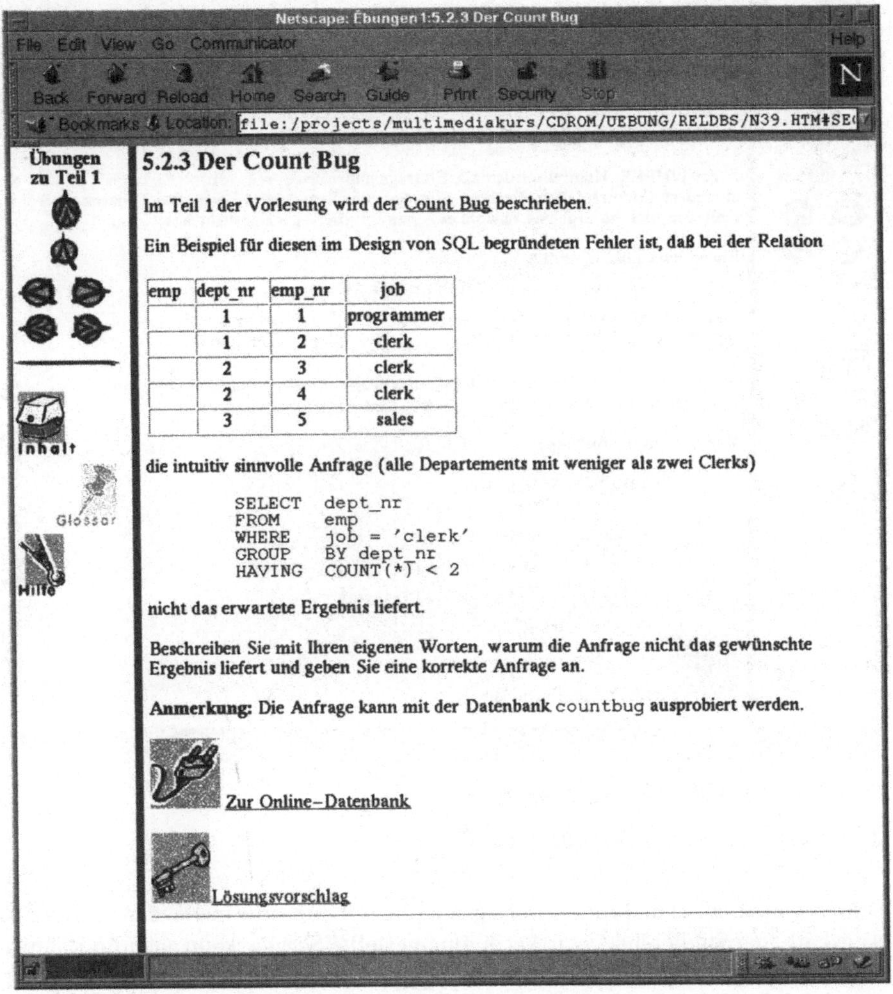

Netscape: Übungen 1:5.2.3 Der Count Bug

File Edit View Go Communicator Help

Back Forward Reload Home Search Guide Print Security Stop

Bookmarks Location: file:/projects/multimediakurs/CDROM/UEBUNG/RELDBS/N39.HTM#SE

Übungen zu Teil 1

Inhalt

Glossar

Hilfe

5.2.3 Der Count Bug

Im Teil 1 der Vorlesung wird der Count Bug beschrieben.

Ein Beispiel für diesen im Design von SQL begründeten Fehler ist, daß bei der Relation

emp	dept_nr	emp_nr	job
	1	1	programmer
	1	2	clerk
	2	3	clerk
	2	4	clerk
	3	5	sales

die intuitiv sinnvolle Anfrage (alle Departements mit weniger als zwei Clerks)

```
SELECT  dept_nr
FROM    emp
WHERE   job = 'clerk'
GROUP   BY dept_nr
HAVING  COUNT(*) < 2
```

nicht das erwartete Ergebnis liefert.

Beschreiben Sie mit Ihren eigenen Worten, warum die Anfrage nicht das gewünschte Ergebnis liefert und geben Sie eine korrekte Anfrage an.

Anmerkung: Die Anfrage kann mit der Datenbank `countbug` ausprobiert werden.

Zur Online–Datenbank

Lösungsvorschlag

Der zugehörige Lösungsvorschlag folgt jetzt.

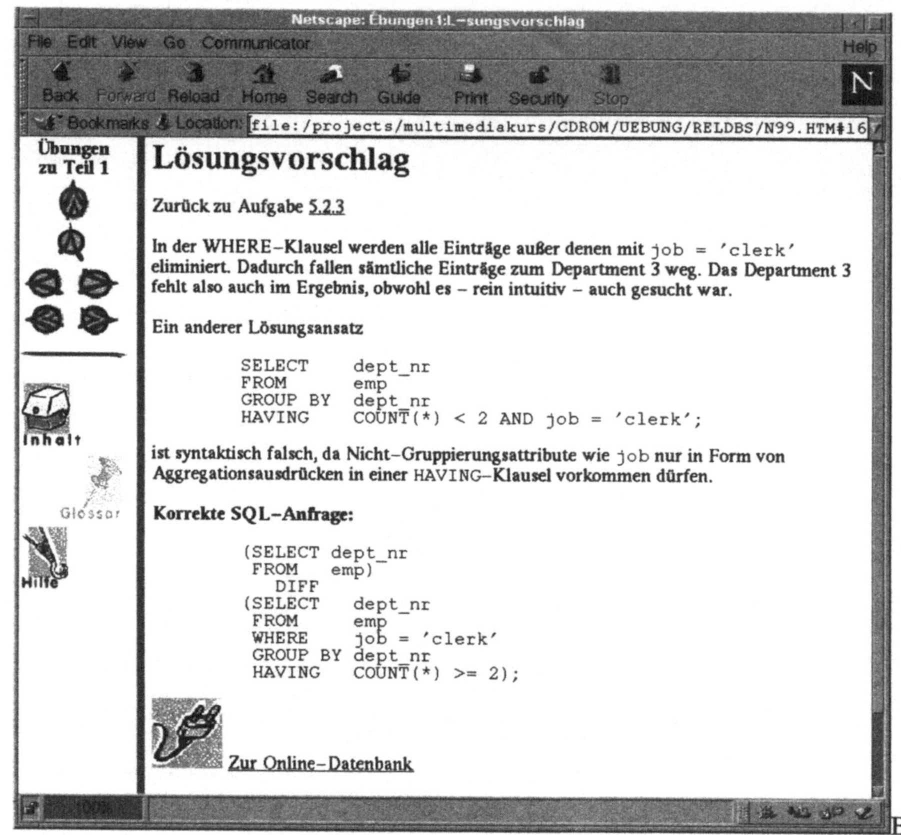

2.5 Der Online-SQL-Service

Dieser vom Lehrstuhl Prof. Kießling am Institut für Informatik der Universität Augsburg den Studierenden zur Verfügung gestellte Service kann auch im Rahmen dieses *Multimedia-Kurs Datenbanksysteme* genutzt werden, sofern eine Internet-Verbindung vorhanden ist. Zur Zeit existieren vier voreingerichtete Datenbanken, an die frei formulierbare SQL-Anfragen (jedoch keine Update- oder Datendefinitionsanweisungen) gerichtet werden können.

Wir zeigen eine SQL-Abfrage an die Datenbank Sample sowie das über eine CGI-Schnittstelle übermittelte Ergebnis.

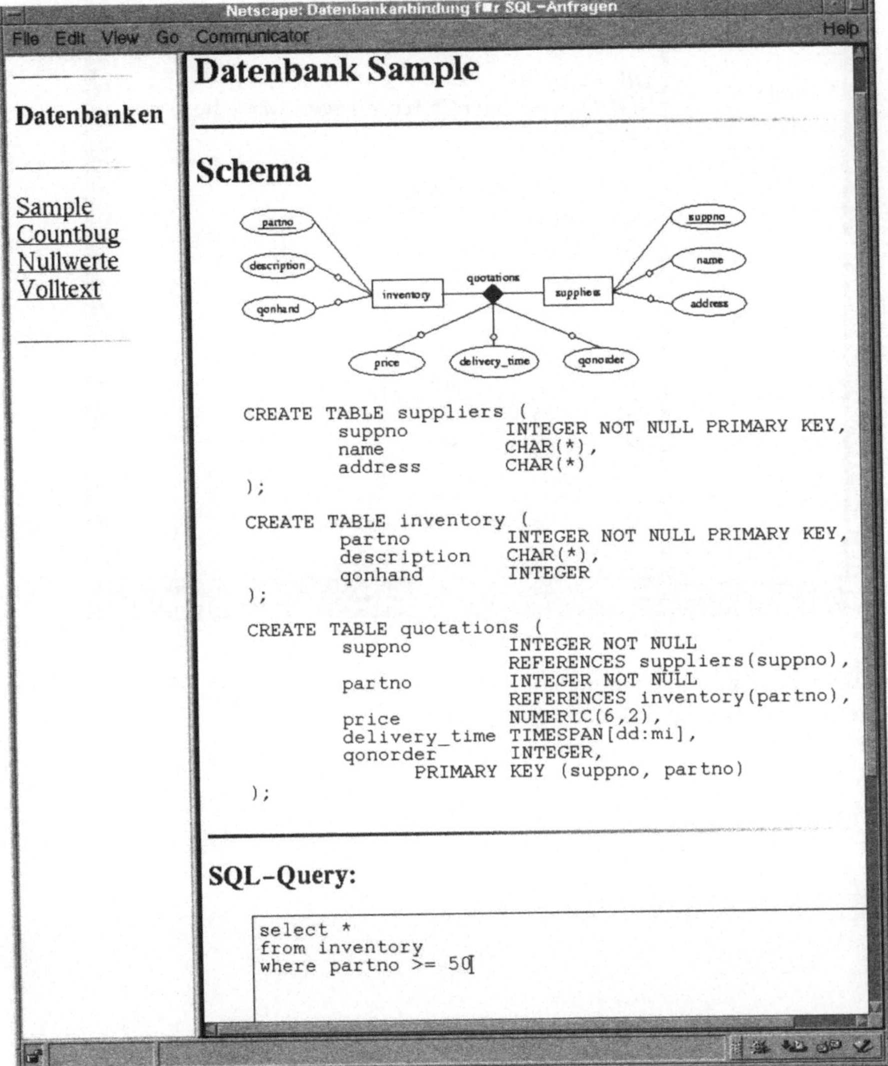


```
CREATE TABLE suppliers (
      suppno          INTEGER NOT NULL PRIMARY KEY,
      name            CHAR(*),
      address         CHAR(*)
);

CREATE TABLE inventory (
      partno          INTEGER NOT NULL PRIMARY KEY,
      description     CHAR(*),
      qonhand         INTEGER
);

CREATE TABLE quotations (
      suppno          INTEGER NOT NULL
                      REFERENCES suppliers(suppno),
      partno          INTEGER NOT NULL
                      REFERENCES inventory(partno),
      price           NUMERIC(6,2),
      delivery_time   TIMESPAN[dd:mi],
      qonorder        INTEGER,
            PRIMARY KEY (suppno, partno)
);
```

```
select *
from inventory
where partno >= 50
```

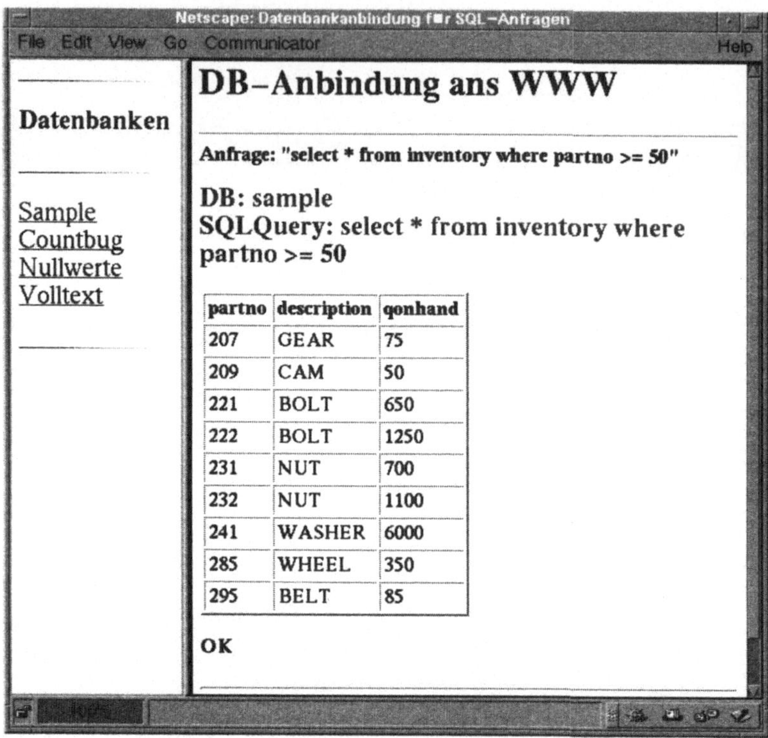

partno	description	qonhand
207	GEAR	75
209	CAM	50
221	BOLT	650
222	BOLT	1250
231	NUT	700
232	NUT	1100
241	WASHER	6000
285	WHEEL	350
295	BELT	85

Abschließend möchten wir darauf hinweisen, daß auf der CD-ROM selbst noch ein ausführliches **Online-Tutorial** zu finden ist.

Teil 1
Relationale Datenbanksysteme

1. Eigenschaften von DB-Systemen

Die folgenden Überlegungen sind als Einstieg in die relationalen Datenbanksysteme zu verstehen, können aber generell als Richtlinien für Datenbanksysteme überhaupt verstanden werden.

1.1 Motivation

1.1.1 Information und Daten

Datenbanksysteme (DB-Systeme, DBS) haben sich als unverzichtbare Software-komponenten in den vielfältigsten Anwendungsbereichen etabliert. Wir beginnen unseren Einstieg in die Welt der DB-Systeme mit folgenden informellen Definitionen:

Information:
Informationen stellen Kenntnisse von Fakten und Wissen dar. Sie ermöglichen die Aufstellung von Modellen für die reale Umwelt.

Daten:
Daten sind spezielle Darstellungen von Informationen, die im allgemeinen bereits für den angestrebten Gebrauch optimiert sind. Letzteres ist nicht immer einfach zu erreichen, da oft eine vielfältige Nutzung unter verschiedensten Aspekten angestrebt wird.

1.1.2 Beispiel: Deutsche Bahn AG

Anhand eines allgemein aus der persönlichen Erfahrung bekannten Beispiels wollen wir in einem ersten Schritt an charakteristische Aspekte und Problemstellungen bei DB-Systemen heranführen.

Das Unternehmen Deutsche Bahn AG stellt eine Vielfalt von Informationen und Daten zur Verfügung, u.a.: Fahrpläne, Tarife, Personaldaten, Streckennetz, Wagenpark, Personaleinsatz.

Als Motivation greifen wir uns eine wohlbekannte Fragestellung heraus.

Problem der Zugauskunft

Im Laufe der Zeit haben sich hierzu bewährte Verfahren herausgebildet:

- Fahrplan im Bahnhof (Abfahrt, Ankunft):
  nach Zeit geordnet, Art des Zugs, Gleis, Ziel/Herkunft, wichtige Zwischenstationen.

- Wagenstandsanzeige für einen IC am Bahnsteig.

- IC-Fahrplan graphisch:
  Nord → Süd 1 Seite, Süd → Nord 1 Seite.

- Städteverbindungen von/nach Augsburg (D, IC).

- Fahrplan (alle Verbindungen) zwischen Augsburg und bestimmten Städten.

- Kursbuch (Komplette Inlandszuginformation):
  nach Strecken organisiert, innerhalb einer Strecke nach der Abfahrtszeit.

- Natürlichsprachliche Zugauskunft telefonisch/am Schalter durch den Auskunftsbeamten.

- Zugauskunft durch einen Rechner im Bahnhof:
  druckt Auszug aus Fahrplan, limitierte Information, limitierte Angabe formalisierter Abfragebedingungen.

Beispiele für Anfragen (Queries)

- Gesucht ist ein IC von Augsburg nach Bonn, der zwischen 11:00 und 13:00 Uhr dort ankommt und möglichst spät in Augsburg abfährt.

- Gewünscht wird eine „vernünftige" Verbindung von Kempten nach Dresden am Ostersonntag, wenn möglich so, daß Mittagessen im Zug möglich ist.

Einige Charakteristika dieser Anfragen

- Die Daten sind nach der Häufigkeit der erwarteten Fragen organisiert, um eine gewisse *Sucheffizienz* zu gewährleisten.

- Dem einzelnen werden nur Auszüge *(Views)* des gesamten Datenbestandes zugänglich gemacht. Auf diese Weise erreicht man Bequemlichkeit, Effizienz, sowie Datenschutz (z.B. sind die Personaldaten der Deutschen Bahn AG nicht für die Reisenden bestimmt).

- Eine „natürliche" Anfragestellung ist erforderlich.

Man ist also bei DB-Systemen mit folgenden typischen Problemstellungen konfrontiert:

- Formalisierung, Darstellung, Organisation der Information.
- Festlegung, Präzisierung, Auswahl der Operationen für Auskünfte und Steuerung.
- Kontrolle der Redundanz.

All das klingt wie Standardproblematik aus dem Bereich „Datenstrukturen und effiziente Algorithmen". Jedoch zeichnen sich DB-Anwendungen durch sehr spezielle Eigenschaften aus, die häufig ganz neuartiger Lösungsansätze bedürfen.

1.2 Leistungsanforderungen an ein DB-System

1.2.1 Eigenschaften eines DB-Systems

Wir halten unsere bisherigen Erkenntnisse wie folgt fest:

Definition 1

(a) Ein *Datenbanksystem* (DBS) ist derjenige Teil eines computergestützten Informationssystems, der sich befaßt mit

- der Beschreibung der vorhandenen Daten,

- der Verwaltung der vorhandenen Daten und

- den Zugriffsoperationen auf die Datenbank.

(b) Ein *Informationssystem* enthält die zur Kontrolle und Steuerung einer bestimmten Aufgabe notwendigen Informationen und die dazugehörigen Verarbeitungsprozesse (Kommerzielle Wichtigkeit).

Ein DBS unterscheidet sich von anderen Programmiersystemen durch zwei wesentliche Eigenschaften:

- Sichere Verwaltung langlebiger, *persistenter* Datenbestände.

- Effiziente Verwaltung *sehr großer* Datenbestände für *verschiedenartigste* Anfragen.

1.2.2 Qualitätsmerkmale eines DB-Systems

1) Unterstützung eines adäquaten Datenmodells:
Formale Abstraktion der realen Welt, die genau genug ist, dem Anwender als Basis für die eigenen Verhaltensweisen und Entscheidungen zu dienen.

2) Unterstützung von problemadäquaten DB-Sprachen:
Eine geeignete DB-Sprache soll dem Anwender Datendefinition, Datenmanipulation und Datenabfragen erlauben.

3) Öffentlichkeit der Daten:
Die Bearbeitung gemeinsamer Daten durch unterschiedliche Anwendungsprogramme verschiedener Autoren führt zum Problem der Datenintegrität: Die Zulässigkeit der einzelnen Programmoperationen in Gestalt von Manipulationen der Datenbestände ist nicht durch einzelne Personen überwachbar, sondern (im Idealfall) nur zentral durch das DBS selbst. Daraus ergibt sich die Forderung nach einem Zugriffsschutz.

4) Recovery (Zurücksetzen, Wiederaufsetzen):
Aufgrund der Forderung nach Langlebigkeit und Integrität der Datenbank sind Methoden notwendig, um beispielsweise mit folgenden Situationen umzugehen:

- Verlust von Daten nach Systemzusammenbrüchen (sowohl Hauptspeicher- als auch Peripheriespeicherfehler).
- Irreguläre Beendigung von Programmläufen, die die DB veränderten.
- Verletzung von Integritätsbedingungen.
- Auftreten von Zugriffskonflikten.

5) Simultanzugriff (Concurrency):

Aus Effizienzgründen ist ein paralleler Zugriff unabhängiger Programme auf denselben Datenbestand zuzulassen. Dies verlangt eine sorgfältige Synchronisation, die aber durch das DBS und nicht durch den Benutzer vorzunehmen ist. Die Konsistenz der Ablaufsteuerung muß ebenfalls vom DBS gewährleistet werden. Dabei sind Synchronisationsmethoden von Betriebssystemen nicht ohne weiteres anwendbar, weil viele einzelne Daten selbst als Betriebsmittel anzusehen sind.

6) Forderung nach Effizienz:

Besonders im Online-Betrieb sind hohe Transaktionsraten notwendig (z.B. beim Flugbuchungssystem Amadeus: 1000 Transaktionen/Sekunde). Dadurch kann es zu Problemen bei der Implementierung der Datenmodelle und Datenbanksprachen kommen.

1.3 Transaktionen

Ein weiteres zentrales Konzept, durch das sich DB-Systeme von anderen Softwarekomponenten (wie etwa Dateisystemen) unterscheiden ist der Transaktionsbegriff.

1.3.1 Das Transaktionskonzept

Definition 2

Eine *Transaktion* T ist eine (endliche) Folge von DB-Operationen mit folgenden Eigenschaften (*„ACID-Prinzip"*):

A Die Änderungen von T auf die DB sind *atomar*, d.h. es finden alle oder keine Änderungen von T statt.

C T führt einen *korrekten* DB-Zustand wieder in einen korrekten DB-Zustand über.

I T arbeitet *isoliert* auf der DB.

D Wirksame Änderungen von T (Commit) sind *dauerhaft*.

Transaktionen bieten für den DB-Programmierer einen immensen Programmierkomfort:

Eine Transaktion ist die Einheit der Integrität und des Recovery. Jede DB-Anwendung wird auf der Grundlage von Transaktionen erstellt.

Für das Transaktionsmanagement stehen zwei Grundoperationen zur Verfügung:

- COMMIT: erfolgreiches Ende, Änderungen werden persistent gemacht.
- ROLLBACK: fehlerhaftes Ende, bisherige Änderungen werden rückgängig gemacht.

Beispiel 3 (Transaktion)
Das Anwendungsprogramm *Geldüberweisung* läßt sich (vorerst noch schematisch) wie folgt als Transaktion programmieren:

```
Geldueberweisung(X,B,Y)
start-TA T1;
Lesen des Kontostandes bei Konto X;
Abbuchung eines Betrags B von Konto X; [*]
Addition des Betrags B zu Konto Y;
commit-TA T1;
```

Eine naheliegende Integritätsbedingung ist:

$$X_{alt} + Y_{alt} = X_{neu} + Y_{neu}.$$

Falls an der markierten Stelle [*] die Transaktion T1 aus welchen Gründen auch immer abgebrochen werden muß, wird durch ein ROLLBACK (automatisch) auf den Transaktionsbeginn zurückgesetzt.

Fehler der DB nach erfolgtem COMMIT sollten (automatisch) durch eine weitere Operation REDO behoben werden.

1.3.2 Simultanverarbeitung von Transaktionen

Eine Transaktion ist auch die Einheit der Konsistenz bei *Simultanverarbeitung* (Concurrency Control).

Beispiel 4 (Inkonsistente Simultanverarbeitung)
Zur Veranschaulichung diene eine Datenbank, die Sitzplatzreservierungen für Flüge verwalten soll. Zu diesem Zweck beinhalte eine Tabelle mit der Bezeichnung F die Anzahl der für einen bestimmten Flug bereits gebuchten Plätze. Im Falle einer unzureichenden Ablaufsteuerung ist die folgende zeitliche Ausführungssequenz denkbar:

T1	T2
start-TA T1 x1 := read(F);	

	start-TA T2;
	x2 := read(F);
	x2 := x2 + 1; -- Buchung
	write(x2, F);
	commit-TA T2;

x1: = x1 + 1;
write(x1, F);
commit-TA T1;	

Der obige Ablauf kann auch in animierter Form dargestellt werden.

Animation

Zwar sind beide Transaktionen einzeln jeweils korrekt, doch geht im Beispiel das Update von T_2 verloren. Man spricht in diesem Zusammenhang daher auch vom Lost-Update-Problem. Folglich ist eine konsistente Ablaufsteuerung erforderlich.

Definition 5 (Konsistente Ablaufsteuerung)

Eine Ablaufsteuerung heißt *konsistent*, wenn die parallele Ausführung einer Transaktionsmenge $\{T_1, \ldots, T_n\}$ in ihrer Wirkung äquivalent zur seriellen Ausführung $(T_{p(1)}, \ldots, T_{p(n)})$ für eine Permutation p von $\{1, \ldots, n\}$ ist.

Die Wirkung der Simultanausführung von Transaktionen muß also serialisierbar sein. Dies bedingt, daß eine beliebige Transaktion so geschrieben werden kann, als würde sie allein auf der DB arbeiten. Die erforderliche Synchronisation hat automatisch durch das DBS zu erfolgen. Treten Konflikte auf, ist die Transaktion zurückzusetzen.

1.4 Architektur eines DB-Systems

Um das methodische Verständnis des komplexen Gebildes „DB-System" zu erleichtern, wollen wir schematisch die prinzipiellen Teile der DBS-Software identifizieren.

1.4.1 Abstraktionsebenen

1.4.1.1 Schichten eines DB-Systems

Durch Einführung mehrerer Abstraktionsebenen ist es möglich, problemadäquate Programmierschnittstellen in einer 3-Schichten-Architektur bereitzustellen.

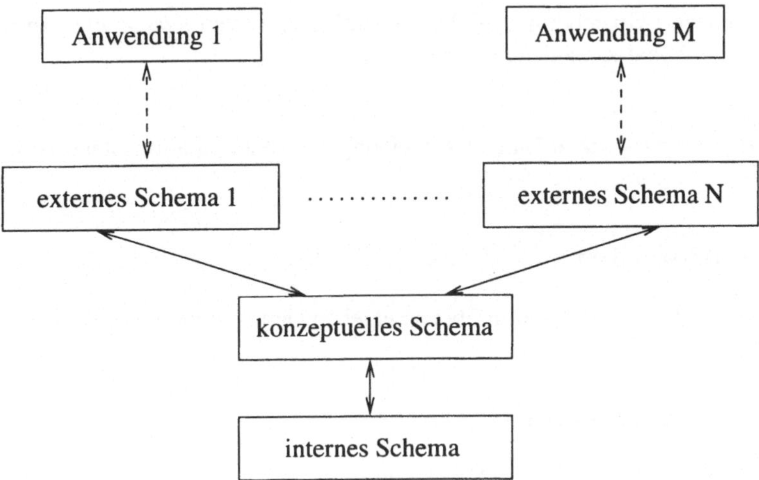

1. **Externe Schicht der DB:**
   - Jeder Benutzergruppe wird ein Ausschnitt des konzeptionellen Schemas zugänglich gemacht, ein sogenannter *View* (auch Subschema oder *externes Schema* genannt).
   - Views sind spezielle Sichten, die für einzelne Benutzergruppen gemäß der beabsichtigten Anwendungmaßgeschneidert und mit entsprechenden Zugriffsrechten (Datenschutz) versehen worden sind.
   - Views werden mittels einer View-Definitionssprache eingerichtet.
   - *DB-Anfragen* – auch *Queries* genannt – und *DB-Änderungen* (Updates) erfolgen über die externe Schicht. Dazu bedient man sich einer *Datenmanipulationssprache* (DML).
2. **Konzeptionelle Sicht der DB:**
   - Die *Modellierung der „realen Welt"* geschieht in der konzeptionellen DB.

- Das DBS bietet eine *Datendefinitionssprache* (DDL) zur Beschreibung des *konzeptionellen Schemas* an.
- Die verwendete DDL stützt sich dabei auf ein ausgewähltes Datenmodell (z.B. relational, deduktiv, objektorientiert oder objektrelational).
- Die konzeptionelle DB soll eine einheitliche, integrierte Darstellung aller Daten eines Unternehmens enthalten. Dabei sind *Integritätsbedingungen* und die *Minimalität der Datenredundanz* zu beachten.

3. **Interne Sicht der DB:**

- Die effiziente Implementierung der konzeptionellen DB geschieht durch die *physische DB*, die im *internen Schema* beschrieben ist.
- Die physische DB umfaßt Dateien, Zugriffspfade (Indizes) etc. In der physischen DB sind die *DB-Instanzen* gespeichert, d.h. die momentanen Werte der im konzeptionellen Schema beschriebenen Datenobjekte.
- Die permanente Speicherung der Daten erfolgt auf einem *persistenten Speicher* (zumeist Plattenspeichersysteme).

Bemerkung 6

Eine strikte Trennung zwischen Datenbeschreibung und -manipulation ist anzustreben.

1.4.2 Datenunabhängigkeit

Durch die verschiedenen Abstraktionsebenen ergeben sich weitere wichtige Merkmale eines DB-Systems.

Physische Datenunabhängigkeit:

- Änderungen des internen Schemas sollen ohne eine Änderung des konzeptionellen Schemas oder der Views möglich sein.
- Das DBS übernimmt die Abbildung des konzeptionellen Schemas in das interne Schema automatisch.

Damit ist ein Tuning von DML-Aufträgen ohne Änderung der bestehenden Anwendungsprogramme durchführbar (z.B. Einrichtung von Sekundärindizes für eine schnellere Query-Auswertung, Optimierung eines DB-Caches im Hauptspeicher etc.).

Logische Datenunabhängigkeit:

- Möglichst viele Änderungen des konzeptionellen Schemas sollen ohne eine Änderung der externen Views möglich sein.

Damit ist z.B. eine Weiterentwicklung der konzeptionellen DB ohne Änderung der bestehenden Anwendungsprogramme durchführbar (z.B. durch Hinzufügen neuer Personenmerkmale in einer Personen-DB).

Die Datenunabhängigkeit, sowie die Separation von DDL und DML bewirken zudem eine Trennung von DB-Modellierung und DB-Einsatz.

Trennung von DB-Modellierung und DB-Einsatz:

- Die *Erstellung des DB-Modells* basiert auf der DDL, mit deren Hilfe Modellierung, Schemadesign und Transaktionsdefinition erfolgen. DB-Modellierung erfolgt üblicherweise durch einen ausgewählten Personenkreis, auch *DB-Administrator* (DBA) genannt.
- Die beim *Einsatz der DB im laufenden Betrieb* erforderlichen Operationen wie etwa Datenerfassung, Eingabe, Updates, Queries, Ausführung von Transaktionen können mit Hilfe der DML erledigt werden.

Aufgrund der Datenunabhängigkeit können Tuningmaßnahmen und gewisse Weiterentwicklungen des Modells im laufenden Betrieb vorgenommen werden.

Bemerkung 7
Außer reiner DML verwendet ein DB-Anwendungsprogramm meist eine Host-Sprache wie Cobol oder C, in die die DML eingebettet ist. Typischerweise werden graphische Oberflächen bzw. Bildschirmmasken in der Hostsprache programmiert.

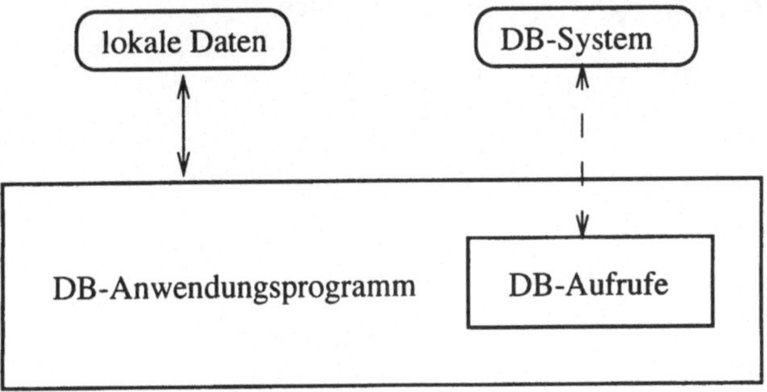

1.4.3 Anatomie eines DBS

Die bisherigen Überlegungen lassen sich in folgendem Strukturdiagramm zusammenfassen:

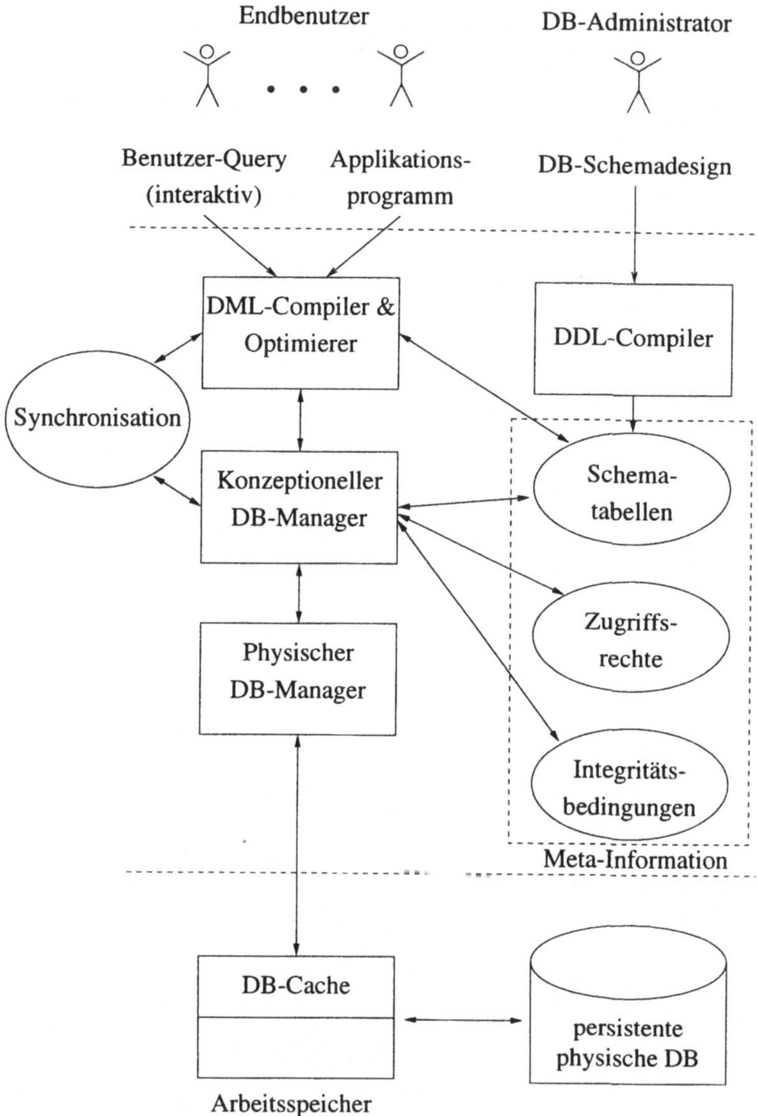

1.5 Historische Entwicklung

Die Entwicklung zu den heutigen relationalen DB-Systemen ging in drei Stufen vonstatten:

1. Die ersten DBS wurden in den 60er Jahren entwickelt. Sie entstanden aus Dateisystemen und verwendeten das *hierarchische Datenmodell*. Ein bekannter Vertreter ist das System IMS von IBM.
2. Anfang der 70er Jahre waren die *Codasyl*-DB-Systeme populär, die sich auf das *Netzwerk-Datenmodell* stützten. Ein bekannter Vertreter dieser Gattung ist das System UDS von Siemens.
3. *Relationale DB-Systeme* haben ihren Ursprung in der Pionierarbeit von E. Codd, 1970.

   - Erste Prototypen entstanden Mitte der 70er Jahre, vornehmlich das *System R* mit SQL bei IBM/San Jose und das DBS *Ingres* mit QUEL an der University of California, Berkeley.
   - Erste kommerzielle Produkte existieren seit Anfang der 80er Jahre, z.B. DB2 (entstanden aus System R), Oracle, Informix, Ingres, Sybase, TransBase.
   - Die derzeit vorhandenen Implementierungen reichen von Mainframes über Workstations bis zu PCs. Seit den 90er Jahren sind relationale DBS weltweit marktbeherrschend geworden.

Weiterentwicklungen relationaler DB-Systeme sind Gegenstand der Vorlesungsteile 2 und 3.

1.6 Übungen (online)

Die Übungen sind nur in der Online-Version verfügbar!

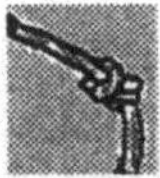

Übung

2. Das Entity-Relationship-Modell

2.1 Motivation

Jedes DB-System stützt sich auf ein Datenmodell. Ein *Datenmodell* ist ein (mathematischer) Formalismus, der aus

- einer Notation zur Schemabeschreibung (DDL) und aus
- einem Satz von Operationen zur DB-Manipulation (DML) besteht.

Hierarchische DBS stützen sich auf das hierarchische Datenmodell, Codasyl-DBS auf das Netzwerk-Datenmodell und relationale DBS auf das noch zu besprechende relationale Datenmodell. Wie aber aus der späteren Diskussion ersichtlich werden wird, bestehen im relationalen Datenmodell mehrere Defizite, die es nahelegen, ein besser geeignetes Modell in einem Vorbearbeitungsschritt einzusetzen.

Für die Tauglichkeit im DB-Umfeld sind u.a. folgende Maßstäbe an ein Datenmodell zu legen:

- **Präzision und Problemadäquatheit:**
  Ist eine ausreichend genaue und verständliche Modellierung des Anwendungsbereichs möglich? Beispielsweise:
  - Identifikation der Datenobjekte (Objektidentität vs. Wertidentität),
  - Umgang mit Redundanz,
  - Umgang mit N:M-Beziehungen.
- **Komfort:**
  - Deklarative vs. prozedurale Repräsentation?
  - Vollständigkeit der Operationenmenge?
- **Flexibilität:**
  Sind Anpassungen einfach durchführbar?
- **Effizienz:**
  Ist eine automatische Query-Optimierung mit ausreichender Effizienz möglich?

Für die Modellierung des konzeptionellen Schemas für relationale DB-Systeme hat es sich als günstig erwiesen, die Modellierung erst in der DDL des *Entity-Relationship-Modells* (kurz: E/R) vorzunehmen. Das E/R-Modell kann dann automatisch in ein relationales Modell transformiert werden.

2.2 Modellierung von Entities

Wie der Name bereits ankündigt, zeichnet sich das E/R-Modell durch zwei zentrale
Konzepte aus:

- Entities
- Relationships

2.2.1 Entities, Entity-Typen

Definition 8

- Ein *Entity* ist ein existierendes Objekt, das von anderen Objekten unterscheidbar
  ist.
- Ein *Entity-Typ* ist ein Objekttyp von Entities mit gleichen *strukturellen* Merkmalen.

Bemerkung 9

Die Auswahl der Entity-Typen stellt einen entscheidenden Schritt beim DB-Design
dar.

Beispiele für Entity-Typen in einer Unternehmens-DB sind `Personen`,
`Abteilungen` und `Angestellte`.

Entity-Typen müssen nicht disjunkt sein, wie das Beispiel `Bankangestellte`
und `Bankkunden` zeigt.

2.2.2 Attribute und Schlüssel

Definition 10

- Ein Entity-Typ wird durch seine strukturellen Eigenschaften beschrieben. Diese
  bezeichnet man als *Attribute*. Der zulässige Wertebereich eines Attributs heißt
  Domäne. Formal sind Attribute repräsentiert als Funktionen

  $$A : \text{<Entity-Typ>} \longrightarrow \text{<Domäne von } A \text{ >}$$

- Jede Teilmenge $\{A_1, \ldots, A_n\}$ der Attributmenge eines Entity-Typs, anhand der
  die Entities dieses Typs eindeutig identifizierbar sind, heißt *Schlüssel* dieses
  Entity-Typs.
- Jede minimale Menge von Schlüsselattributen heißt *Schlüsselkandidat*.
- Der *Primärschlüssel* eines Entity-Typs ist ein Schlüsselkandidat, der beim Ent-
  wurf der DB zur Identifikation der Entities ausgewählt wird.

Bemerkung 11

- Die Auswahl der Attribute ist ein entscheidender Schritt beim DB-Design.
- Die Attribute eines Entity-Typs müssen so gewählt sein, daß dadurch die Entities
  eindeutig identifizierbar sind. Man spricht in diesem Zusammenhang auch von
  Wertidentität.

- Die Schlüsseleigenschaft ist eine *semantische* Eigenschaft, die nicht der Definition eines Entity-Typs entnommen werden kann.

Beispiel 12 (Angestellte)

Der Entity-Typ ANGESTELLTER möge folgende Gestalt besitzen:

Attribute	Domänen
A#	integer
AngName	string
Gehalt	integer

Entities vom Typ ANGESTELLTER sind etwa:

```
((A# 523),(AngName 'Bill'),
 (Gehalt 90.000))
((A# 122),(AngName 'John'),
 (Gehalt 50.500))
```

Zur Identifizierung kann die Menge aller Attribute von ANGESTELLTER herangezogen werden. Offensichtlich reicht im obigen Beispiel aber das Attribut A# zur Identifizierung aus. Folglich sind {A#, AngName} und {A#} beide Schlüssel für den Entity-Typ ANGESTELLTER. Dagegen ist {AngName} i. allg. kein Schlüssel.

Beispiel 13 (Professoren)

Professoren bilden einen Entity-Typ PROFESSOR mit den Attributen {Zi#, Sekr-Tel#, Vorname, Name, Pers#}.

Die in Frage kommenden Schlüsselkandidaten (bei entsprechender Universitätsorganisation!) dazu sind:

- {Zi#}
- {Sekr-Tel#, Name}
- {Pers#}

Wegen fehlender Minimalität kommen

- {Sekr-Tel#, Name, Pers#} und
- {Zi#, Vorname}

nicht als Schlüsselkandidaten in Frage.

2.3 Modellierung von Relationships

2.3.1 Relationships, Relationship-Typen

Definition 14
- Eine *Relationship* ist eine Beziehung zwischen Entities nach bestimmten Gesichtspunkten.
- Ein *Relationship-Typ* ist ein Objekttyp von Relationships.
- Auf Instanzenebene stellt ein Relationship-Typ R eine Teilmenge $R \subseteq E_1 \times \ldots \times E_n$ dar, wobei $E_1, \ldots, E_n$ Entity-Typen sind.

Beispiel 15
Mit $E_1 :=$ PERSON, $E_2 :=$ PERSON kann der zweistellige Relationship-Typ IST_ELTERNTEIL_VON $\subseteq E_1 \times E_2$ definiert werden.

Bemerkung 16
Es gibt auch mehrstellige Relationship-Typen, wie z.B.:

- PASSAGIER hat_Reservierung_für
  FLUGABSCHNITT mit FLUGNUMMER
- PROFESSOR prüft STUDENT in RAUM

Zweistellige Beziehungen sind jedoch mit Abstand die häufigsten.

2.3.2 Funktionalität von Relationships

Seien E_1, E_2 Entity-Typen und $R \subseteq E_1 \times E_2$ eine Relationship.

1:1-Relationship:
$$(x, y) \in R \wedge (x, y') \in R \Rightarrow y = y'$$
$$(x, y) \in R \wedge (x', y) \in R \Rightarrow x = x'$$

N:1-Relationship:
$$(x, y) \in R \wedge (x, y') \in R \Rightarrow y = y'$$
Für mehrstellige Beziehungen $R \subseteq E_1 \times \ldots \times E_n$ kann die N:1-Eigenschaft analog definiert werden, wenn R als Abbildung $E_1 \times \ldots \times E_{n-1} \to E_n$ aufgefaßt wird.

1:N-Relationship:
$$(x, y) \in R \wedge (x', y) \in R \Rightarrow x = x'$$
Auch hier ist eine Erweiterung auf mehrstellige Beziehungen möglich.

N:M-Relationship:
Es gibt keine Einschränkung hinsichtlich der Funktionalität.

Beispiel 17
- ABTEILUNGSLEITER leitet ABTEILUNG ist eine 1:1-Relationship.

- ANGESTELLTER arbeitet_in ABTEILUNG ist eine N:1-Relationship.
- PERSON besitzt SCHMUCK ist eine 1:N-Relationship.
- STUDENT hört VORLESUNG ist eine N:M-Relationship.

Bemerkung 18
- Die Funktionalität einer Relationship ist eine *semantische* Eigenschaft, die der Definition eines Relationship-Typs nicht entnommen werden kann.
- Funktionalitäten können als Integritätsbedingungen dienen.
- Eine Erweiterung des Konzepts der Funktionalität für mehrstellige Relationships ist beispielsweise durch die Verwendung von *Kardinalitäten* als feineres Beschreibungsmittel möglich.

2.3.3 ISA-Relationships

Definition 19
Seien E_1, E_2 zwei Entity-Typen. Die Relationship

$$E_1 \ isa \ E_2$$

besteht genau dann, wenn E_1 eine Spezialisierung von E_2 ist. Jedes Entity e aus E_1 ist ein („is a") Entity aus E_2, jedoch mit zusätzlichen strukturellen Merkmalen. $E1$ heißt auch *Subtyp* des *Supertyps* $E2$.

Bemerkung 20
- Besteht die Relationship $E_1 \ isa \ E_2$, so *erbt* E_1 die Attribute von E_2. Dies hat folgende Konsequenzen:
  - Für E_1 ist lediglich die Angabe zusätzlicher Attribute notwendig. Damit verringert sich die strukturelle Redundanz bei der Modellierung.
  - Die Schlüsselattribute von E_2 sind auch die Schlüsselattribute von E_1.
  - Auf der Instanzenebene gilt $E_1 \subseteq E_2$, d.h. ein Entity $e \in E_1$ erbt die entsprechenden Werte aus E_2.
- Die *isa*-Beziehungen sollten zyklenfrei sein, da ein Zyklus redundanten Entitytypen entspräche.

Beispiel 21 (ISA-Relationship)
    ABTEILUNGSLEITER *isa* ANGESTELLTER
    ABTEILUNGSLEITER(Dienstwagen:string)
In diesem Fall erbt ABTEILUNGSLEITER alle Attribute von ANGESTELLTER und hat das zusätzliche Attribut Dienstwagen.

Es besteht auch die Möglichkeit der *Mehrfachvererbung*, wie in folgendem Beispiel in graphischer Notation ersichtlich.

Beispiel 22 (Mehrfachvererbung)

Wissenschaftliche Angestellte sind Personen, ebenfalls die Studierenden. Der Entity-Typ `HiWi` ist sowohl wissenschaftlicher Angestellter als auch Studierender.

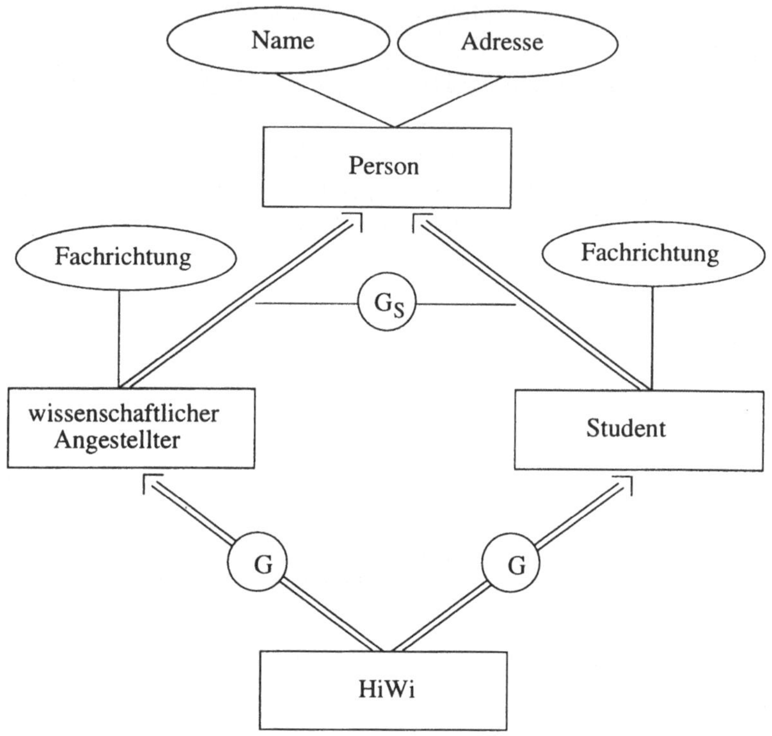

Bemerkung 23

Erbt ein Entity-Typ bei Mehrfachvererbung gleichbezeichnete Attribute, so sind Maßnahmen zur Konfliktauflösung erforderlich.

2.4 E/R-Diagramme

Die DDL für das E/R-Modell wird üblicherweise in Form von graphischen *E/R-Diagrammen* angegeben. Leider ist diese Notation **nicht** standardisiert. Wir übernehmen hier die Konventionen aus [Teorey94].

2.4.1 Graphische E/R-Notation

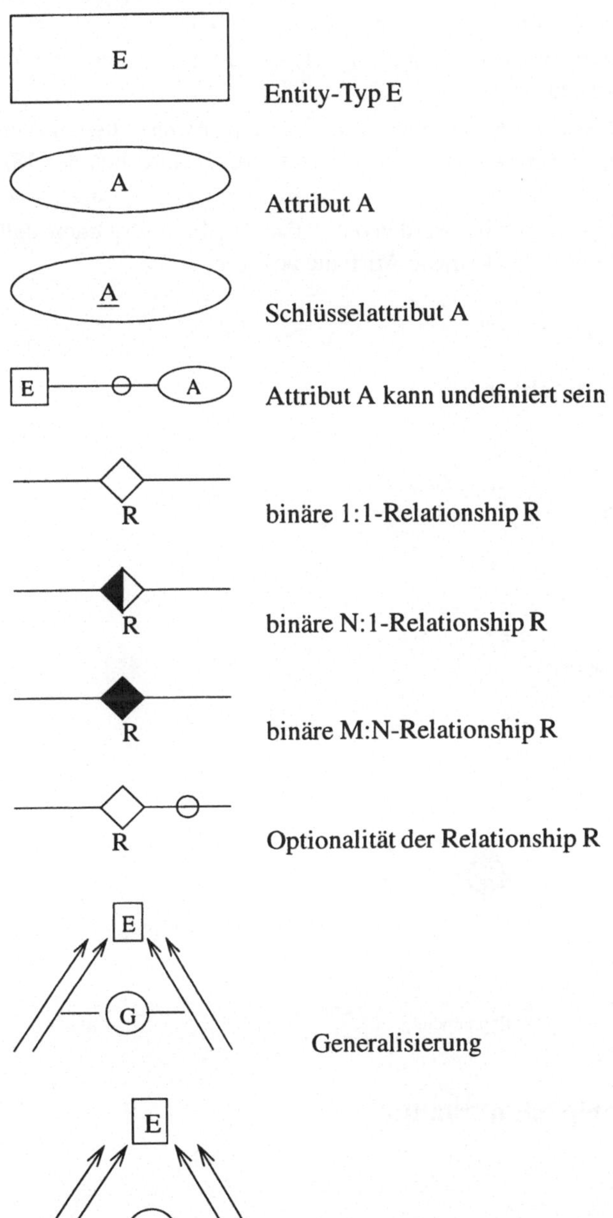

Entity-Typ E

Attribut A

Schlüsselattribut A

Attribut A kann undefiniert sein

binäre 1:1-Relationship R

binäre N:1-Relationship R

binäre M:N-Relationship R

Optionalität der Relationship R

Generalisierung

Subset-Generalisierung

Bemerkung 24

- Die Angabe von Domänen für Attribute ist hier vereinfachend weggelassen.
- Mehrstellige Relationships mit entsprechenden Funktionalitäten sind erlaubt.
- Optionalität der Relationship R: Nicht jedes Entity e_1 aus E_1 muß zu einem e_2 aus E_2 in Beziehung stehen.
- Generalisierung (die Mengen der Subtypen von E sind paarweise disjunkt) und Subset-Generalisierung (Disjunktheit ist nicht notwendig) entsprechen den ISA-Relationship-Typen.
- Entity-Typen mit nur einem Attribut werden durch das Attribut selbst dargestellt. Relationship-Typen können somit eigene Attribute besitzen.

2.4.2 Beispieldiagramme

Beispiel 25 (N:M-Relationship)

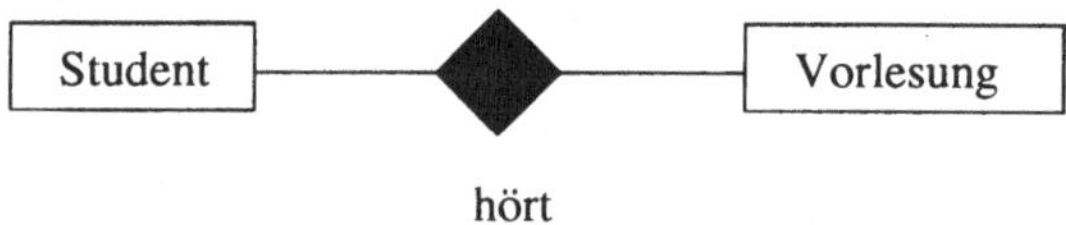

Beispiel 26 (Rollennamen)

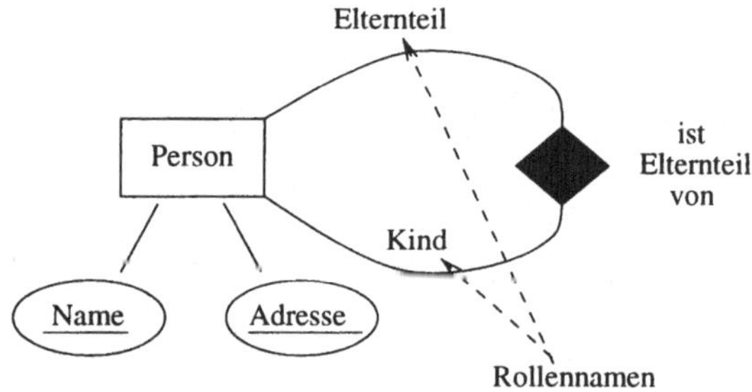

Beispiel 27 (Relationship mit Attribut)

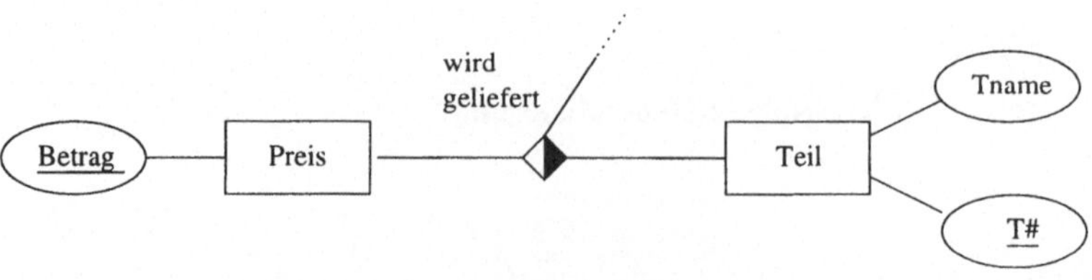

kann auch dargestellt werden als

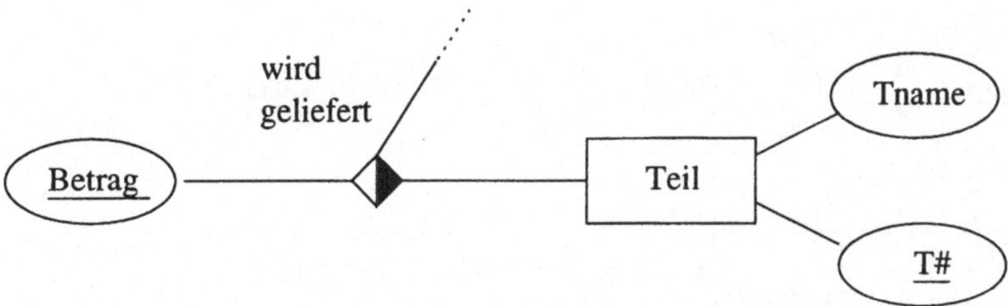

Beispiel 28 (Dreistellige Relationship)

Eine nicht durch mehrere zweistellige Relationships darstellbare Beziehung mit einer N:1-Funktionalität ist: PROFESSOR $\times$ STUDENT $\rightarrow$ RAUM

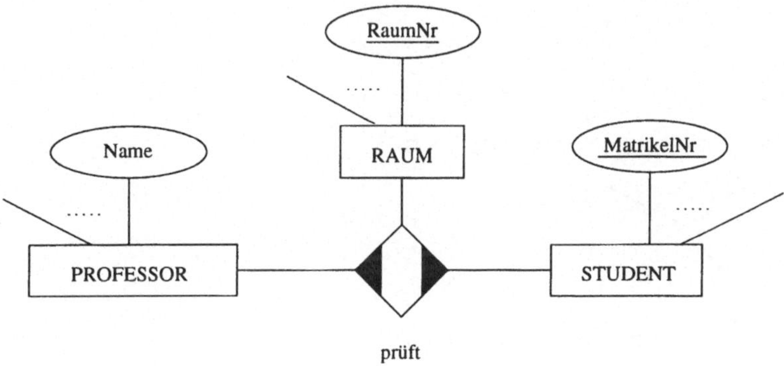

Beispiel 29 (Versandhaus-Applikation)

Die nachfolgende Versandhaus-Applikation wird uns öfter im Verlauf der Vorlesung begegnen.

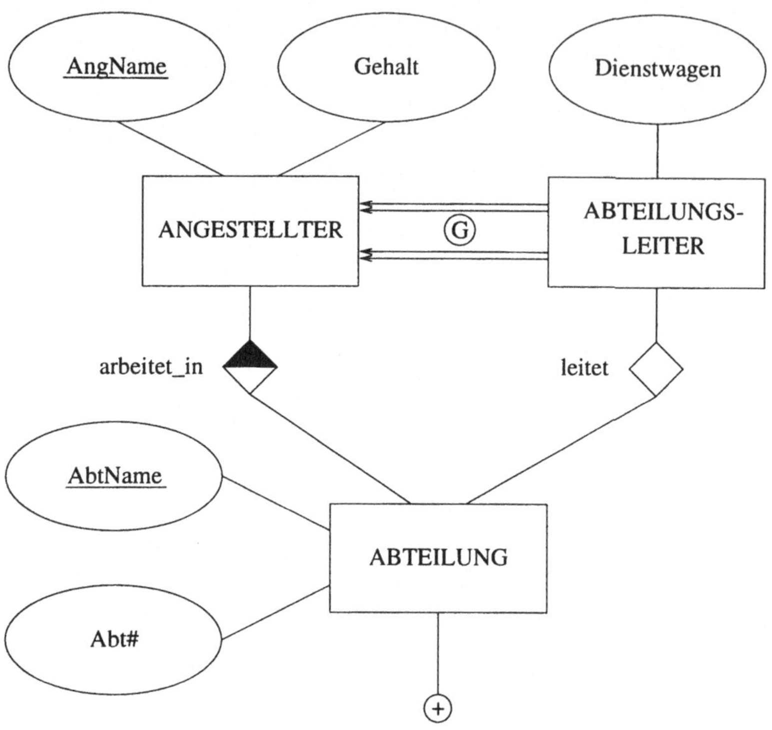

Fortsetzung nächste Abbildung

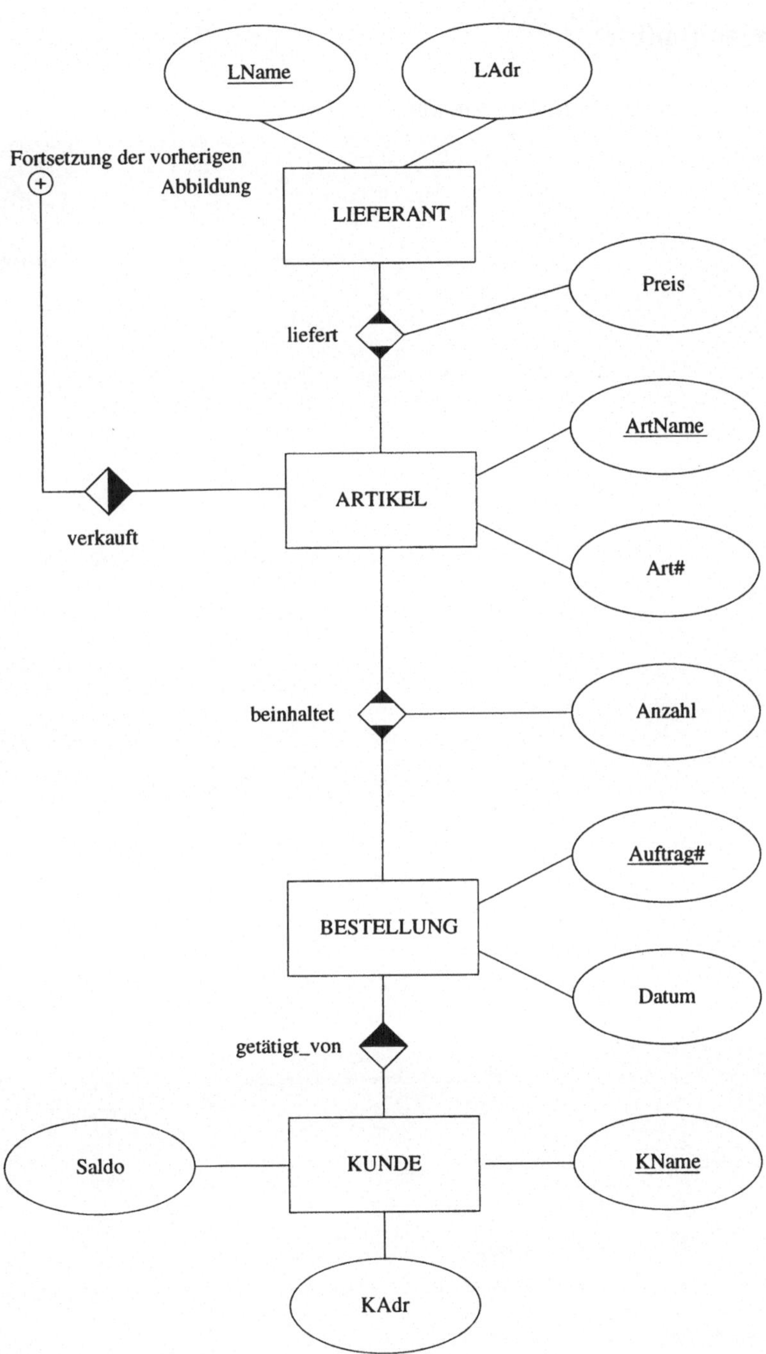

LName
LAdr
Fortsetzung der vorherigen
Abbildung
+
LIEFERANT
Preis
liefert
ArtName
ARTIKEL
Art#
verkauft
beinhaltet
Anzahl
Auftrag#
BESTELLUNG
Datum
getätigt_von
Saldo
KUNDE
KName
KAdr

2.5 Übungen (online)

Die Übungen sind nur in der Online-Version verfügbar!

Übung

3. Das Relationenmodell

Zielsetzungen des Relationenmodells (RM)

- Ein hohes Maß an *Datenunabhängigkeit* für Anwenderprogramme.
- Bereitstellung wohlfundierter Konzepte, um die Probleme der *Semantik*, der *Integrität* und der *Redundanz* besser in den Griff zu bekommen.
- Ersetzung der bis dato verwendeten prozeduralen Query-Sprachen durch *mengenorientierte, deklarative Query-Sprachen* guter Effizienz.

3.1 Datenstrukturen des Relationenmodells

3.1.1 Grundkonzepte

Das RM verwendet wenige und zugleich einfache Grundkonzepte, die mathematisch exakt definiert sind und auf der Mengenlehre basieren.

1. **Domäne:**
   Eine *Domäne* ist eine Menge von Werten, bezeichnet durch einen Domänennamen.

2. **Relation:**
   Sei $E = D_1 \times \ldots \times D_n$ ein kartesisches Produkt von Domänen. Eine Teilmenge $R \subseteq E$ heißt n-stellige *Relation* bzw. *Relationeninstanz*.

3. **Tupel:**
   Ein Element einer Relation heißt *Tupel*. Relationen werden gewöhnlich als 2-dimensionale Tabellen dargestellt, deren Zeilen den Tupeln und deren Spalten den Domänen entsprechen.

4. **Attribut:**
   Die Komponenten einer Relation werden *Attribute* genannt. Sie werden durch eindeutige und innerhalb der Relation sinnvolle Namen bezeichnet.

5. **Relationenschema:**
   Ein *Relationenschema* besteht aus einem Relationennamen, gefolgt von der Liste ihrer Attribute und den zugeordneten Domänen:
   $$R(A_1 : D_1, \ldots, A_k : D_k).$$

6. **Relationales DB-Schema:**
   Menge aller Relationenschemata.

7. **Relationale DB:**
   Als relationale DB bezeichnet man das verwendete relationale DB-Schema zusammen mit den momentanen Werten der Relationen, den *Relationeninstanzen*.

Bemerkung 30

- Relationen sind Mengen im mathematischen Sinn, d.h. Duplikat-Tupel sind nicht erlaubt!

- Die Reihenfolge der Tupel ist irrelevant, da eine Menge vorliegt.

- Bei der bisherigen Definition der Relation ist die Reihenfolge der Spalten wesentlich. Das kann man umgehen, wenn man eine Relation als Menge von Abbildungen auffaßt. Jedes Tupel t stellt eine Funktion

$$\{A_1, \ldots, A_k\} \to D_1 \cup \ldots \cup D_k$$

  dar, die die Attribute auf Domänenwerte abbildet.

- Durch das Relationenschema wird die Struktur einer Relation festgelegt (DDL-Aspekt).

- Während der Lebenszeit dieser Relation können Tupel eingefügt, geändert und gelöscht werden (DML-Aspekt).

- Die DML-Operationen für die Datenstrukturen des RM werden in Kapitel 4 besprochen.

Beispiel 31

Ein Beispiel für ein Relationenschema ist

```
Person(Geburtsdatum: date,
       Gehalt: decimal(6,2))
```

Eine mögliche Relation(-eninstanz) dazu ist

Person	Geburtsdatum	Gehalt
	'1968-11-11'	5000.00
	'1970-12-24'	9999.99
	'1960-01-01'	6500.00

3.1.2 Atomare Attributwerte

Eine wesentliche Einschränkung für das RM ist wie folgt:

Postulat 32 (keine komplexen Attribute)

Der Wert eines Attributs soll sich nicht aus mehreren anderen Attributwerten zusammensetzen.

Beispiel 33 (Relation mit komplexen Attributwerten)
Die Relation Hob(Name, Hobbies) enthalte die folgenden Tupel:

```
(Huber, {Drachenfliegen, Segeln,
         Bergsteigen})
(Meier, Musik)
(Mueller, {Musik, Literatur, Theater})
```

Nicht-atomare Attributwerte sind

{Drachenfliegen, Segeln, Bergsteigen} und
{Musik, Literatur, Theater}.

Definition 34
Eine Relation ist in *erster Normalform (1NF)*, wenn alle ihre Attribute nur atomare
Attributwerte besitzen.

Konvention 35
Künftig wird der Begriff *Relation* synonym zu *Relation in erster Normalform* verwendet. Heutige relationale DBS unterliegen noch alle dem 1NF-Postulat!

Beispiel 36 (Normalisierung in 1NF)
Die Relation Hob aus dem letzten Beispiel kann auf einfache Weise in eine Relation
Hob_N in erster Normalform mit folgendem Relationenschema

Hob_N (Name: varchar(20), Hobby: varchar(30))

und folgenden Tupeln

```
(Huber, Drachenfliegen)
(Huber, Segeln)
(Huber, Bergsteigen)
(Meier, Musik)
(Mueller, Musik)
(Mueller, Literatur)
(Mueller, Theater)
```

überführt werden:

3.2 Verbindung zum E/R-Modell

Bei der Erstellung des relationalen Schemadesigns wird folgende methodische Vorgehensweise **nachdrücklich** empfohlen:

1. Erstellung eines E/R-Diagramms.
2. Konvertierung des E/R-Diagramms in ein relationales DB-Schema.

Dieser scheinbare Umweg begründet sich dadurch, daß das E/R-Modell semantisch reichhaltiger ist als das RM. Damit wird die Formalisierung bedeutend erleichtert.

Algorithmus 37 (Konvertierungsvorschrift)

- Ein Entity-Typ E mit Attributen $A_1, \ldots, A_k$ aus den Domänen $D_1, \ldots, D_k$ wird abgebildet auf ein k-stelliges Relationenschema $E(A_1 : D_1, \ldots, A_k : D_k)$.
- Falls dabei ein Relationship-Typ E *isa* F vorliegt, kann man die Attributvererbung (z.B.) durch Hinzunahme aller Schlüsselattribute von F berücksichtigen.
- Ein Relationship-Typ R zwischen den Entity-Typen $E_1, \ldots, E_n$ wird dargestellt durch ein Relationenschema R, dessen Attribute aus allen Schlüsselattributen der E_i bestehen. Gleiche Attribute werden dabei durch Umbenennung in R eindeutig gemacht. Falls R eigene Attribute besitzt, nimmt man diese hinzu.

Beispiel 38 (Versandhaus)

Wir nehmen uns die Versandhaus-Modellierung aus Beispiel 29 (unter Weglassung der Domänen) vor.

Konvertierung der Entity-Typen:

```
ANGESTELLTER(AngName, Gehalt)
ABTEILUNGSLEITER(AngName, Dienstwagen)
ABTEILUNG(AbtName, Abt#)
⋮
```

Konvertierung der Relationship-Typen:

```
arbeitet_in(AngName, AbtName)
leitet(AngName, AbtName)
liefert(LName, ArtName, Preis)
beinhaltet(Auftrag#, ArtName, Anzahl)
⋮
```

Bemerkung 39

Der angegebene Konvertierungsalgorithmus stellt nur die erste Phase bei der Bearbeitung des E/R-Diagramms dar. Noch zu bestimmen sind unter anderem die Schlüsseleigenschaften und die Funktionalitäten der Relationship-Typen.

3.3 Inhärente Integritätsbedingungen

Integritätsbedingungen sind Zusicherungen (Assertions) über die in der relationalen DB enthaltenen Daten (d.h. Assertions über DB-Instanzen). Es gibt zwei verschiedene Typen von Integritätsbedingungen:

- *Strukturelle Regeln* sind inhärent für das Datenmodell.
- *Verhaltensregeln (behavioral rules)* sind abhängig von der jeweiligen Anwendung.

3.3.1 Strukturelle Regeln für das Relationenmodell

3.3.1.1 Eindeutigkeit von Schlüsseln

Relationen dürfen als Tupelmengen keine Duplikate enthalten. Eine noch schärfere Einschränkung wird durch den Begriff des Schlüsselkandidaten ermöglicht.

Definition 40
Eine Menge S von Attributen einer Relation R heißt *Schlüsselkandidat*, wenn gilt:

1. Keine Instanz von R kann zwei verschiedene Tupel enthalten, die in S übereinstimmen.
2. Keine echte Teilmenge von S hat Eigenschaft 1.

Bemerkung 41
Damit ist das RM wertorientiert, da die Identifikation von Tupeln über Werte von Attributmengen erfolgt.

Beispiel 42
Wir betrachten das Relationenschema:

```
liefert(LName,ArtName,Preis)
```

Angenommen, $S = \{$LName, ArtName$\}$ ist ein Schlüsselkandidat. Man schreibt dann:

```
liefert(LName,ArtName, Preis)
```

Zwei Tupel wie

$$t_1 = (\text{'Nobody'},\text{'Nasenkrause'},17.49) \text{ und}$$
$$t_2 = (\text{'Nobody'},\text{'Nasenkrause'},13.99)$$

können dann nicht zugleich in einer Instanz von `liefert` erscheinen.
Für dieses Beispiel ist S tatsächlich minimal, da einerseits eine `Nasenkrause` von mehreren Lieferanten geliefert werden kann, andererseits ein einzelner Lieferant auch mehrere Waren liefern kann. Eine bestimmte Ware gibt es jedoch nur zu einem festen Preis.

Definition 43 (Integritätsregel 1)
Jede Relation muß mindestens einen ausgewählten Schlüsselkandidaten besitzen, den sogenannten *Primärschlüssel*.

Bemerkung 44

- Der Schlüsselbegriff ist eine semantische Eigenschaft des Relationenschemas. Er kann nicht aus den vorhandenen Tupeln abgelesen werden.

- Die Schlüsselauswahl ist eine schwerwiegende Design-Entscheidung, die von der beabsichtigten Anwendung abhängt.

Algorithmus 45 (Bestimmung von Schlüsselkandidaten)

Gemäß unserer Empfehlung gehen wir von einer vorher erstellten E/R-Modellierung aus. Das E/R-Modell kennt auch den Schlüsselbegriff für Entity-Typen. Wurde für die Schlüsselkandidaten im E/R-Modell die Minimalitätsforderung 2. aus Definition 40 beachtet, so gilt für das entsprechende Relationenschema R:

Sei cand-key(R) die Menge der Schlüsselkandidaten von R:

Fall 1: R entstand aus dem Entity-Typ E mit Schlüsselkandidat $K_E = \{A_1, \ldots, A_m\}$. Dann ist $K_E \in$ cand-key(R).

Fall 2: R entstand aus einer N:M-Relationship zwischen E und F. Dann ist $K_E \cup K_F \in$ cand-key(R).

Fall 3: R entstand aus einer 1:1-Relationship zwischen E und F. Dann ist cand-key(R) = cand-key$(E) \cup$ cand-key(F).

Fall 4: R entstand aus einer N:1-Relationship zwischen $E_1, \ldots, E_{l-1}$ und E_l. Dann ist $\bigcup_{i=1}^{l-1} K_{E_i} \in$ cand-key(R), eventuell ergänzt um eigene Schlüsselattribute von E_l.

Bemerkung 46

Falls mehr als ein Schlüsselkandidat existiert, so ist ein Primärschlüssel (semantisch sinnvoll) auszuwählen.

Beispiel 47 (Primärschlüssel im Versandhaus-Schema)

```
ANGESTELLTER(AngName, Gehalt))
ABTEILUNGSLEITER(AngName, Dienstwagen)
ABTEILUNG(AbtName, Abt#)
    .
    .
    .
arbeitet_in(AngName, AbtName)
leitet(AngName, AbtName)
liefert(LName, ArtName, Preis)
beinhaltet(Auftrag#, ArtName, Anzahl)
    .
    .
    .
```

Die Primärschlüssel sind durch Unterstreichung markiert. Weitere Schlüsselkandidaten sind durch einen Überstrich (wie Abt in ABTEILUNG) markiert.

3.3.1.2 Integrität von Relationships

Der Primärschlüssel eines Relationenschemas R, das einen Relationship-Typ eines E/R-Diagramms modelliert, enthält sogenannte *Fremdschlüssel* (foreign keys).

Beispiel 48
In der Relation

```
liefert(LName,ArtName,Preis)
```

ist LName ein Fremdschlüssel aus LIEFERANT, und ArtName ein Fremdschlüssel aus ARTIKEL.

Eine Lieferung wie

```
('Nobody','Nasenkrause',17.49)
```

sollte nur dann existieren, wenn auch ein Tupel

```
('Nobody',...)
```

in LIEFERANT und ein Tupel

```
('Nasenkrause',...)
```

in ARTIKEL existiert.

Eine Relationship kann nur existieren, wenn die beteiligten Entities existieren.

Definition 49 (Integritätsregel 2)
Falls ein Relationenschema R einen Fremdschlüssel

$$F = \{A_1,\ldots, A_l\}$$

des Relationenschemas S enthält, muß zu jedem Tupel

$$t = (A_1 = a_1,\ldots, A_l = a_l, \ldots) \text{ aus } R$$

ein Tupel

$$t' = (A_1 = a_1,\ldots, A_l = a_l, \ldots) \text{ in } S$$

existieren. Diese Integritätsregel bezeichnet man auch als *referentielle Integrität*.

Bemerkung 50
- Verletzungen der referentiellen Integrität können auftreten, wenn neue Tupel in R eingefügt oder existierende Tupel aus S gelöscht werden.
- Fremdschlüssel sind meist Teil des Primärschlüssels.

3.3.1.3 Integrität von Entities

Manchmal tritt der Fall auf, daß ein neues Tupel t in die Relation R eingefügt werden soll, ohne daß alle Attributwerte von t bekannt oder relevant sind. Für solche Situationen verwendet man den sogenannten *NULL-Wert* anstelle unbekannter oder irrelevanter Attributwerte.

Bemerkung 51
- Obige Definition ist lediglich die am häufigsten benutzte Interpretation von NULL; mehr als ein Dutzend andere Interpretationen sind bekannt.
- Undefinierte Attributwerte (NULLs) sind auch im E/R-Modell vorgesehen.

Beispiel 52
Der neue Angestellte `Robert Ford` wird eingestellt; die Festsetzung seines Gehalts steht aber noch aus.

ANGESTELLTER	AngName	Gehalt
	⋮	⋮
	'Robert Ford'	NULL

Außerdem soll die Zuordnung von `Robert Ford` zu einer ABTEILUNG erst später getroffen werden. Analog zum Eintrag in ANGESTELLTER ergibt sich daher:

arbeitet_in	AngName	AbtName
	⋮	⋮
	'Robert Ford'	NULL

NULL-Werte können jedoch nicht auf beliebigen Attributpositionen plausibel eingesetzt werden.

Definition 53 (Integritätsregel 3)
Kein Attributwert des Primärschlüssels einer Relation darf NULL sein.

Bemerkung 54
- Dadurch soll die eindeutige Identifikation von Tupeln, die Entities oder Relationships beschreiben, gesichert sein. (Man beachte: Das RM ist wertorientiert!)
- Für Fremdschlüssel, die nicht Teil des Primärschlüssels sind, gilt Integritätsregel 3 nicht. Als Beispiel hierfür kann die Relation `arbeitet_in` (vgl. Beispiel 47) dienen.

Postulat 55
Alle drei Integritätsregeln sollten von einem relationalen DBS (das seinen Namen verdient) automatisch überprüft werden.

3.3.2 Gemeinsame Schlüsselkandidaten

Wenn man – wie erwünscht – das relationale DB-Schema aus dem E/R-Modell erzeugt, können unter Umständen eine größere Anzahl von Relationenschemata entstehen. Eine Reduktion dieser Anzahl ist häufig wünschenswert.

Lemma 56
Seien zwei Relationenschemata

$$R_1(A_1, \ldots, A_n) \text{ und } R_2(B_1, \ldots, B_m)$$

gegeben. Möge außerdem

$$\{C_1, \ldots, C_k\} \subseteq \{A_1, \ldots, A_n\} \cap \{B_1, \ldots, B_m\}$$

einen Schlüsselkandidaten für R_1 und R_2 darstellen.
Dann lassen sich R_1 und R_2 zu einem Schema R_3 mit den Attributen

$$\{A_1, \ldots, A_n\} \cup \{B_1, \ldots, B_m\}$$

kombinieren, das den Schlüsselkandidaten $\{C_1, \ldots, C_k\}$ besitzt.

Beispiel 57
Gemäß dieses Lemmas können die beiden Relationen (vgl. Beispiel 47)

ABTEILUNG	AbtName	Abt#
	'Brot'	17
	'Salz'	21
	'Käse'	22

und

leitet	AngName	AbtName
	'Romulus Rotkopf'	'Brot'
	'Lester Lässig'	'Salz'
	'Dodo Dundy'	'Käse'

kombiniert werden zu der Relation

ABTEILUNG2	AbtName	Abt#	AngName
	'Brot'	17	'Romulus Rotkopf'
	'Salz'	21	'Lester Lässig'
	'Käse'	22	'Dodo Dundy'

Bemerkung 58

Eine Voraussetzung für diese Kombination ist die referentielle Integrität, die sicherstellt, daß zu jedem Tupel der Relation ABTEILUNG ein passendes Tupel der Relation leitet existiert:
Es kann jedoch weiterhin beispielsweise eine neue Abteilung ohne Manager eingefügt werden. Ein entsprechendes Tupel würde etwa die Gestalt ('Abfall', 47, NULL) haben.

Beispiel 59 (Vereinfachtes Versandhaus-Schema)

Das relationale DB-Schema *Versandhaus* kann durch Zusammenfassen von Relationenschemata mit gemeinsamen Schlüsselkandidaten erheblich vereinfacht werden. Umformungen im Beispiel 47 wie

```
ANGESTELLTER(AngName, Gehalt)
arbeitet_in(AngName, AbtName) ⇒
ANGESTELLTER2(AngName, Gehalt, AbtName)
```

und

```
BESTELLUNG(Auftrag#, Datum)
getätigt_von(Auftrag#, KName) ⇒
BESTELLUNG2(Auftrag#, Datum, KName)
```

liefern als verbessertes Versandhaus-Schema:

```
ANGESTELLTER2(AngName, Gehalt, AbtName)
ABTEILUNGSLEITER2(AngName,
Dienstwagen, AbtName)
ABTEILUNG2(AbtName, Abt#, AngName)
ARTIKEL2(ArtName, Art#, AbtName)
BESTELLUNG2(Auftrag#, Datum, KName)

LIEFERANT(LName, LAdr)
KUNDE(KName, KAdr, Saldo)

liefert(LName, ArtName, Preis)
beinhaltet(ArtName, Auftrag#, Anzahl)
```

4. Relationale Query-Sprachen

Als DML für das Relationenmodell existieren zwei grundlegende Ansätze:

- Der funktionale mengenorientierte Ansatz der *relationalen Algebra*, der speziell bei der Query-Optimierung eingesetzt wird.
- Der deklarative mengenorientierte Ansatz durch eine spezielle Form der Logikprogrammierung, der speziell als Benutzerschnittstelle Eingang in die Praxis gefunden hat. Als Vertreter hiervon wird *QBE* in diesem Kapitel besprochen, während der weltweite Standard *SQL2* ausführlich in Kapitel 5 vorgestellt wird.

4.1 Relationale Algebra

Die relationale Algebra (im folgenden kurz „RelA") setzt Relationen in 1NF voraus.

4.1.1 Grundoperationen

(1) Vereinigung: $R \cup S$

- Da es sich um die mengentheoretische Vereinigung handelt, werden Duplikate dabei eliminiert.
- Zur Anwendung der Vereinigung müssen R und S gleiche Stelligkeit und verträgliche Domänen haben.

(2) Differenz: $R \setminus S$

- Es handelt sich um die mengentheoretische Differenz.
- Zur Anwendung der Differenz müssen R und S gleiche Stelligkeit und verträgliche Domänen haben.

(3) Kartesisches Produkt: $R \times S$

Beispiel 60 (Kartesisches Produkt)

Gegeben seien die Relationen

R	A	B
	1	'Julia'
	2	'Michael'

und

S	A	C
	1	'Julia'
	3	'Toni'

Unter Qualifizierung der (sonst zweideutigen) Attributbezeichnungen ergibt sich:

R × S	R.A	B	S.A	C
	1	'Julia'	1	'Julia'
	1	'Julia'	3	'Toni'
	2	'Michael'	1	'Julia'
	2	'Michael'	3	'Toni'

(4) Projektion: $\pi_A(R)$

- Wir setzen hier voraus, daß $A = \{A_{i_1}, \ldots, A_{i_m}\}$ eine Teilmenge der Attribute von $R(A_1, \ldots, A_k)$ darstellt. Formal wird die Wirkung der Projektion dann definiert als

$$\pi_A(R) := \{(b_{i_1}, \ldots, b_{i_m}) \mid (b_1, \ldots, b_k) \in R\}.$$

- Anschaulich entsteht $\pi_A(R)$ aus R durch Weglassen aller Attribute von R, die nicht in A aufgeführt sind. Dabei auftretende Duplikate müssen entfernt werden.

Beispiel 61 (Projektion)

Aus der Relation

R	U	V	W
	42	18	'Maria'
	99	42	'Max'
	42	30	'Maria'

ergibt sich

$\pi_{W,U}(R)$	W	U
	'Maria'	42
	'Max'	99

(5) Selektion: $\sigma_F(R)$

- F ist eine Formel folgender Bauart:
  - Die Operanden sind konstante Attributwerte oder Attributnamen von R.
  - Als Vergleichsoperatoren kommen in Frage:

    $<, =, >, \leq, \neq, \geq.$

  - Komplexere Formeln können unter Verwendung der logischen Konnektoren

    $\wedge$ (AND), $\vee$ (OR), $\neg$ (NOT)

    aufgebaut werden.
- Die Selektion $\sigma_F(R)$ ist die Menge aller Tupel ν von R mit:
  - Für jedes Auftreten eines Attributnamens in F substituiere man den entsprechenden Attributwert von ν.
  - Die dadurch entstehende Formel ist wahr; eine entsprechende Prüfung kann anhand der Wahrheitstafel-Methode erfolgen.
- Ist NULL mit im Spiel, wird der Wahrheitswert von F mit Hilfe einer speziellen 3wertigen Logik ermittelt.

Beispiel 62 (Selektion)

Aus der Relation

R	A	B	C
	'blau'	1	2
	'blau'	2	1
	'grün'	1	2
	'rot'	2	5
	'rot'	2	3

ergeben sich für:

- $F_1 \equiv A \neq {}'rot' \wedge C \geq 2$:

$\sigma_{F_1}(R)$	A	B	C
	'blau'	1	2
	'grün'	1	2

- $F_2 \equiv B > C$:

$\sigma_{F_2}(R)$	A	B	C
	'blau'	2	1

- $F_3 \equiv B > C \wedge A = {}'grün'$:

  $\sigma_{F_3}(R)$ ist die leere Relation.

4.1.2 Weitere wichtige Operationen

Die jetzt besprochenen algebraischen Operationen sind eine wichtige Erweiterung für die Praxis, können aber mit Hilfe der bisherigen 5 Grundoperationen ausgedrückt werden.

Durchschnitt: $R \cap S := R \setminus (R \setminus S)$

Verbund (Theta-Join): $R \bowtie_{A\theta B} S := \sigma_{A\theta B}(R \times S)$

Dabei ist $\Theta \in \{=, >, <, \neq, \geq, \leq\}$ ein Vergleichsoperator.

Ist Θ der Gleichheitsoperator $=$ spricht man von einem *Equi-Join*.

Beispiel 63 (Theta-Join)

Aus den Relationen

R	A	B	C
	3	4	6
	2	9	1
	6	5	0
	7	1	8

und

S	D	E
	2	6
	8	4

ergibt sich

$R \bowtie_{B<D} S$	A	B	C	D	E
	3	4	6	8	4
	6	5	0	8	4
	7	1	8	2	6
	7	1	8	8	4

Man beachte, daß das Tupel $(2,9,1)$ aus R nicht am Join-Ergebnis teilnimmt.

Natural Join: $R \bowtie S := \pi_{A_1,\ldots,A_n,X,B_1,\ldots,B_m}(R \bowtie_{R.X=S.X} S)$

Dabei wird vorausgesetzt, daß den Relationen
$R(A_1, \ldots, A_n, X)$ und $S(B_1, \ldots, B_m, X)$ das Attribut X gemeinsam ist. Eine Verallgemeinerung auf mehrere gemeinsame Attribute ist offensichtlich.

Semijoin: $R \ltimes S := \pi_{A_1,\ldots,A_n,X}(R \bowtie S)$

Der Semijoin ermittelt alle Tupel von R, die einen natürlichen Join-Partner in S haben.

Division: $R \div S$

Für Relationen $R(A_1, \ldots, A_r)$ und $S(A_{r-s+1}, \ldots, A_r)$ mit $r > s$ und mit $S \neq \emptyset$ ist die Division definiert durch:

$$R \div S := \{ (a_1, \ldots, a_{r-s}) \in \pi_{\{A_1,\ldots,A_{r-s}\}}(R)|$$
$$\forall (a_{r-s+1}, \ldots, a_r) \in S: (a_1, \ldots, a_r) \in R\}$$

Bemerkung 64

- Die Division kann zur Formulierung von sogenannten allquantifizierten ($\forall$) Queries genutzt werden.
- Sei $A := \{A_1, \ldots, A_{r-s}\}$. Dann ist $R \div S$ die maximale Teilmenge von $\pi_A(R)$ derart, daß das kartesische Produkt mit S in R enthalten ist.
- Eine Darstellung der Division durch die 5 Grundoperationen ist wie folgt möglich:

$$R \div S = \pi_A(R) \setminus \pi_A((\pi_A(R) \times S) \setminus R)$$

Dabei sind $(\pi_A(R) \times S) \setminus R$ Tupel der Form $A \times S$, die nicht in R enthalten sind.

Beispiel 65 (Division)

Aus den Relationen

R	U	V	W	X
	10	20	30	40
	10	20	50	60
	20	30	50	60
	50	40	30	40
	50	40	50	60
	10	20	40	50
	10	20	70	80

und

S	W	X
	30	40
	50	60
	70	80

ergibt sich:

R $\div$ S	U	V
	10	20

Lemma 66

$$(R \times S) \div S = R$$

Bemerkung 67

In der relationalen Algebra ist – aus gutem Grund – kein Komplementoperator definiert. Sind nämlich die zugrundeliegenden Domänen unendlich, würden durch den Komplement-Operator auch unendlich große Relationen definiert werden.

4.1.3 Relationale Algebra als Query-Sprache

Da die Ergebnisse der RelA wieder Relationen sind, können die RelA-Operatoren beliebig kombiniert und geschachtelt werden. Damit dient die relationale Algebra als Grundlage einer einfachen, jedoch mächtigen Query-Sprache. Zudem arbeitet die RelA mengenorientiert (und nicht prozedural auf Tupelbasis), was im Kontext großer Datenbanken gravierende Performancegewinne ermöglicht.

Beispiel 68 (RelA als Query-Sprache)
Gegeben sei folgendes relationales DB-Schema (ohne Angabe von Domänen):

```
Weinfreund(T#, Name, Vorname)
Konsum(T#, W#, Datum, Menge)
Wein(W#, Weinberg, Jahrgang,
     Prozent, Rebsorte)
```

Query 1:
Wieviel Prozent Alkohol haben die 78er Weine des Weinbergs „Würzburger Stein"?

$$\pi_{\text{Prozent}} \left(\sigma_{\text{Jahrgang}=1978 \wedge \text{Weinberg}='\text{Würzburger Stein}'}(\texttt{Wein}) \right)$$

Query 2:
Ermittle Name und Vorname von Weinfreunden von „Silvaner" oder „Riesling".

$$\pi_{\text{Name,Vorname}} \left(\texttt{Weinfreund} \bowtie (\texttt{Konsum} \bowtie$$
$$\sigma_{\text{Rebsorte}='\text{Silvaner}' \vee \text{Rebsorte}='\text{Riesling}'}(\texttt{Wein})) \right)$$

Query 3:
Nenne Name und Vorname von Weinfreunden, die an einem Tag mehr als 10 Gläser 86'er „Obereisenheimer Höll" getrunken haben, sowie den zugehörigen Alkoholgehalt.

$$\pi_{\text{Name,Vorname,Prozent}} \Big($$
$$\sigma_{\text{Menge}>10}(\texttt{Weinfreund} \bowtie (\texttt{Konsum} \bowtie$$
$$\sigma_{\text{Weinberg}='\text{Obereisenheimer Höll}' \wedge \text{Jahrgang}=1986}(\texttt{Wein}))) \Big)$$

Query 4:
Wie lauten die T# der Weinfreunde, die *alle* Weine vom „Würzburger Stein" seit Jahrgang 1960 konsumiert haben?

Hier tritt der Allquantor auf. Eine Lösung mit Hilfe der Division bietet sich daher an:

$$\pi_{\text{T\#,W\#}}(\texttt{Konsum}) \div$$
$$\pi_{\text{W\#}}(\sigma_{\text{Weinberg}='\text{Würzburger Stein}' \wedge \text{Jahrgang} \geq 1960}(\texttt{Wein}))$$

Bemerkung 69
- Mit temporären Zwischenergebnisrelationen

  $T := \langle \text{RelA-Ausdruck} \rangle$

  kann man zu komplexe Schachtelungen auf Wunsch vermeiden.

- Statt Attributnamen lassen sich auch Spaltennummern zur Adressierung verwenden.

4.1.4 Gruppierung und Aggregation

Definition 70 (Gruppierung und Aggregation)
Mengenorientierte Operationen, die

- zuerst eine Relation gemäß einer Gruppe ihrer Attributwerte in Teilmengen partitionieren,
- dann eine Aggregationsfunktion auf jeder Teilmenge auswerten und schließlich
- als Ergebnis eine Relation abliefern, die für jede Gruppe den Aggregationswert enthält,

bezeichnet man als *Gruppierungs/Aggregationsoperationen.*

Diese Erweiterungen gehören nicht zur RelA im engeren Sinne, sind aber für die Praxis sehr wichtig.

Sei $R(X, Y, \ldots)$ eine Relation mit den Gruppierungsattributen
$X = \{X_1, \ldots, X_n\}$ und einem Aggregationsattribut Y, und sei AGG eine Aggregationsfunktion.

$$
\begin{aligned}
\text{GROUPBY}(R, X, \text{AGG}, Y) := \\
\{(x, a) \mid x \in \pi_X(R), \\
a = \text{AGG}(\{y \in Y \mid (x, y) \in \pi_{X,Y}(R)\})\}
\end{aligned}
$$

Häufig verwendete Aggregationsfunktionen sind:

- COUNT (Zählen)
- SUM (Summation)
- MIN, MAX (Minimierung, Maximierung)
- AVG (Durchschnittsbildung)

Beispiel 71
Wir betrachten folgenden Ausschnitt aus den Wein-DB

Wein	...	Jahrgang	Prozent	...
	...	1985	10.0	...
	...	1985	11.0	...
	...	1985	12.0	...
	...	1986	10.0	...
	...	1986	10.5	...

Query 5:
Wie hoch ist *jeweils* der *durchschnittliche* Alkoholgehalt der Jahrgänge 1985 und 1986?

$$
\sigma_{\text{Jahrgang}=1985 \vee \text{Jahrgang}=1986} \big(
$$
$$
\text{GROUPBY}(\text{Wein}, \text{Jahrgang}, \text{AVG}, \text{Prozent})\big)
$$

Man erhält als Ergebnis:

Jahrgang	AVG-Prozent
1985	11.00
1986	10.25

Bemerkung 72
Gemäß der bisherigen Definition von GROUPBY erfolgt die Aggregation nach AVG auf einer Menge, d.h. Duplikate werden entfernt.

Für das Beispiel erhält man AVG($\{10.0,\ 11.0,\ 12.0\}$) bei Anwendung auf die Gruppe Jahrgang = 1985. Gäbe es einen weiteren 85er Wein mit Alkoholgehalt von 12.0 Prozent, würde sich das gleiche (falsche) Resultat ergeben. Die Aggregation sollte hier daher auf einer *Multimenge* stattfinden, in der Duplikate zulässig sind:

$$\text{MULTISET\_GROUPBY}(R, X, \text{AGG}, Y)$$

4.2 Relationen-Kalkül

Ein vollkommen anderer Ansatz für eine relationale Query-Sprache basiert auf der Verwendung von *Logik*. Für heutige relationale DBS wird eine Teilmenge des Prädikatenkalküls 1. Stufe, der sogenannte *Relationen-Kalkül*, verwendet. Dieser drückt Queries als logische Formeln aus, die alle Ergebnistupel erfüllen müssen.

Der Einsatz von Logik realisiert das **deklarative** Programmierparadigma:
Die Queries formulieren nur das „WAS" der Problemstellung, das effiziente „WIE" bleibt dem Query-Optimierer überlassen.

In folgendem besprechen wir zwei Varianten des Relationenkalkuls:

- Domänen-Kalkül (Domain Relational Calculus, DRC)
- Tupel-Kalkül (TRC)

4.2.1 Domänen-Kalkül

4.2.1.1 Syntax

Das Alphabet des Domänen-Kalküls umfaßt:

- Variablensymbole (z.B. $x, y, \ldots$)
- Konstantensymbole (z.B. John, $476, \ldots$)

- Prädikatensymbole (z.B. `Weinfreund`, `Konsum`, ...)
- Konnektoren: $\lor$, $\land$, $\neg$
- Quantoren: $\exists$, $\forall$
- Vergleichende Prädikatensymbole: $=, >, \geq, \neq, <, \leq$

Zulässige Formeln (*well-formed formulas, wffs*) sind:

Definition 73 (wffs des DRC)

- Atomare wffs:
  - Jeder Ausdruck $P(t_1, \ldots, t_n)$, in dem P ein n-stelliges Prädikat und die t_i Konstanten oder Variablen sind, stellt eine wff dar.
  - Jeder Ausdruck $t_1 \; \Theta \; t_2$, in dem

    $$\Theta \in \{=, >, \geq, \neq, <, \leq\}$$

    gilt und t_1, t_2 Konstanten oder Variablen sind, ist eine wff.

  Alle Vorkommen von Variablen in atomaren wffs heißen *frei*; nicht-freie Variablen heißen *gebunden*.
- Sind F_1 und F_2 wffs, so gilt:
  - $F_1 \land F_2$ ist eine wff.
  - $F_1 \lor F_2$ ist eine wff.
  - $\neg F_1$ ist eine wff.
  - (F_1) ist eine wff.

  Freie Variablen bleiben frei, gebundene bleiben gebunden.
- Sei F eine wff mit freier Variablen x. Dann gilt:
  - $\exists x(F)$ ist eine wff.
  - $\forall x(F)$ ist eine wff.

  Alle freien Vorkommen von x in F werden durch eine Quantifizierung $\exists x$ oder $\forall x$ gebunden.
- Nichts sonst ist eine wff.

Beispiel 74 (wff des DRC)

Die Formel

$$F = \forall x(\neg P(x, y)) \lor (Q(y) \land R(x, 7))$$

ist eine wff, falls P 2stellig, Q 1stellig und R 2stellig ist. Freie Variablen von F sind x in $R(x, 7)$, y in $Q(y)$ und in $P(x, y)$. Gebundene Variable von F ist x in $P(x, y)$.

4.2.1.2 Semantik

In der Logik definiert man die Semantik einer Formel auf der Basis der Begriffe „Interpretation", „Modell" und „Allgemeingültigkeit", wie sie auch im fortgeschrittenen Teil 2 der Vorlesung verwendet werden. Im folgenden bevorzugen wir hier einen etwas informelleren Zugang.

Interpretation von Prädikatssymbolen, Konstantensymbolen und arithmetischen Prädikatssymbolen:

- n-stellige Prädikatssymbole werden als n-stellige Relationen interpretiert.
- Konstanten werden als Attributwerte der entsprechenden Domäne interpretiert.
- Jedes $\Theta \in \{=, >, \geq, \neq, <, \leq\}$ wird als arithmetischer Vergleichsoperator interpretiert.

Wir wollen den geschlossenen wffs einen Wahrheitswert zuordnen.

Definition 75 (offene, geschlossene wff)

Eine wff F mit freien Variablen heißt *offene Formel*, ansonsten *geschlossene Formel*.

Beispiel 76

Der Ausdruck

$$F \equiv \forall x(\neg P(x, y)) \vee (Q(y) \wedge R(x, 7))$$

ist eine offene Formel. Dagegen stellt

$$\forall x(\exists y(F))$$

eine geschlossene Formel dar.

Die Allgemeingültigkeit einer geschlossenen wff F definieren wir für eine 2wertige Logik mittels der Abbildung

$$W(F) \to \{\texttt{true}, \texttt{false}\}:$$

- Für Konstanten c_i gilt
  $$W(P(c_1, \ldots, c_n)) := \texttt{true},$$
  falls das Tupel $(c_1, \ldots, c_n)$ in der Relation P existiert.

  Ansonsten setzt man
  $$W(P(c_1, \ldots, c_n)) := \texttt{false}.$$
  Man bezeichnet diese Festlegung auch als *closed world assumption*(CWA).
- $W(c_1 \Theta c_2) :=$ „Wert von $c_1 \Theta c_2$"
- $W(F_1 \vee F_2) := W(F_1) \tilde{\vee} W(F_2)$　　(logisches Oder)
- $W(F_1 \wedge F_2) := W(F_1) \tilde{\wedge} W(F_2)$　　(logisches Und)
- $W(\neg F) := \tilde{\neg} W(F)$　　　(logische Negation)
- $W(\exists x(F)) := W(F_{x|c_1})\quad \tilde{\vee} \quad W(F_{x|c_2})\quad \tilde{\vee} \ldots,$
  wobei $c_1, c_2, \ldots$ die Konstanten der Domäne von x sind.

- Prädikatensymbole (z.B. `Weinfreund`, `Konsum`, ...)
- Konnektoren: $\lor$, $\land$, $\lnot$
- Quantoren: $\exists$, $\forall$
- Vergleichende Prädikatensymbole: $=, >, \geq, \neq, <, \leq$

Zulässige Formeln (*well-formed formulas, wffs*) sind:

Definition 73 (wffs des DRC)

- Atomare wffs:
  - Jeder Ausdruck $P(t_1, \ldots, t_n)$, in dem P ein n-stelliges Prädikat und die t_i Konstanten oder Variablen sind, stellt eine wff dar.
  - Jeder Ausdruck $t_1 \; \Theta \; t_2$, in dem

    $$\Theta \in \{=, >, \geq, \neq, <, \leq\}$$

    gilt und t_1, t_2 Konstanten oder Variablen sind, ist eine wff.

  Alle Vorkommen von Variablen in atomaren wffs heißen *frei*; nicht-freie Variablen heißen *gebunden*.

- Sind F_1 und F_2 wffs, so gilt:
  - $F_1 \land F_2$ ist eine wff.
  - $F_1 \lor F_2$ ist eine wff.
  - $\lnot F_1$ ist eine wff.
  - (F_1) ist eine wff.

  Freie Variablen bleiben frei, gebundene bleiben gebunden.

- Sei F eine wff mit freier Variablen x. Dann gilt:
  - $\exists x(F)$ ist eine wff.
  - $\forall x(F)$ ist eine wff.

  Alle freien Vorkommen von x in F werden durch eine Quantifizierung $\exists x$ oder $\forall x$ gebunden.

- Nichts sonst ist eine wff.

Beispiel 74 (wff des DRC)

Die Formel

$$F = \forall x(\lnot P(x, y)) \lor (Q(y) \land R(x, 7))$$

ist eine wff, falls P 2stellig, Q 1stellig und R 2stellig ist. Freie Variablen von F sind x in $R(x, 7)$, y in $Q(y)$ und in $P(x, y)$. Gebundene Variable von F ist x in $P(x, y)$.

4.2.1.2 Semantik

In der Logik definiert man die Semantik einer Formel auf der Basis der Begriffe „Interpretation", „Modell" und „Allgemeingültigkeit", wie sie auch im fortgeschrittenen Teil 2 der Vorlesung verwendet werden. Im folgenden bevorzugen wir hier einen etwas informelleren Zugang.

Interpretation von Prädikatssymbolen, Konstantensymbolen und arithmetischen Prädikatssymbolen:

- n-stellige Prädikatssymbole werden als n-stellige Relationen interpretiert.
- Konstanten werden als Attributwerte der entsprechenden Domäne interpretiert.
- Jedes $\Theta \in \{=, >, \geq, \neq, <, \leq\}$ wird als arithmetischer Vergleichsoperator interpretiert.

Wir wollen den geschlossenen wffs einen Wahrheitswert zuordnen.

Definition 75 (offene, geschlossene wff)

Eine wff F mit freien Variablen heißt *offene Formel*, ansonsten *geschlossene Formel*.

Beispiel 76

Der Ausdruck

$$F \equiv \forall x(\neg P(x, y)) \vee (Q(y) \wedge R(x, 7))$$

ist eine offene Formel. Dagegen stellt

$$\forall x(\exists y(F))$$

eine geschlossene Formel dar.

Die Allgemeingültigkeit einer geschlossenen wff F definieren wir für eine 2wertige Logik mittels der Abbildung

$$W(F) \rightarrow \{\mathtt{true}, \mathtt{false}\}:$$

- Für Konstanten c_i gilt
  $$W(P(c_1, \ldots, c_n)) := \mathtt{true},$$
  falls das Tupel $(c_1, \ldots, c_n)$ in der Relation P existiert.

  Ansonsten setzt man
  $$W(P(c_1, \ldots, c_n)) := \mathtt{false}.$$

  Man bezeichnet diese Festlegung auch als *closed world assumption*(CWA).
- $W(c_1 \Theta c_2) := \,$„Wert von $c_1 \Theta c_2$"
- $W(F_1 \vee F_2) := W(F_1) \tilde{\vee} W(F_2)$ (logisches Oder)
- $W(F_1 \wedge F_2) := W(F_1) \tilde{\wedge} W(F_2)$ (logisches Und)
- $W(\neg F) := \tilde{\neg} W(F)$ (logische Negation)
- $W(\exists x(F)) := W(F_{x|c_1}) \quad \tilde{\vee} \quad W(F_{x|c_2}) \quad \tilde{\vee} \ldots,$
  wobei $c_1, c_2, \ldots$ die Konstanten der Domäne von x sind.

- $W(\forall x(F)) := W(F_{x|c_1}) \quad \tilde{\wedge} \quad W(F_{x|c_2}) \quad \tilde{\wedge} \ldots$

Die letzten beiden Festlegungen sind dabei als die *Substitution*
$x \mid c_i$ der gebundenen Variablen x durch Konstante c_i zu verstehen.

Beispiel 77

Loves	P_1	P_2
	Romeo	Julia

Die Domäne von P_1 und P_2 sei
$D =\{$Romeo, Peter, Julia$\}$. Dann gilt:

- $W(\forall x(\text{Loves}(\text{Romeo}, x))) =$
  $W(\text{Loves}(\text{Romeo}, \text{Romeo}))\tilde{\wedge}$
  $W(\text{Loves}(\text{Romeo}, \text{Peter}))\tilde{\wedge}$
  $W(\text{Loves}(\text{Romeo}, \text{Julia})) =$
  false $\tilde{\wedge}$ false $\tilde{\wedge}$ true $=$ false
- $W(\exists x(\text{Loves}(\text{Romeo}, x))) =$ true

4.2.1.3 DRC-Queries

Die wffs können zur Formulierung von mengenorientierten, deklarativen Queries
verwendet werden.

Definition 78 (DRC-Query)
Sei $F(x_1, \ldots, x_n)$ eine offene wff mit freien Variablen $x_1, \ldots, x_n$. Dann ist

$$\{x_1, \ldots, x_n \mid F(x_1, \ldots, x_n)\}$$

eine DRC-Query. Sie liefert alle Tupel $(a_1, \ldots, a_n)$, bei denen die Substitution von
x_i durch a_i in F den Wahrheitswert true ergibt.

Bemerkung 79
Die Bezeichnung „Domänen"-Kalkül erklärt sich dadurch, daß die in der Query
vorkommenden Variablen Komponenten von Tupeln und damit Platzhalter für Attributwerte der entsprechenden Domänen sind.

Wir übertragen einige Queries des RelA-Beispiels 68 auf DRC.

Beispiel 80 (DRC-Queries)
Hier ist nochmals das Schema unserer Wein-DB.

```
Weinfreund(T#, Name, Vorname)
Konsum(T#, W#, Datum, Menge)
Wein(W#, Weinberg, Jahrgang,
     Prozent, Rebsorte)
```

Query 1:

Wieviel Prozent Alkohol haben die 78er Weine des Weinbergs „Würzburger Stein"?

$\{p \mid \exists w(\exists r(\texttt{Wein}(w, \texttt{'WürzburgerStein'}, 1978, p, r)))\}$

Query 2:

Ermittle Name und Vorname von Weinfreunden von „Silvaner" oder „Riesling".

$\{n, v \mid \exists t(\texttt{Weinfreund}(t, n, v) \wedge$
$\quad\quad \exists w(\exists d(\exists m(\texttt{Konsum}(t, w, d, m)))) \wedge$
$\quad\quad \exists g(\exists j(\exists p$
$\quad\quad\quad (\texttt{Wein}(w, g, j, p, \texttt{'Silvaner'}) \vee$
$\quad\quad\quad \texttt{Wein}(w, g, j, p, \texttt{'Riesling'})))))))\}$

Query 4:

Wie lauten die $T\#$ der Weinfreunde, die alle Weine von 'Würzburger Stein' seit Jahrgang 1960 konsumiert haben?

Mit Einführung der logischen Implikation $F_1 \rightarrow F_2 := \neg F_1 \vee F_2$ als abkürzende Schreibweise gelangt man zu:

$\{t \mid \forall w(\exists j(\exists p(\exists r\texttt{Wein}(w, \texttt{'WürzburgerStein'}, j, p, r))) \wedge$
$\quad\quad (j \geq 1960))$
$\quad\quad\quad \rightarrow \exists d(\exists m(\texttt{Konsum}(t, w, d, m))))\}$

Bemerkung 81

Einem Join in einer RelA-Query entspricht in DRC ein $\exists t$ und $\exists w$ mit jeweils gleichen Variablen t bzw. w in Konjunktionen.

4.2.2 Tupel-Kalkül

Der Tupel-Kalkül (TRC) bildet eine weitere Variante des Relationen-Kalküls. Es verwendet Variablen als Platzhalter für die Tupel einer Relation. Folgende Schreibweisen sind in Gebrauch:

- $x^{(n)}$: n-stellige Tupelvariable
- $x^{(n)}[A]$: Attribut A von $x^{(n)}$

Definition 82 (wffs des TRC)

Die atomaren wffs sind folgendermaßen festgelegt:

- Ist P ein n-stelliges Prädikat und $x^{(n)}$ eine Tupelvariable, so ist $P(x^{(n)})$ eine wff.
- Ist $\Theta \in \{=, >, \geq, \neq, <, \leq\}$ und sind t_1, t_2 Konstantensymbole oder Attribute von Tupelvariablen, dann ist $t_1 \Theta t_2$ eine wff.

Die nicht-atomaren wffs werden analog zum Domänen-Kalkül festgelegt. Auch die Bezeichnungsweise für freie und gebundene Variablen erfolgt analog zum DRC.

Zur Interpretation der atomaren wffs sind die Festlegungen

$$W(P(x^{(n)})) =: \texttt{true}, \text{ falls „Tupel } x \text{ ist in der Relation } P\text{“}$$
$$W(P(x^{(n)})) =: \texttt{false}, \text{ falls „Tupel } x \text{ ist nicht in } P\text{“}$$

gemäß der closed world assumption (CWA) zu verwenden.

Definition 83 (TRC-Query)

Eine Query im TRC besitzt die Gestalt

$$\{x^{(n)} \mid F(x^{(n)})\},$$

wobei $x^{(n)}$ die einzige freie Variable in F sei. Das Query-Ergebnis ist die Menge aller Tupel, deren Attributwerte bei einer Substition in F das resultierende F wahr machen.

Werden nur die Attribute $A_1, \ldots, A_k$ von $x^{(n)}$ verlangt, verwendet man

$$\{x^{(n)}[A_1, \ldots, A_k] \mid F(x^{(n)})\}.$$

Beispiel 84 (TRC-Query)

Zum Vergleich studieren wir wieder unsere Wein-DB.

Query 2:

Ermittle Name und Vorname von Weinfreunden von „Silvaner“ oder „Riesling“.

$$\{x^{(3)}[\texttt{Name}, \texttt{Vorname}] \mid \texttt{Weinfreund}(x^{(3)}) \land \exists y^{(4)}$$
$$(\texttt{Konsum}(y^{(4)}) \land (x^{(3)}[\texttt{T\#}] = y^{(4)}[\texttt{T\#}]) \land \exists z^{(5)}$$
$$(\texttt{Wein}(z^{(5)}) \land (y^{(4)}[\texttt{W\#}] = z^{(5)}[\texttt{W\#}]) \land$$
$$((z^{(5)}[\texttt{Rebsorte}] = \texttt{'Silvaner'}) \lor$$
$$(z^{(5)}[\texttt{Rebsorte}] = \texttt{'Riesling'}))))\}$$

Bemerkung 85

Die Joins des RelA-Ausdrucks werden im TRC durch

$$(x^{(3)}[\texttt{T\#}] = y^{(4)}[\texttt{T\#}]) \text{ bzw.}$$
$$(y^{(4)}[\texttt{W\#}] = z^{(5)}[\texttt{W\#}])$$

ausgedrückt.

4.3 Relationale Vollständigkeit

4.3.1 Eigenschaften von Query-Sprachen

Als wesentliche kommerzielle Anforderungen sind zu nennen:

- hohe Produktivität bei der Anwendungserstellung,
- kostengünstige Wartung,
- ausreichende Effizienz im praktischen Einsatz.

Die DB-Sprachen vor Einführung des RM waren prozedural und basierten auf einer tupelweisen Verarbeitung. Der Anwender mußte daher algorithmisch denken („WIE"); oft wurde von ihm jedoch keine problemadäquate Lösung gefunden. Das wesentliche Erfolgskriterium des RM besteht darin, daß der Relationen-Kalkül die Grundlage einer *deklarativen Query-Sprache* mit *mengenorientierten* Verarbeitungsmodus ist. Folglich gilt:

- Der Anwender kann sich mehr auf das Problem als solches konzentrieren („WAS").
- Eine hohe Effizienz liegt jedoch nun in der Verantwortung des DBS und ist durch einen leistungsstarken Query-Optimierer zu gewährleisten.
- Wartungs- und Tuningmaßnahmen sind aufgrund der physischen Datenunabhängigkeit erleichtert.

Offen bleiben folgende Fragen:

- Wie mächtig ist die mit DRC bzw. TRC realisierte Query-Sprache? Kann man alles deklarativ ausdrücken oder muß man doch wieder Zuflucht zu einer prozeduralen Host-Sprache nehmen?
- Kann man jede DRC/TRC-Query in RelA übersetzen?
- Kann das Optimierungsproblem für diese definierte deklarative Sprachklasse zufriedenstellend gelöst werden?

4.3.2 Relationale Vollständigkeit

Domänenunabhängigkeit:
Die persistent abgespeicherten Relationeninstanzen sind immer endlich. Weil die RelA zudem keinen Komplementoperator kennt, beschreiben alle RelA-Queries eine endliche Relation. Dies ist aber bei allgemeinen DRC- und TRC-Queries nicht der Fall, wie das Beispiel $\{x \mid \neg R(x)\}$ zeigt. Insbesondere ist der Ausdruck $\neg R(a)$ für $a \notin \mathrm{Dom}(x)$ wahr. Folglich würde das Query-Resultat Ergebnisse manchmal „von irgendwoher" holen.

Wünschenswert sind *domänen-unabhängige* Queries, deren Antworten nur von den Werten in der DB abhängen. Dies kann durch Beschränkung von DRC und TRC auf endliche Ergebnisrelationen erfolgen. Die sich ergebenden Formeln werden als *sicher* bezeichnet. Mit ihrer Hilfe ist ein Vergleich der Sprachmächtigkeit von RelA, DRC und TRC durchführbar.

4.3.2.1 Sicherer DRC

Um zu *sicherem DRC* zu gelangen, gehe man wie folgt vor:

1. Ersetze alle wffs $\forall x(F)$ durch $\neg\exists x(\neg F)$.
2. Schränke die Disjunktion $F_1 \vee F_2$ durch die Forderung ein, daß F_1 und F_2 die gleiche Menge freier Variablen besitzen müssen.
3. Schränke die Konjunktion durch die Forderung ein, daß in jeder maximalen Teilformel $F_1 \wedge \ldots \wedge F_m$ alle vorkommenden freien Variablen *beschränkt* sind. Dabei gilt:
   - Eine Variable x ist beschränkt durch die Werte in der DB, wenn x in einem F_i frei und F_i weder von der Form $t_1 \ \Theta \ t_2$ noch negierte Formel ist.
   - Ist F_i gleich $x = c$ oder $c = x$ für eine Konstante c, so ist x beschränkt.
   - Ist F_i gleich $x = y$ oder $y = x$ und ist y eine beschränkte Variable, dann ist auch x beschränkt.
4. Schränke die Negation durch die Forderung ein, daß $\neg G$ nur in sicheren Konjunktionen
$$H_1 \wedge \ldots \wedge H_i \wedge \neg G \wedge I_1 \wedge \ldots \wedge I_j$$
auftreten darf, wobei mindestens ein H_i oder I_j nicht-negiert ist.

Beispiel 86 (Sicherheit in DRC)
- Die Formel $(x = y)$ ist nicht sicher, da die Domäne von x im allgemeinen unendlich groß ist.
- Die Formel $(x = y) \vee T(x, y)$ ist nicht sicher.
- Die Formel $(x = y) \wedge T(x, y)$ ist sicher; sie ist in RelA auswertbar durch $\sigma_{x=y}(T)$.
- Die Formel $P(x) \wedge (\neg Q(z, w))$ ist nicht sicher.

Bemerkung 87 (Sicherheit in DRC)
- Regel 2 verhindert, daß Werte von irgendwoher auftauchen. In der *nicht-sicheren* Formel
$$P(x) \vee Q(x, y)$$
kann y beispielsweise beliebige Werte annehmen, wenn nur $P(x)$ bereits wahr ist.
- Sicherer DRC ist für die Beschränkung auf endliche Ergebnisrelationen hinreichend, aber nicht notwendig. Beispielsweise liefert die *nicht-sichere* Formel
$$S(x, y, z) \wedge \neg(T(x, y) \vee Q(y, z))$$

eine endliche Ergebnisrelation.

Eine Transformation mit DeMorgan ergibt aber eine *sichere* Formel

$$S(x, y, z) \wedge \neg T(x, y) \wedge \neg Q(y, z),$$

die in RelA durch geeignete Anwendung der Differenz $\setminus$ auswertbar ist.

4.3.2.2 Sicherer TRC

Die Einschränkungen des *sicheren TRCs* entsprechen denen des sicheren DRCs.

Definition 88 (relational vollständig)

Eine Query-Sprache heißt *relational vollständig*, wenn sie die gleiche Ausdrucksmächtigkeit wie die relationale Algebra hat.

Satz 89

Sicherer DRC und sicherer TRC sind relational vollständig.

Der Beweis kann konstruktiv erfolgen (siehe z.B. [Ullman88]).

4.3.3 Einschränkungen

Mit relational vollständigen Query-Sprachen kann man keine unendlich großen Ergebnisrelationen spezifizieren. Gibt es noch weitere in der Praxis bedeutsame Einschränkungen?

Beispiel 90 (Vorfahren-Query)

Sei `Par(father,child)` eine Relation mit Vater-Kind-Beziehungen. Man betrachte nun die Query:
Wer sind die Vorfahren von `Julia`?

Es stellt sich heraus, daß eine derartige Anfrage weder in RelA noch in DRC oder TRC formuliert werden kann.

Lemma 91 („keine Rekursion in RelA")

Relational vollständige Query-Sprachen sind *nicht* berechnungsvollständig, insbesondere ist nicht einmal Rekursion in relationaler Algebra formulierbar.

Dies stellt eine sehr harte Einschränkung für die Praxis dar. Als Notlösung programmiert man die fehlende Funktionalität meist prozedural bzw. tupelweise in einer eingebetteten Host-Sprache aus; man spricht dann von Impedance Mismatch.

Als Vorgriff auf die Deduktiven DB-Systeme (Teil 2 der Vorlesung) zeigen wir die Lösung der Vorfahren-Query in der regelbasierten Logiksprache DATALOG:

```
Anc(X,Y) <- Par(X,Y).
Anc(X,Y) <- Anc(X,Z), Par(Z,Y).
Query: ?Anc(X, julia).
```

4.4 Query By Example

Die bei IBM Yorktown Heights entwickelte Query-Sprache QBE („Query By Example") wurde richtungsweisend für benutzerfreundliches Sprachdesign. Weit verbreitete kommerzielle Anwendungen finden sich heute z.B. in dem System Microsoft Access oder FoxPro. Der zugrundeliegende sichere Domänen-Kalkül (DRC) wird damit auch mathematisch ungeübten Benutzern intuitiv verständlich. Unterstützt werden diese Eigenschaften durch eine interaktive graphische Benutzeroberfläche. Sie enthält ein Menü zur Auswahl gewünschter Relationenschemata und erlaubt die Manipulation von Tabellenrahmen mittels eines graphischen Editors.

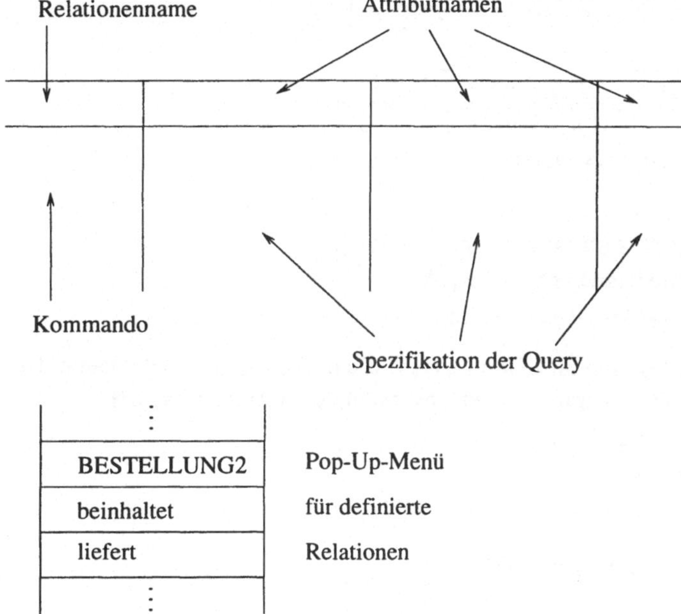

Die Query-Spezifikation in QBE basiert auf sicherem DRC mit folgenden Konventionen:

- $\exists$-Quantoren werden unterdrückt.
- Variablen beginnen mit „ _ ".
- String-Konstanten werden ohne Quotes geschrieben.
- *Don't-care*-Variablen werden unterdrückt.
- Freie Variablen werden mit „ P . " gekennzeichnet.

Beispiel 92 (Versandhaus in QBE)

Gegeben sei das relationale DB-Schema aus Beispiel 59.

Query:

Drucke die Namen der Lieferanten, die eine Bestellung des Kunden „Karl Knolle"
liefern.

Unter Verwendung der frei wählbaren „by-example"-Variablen _512 und
_Gummidose lautet die QBE-Lösung:

BESTELLUNG2	Auftrag#	Datum	KName
	_512		'Karl Knolle'

beinhaltet	ArtName	Auftrag#	Anzahl
	_Gummidose	_512	

liefert	LName	ArtName	Preis
	P.	_Gummidose	

Eine äquivalente DRC-Query lautet:

$$\{n \mid \exists o(\\
\quad \exists x_1(\text{BESTELLUNG2}(o, x_1, '\text{Karl Knolle}')) \land \\
\quad \exists i(\exists x_2(\text{beinhaltet}(o, i, x_2)) \land \\
\quad\quad \exists x_3(\text{liefert}(n, i, x_3)))) \}$$

Die Variablen x_1, x_2, x_3 sind die „Don't Cares" die in QBE unterdrückt waren. Die
„Join-Variablen" o und i entsprechen den „by-example"-Variablen in QBE.

Die entsprechende Anfrage in RelA lautet:

$$\pi_{\text{LName}}((\text{beinhaltet} \bowtie \text{liefert}) \\
\quad \bowtie \sigma_{\text{KName}='\text{Karl Knolle}'}(\text{BESTELLUNG2}))$$

Beispiel 93 (Versandhaus in QBE)

Query:

Drucke Name, Adresse, Auftragsnummer und Datum aller laufenden Aufträge.

KUNDE	KName	KAdr	Saldo
	_Fliege	_Misthaufen	

BESTELLUNG2	Auftrag#	Datum	KName
	_188	_heute	_Fliege

P.	_Fliege	_Misthaufen	_188	_heute

Eine äquivalente DRC-Query lautet:

$$\{a_1, a_2, a_3, a_4 \mid \exists x_1(\text{KUNDE}(a_1, a_2, x_1)) \land \\
\quad\quad \text{BESTELLUNG2}(a_3, a_4, a_1))\}$$

Entsprechend erhält man für RelA:

$\pi_{\texttt{KName,KAdr,Auftrag\#,Datum}}(\text{KUNDE} \bowtie \text{BESTELLUNG2})$

Beispiel 94 (Versandhaus in QBE)
Query:
Drucke Name, Artikel und Preis aller Lieferungen über DM 1.00.

liefert	LName	ArtName	Preis
P.			>1.00

Äquivalente Queries in DRC bzw. RelA sind:

$$\{a_1, a_2, a_3 \mid \texttt{liefert}(a_1, a_2, a_3) \land (a_3 > 1.00)\}$$

$$\sigma_{\texttt{Preis}>1.00}(\texttt{liefert})$$

Beispiel 95 (Versandhaus in QBE)
Query:
Drucke alle Artikel, die von mindestens einem Lieferanten teurer als der Tiefstpreis
für „ONKO" verkauft werden.

liefert	LName	ArtName	Preis
		P.	_z
		ONKO	<_z

Im DRC-Kalkül entspricht dies der Query:
$$\{i \mid \exists z (\exists x_1 (\texttt{liefert}(x_1, i, z)) \land$$
$$\exists p (\exists x_2 (\texttt{liefert}(x_2, '\texttt{ONKO}', p) \land$$
$$(p < z)))))\}$$
In RelA wird $p < z$ in einen $<$-Join übersetzt.
Für

liefert	LName	ArtName	Preis
	'Meier'	'Melitta'	6.00
	'Meier'	'ONKO'	5.99
	'Meier'	'Philips'	0.31
	'Huber'	'ONKO'	5.89
	'Huber'	'Melitta'	2.88

lautet das Ergebnis $\{('\texttt{Melitta}'), ('\texttt{ONKO}')\}$.

Bemerkung 96
QBE entfernt korrekterweise Duplikate aus der Ergebnisrelation. Dies ist eine Ausnahme unter den kommerziellen Query-Sprachen.

Beispiel 97 (Sichere Negation in QBE)

Query:

Drucke eine Auftragsnummer, falls es keine andere Lieferung mit einer größeren Anzahl gibt.

beinhaltet	ArtName	Auftrag#	Anzahl
		P.	$\_z$
$\neg$			$>\_z$

Die entsprechende Anfrage in sicherem DRC lautet:

$$\{o \mid \exists z(\exists x_1(\mathbf{beinhaltet}(o, x_1, z)\wedge$$
$$\neg\exists q(\exists x_2(\exists x_3(\mathbf{beinhaltet}(x_2, x_3, q)\wedge$$
$$(q > z)))))\}$$

Beispiel 98 (Einfügen, Löschen, Ändern in QBE)

Einfügen eines Tupels:

liefert	LName	ArtName	Preis
I.	'Huber'	'Enthärter'	0.59

Analog:

    D. deletion
    U. update

Lemma 99

QBE ist relational vollständig

Beweis:

Es genügt, jeden der 5 grundlegenden RelA-Operatoren in QBE auszudrücken. Man beachte dabei die Möglichkeit der Weiterverwendung von Ergebnisrelationen. Beispielsweise wird der RelA-Ausdruck $T = R \cup S$ in QBE wie folgt umgesetzt:

R				
	$\_a_1$	$\_a_2$	$\ldots$	$\_a_n$

S				
	$\_b_1$	$\_b_2$	$\ldots$	$\_b_n$

T				
I.	$\_a_1$	$\_a_2$	$\ldots$	$\_a_n$
I.	$\_b_1$	$\_b_2$	$\ldots$	$\_b_n$

Die neue Relation T kann in QBE weiterverwendet werden und genügt so dem Schachtelungsprinzip der RelA . Die übrigen Grundoperatoren lassen sich analog behandeln.

Bemerkung 100
Es gibt eine ganze Reihe praktischer Erweiterungen von QBE wie etwa Aggregation, „Wildcards", arithmetische Ausdrücke in Selektionen oder Condition Boxes.
Keine davon erlaubt jedoch Rekursion (vgl. Lemma 91). Damit ist QBE nicht berechnungsvollständig.

5. Kommerzieller Standard SQL2

Als exaktes Nachschlagewerk für dieses Kapitel empfiehlt sich [Melton93].

Vorbemerkungen:

- SQL entstand aus der Prototyp-Sprache SEQUEL des System R (IBM Almaden Research Center San Jose, ca. 1975).
- SQL ist seit einiger Zeit weltweit standardisiert. Die gegenwärtig aktuelle Version SQL2 (offiziell SQL-92 genannt) ist die wichtigste DB-Sprache relationaler DBS.
- Die vollständige Syntax für SQL2 findet sich z.B. in [Melton93]. Die vollständige Spezifikation umfaßt etwa 700 Seiten!

5.1 Deklarative Query-Sprache

5.1.1 Das `SELECT`-Statement

Im Unterschied zu QBE ist SQL2 primär nicht als graphische Schnittstelle konzipiert. (Man kann diese Lücke aber durch Benutzung graphischer Aufsätze, sog. „4 GL-SQL", schließen .)

Query-Block:
Der *Queryblock* hat in seiner Grundform die Gestalt:

```
SELECT DISTINCT A_1, ..., A_k
FROM R_1, ..., R_l
WHERE ψ
```

Erläuterungen:

- Die A_i sind Attribute der Relationen $R_1, \ldots, R_l$. Bei Mehrdeutigkeit kann die ausführliche Form $R_j.A_i$ gewählt werden.
- ψ ist eine Formel über den Relationen R_j. Die üblichen logischen Konnektoren und arithmetischen Vergleichsoperatoren sind erlaubt.

Deklarative Semantik in TRC („WAS"):

Sei R_j jeweils eine r_j-stellige Relation und ν_j eine r_j-stellige Tupelvariable. $F_{\psi'}$ bezeichne das TRC-Äquivalent zur SQL-Formel ψ. Dann besitzt der obige SQL-Queryblock die folgende deklarative Semantik:

$$\{\mu[j_1', \ldots, j_k'] \mid \exists \nu_1(\ldots(\exists \nu_l(R_1(\nu_1) \wedge \ldots \wedge R_l(\nu_l)$$
$$\wedge \mu[1] = \nu_1[1] \wedge \ldots \wedge \mu[r_1] = \nu_1[r_1]$$
$$\wedge \mu[r_1 + 1] = \nu_2[1] \wedge \ldots \wedge \mu[r_1 + r_2] = \nu_2[r_2]$$
$$\vdots$$
$$\wedge \mu[r_1 + \ldots + r_{l-1} + 1] = \nu_l[1]$$
$$\vdots$$
$$\wedge \mu[r_1 + \ldots + r_l] = \nu_l[r_l]$$
$$\wedge F_{\psi'}(\mu[\ldots])) \ldots)\}$$

Operationelle Semantik in RelA (mengenorientiertes „WIE"): Die operationelle Semantik des angegebenen Queryblocks lautet:

$$\pi_{R_{i_1}.A_{j_1}, \ldots, R_{i_k}.A_{j_k}}(\sigma_{\psi'}(R_1 \times \ldots \times R_l))$$

Bemerkung 101

- SQL2 entfernt eventuelle Duplikate nicht automatisch aus der Ergebnisrelation, sondern verlangt dafür die explizite Angabe des optionalen Schlüsselworts `DISTINCT`.

- Der zugeordnete RelA-Ausdruck sollte unbedingt vom Query-Optimierer optimiert werden.

Beispiel 102 (Versandhaus in SQL2)

Wir behandeln Queries für den folgenden Ausschnitt des bereits bekannten relationalen DB-Schemas (vgl. Beispiel 59):

```
KUNDE(KName, KAdr, Saldo)
BESTELLUNG2(Auftrag#, Datum, KName)
beinhaltet(ArtName, Auftrag#, Anzahl)
liefert(LName, ArtName, Preis)
```

Query:

Ermittle die Namen aller Kunden mit negativem Kontostand.

```
SELECT KName
FROM KUNDE
WHERE Saldo < 0;
```

Eine Benutzung des Schlüsselworts `DISTINCT` ist nicht notwendig, da `KName` ein Primärschlüssel ist.

Query:
Drucke die Namen der Lieferanten, die eine Bestellung des Kunden „Karl Knolle"
liefern.

```
SELECT DISTINCT LName
FROM BESTELLUNG2, beinhaltet, liefert
WHERE BESTELLUNG2.KName = 'Karl Knolle'
  AND BESTELLUNG2.Auftrag# =
      beinhaltet.Auftrag#
  AND beinhaltet.ArtName =
      liefert.ArtName
```

Vergleiche dazu die QBE-Lösung aus Beispiel 98.

Zum weiteren linguistischen Vergleich wird die letztgenannte Query auch in TRC
übersetzt:

$$\{x^{(3)}[\text{LName}] \mid \texttt{liefert}(x^{(3)}) \wedge \exists y^{(3)}(\texttt{beinhaltet}(y^{(3)}) \wedge$$
$$\exists z^{(3)}(\texttt{BESTELLUNG2}(z^{(3)}) \wedge$$
$$(z^{(3)}[\text{KName}] = '\texttt{KarlKnolle}') \wedge$$
$$(z^{(3)}[\text{Auftrag\#}] = y^{(3)}[\text{Auftrag\#}]) \wedge$$
$$(y^{(3)}[\text{ArtName}] = x^{(3)}[\text{ArtName}])))\}$$

5.1.2 Tupelvariablen

SQL2 erlaubt die explizite Einführung von Tupelvariablen.

Beispiel 103 (Selbst-Join)
Query:
Drucke Name und Adresse der Kunden, deren Kontostand niedriger ist als der von
'Nora Nonsense'.

```
SELECT x1.KName, x1.KAdr
FROM KUNDE x1, KUNDE x2
WHERE x1.Saldo < x2.Saldo
  AND x2.KName = 'Nora Nonsense';
```

Beispiel 104 (Tupelvariablen)
Query: (Query 2 aus der Wein-DB (Beispiel 68))

```
SELECT DISTINCT x.Name, x.Vorname
FROM Weinfreund x, Konsum y, Wein z
WHERE x.T# = y.T#
  AND y.W# = z.W#
  AND (Rebsorte = 'Silvaner' OR
       Rebsorte = 'Riesling');
```

5.1.3 Subqueries

Innerhalb einer WHERE-Klausel kann man wiederum komplette SQL2-Queries definieren mit Hilfe der Operatoren

IN, NOT IN, ANY, SOME, ALL

Beispiel 105 (Subquery)
Eine äquivalente Formulierung der Karl-Knolle-Query (Beispiel 102) lautet:

```
SELECT DISTINCT LName
FROM liefert
WHERE ArtName IN
  (SELECT ArtName
   FROM beinhaltet
   WHERE Auftrag# IN
     (SELECT Auftrag#
      FROM BESTELLUNG2
      WHERE KName = 'Karl Knolle'))
```

Bemerkung 106
Die vorgegebene Schachtelungsstruktur kann in RelA mit Hilfe von Semijoins übersetzt werden:

$$\pi_{\texttt{LName}} \left(\texttt{liefert} \ltimes_{[\texttt{ArtName}]} \left(\texttt{beinhaltet} \ltimes_{[\texttt{Auftrag\#}]} \sigma_{\texttt{KName}='\texttt{Karl Knolle}'} (\texttt{BESTELLUNG2}) \right) \right)$$

Bemerkung 107
- Der Gültigkeitsbereich einer Attributbezeichnung unterliegt einer Verschattung durch die Blockschachtelungsstruktur der Subqueries.
- Zwar ist eine beliebige Schachtelungstiefe erlaubt, doch werden die Queries ab der Schachtelungstiefe 2 sehr schnell sehr schwer verständlich.

Die Bedeutung der eine Subquery S einleitenden Schlüsselwörter IN, NOT IN, ANY bzw. ALL läßt sich (sehr informell) wie folgt beschreiben:

$$
\begin{aligned}
A \; IN \; S &\;\hat{=}\; A \in S \\
A \; NOT \; IN \; S &\;\hat{=}\; A \notin S \\
A \; \Theta \; ANY \; S &\;\hat{=}\; \exists x (x \in S \land A \, \Theta \, x) \\
A \; \Theta \; ALL \; S &\;\hat{=}\; \forall x (x \in S \rightarrow A \, \Theta \, x)
\end{aligned}
$$

Bemerkung 108
ANY ist im Englischen oft irreführend; deshalb sollte das ebenfalls existierende Schlüsselwort SOME mit gleicher Bedeutung verwendet werden.

Beispiel 109

„Was ist der teuerste Artikel?"

```
SELECT ArtName
FROM liefert
WHERE Preis >=
      ALL (SELECT Preis FROM liefert)
```

5.1.4 Das `EXISTS`-Prädikat

SQL2 bietet einen expliziten $\exists$-Quantor in Form der Prädikate `EXISTS` bzw. `NOT EXISTS` an.

Beispiel 110

Wir betrachten wiederum Query 4 an die Wein-DB (Beispiel 68):

Wie lauten die T# der Weinfreunde, die *alle* Weine vom „Würzburger Stein" seit Jahrgang 1960 konsumiert haben?

Da SQL2 keinen $\forall$-Quantor bietet, müssen wir erst eine kleine logische Nebenrechnung machen:

$$\forall x(A \to (\exists B)) \equiv$$
$$\neg(\exists x(\neg(A \to (\exists B)))) \equiv$$
$$\neg(\exists x(\neg(\neg A \lor (\exists B)))) \equiv$$
$$\neg(\exists x(A \land \neg(\exists B))$$

Als nächstes formulieren wir die Query in DRC, das über den $\forall$-Quantor verfügt.

Aus der Äquivalenz von

$$\{t \mid \forall w(\exists j(\exists p(\exists r(\mathbf{Wein}(w, \mathbf{'Würzburger\ Stein'}, j, p, r)))))$$
$$\land\, (j \geq 1960))$$
$$\to \exists d(\exists m(\mathbf{Konsum}(t, w, d, m))))\}$$

mit

$$\{t \mid \neg\exists w(\exists j(\exists p(\exists r(\mathbf{Wein}(w, \mathbf{'Würzburger\ Stein'}, j, p, r)))))$$
$$\land\, (j \geq 1960))$$
$$\land \neg\exists d(\exists m(\mathbf{Konsum}(t, w, d, m))))\}$$

erhalten wir letztendlich folgende schwer verständliche Formulierung:

```
SELECT DISTINCT T# FROM Konsum k1
WHERE NOT EXISTS
   (SELECT * FROM Wein x
    WHERE Weinberg = 'Wuerzburger Stein'
      AND Jahrgang >= 1960
      AND NOT EXISTS
              (SELECT * FROM Konsum k2
                WHERE x.W# = k2.W#
                  AND k2.T# = k1.T#))
```

Bemerkung 111
- In der Anweisung SELECT * ... bedeutet * eine Abkürzung für <alle Attribute>.
- Da die Subquery auf Variablen der übergeordneten Query (nämlich k1) Bezug nimmt, handelt es sich um eine sogenannte *korrelierte Subquery*.
- Semantik korrelierter Subqueries: Werte für jeden unterschiedlichen äußeren Attributwert die innere Subquery aus.

  Dies bedeutet eine Abkehr vom rein deklarativen Stil und stellt eine Quelle potentieller Ineffizienz dar, falls der Optimierer nicht gut genug ist.

5.1.5 Aggregation und Gruppierung

Es gibt insgesamt fünf *Standardaggregate*:

    AVG, COUNT, SUM, MIN, MAX.

Bemerkung 112
Duplikate werden vor der Aggregation *nicht* automatisch entfernt (Multimengen-Semantik). Wird dies gewünscht, ist eine Angabe von DISTINCT (Mengensemantik) erforderlich.

Beispiel 113 (Aggregation ohne Gruppierung)
Wir betrachten folgende bekannte Schemata:

    KUNDE(KName , KAdr, Saldo)
    liefert(LName, ArtName, Preis)

- „Berechne den durchschnittlichen Saldo der Kunden, und nenne das Ergebnisattribut avg_saldo.“

```
SELECT AVG(Saldo) AS avg_saldo
FROM KUNDE
```

- „Wie viele Lieferanten gibt es augenblicklich?“

```
SELECT COUNT(DISTINCT LName) AS zahl_LN
FROM liefert
```

- „Wie viele Lieferanten von 'Nasenkrause' gibt es?“

```
SELECT COUNT(LName) AS zahl_nase
FROM liefert
WHERE ArtName = 'Nasenkrause'
```

Diese Anfrage ist korrekt, da {LName, ArtName} Schlüssel ist, und damit jeder Lieferant höchstens einmal Nasenkrause liefert.

Aggregation mit Gruppierung:

Dies führt uns zu der allgemeinsten Form eines SQL2-Queryblocks.

```
SELECT A₁, ..., Aₖ,
     <AGG>(A_{k+1}), ..., <AGG>(A_{k+n})
FROM R₁, ..., Rₘ
WHERE <condition1>
GROUP BY A_{i₁}, ..., A_{iₗ}
HAVING <condition2>
ORDER BY ...
```

Bemerkung 114

- Es muß $\{A_1, \ldots, A_k\} \subseteq \{A_{i_1}, \ldots, A_{i_l}\}$ gelten.
- Sequentielle Auswertungsreihenfolge:

  1. <condition 1> der WHERE-Klausel auswerten.
  2. Gruppierung gemäß GROUP BY auswerten.
  3. <condition 2> der HAVING-Klausel auswerten.
  4. Ergebnis in ORDER BY-Sortierfolge ausgeben.

Beispiel 115 (Aggregation mit Gruppierung)

Wir betrachten wiederum die Schemata aus Beispiel 113.

```
KUNDE(KName , KAdr, Saldo)
liefert(LName, ArtName, Preis)
```

- „Gib für jedes gelieferte Teil außer „ONKO" *jeweils* den Durchschnittspreis an."

```
SELECT ArtName, AVG(Preis) AS ap
FROM liefert
WHERE ArtName <> 'ONKO'
GROUP BY ArtName;
```

- „Gib für jedes gelieferte Teil außer „ONKO", das zu zwei oder mehr verschiedenen Preisen geliefert wird, *jeweils* den Durchschnittspreis an."

```
SELECT ArtName, AVG(Preis) AS ap
FROM liefert
WHERE ArtName <> 'ONKO'
GROUP BY ArtName
HAVING COUNT(DISTINCT Preis) > 1;
```

Bemerkung 116 (Der COUNT-Bug)

Die sequentielle Auswertungsreihenfolge kann in Verbindung mit dem COUNT-Aggregat zu *semantischen Tücken* führen.

Beispiel 117 (COUNT-**Bug**)

Auf der Relation

R	dept#	emp#	job
	1	1	programmer
	1	2	clerk
	2	3	clerk
	2	4	clerk
	3	5	sales

besitzt die

Query:

„In welchem Department gibt es mindestens zwei Clerks?"

folgende korrekte SQL2-Formulierung:

```
SELECT dept#
FROM R
WHERE job = 'clerk'
GROUP BY dept#
HAVING COUNT(job) >= 2
```

Dadurch erhält man das korrekte Ergebnis $\{(2)\}$ für das Attribut dept#.
Nun modifizieren wir die Query ein wenig.

Query:

„In welchem Department gibt es höchstens zwei Clerks?"

Mit Hilfe der intuitiven SQL2-Formulierung

```
SELECT dept#
FROM R
WHERE job = 'clerk'
GROUP BY dept#
HAVING COUNT(job) <= 2
```

ergibt sich jetzt das falsche Resultat $\{(1), (2)\}$ für das Attribut dept#. Es fehlt
das intuitiv auch erwartete Ergebnis dep# = 3.

Wie man den COUNT-Bug umgehen kann, zeigen die Übungsaufgaben.

5.1.6 NULL-Werte in SQL2

Die deklarative Semantik von Queries mit NULLS führt über die 2wertige Logik
des Relationen-Kalküls hinaus.

Definition 118 (Logik für NULLs)

In der *3wertigen Logik*

$$W(F) \longrightarrow \{\texttt{true}, \texttt{false}, \texttt{?}\}$$

wird der dritte Wahrheitswert **?** als unbekannter Wahrheitswert interpretiert, der – wenn man ihn nur wüßte – `true` oder `false` ist.

SQL2 verwendet folgende Semantik:

- Θ-Vergleiche in WHERE- oder HAVING-Klausel:
  Ist A oder B gleich NULL, so gilt: $W(A\Theta B)$ = **?**.
- AND, OR, NOT in WHERE/HAVING:

AND	true	false	?
true	true	false	?
false	false	false	false
?	?	false	?

OR	true	false	?
true	true	true	true
false	true	false	?
?	true	?	?

NOT	
true	false
false	true
?	?

- NULL bei DISTINCT oder GROUPBY:
  Zwei NULLs werden als gleich betrachtet.
  Dadurch kommt es manchmal zu sehr seltsamen Effekten. Dies gilt insbesondere, wenn Aggregation beteiligt ist.
- Theta-Joins $R\bowtie_{A\Theta B}S$:
  Im Joinergebnis sind nur Tupel mit $W(A\Theta B)$ = `true` enthalten, d.h. NULLs joinen sich nicht.

Bemerkung 119

Queries auf NULLs müssen daher sehr vorsichtig formuliert werden.

5.1.7 Relationale Operatoren und Arithmetik

Die bisher vorgestellten Sprachmittel reichen aus, um SQL2 relational vollständig zu machen. Um den Handhabungskomfort zu vergrößern, werden aber noch weitere Features angeboten.

Mengentheoretische Operationen:

- ($<$Query 1$>$) UNION ($<$Query 2$>$)
- ($<$Query 1$>$) INTERSECT ($<$Query 2$>$)
- ($<$Query 1$>$) EXCEPT ($<$Query 2$>$)

Verschiedene Varianten des Join-Operators:

- Alternative Join-Syntax (CONDITION JOIN):

```
SELECT ...
FROM R, S
WHERE R.A Θ S.B
```

ist äquivalent zu

```
SELECT ...
FROM R JOIN S ON R.A Θ S.B
```

- Weitere Join-Operatoren:

  - Kartesisches Produkt:

    ```
    SELECT *
    FROM R CROSS JOIN S
    ```

  - Natural Join:

    ```
    SELECT *
    FROM R NATURAL JOIN S
    ```

  - Die *Outer Joins:* Gemäß einem früheren Beispiel 63 erhalten die bisher besprochenen Typen von Join-Operatoren nur dann ein Ergebnis von den Joinattributwerten, wenn entsprechende Joinpartner vorhanden sind. Dieses Verhalten ist für manche Zwecke jedoch ungeeignet. Der

    ```
    LEFT OUTER JOIN
    ```

    erhält Attribute des linken Operanden ohne Joinpartner im Ergebnis.

    Analog sind

    ```
    RIGHT OUTER JOIN und
    FULL OUTER JOIN festgelegt.
    ```

Beispiel 120 (Left Outer Join)

```
SELECT *
FROM R LEFT OUTER JOIN S ON R.a = S.c;
```

R	a	b
	20	25
	30	35

S	c	d
	20	60
	25	70

```
Result │ a     b      c       d
       ├─────────────────────────────
       │ 20    25     20      60
       │ 30    35     NULL    NULL
```

Arithmetische Ausdrücke auf Attributen:

SQL2 bietet Unterstützung für elementare Arithmetik in den Queries, z.B.:

```
SELECT A * 1.1 AS compute1,
       B/5 AS compute2
FROM ...
WHERE A > B + C - 10
```

5.2 Datendefinition und Updates

5.2.1 Schemadefinition

SQL2 bietet eine DDL zur Definition von Relationenschemata an. Standardisiert sind die DDLs für die externe Sicht sowie die konzeptionelle DB (vgl. 3-Schichten-Architektur).

5.2.1.1 Das CREATE TABLE-Statement

Beispiel 121

Für das Versandhaus-Schema aus Beispiel 38 erhalten wir:

```
CREATE TABLE liefert
        (LName VARCHAR(20),
         ArtName VARCHAR(10),
         Preis DECIMAL(6,2),
         CONSTRAINT liefert_pk
                PRIMARY KEY (LName,ArtName),
         CONSTRAINT liefert_fk1
                FOREIGN KEY (LName)
                REFERENCES LIEFERANT,
         CONSTRAINT liefert_fk2
                FOREIGN KEY (ArtName)
                REFERENCES ARTIKEL2);
```

Bemerkung 122

- Jede Relation muß einen Primärschlüssel besitzen; die Forderung NOT NULL an den Primärschlüssel wird überwacht.

- Attribute können auch explizit als NOT NULL oder UNIQUE definiert werden. UNIQUE erlaubt die Angabe von weiteren Schlüsselkandidaten.

- SQL2 unterstützt nur folgende einfache Datentypen (vgl. die 1NF-Forderung):

CHARACTER	'Love Story'
CHARACTER VARYING	'Ice Storm'
NATIONAL CHARACTER VARYING	'Математика'
INTEGER	258734
SMALLINT	98
NUMERIC	2.99
	3
DECIMAL	1.99
	5
FLOAT	1.56E-4
	200E10
REAL	1.56E-4
DOUBLE PRECISION	3.1415929E00
BIT	B'01111110'
	X'7E'
BIT VARYING	B'0111111001'
DATE	DATE '1929-10-29'
TIME	TIME '09:00:05.01'
TIMESTAMP	TIMESTAMP '1987-10-19 16:00:00.00'
TIME WITH TIME ZONE	TIME '10:45-07:00'
TIMESTAMP WITH TIME ZONE	TIMESTAMP '1933-04-05 03:00:00+01:00'
INTERVAL	INTERVAL '10:30' MINUTE TO SECOND

Weil SQL2 eine (meistens) streng typisierte Sprache ist, müssen die Operanden in arithmetischen Ausdrücken von einem einheitlichen Typ sein.

Falls x den Typ DECIMAL(6,2) und y den Typ REAL besitzt, stellt $x + y < 5$ folglich eine illegale Anweisung dar. Abhilfe schafft diesbezüglich der CAST-Operator:

```
CAST(x AS REAL) + y < CAST(5 AS REAL)
```

Beispiel 123 (Strenge Typisierung)
R(date1 CHAR(10), ...) und S(date2 DATE, ...) seien gegeben. Das Attribut date1 codiere das Datum in Stringformat, z.B. '1959-11-23'. Man erhält so als zulässige SQL2-Query:

```
SELECT ...
FROM R,S
WHERE R.date1 = CAST(S.date2 AS CHAR(10));
```

5.2.1.2 Die FOREIGN KEY-Spezifikation

Die FOREIGN KEY-Spezifikation dient zur Überwachung der referentiellen Integrität. Bei Verletzung dieser Integrität können *referentielle Aktionen* ausgelöst werden, um derartige Inkonsistenzen aufzulösen.

- DEFAULT-Aktion:
  Zur Fortführung von Beispiel 121 definieren wir:

```
CREATE TABLE liefert
        (LName VARCHAR(20)
                DEFAULT 'Feinkost Kahn'
         .

         .

         .

         CONSTRAINT liefert_fk1
                FOREIGN KEY (LName)
                REFERENCES LIEFERANT
                ON DELETE SET DEFAULT,
         .

         .

         .
        );
```

- SET NULL-Aktion:
  Ein Befehl wie

  ```
  ON DELETE SET NULL
  ```

  ist nur erlaubt, wenn die Foreign-Key-Attribute nicht Teil des Primärschlüssels sind.

- CASCADE-Aktionen:
  Für den Fall, daß ein Fremdschlüssel in der referenzierten Relation geändert werden soll, steht die Anweisung

  ```
  ON UPDATE CASCADE
  ```

  zur Verfügung.
  (Beispiel: Firmenbezeichnung eines Lieferanten ändert sich.)

Bemerkung 124

- Eine Kaskadierung ist über mehrere Fremdschlüsselbeziehungen hinweg möglich, auch zyklisch.
- Referentielle Aktionen sind ein Spezialfall von *Triggers*.

5.2.1.3 Das DROP TABLE-Statement

Nach dem erfolgreichen Commit einer DDL-Anweisung CREATE TABLE R ist R persistent. Ein späteres Löschen erfolgt durch

```
DROP TABLE R.
```

5.2.1.4 Temporäre Relationen

Benötigt man während der Ausführung einer Transaktion eine Relation, um temporäre Zwischenergebnisse zu berechnen, so benutzt man:

```
CREATE LOCAL TEMPORARY TABLE R(...);
```

Die Relation R ist dann exklusiv für die erzeugende Transaktion zugreifbar. Ebenfalls unterstützt wird:

```
CREATE GLOBAL TEMPORARY TABLE;
```

5.2.1.5 Das ALTER TABLE-Statement

SQL2 bietet eine DDL zum Ändern des konzeptionellen und des externen Schemas an. Wichtig ist die Einhaltung der logischen Datenunabhängigkeit bei Änderungen des konzeptionellen Schemas. Bei einer gravierenden Änderung durch DROP TABLE R müssen alle Applikationen, die die Relation R verwenden, aktualisiert werden. Kleinere Modifikationen des Schemas lassen sich wie folgt erzielen.

Schema-Evolution in SQL2:

```
ALTER TABLE <relation>
     DROP COLUMN <attribute>;

ALTER TABLE <relation>
     ADD COLUMN <attribute> <domain>;
```

Keines der vorhandenen Applikationsprogramme sollte dadurch beeinträchtigt werden, es sei denn, es verwendet das zu löschende Attribut.

5.2.1.6 Das GRANT-Statement

Mit dem GRANT-Statement können *Zugriffsrechte* festgelegt werden. Es hat die Form

```
GRANT <privileges> ON <table>
     TO <grantee-list> [WITH GRANT OPTION].
```

Dabei gilt

```
privileges ⊆ {ALL, SELECT, INSERT,
              UPDATE, DELETE, REFERENCES}.
```

Das Schlüsselwort REFERENCES besagt, daß <table> als Fremdschlüssel-Referenz verwendet werden darf. Ein Entzug von Zugriffsrechten kann mit dem REVOKE-Statement erfolgen.

5.2.2 Integritätsbedingungen

SQL2 bietet umfangreiche Möglichkeiten zur Formulierung benutzerdefinierter, anwendungsspezifischer Integritätsbedingungen (Verhaltensregeln).

5.2.2.1 Das CHECK-Statement

Die Syntax des CHECK-Statements für eine Relation R lautet:

```
CHECK (<search-condition>)
```

Damit wird festgelegt, daß <search-condition> für keine Instanz von R false sein darf. Zu beachten ist, daß ein NULL-Wert oder ein leeres R diese Forderung erfüllen:

Beispiel 125 (CHECK-Anweisung)
```
CREATE TABLE liefert
       (
         .

         .

         .

         CONSTRAINT check_item_type
               CHECK (ArtName >
                       'Scheuersand'));
```
Man beachte, daß check_item_type ein optionaler Constraint-Name ist. Auf diese Weise wird eine bessere Fehlerdiagnose bei Verletzung von Integritätsbedingungen erreicht. Andere Verwendungsmöglichkeiten sind:

- Eine Liste von Prüfwerten läßt sich angeben durch:

```
CHECK (ArtName
  IN('Nasenkrause',
     'Fingerhalter', ...))
```

- Die <search-condition> kann eine boolesche Formel über R sein.
- Relationenübergreifende Integritätsbedingungen lassen sich durch Angabe einer Subquery formulieren.

Beispiel 126 (CHECK mit Subquery)
```
CREATE TABLE R
        (Termin date NOT NULL,
         Honorar decimal(6,2),

             .

             .

             .

        );


CREATE TABLE S
        (Termin date NOT NULL,
         Honorar decimal(6,2),

             .

             .

             .

        CHECK (Termin <> ALL
             (SELECT Termin FROM R)));
```

5.2.2.2 Das ASSERTION-Statement

Das ASSERTION-Statement ist besonders nützlich für Integritätsbedingungen, die sich auf mehrere Relationen beziehen und nicht in natürlicher Weise einer Relation zugeordnet werden können.

```
CREATE ASSERTION <constraint-name>
        CHECK (<search condition>)
```

Es wird zugesichert, daß die <search-condition> immer true ist.

Beispiel 127 (Zusicherung mit ASSERTION)
Wir führen das Beispiel 126 fort:

```
CREATE ASSERTION integrity_R_S
        CHECK ((SELECT SUM(Honorar) FROM R)+
             (SELECT SUM(Honorar) FROM S)
             > 20000.00);
```

Bemerkung 128
Achtung: Die Semantik von ASSERTION unterscheidet sich von der CHECK-Semantik.

Beispiel 129 (CHECK **vs.** ASSERTION)

```
CREATE TABLE T
        ( .
          .
          .
          CONSTRAINT T_never_empty
                CHECK ((SELECT COUNT(*)
                       FROM T) > 0));
```

Dieses Constraint ist stets erfüllt, auch bei leerem T. Im Gegensatz dazu:

```
CREATE TABLE T
        ( .
          .
          .
        );
```

```
CREATE ASSERTION T_never_empty
      CHECK ((SELECT COUNT(*)
             FROM T) > 0);
```

Hier ist das Constraint nur bei nicht-leerem T erfüllt.

5.2.2.3 Überprüfungszeitpunkt von Integritätsbedingungen

Die Überprüfung von Integritätsbedingungen kann entweder am Ende eines SQL2-Statements (wie etwa dem Löschen eines Tupels aus obigen T) stattfinden oder auf einen späteren Zeitpunkt, spätestens jedoch auf den Commit-Zeitpunkt verschoben werden (obiges T kann zwischenzeitlich durchaus leer gewesen sein).

Ob eine derartige Verschiebung stattfinden darf, kann für jede Integritätsbedingung individuell bei ihrer Definition festgelegt werden durch die Schlüsselworte

```
NOT DEFERRABLE bzw. DEFERRABLE
```

Die tatsächliche Festlegung des Überprüfungszeitpunkts (natürlich nur bei Integritätsbedingungen, die dies zulassen) findet statt durch die Anweisung

```
SET CONSTRAINTS
    {ALL | <constraintlist>}
    {IMMEDIATE | DEFERRED}
```

5.2.3 Änderungen und Transaktionen

5.2.3.1 Deklarative Änderungsoperationen

Die grundsätzliche Problematik bei Änderungsoperationen lautet:
Sind die Änderungen inhärent *prozedural* auf der Basis einzelner Tupel (*tupel-at-a-time*) zu programmieren, oder gibt es die Möglichkeit *mengenorientierter, deklarativer Updates*?

Bemerkung 130
Formal würden deklarative Updates die Angabe einer geeigneten Logiksprache
mit Updates erforderlich machen. Dies ist gegenwärtig Gegenstand der Forschung.
SQL2 bietet sowohl tupel-at-a-time als auch mengenorientierte, deklarative Updates
an, ohne allerdings ein exaktes formales Logikmodell zugrunde zu legen.

Folgende Beispiele beziehen sich wieder auf unser Versandhaus-Schema aus Beispiel 59.

Beispiel 131 (Einfügen neuer Tupel)
```
INSERT INTO liefert
VALUES ('Fingerhalter',
        'Nasenkrause', 17.30);
```
Mit NULLS:

```
INSERT INTO liefert (LName, ArtName)
VALUES ('Kaefer', 'Schampus');
```

Beispiel 132 (Deklaratives Einfügen einer Tupelmenge)
```
INSERT INTO liefert
SELECT ...;
```

Beispiel 133 (Deklaratives Löschen von Tupeln)
Lösche alle Lieferungen von Nasenkrause:

```
DELETE FROM liefert
WHERE ArtName = 'Nasenkrause';
```

Lösche alle Bestellungen von Nasenkrause:

```
DELETE FROM BESTELLUNG2
WHERE Auftrag# IN
      (SELECT Auftrag#
       FROM beinhaltet
       WHERE ArtName = 'Nasenkrause');
```

Beispiel 134 (Deklaratives Ändern von Tupeln)
Erhöhe alle Preise von Fingerhalter um 10%:

```
UPDATE liefert
SET Preis = 1.1 * Preis
WHERE LName = 'Fingerhalter';
```

5.2.3.2 Berechnungsmodell für mengenorientierte Änderungen

Das Änderungsergebnis muß unabhängig von der konkret ausgeführten Änderungsreihenfolge der einzelnen Tupel sein.

Die Abarbeitung jedes Update-Statements läuft rein logisch gesehen in drei Phasen ab:

1. Die *Setup-Phase*
   a) ermittelt alle direkt betroffenen Tupel und
   b) identifiziert dann die über Fremdschlüsselbeziehungen direkt referenzierten Tupel.
2. In der *Execution-Phase* werden die entsprechenden Änderungsaktionen auf den direkt betroffenen Tupeln ausgeführt, die in der Setup-Phase ermittelt wurden. Bei DELETE sind die betroffenen Tupel als gelöscht zu markieren.
3. In der *Cleanup-Phase* werden die gemäß der Setup-Phase notwendigen referentiellen Aktionen sowie weitere kaskadierende Aktionen ausgeführt. Abschließend werden zur Löschung markierte Tupel tatsächlich gelöscht.

Bei einem *Deferred Update* werden die notwendigen Integritätsüberprüfungen frühestens am Ende eines Änderungsstatements ausgeführt.

Beispiel 135 (Deferred Update)

```
CREATE TABLE R
       (id INTEGER PRIMARY KEY
         .
         .
         .
       );
```

Bisher enthalte die Instanz von R Tupel mit id = 0,1,2,.... Wir beschließen nun, die id erst ab 10, 11, 12, ... zu vergeben. Dies bewirkt die Anweisung:

```
UPDATE R
SET id = id + 10;
```

Beachte: Eine tupelweise *Immediate Update* Semantik würde hier scheitern.

Beispiel 136 (Kaskadierende Löschungen)

```
CREATE TABLE employees
       (emp_id INTEGER PRIMARY KEY,
        mgr_id INTEGER
               REFERENCES employees (emp_id)
               ON DELETE CASCADE);
```

Gegeben sei die Relationeninstanz

employees	emp_id	mgr_id
	1	2
	3	3
	2	3
	5	2
	7	3
	9	1

Diese Relationeninstanz kann durch die folgende Abbildung illustriert werden:

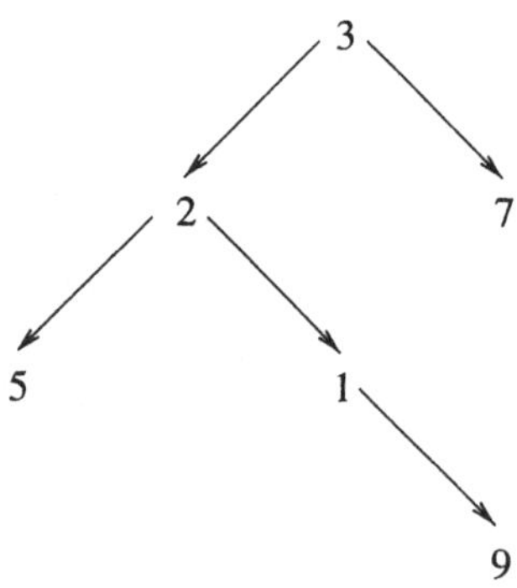

Folgende Änderung sei durchzuführen:
Entlasse den Angestellten mit `emp_id` = 2; falls er Manager ist, entlasse damit auch alle seine Untergebenen.

```
DELETE FROM employees
WHERE emp_id = 2;
```

Wir vollziehen das Berechnungsmodell nach:

1. *Setup-Phase:*

    a) $\{(2,3)\}$

    b) $\{(1,2), (5,2)\}$

2. *Execution-Phase:*
   Das Tupel (2,3) wird als gelöscht markiert.

3. *Cleanup-Phase:*
   (1,2) wird gelöscht; folglich wird auch (9,1) gelöscht.
   (5,2) wird gelöscht; weitere kaskadierende Aktionen finden nicht statt.
   (2,3) wird gelöscht.

4. *Ergebnis:*

employees	emp_id	mgr_id
	7	3
	3	3

5.2.3.3 Transaktionsverarbeitung

SQL2 implementiert das *ACID-Transaktionsmodell* wie folgt:

- Beim ersten Aufruf einer SQL2-Operation wird implizit eine Transaktion gestartet.
- Das Commit der laufenden Transaktion erfolgt durch den Befehl COMMIT. Im Endergebnis erhält die Transaktion den Status *committed* oder *zurückgesetzt*.
- Eine explizite Rücksetzung der laufenden Transaktion ist mit der Anweisung ROLLBACK möglich.

Bemerkung 137

- Updates, die Integritätsbedingungen verletzen würden, werden automatisch zurückgewiesen. Bei Simultanzugriff erfolgt eine konsistente Serialisierung paralleler Transaktionen.
- Mit Hilfe des *Auto-Commit Features* wird erreicht, daß jede einzelne SQL2-Anweisung als eigene Transaktion behandelt wird.
- Transaktionen mit DDL- *und* DML-Anweisungen werden nicht von jedem DBS-Hersteller unterstützt.

5.2.3.4 Transaktionen und Constraints

Integritätsbedingungen können innerhalb einer Transaktion

- sofort (*immediate*),
- am Ende jedes DML-Statements oder
- erst bei COMMIT (*deferred*)

getestet werden.

```
SET CONSTRAINTS <constraint-list>
              {DEFERRED | IMMEDIATE}
```

Beispiel 138 (Deferred Constraints)

Folgende zwei Relationenschemata beinhalten zyklische Fremdschlüsselbeziehungen, die – um überhaupt Einfügungen zu ermöglichen – als DEFERRED deklariert werden müssen.

Das folgende SQL2-Programm besteht aus zwei Transaktionen.

```
CREATE TABLE emp
        (emp_id INTEGER PRIMARY KEY,
         emp_name CHARACTER VARYING (30),
         dept_id INTEGER NOT NULL
               REFERENCES dep);
```

```
CREATE TABLE dep
        (dept_id INTEGER PRIMARY KEY,
         dept_name CHARACTER (10),
         mgr_id INTEGER NOT NULL
                 REFERENCES emp(emp_id));

COMMIT;

SET CONSTRAINTS ALL DEFERRED;

INSERT INTO emp VALUES (27, 'John', 5);
INSERT INTO dep VALUES (5, 'Toy', 27);

COMMIT;
```

5.2.4 Der View-Mechanismus

5.2.4.1 Views und externe Sichten

- SQL2-Views realisieren die externe Sicht auf eine relationale Datenbank.
- Formal stellt ein SQL2-View eine *virtuelle Relation* dar, die durch eine SELECT-Query definiert ist.

Beispiel 139 (Versandhaus, Views)

Wir nehmen wieder das Versandhaus-Schema aus Beispiel 59.

```
CREATE VIEW BESTART
        (Name, Datum, Item, Menge) AS
    SELECT x.KName, x.Datum, y.ArtName, y.Anzahl
    FROM BESTELLUNG2 x, beinhaltet y
    WHERE x.Auftrag# = y.Auftrag#
```

Beachten Sie, daß KName in BESTART zu Name umbenannt wird.

Die üblichen SELECT-Queries sind danach auf einen View anwendbar. Dabei wird der View *dynamisch berechnet.*

```
SELECT Item
FROM BESTART
WHERE Menge > 5
```

Views können auch über Views definiert werden, z.B.:

```
CREATE VIEW BA (N, D, M) AS
    SELECT Name, Datum, Menge
    FROM BESTART
    WHERE Menge > 30;
```

Views sind ebenso wie Relationen persistente Objekte . Ihre Lebensdauer wird durch den Befehl `DROP VIEW` beendet.

Beispiel 140 (Löschen eines Views)

In Beispiel 139 bleiben `BESTELLUNG2` und `beinhaltet` durch

```
DROP VIEW BESTART
```

unberührt. Jedoch wird dadurch der View `BA` ungültig.

Bemerkung 141

- Änderungen von View-Definitionen mittels `ALTER` sind in SQL2 nicht möglich.
- Rekursive Views werden in SQL2 nicht unterstützt. Vergleiche dazu jedoch SQL3.

5.2.4.2 Das View-Update-Problem

`INSERT`-, `DELETE`- und `UPDATE`-Operationen sind im Prinzip auch auf Views anwendbar. Die gewünschten Änderungen müssen dazu auf den beteiligten Relationen ausgeführt werden. Dies ist semantisch jedoch *nicht* immer sinnvoll.

Die folgenden Beispiele beziehen sich wieder auf das Versandhaus-Schema aus Beispiel 59.

Projektionssichten:

```
CREATE VIEW liefert1 (ArtName, Preis) AS
   SELECT ArtName, Preis
   FROM liefert;

INSERT INTO liefert1
VALUES ('Weisswurst', 3.20);
```

Das Tupel `(NULL,'Weisswurst',3.20)` müßte in `liefert` eingefügt werden. Jedoch ist der Wert `NULL` für das Primärschlüsselattribut `LName` nicht erlaubt.

Die Änderung von Projektionssichten verursacht keine Probleme, falls der volle Primärschlüssel der Relation im View erscheint.

Selektionssichten:

```
CREATE VIEW Teure_Ware
        (LName, ArtName, Preis) AS
   SELECT *
   FROM liefert
   WHERE Preis >= 25;
```

Es gilt

```
('Kaefer','Gurkenlikoer',30) ∈ liefert ⟹
('Kaefer','Gurkenlikoer',30) ∈ Teure_Ware.
```

Eine Herabsetzung des Preises für Gurkenlikoer von 30 auf 27 als Sonderangebot erfolgt durch

```
UPDATE Teure_Ware
SET Preis = 27
WHERE ArtName = 'Gurkenlikoer';
```

Nach der Änderung zu

```
('Kaefer','Gurkenlikoer',27) ∈ liefert
```

ist eine weitere Herabsetzung des Preises für Gurkenlikoer auf 20 denkbar:

```
UPDATE Teure_Ware
SET Preis = 20
WHERE ArtName = 'Gurkenlikoer';
```

Man erhält

```
('Kaefer','Gurkenlikoer',20) ∈ liefert.
```

Allerdings gilt

```
('Kaefer', 'Gurkenlikoer', 20) ∉
Teure_Ware.
```

Mit Hilfe der CHECK-Option läßt sich dieses Verhalten vermeiden:

```
CREATE VIEW Teure_Ware
       (LName, ArtName, Preis) AS
   SELECT *
   FROM liefert
   WHERE Preis >= 25
WITH CHECK OPTION;
```

Gravierende Änderungsprobleme treten bei Views auf, die über Joins oder Aggregation und Gruppierung definiert sind.

```
CREATE VIEW Ware_Avg (ArtName, ap) AS
   SELECT ArtName, AVG(Preis) AS ap
   FROM liefert
   WHERE ArtName <> 'ONKO'
   GROUP BY ArtName;
```

Eine Änderung von Ware_Avg kann auf liefert *nicht* sinnvoll fortgesetzt werden.

Bemerkung 142 (Ungelöstes Problem)

Für welche maximal große Klasse von View-Definitionen sind Änderungen semantisch sinnvoll?

SQL2 bleibt mit seiner restriktiven Handhabung – Beschränkung auf *Updateable Views* – auf der sicheren Seite.

5.2.4.3 Views und regelbasierte Programmierung

Die *regelbasierte Programmierung* stellt eine interessante Verwendung von Views dar, obwohl Views nicht aus diesem Grunde erfunden wurden.

Beispiel 143 (Verwandtschaftsregeln)

In dem relationalen DB-Schema

```
Vater(Va, Kind)
Mutter(Mu, Kind)
```

lassen sich Views zur Angabe von Verwandschaftsbeziehungen nutzen:

```
CREATE VIEW Elternteil (e, ki) AS
  (SELECT * FROM Vater)
    UNION
  (SELECT * FROM Mutter);

CREATE VIEW Geschwister (g1, g2) AS
  SELECT a.ki, b.ki
  FROM Elternteil a, Elternteil b
  WHERE a.e = b.e AND a.ki <> b.ki;
```

Zum linguistischen Vergleich betrachte man die Lösung dieses Problems mit Datalog:

```
Elternteil(X,Y)   <- Vater(X,Y).
Elternteil(X,Y)   <- Mutter(X,Y).
Geschwister(X,Y)  <- Elternteil(Z,X),
                     Elternteil(Z,Y),
                     X <> Y.
```

5.3 Systemkataloge

Definition 144 (Systemkataloge)

Die *Systemkataloge* enthalten Metainformation über die relationale Datenbank, insbesondere DDL-Information über Relationen, Views, Constraints und Zugriffsrechte.

SQL2 unterteilt die Systemkataloge wie folgt:

- `DEFINITION_SCHEMA`:
  enthält *Systemrelationen*, die für Applikationen nicht direkt zugreifbar sind.
- `INFORMATION_SCHEMA`:
  enthält *zugreifbare Views* über dem `DEFINITION_SCHEMA` wie beispielsweise:
  - `TABLES`: Information über Relationen.
  - `VIEWS`: Information über Views.
  - `COLUMNS`: Information über Attribute von Relationen und Views.

Beispiel 145 (Metaquery)

Metaquery: „Wie lautet die Definition des `BESTART`-Views?" (vgl. Beispiel 139)

```
SELECT text
FROM VIEWS
WHERE Name = 'BESTART';
```

Bemerkung 146 (Physische DDL)

SQL besitzt ein hohes Maß an physischer Datenunabhängigkeit. Die *physische DDL* ist in SQL2 aber *nicht* standardisiert, sondern bei den verschiedenen DBS-Herstellern zum Teil sehr unterschiedlich realisiert. Die physische DDL wird vom DB-Administrator zum DB-Tuning eingesetzt.

Nachfolgende Diskussion wird nach Durcharbeitung von Kapitel 7 besser verständlich werden. Ein erster Eindruck erscheint aber hier bereits nützlich.

Bei allen RelDBS gibt es folgende Möglichkeiten zur Effizienzverbesserung im laufenden Betrieb (die Syntax ist herstellerabhängig):

```
CREATE INDEX ord ON BESTELLUNG2(Auftrag#);
```

Dieser Befehl bewirkt

- einen Eintrag in einen herstellerabhängig unterschiedlich benannten Systemkatalog (z.B. `INDEXES`) und
- die Erzeugung eines permanenten DB-Indexes (in Gestalt eines Präfix-B*-Baums, einer Hash-Tabelle o.ä.) auf dem Attribut `BESTELLUNG2.Auftrag#`.

Dadurch werden Selektionen oder Joins über `BESTELLUNG2.Auftrag#` signifikant beschleunigt. Der Preis ist ein erhöhter Speicher- und Indexwartungsaufwand bei Updates.

Weitere Möglichkeiten:

```
CREATE UNIQUE INDEX ...;
```

Dieser Befehl ist nur für Schlüsselkandidaten sinnvoll.

Löschen eines Index geschieht durch:

```
DROP INDEX ord;
```

Bemerkung 147 (Laufzeitoptimierung durch Indizes)
Bestehende SQL2-Anwendungen sind durch DB-Indizes in ihrer Korrektheit nicht betroffen, es ändert sich lediglich das Laufzeitverhalten.

Es gibt noch einige weitere Tuning-Möglichkeiten, die jedoch meist nur offline durchgeführt werden können. Dazu zählen:

- Festlegung von Backup/Recovery-Strategien beim Einrichten einer Datenbank (z.B. verschiedene Methoden des Logging).

- Angaben zur physischen Datenorganisation wie etwa vorreservierter Tablespace, Zuordnung von Files auf Platte (space allocation, clustering), Freispeicherverwaltung oder Festlegung der Seitengrößen und der Größe des DB-Cache etc.

5.4 SQL2 und Applikationen

DB-Applikationen werden oft in einer „3-GL"-Sprache wie C, Cobol, Pascal, Ada oder Fortran geschrieben. Probleme treten bei der Koppelung von 3-GL und SQL auf, was man mit dem Schlagwort *Impedance Mismatch* bezeichnet.

(a) Die Typensysteme der 3-GL-Sprachen unterscheiden vom SQL2-Typsystem.

(b) 3-GL-Sprachen basieren auf Einzelverarbeitung (one record at a time), während SQL mengenorientiert und die Kardinalität der Ergebnisrelation a priori zumeist unbekannt ist.

5.4.1 Zuordnung von Datentypen in ESQL

Der Impedance Mismatch (a) bedeutet, daß man die Wahl der 3-GL-Sprache abhängig von der zu erstellenden SQL2-Applikation treffen sollte.

Fällt beispielsweise viel Gleitkomma-Arithmetik (SQL2-Typen `REAL`, `FLOAT`, `DOUBLE`) an, ist Cobol als Host-Sprache denkbar ungeeignet, während bei Festkomma-Arithmetik (SQL2-Typen `NUMERIC`, `DECIMAL`) C als Host-Sprache fraglich erscheint.

Für die wichtigsten 3-GL-Sprachen gibt es eine festgelegte Zuordnung von 3-GL-Datentypen und SQL2-Datentypen, z.B.:

C-Typ	SQL-Typ
char	CHARACTER
	(mit der gleichen Länge
	und dem gleichen Zeichensatz)
varchar	CHARACTER VARYING
	(mit der gleichen Länge
	und dem gleichen Zeichensatz)
short	SMALLINT
long	INTEGER
float	REAL
double	DOUBLE PRECISION
bit	BIT (mit der gleichen Länge)

Dabei werden C-Datentypen wie varchar und bit über C-Header-Dateien mit entsprechenden Typvereinbarungen realisiert.

Alle weiteren Unverträglichkeiten der Datentypen wie etwa zwischen char und DATE müssen durch CAST-Operationen explizit umgewandelt werden.

5.4.2 Embedded SQL2

Der Impedance Mismatch (a) erfordert zusätzlichen Aufwand, wenn die 3-GL-Sprache und SQL2 gemischt werden sollen. Beim sogenannten *Embedded* SQL (ESQL) werden SQL2-Statements in ein 3-GL-Programm eingestreut und einem Präprozessor als solche kenntlich gemacht durch Markierung mit

```
EXEC SQL ...
```

5.4.2.1 Eine SQL/C-Schnittstelle

Das folgende Diagramm zeigt schematisch den Übersetzungsvorgang von Embedded SQL in ein lauffähiges Programm für eine C-Umgebung.

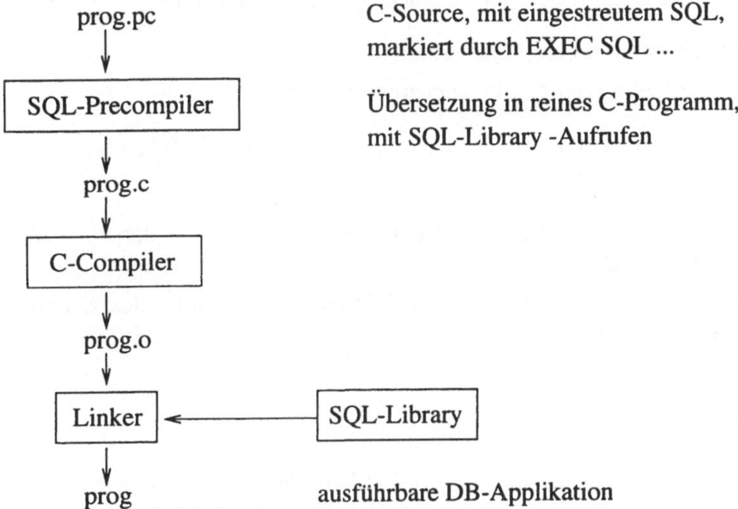

Die Verbindung von C-Variablen mit SQL2 beruht auf der Grundidee, C-Variablen anstelle von Konstanten in SQL2 zu verwenden. Bei der Ausführung des betreffenden SQL2-Statements werden die aktuellen Variablenwerte substituiert. Zur Deklaration der C-Variablen dient die Anweisung:

```
EXEC SQL BEGIN DECLARE SECTION;
...normale C-Variablen-Deklarationen...
EXEC SQL END DECLARE SECTION;
```

Im SQL2-Statement wird eine Variable x durch :x als Host-Variable gekennzeichnet.

Beispiel 148 (Host-Variablen in SQL2)

Wir steigen wieder in das Versandhaus-Schema aus Beispiel 59 ein.

Die C-Variablen `Item`, `Auftrno`, `Menge` seien vorher in der `DECLARE`-Section mit den passenden Datentypen definiert worden.

```
EXEC SQL INSERT INTO beinhaltet
         VALUES (:Item, :Auftrno, :Menge)
```

5.4.2.2 Das WHENEVER-Statement

Zur leichteren Handhabung von Sondersituationen *(exceptions)* bietet Embedded SQL das WHENEVER-Statement, das textuell vor das zu überwachende SQL-Statement plaziert werden muß.

```
WHENEVER <condition> <condition-action>;
<SQL-Statement>;
```

Der Ausdruck <condition> kann folgendermaßen aufgebaut sein:

- SQLERROR bei aufgetretenem SQL-Fehler.
- NOT FOUND bei leerer oder bereits abgearbeiteter Ergebnistupelmenge.

Für den Ausdruck <condition-action> kommen folgende Varianten in Frage:

- CONTINUE setzt das Programm nach dem fehlerauslösenden<SQL-Statement> fort.
- GOTO <Marke> setzt die Programmausführung an der Stelle des C-Labels <Marke> fort.

5.4.3 Das Cursor-Konzept

Zur Überbrückung des Impedance Mismatch (b) bietet Embedded SQL das *Cursor-Konzept* an. Weil die Ergebnisrelation einer SQL2-Query im 3-GL-Programm nur tupelweise verarbeitet werden kann, ist die Verwendung eines Cursors, der über alle Tupel der Ergebnisrelation iteriert, äußerst hilfreich.
Cursor-Syntax:

```
DECLARE <cursor-name> [INSENSITIVE] [SCROLL]
CURSOR FOR <query-expression>
[order-by] [updatability]
```

Beispiel 149 (Cursor-Definition)
```
EXEC SQL DECLARE curs_b CURSOR FOR
         SELECT ArtName, Anzahl
         FROM beinhaltet;
```

Das *Öffnen* eines Cursors geschieht durch

```
OPEN <cursor-name>;
```

Dabei muß der Cursor `<cursor-name>` bereits definiert und noch nicht geöffnet sein. Die durch `<cursor-name>` eindeutig gekennzeichnete `<query-expression>` wird durch das DBS ausgewertet.

Bemerkung 150

Auch für Queries, die Host-Variablen beinhalten (sogenannte *query forms*), ist eine eine Query-Optimierung möglich.

Das Schließen eines Cursors erfolgt mit Hilfe der Anweisung

```
CLOSE <cursor-name>
```

Dadurch wird `<cursor-name>` geschlossen – kann also bei Bedarf neu geöffnet werden. Außerdem werden alle betroffenen Systemressourcen freigegeben.

5.4.3.1 Das FETCH-Statement

Mit einem geöffneten Cursor kann das Query-Ergebnis im Host-Programm mittels FETCH tupelweise verarbeitet werden.

Die Syntax des FETCH-Statements lautet:

```
FETCH <orientation>
FROM <cursor-name>
INTO <targets>
```

Bei *scrollable cursors* kann die Positionierung (Orientierung) durch Angabe von NEXT, PRIOR, FIRST, LAST und absoluter/relativer Positionsangabe gesteuert werden. Die NEXT-Verarbeitung ist der Normalmodus. Der Ausdruck `<targets>` gibt die Host-Variablen an, die die Werte des aktuellen Tupels aufnehmen sollen.

Beispiel 151 (ESQL/C-Programm)

Es soll ein ESQL/C-Programm geschrieben werden, das „zu Fuß" das gleiche Ergebnis wie folgende SQL2-Query berechnet:

```
SELECT SUM(Anzahl) AS su
FROM beinhaltet
WHERE ArtName = 'ONKO';
```

Man erhält als Lösung das folgende ESQL/C-Programmfragment:

```
EXEC SQL BEGIN DECLARE SECTION;
        int Menge;
        char Item[10];
EXEC SQL END DECLARE SECTION;


        int sum = 0;
        .

        .

        .


EXEC SQL DECLARE curs_b CURSOR FOR
        SELECT ArtName, Anzahl
        FROM beinhaltet;


EXEC SQL OPEN curs_b;


EXEC SQL WHENEVER NOT FOUND GOTO printsum;
        while(1){
  EXEC SQL FETCH curs_b
   INTO :Item, :Menge;
          if (!strcmp(Item,"ONKO"))
    sum += Menge;
        }
        printsum: printf("%d\n", sum);


EXEC SQL CLOSE curs_b;
```

Bemerkung 152 (ESQL vermeiden)
Dieses Beispiel ist nur als Illustration des ESQL/C-Mechanismus gedacht. Man vermeide ESQL/C, wann immer reines SQL2 ausreicht!

5.4.3.2 Änderungen über einen Cursor

Das *aktuelle* Tupel kann mit Hilfe der Befehle

```
UPDATE <table-name> SET <set-list>
WHERE CURRENT OF <cursor-name>;
```

bzw.

```
DELETE FROM <table-name>
WHERE CURRENT OF <cursor-name>;
```

über einen Cursor manipuliert werden. Der `<cursor-name>` muß *updateable* sein (vgl. View-Update-Problem).

Zugriffsschutz *innerhalb* einer Transaktion erreicht man durch „defensive Programmierung" mit:

```
DECLARE <cursor-name> ... FOR READ ONLY;
```

bzw.

```
DECLARE <cursor-name> ...
FOR UPDATE OF <column-name-list>;
```

Default ist die uneingeschränkte Änderbarkeit.

Als *Sensitivität* eines offenen Cursors bezeichnet man das Ausmaß seiner Stabilität und seines Schutzes gegen Änderungen *innerhalb* einer Transaktion:

```
DECLARE INSENSITIVE cur1 ...;
```

Ein offener Cursor `cur1` wird nicht beeinträchtigt durch Änderungen eines offenen Cursors `cur2` auf der gleichen `<query-expression>`.

5.4.4 Dynamisches SQL

Dynamic SQL ist eine Erweiterung von ESQL für solche Anwendungsfälle, wo der vollständige Text des auszuführenden SQL2-Statements zur Programmierzeit noch teilweise unbekannt ist. Typisches Beispiel für die geschilderte Situation ist ein Spreadsheet-Programm, das seine Daten in einer SQL-DB verwaltet. Eine interaktiv eingegebene Benutzerformel muß dann dynamisch in ein SQL2-Statement übersetzt werden. Es gibt zwei Möglichkeiten der Ausführung in Dynamic SQL:

- Das EXECUTE IMMEDIATE-Statement analysiert, optimiert und wertet das SQL2-Statement aus. Ein nochmaliger Aufruf erzeugt den gleichen Aufwand.
- Das PREPARE-Statement, gefolgt von ein oder mehreren EXECUTE-Statements, beschränkt den Analyse- und Optimierungsaufwand auf das PREPRARE-Statement.

Beispiel 153 (Eingabespooler mit Dynamic SQL)

Für unser Versandhaus aus Beispiel 59 seien die Auftragseingänge in einer Datei im Format

```
[Auftrno, {Item, Menge}*]
```

erfaßt worden.

Als Endemarkierung auf der Datei diene

```
Item = "end"
```

Das folgende Dynamic SQL-Programm ist das Fragment eines Eingabespoolers.

```
          .

          .

          .
EXEC SQL BEGIN DECLARE SECTION;
int Auftrno, Menge;
char Item[10];
char temp;

          .

          .

          .
EXEC SQL END DECLARE SECTION;
          .

          .

          .
temp = "INSERT INTO beinhaltet"
       "VALUES (:Item, :Auftrno, :Menge)";


EXEC SQL PREPARE curs2_b FROM :temp;
scanf("%d", &Auftrno);
do {
scanf("%s", &Item);
       scanf("%d", &Menge);
EXEC SQL EXECUTE curs2_b
       USING :Item, :Auftrno, :Menge;
   }
   while (strcmp(Item, "end"));
          .

          .

          .
```

5.4.5 Datenbank-Verbindungen und Sessions

Vor Ausführung einer Transaktion bzw. eines SQL2-Statements muß die Verbindung zwischen dem Applikationsprogramm *(Client)* und dem DB-System *(Server)* aufgebaut werden:

- Eine *DB-Session* bezeichnet die Dauer vom Aufbau(CONNECT) der ersten DB-Verbindung, eventuell gefolgt von weiteren CONNECTs zu anderen Datenbanken, bis zum Auflösen (DISCONNECT) all dieser Verbindungen.
- Während einer DB-Session können eine oder mehrere Transaktionen abgearbeitet werden.

Die Syntax des CONNECT-Befehls lautet:

```
CONNECT TO <target>
        [AS <connect-name>]
        [USER <user-name>];
```

Dabei bezeichnet `<target>` eine bereits eingerichtete Datenbank, die logisch mit `<connect-name>` angesprochen werden soll. Frühere noch aktive DB-Verbindungen macht der CONNECT-Befehl inaktiv.

Eine bestehende, aber inaktive DB-Verbindung wird wieder aktiviert durch:

```
SET CONNECTION <connect-name>;
```

Eine endgültige Schließung erfolgt mit:

```
DISCONNECT <connect-name>;
```

bzw.

```
DISCONNECT ALL;
```

Bemerkung 154 (DB-übergreifende Sessions)

- Eine Transaktion kann während einer Session Änderungen auf mehreren Datenbanken vorgenommen haben. Folglich erfordert ein atomares Commit besondere Maßnahmen (vgl. Kapitel 9).

- Der Standard RDA *(Remote Database Access)* unterstützt ein atomares verteiltes Commit.

5.4.6 Weitere Standards

Bisher wurden interaktives SQL2, Embedded SQL sowie Dynamic SQL besprochen. Eine Variante von Embedded/Dynamic SQL ist die *SQL-Modulsprache*. Sie zeichnet sich durch folgendes Grundkonzept aus:

- SQL2-Statements stehen in einem eigenen Modul separat vom 3-GL-Programm.

- SQL2-Statements werden vom 3-GL-Programm aus über einen Link-Mechanismus aufgerufen.

Für die Syntax sei auf die SQL2-Spezifikation verwiesen. Die Modulsprache ist weniger verbreitet als Embedded/Dynamic SQL.

Für Anwendungsprogramme (z.B. auf einer Windows-Plattform) existiert ein SQL-Anschluß über ODBC *(Open Database Connectivity)*.

5.5 Unterstützung für Multimedia

5.5.1 Das LIKE-Prädikat

Die Unterstützung für Multimedia ist in SQL2 ausgesprochen dürftig bzw. nicht existent. Lediglich eine eingeschränkte Mustererkennung innerhalb von Stringdaten ist mit Hilfe des LIKE-Prädikats möglich:

%   :   Platzhalter für irgendeinen String.

_   :   Platzhalter für irgendein Zeichen („Joker").

Beispiel 155 (Mustersuche)
```
SELECT *
FROM liefert
WHERE ArtName LIKE 'N_s%';
```
Für das Suchmuster 'N_s%' würde z.B. 'Nasenkrause' zutreffen.

Soll der Suchstring die Sonderzeichen '%' oder '_' selbst beinhalten, so steht ein Escape-Mechanismus zur Verfügung.

Beispiel 156 (Mustersuche mit Escape)
```
SELECT *
FROM R
WHERE R.title
LIKE '%#%%' ESCAPE '#';
```
Für das Suchmuster '%#%%' würde z.B. 'FIVE%RAISE' zutreffen.

Mustervergleiche sind auch mittels NOT LIKE möglich.

5.5.2 Erweiterungen für Volltext-Datenbanken

5.5.2.1 Volltext-Datenbanken

Die Unterstützung von SQL2 für Textrecherchen fällt mit dem LIKE-Prädikat sehr dürftig aus. Ebenso ist die maximale Textlänge durch den Datentyp CHAR(n) sehr eingeschränkt; sie liegt typischerweise im Bereich weniger Kilobytes.

Eine *Volltext-Datenbank* muß aber sehr viel umfangreichere Texte verwalten können, teilweise bis in den Giga- bis Terabyte-Bereich. Zudem sind weit komplexere Recherchemöglichkeiten anzubieten.

Als Einsatzgebiete für Volltext-Datenbanken kommen z.B. in Frage:

- Bibliothekssysteme
  (Problematik: Kategoriensuche vs. Volltextsuche),
- Dokumentenverwaltungssysteme,
- Redaktionssysteme.

5.5.2.2 Erweiterungen des SQL-Systems TransBase-SQL

Für Texte werden als Attribute einer Relation folgende Datentypen angeboten:

- CHAR(n): SQL2-Standard, max. 4 Kilobyte.
- CHAR(*): variabel großer Text, maximal 4 Kilobyte.
- BLOB: maximal 2 Gigabyte.

Bemerkung 157
Der Datentyp BLOB ist auch für andere Multimediazwecke einsetzbar.

Beispiel 158 (Volltextattribut)
Das Attribut cv (curriculum vitae) enthalte den Lebenslauf eines Angestellten:

```
CREATE TABLE emp
   (id INTEGER PRIMARY KEY,
    hired DATE NOT NULL,
    cv CHAR(*));
```

5.5.2.3 Das CONTAINS-Prädikat

Als Erweiterung von SQL2 bietet TransBase das CONTAINS-Prädikat zur Volltextsuche an. Prädikate der Form

```
<attribut-name> CONTAINS (<fulltext-term>)
```

können in einer WHERE-Klausel erscheinen. Folgende Funktionalität wird angeboten:

Wortrecherchen: Dies ist analog zum LIKE-Prädikat.

```
SELECT *
FROM emp
WHERE hired > DATE '1995-11-11'
  AND cv CONTAINS ('datab%');
```

Koppelung mit ESQL: EXEC SQL SELECT *
           FROM emp
           WHERE cv CONTAINS (:var);

Boolesche Ausdrücke: (AND, OR, NOT): SELECT *
   FROM emp
   WHERE cv CONTAINS (('database' NOT
                       'object')
                OR ('SQL' NOT '4GL'));

Phrasenrecherchen: Möglich sind *zusammenhängende Wortpassagen*

```
SELECT *
FROM emp
WHERE cv CONTAINS
   ('database' 'system%');
```

sowie *Distanzen* [a,b] *zwischen Wörtern*

```
SELECT *
FROM emp
WHERE cv CONTAINS
(('object%' [0,1]
   'database' 'systems')
 OR ('distributed' [1,1] 'systems'))
```

Bemerkung 159 (Volltextindex)

Voraussetzung für Volltextsuche sind Volltextindizes auf den verwendeten Attributen:

```
CREATE [POSITIONAL] FULLTEXT INDEX
      <index-name>
      <fulltext-spec>
ON <table-name> (<attribute-name>)
      <scratch-area>
```

- Phrasensuche benötigt POSITIONAL.
- Die Indexerstellung kann in <fulltext-spec> gesteuert werden. Folgende Möglichkeiten stehen zur Verfügung:

  WORDLIST FROM w_table_name:
  Nur explizit in w_table_name aufgelistete Wörter werden indiziert.

  STOP WORDS FROM s_table_name:
  Alle Wörter außer solchen in s_table_name werden indiziert.

  CHARMAP:
  Mittels CHARMAP können Sonderzeichen behandelt werden (z.B. die Umsetzung von 'ö' als 'oe').

  DELIMITERS:
  Mit DELIMITERS sind Wortgrenzen steuerbar. Im Normalfall markieren blank, tab, newline die Wortgrenzen.

5.5.3 Der Datentyp BLOB

Das Akronym BLOB steht für *Binary Large Object*. BLOBs werden heute bereits von den meisten relationalen DB-Systemen angeboten; sie werden im SQL3-Standard enthalten sein. Das SQL-System TransBase unterstützt gleichfalls Attribute vom Datentyp BLOB.

Beispiel 160 (BLOBs für Multimedia)

```
CREATE TABLE emp
(id INTEGER PRIMARY KEY,
 hired      DATE NOT NULL,
 cv         CHAR(*),    -- Volltext-Lebenslauf
 photo      BLOB,       -- Passphoto
 voice      BLOB,       -- Stimmprobe
 signature  BLOB,       -- Unterschriftsprobe
 mission    BLOB        -- Persoenliches Video
);
```

Der Datentyp BLOB wird vom DBS TransBase nicht interpretiert, d.h. er trägt keinerlei Semantik außer bei Verwendung in Verbindung mit dem CONTAINS-Prädikat für Volltext. Die Interpretation muß also in der DB-Applikation selbst geschehen.

Die einzigen DB-Operationen auf BLOBs sind:

- Einfügen, Löschen, Ändern eines BLOBs.
- Test eines BLOBs auf NULL.
- Bestimmung der Länge eines BLOBs (in Bytes).
- Selektion eines BLOBs mit optionaler Angabe eines Bytebereichs (SUBRANGE).
- Ein Vergleich „=" wird auf BLOBs nicht unterstützt, weshalb keine Joins über BLOBs möglich sind.
- Alle BLOBs werden bei DISTINCT und Aggregation/Gruppierung als verschieden betrachtet.
- Die Einrichtung eines Index ist außer für CONTAINS nicht möglich.

Beispiel 161 (Operationen auf BLOBs)

In Fortführung von Beispiel 160:

```
SELECT id, mission SUBRANGE(1,100000)
FROM emp
WHERE cv CONTAINS ('leader%');
```

Aktuell werden Blobs zur Erleichterung der Ein- und Ausgabe im Filesystem des jeweiligen Betriebssystems verwaltet. Die Eingabe neuer emp-Tupel geschieht über ein Spoolfile.

Beispiel 162

Spoolfile für Multimedia-Daten in Beispiel 160:

```
[(123,'1995-11-11', CHARFILE001,
   BLOBFILE002, BLOBFILE003, BLOBFILE004,
   BLOBFILE005),
          .
          .
          .
]
```

`BLOBFILE002` kann z.B. eine Audiodatei im .au-Format (.wav in Windows) sein, `BLOBFILE005` eine Videodatei im mpeg-Format etc.

Das „Einspoolen" erfolgt durch

```
SPOOL emp FROM spoolfile;
```

Das „Ausspoolen" erfolgt durch

```
SPOOL INTO spfile SELECT * FROM emp;
```

5.5.4 SQL-Datenbanken auf CD-ROM

Eine wichtige Anwendungsklasse sind *Read-Only-Datenbanken*. Sie werden etwa für Versandhauskataloge, Ersatzteilkataloge oder digitale Telefonbücher mit integrierten Suchfunktionen verwendet. CD-ROMs mit integriertem SQL-DBS für Queries bieten sich hierfür als preisgünstige Methode der Datendistribution an.

Die technischen Kenndaten einer heutigen CD-ROM sind:

- Speicherkapazität ca. 650 MByte.
- Datenübertragungsrate bis ca 2 MByte/s.
- Durchschnittliche Zugriffszeit unter 100 ms.
- Zwei Herstellungstechniken:
  - Herstellung großer Auflagen von einem sog. Master, ca. DM 0,01–0,02/MByte.
  - CD-Recorder zur Herstellung von Einzelexemplaren oder kleiner Auflagen, ca. DM 3 pro Rohling.

Für CD-ROM *Jukeboxes* gilt:

- Ihr Prinzip ähnelt den früheren Schallplatten-Jukeboxen. Sie enthalten viele CD-ROMs – eventuell mehrere Hunderte – und ein oder mehrere CD-ROM-Laufwerke/CD-ROM-Recorder.
- Eine CD-ROM kann in einer Jukebox drei verschiedene Zustände annehmen:
  - *online:* CD-ROM ist im Schreib-/Lesegerät.
  - *near-line:* CD-ROM ist nicht in Schreib-/Lesegerät, aber in der Jukebox.
  - *offline:* CD-ROM muß vom Operator in die Jukebox eingelegt werden.
- Eine near-line CD-ROM online zu machen dauert durchschnittlich mehrere Sekunden. Das DBS sollte dies berücksichtigen und z.B. ein Caching der CD-ROM-Inhaltsverzeichnisse vornehmen. Man bezeichnet ein solches Vorgehen als *Volume Management*.

Mit TransBase-SQL ist die Erstellung einer CD-ROM-Datenbank mit entsprechender Unterstützung durch DBA-Prozeduren in folgenden Schritten möglich:

1. Entwicklung einer SQL-Datenbank wie gewohnt.
2. Erstellung der gewünschten CD-ROM-Datenbank für Testzwecke auf Hard Disk.
3. Herstellung der physischen CD-ROM.
4. Einrichten der CD-ROM-Datenbank.
5. Danach kann die Datenbank beschränkt auf Read-Only wie üblich eingesetzt werden. Dabei wird unter Benutzung eines Hauptspeicher-Caches und eines Platten-Caches eine *2stufige* DB-Cache-Verwaltung eingesetzt.
6. Daten der CD-ROM können auch überschrieben werden. Die aktuellen Daten werden dann auf Festplatte gehalten und verschatten die CD-ROM-Daten.

5.6 Kritische Würdigung

SQL2 als Querysprache:

- *Höhere Produktivität* durch den deklarativen und mengenorientierten Ansatz, basierend auf dem Relationen-Kalkül.
- *Hohe Flexibilität* für ad-hoc Queries: Ein assoziativer Datenzugriff ist auf beliebige Attributkombinationen möglich.
- *Ausreichende Effizienz* ist heute dank ausgereifter Query-Optimierer für viele Anwendungsgebiete erzielbar.
- *Sprachmächtigkeit:*
  - SQL2 (ohne Aggregation und arithmetische Ausdrücke) ist relational vollständig.
  - Rekursion ist in SQL2 nicht formulierbar. Damit ist SQL2 nicht berechnungsvollständig.

SQL2 als DDL- und Updatesprache:

- Umfangreiche Möglichkeiten zur Formulierung von Integritätsbedingungen.
- Ein gutes Maß an Datenunabhängigkeit ist realisiert worden.

Einsatz von ESQL/Dynamic SQL:

- Die fehlende Funktionalität von SQL2 muß prozedural hinzuprogrammiert werden. Insbesondere bei der Rekursion ist das jedoch ein fehleranfälliger, aufwendiger und zumeist sehr ineffizienter Ausweg (Impedance mismatch).
- Realisierung von Ein-/Ausgabe für DB-Applikationen.
- Erweiterung zu nicht-standardisierten 4th-Generation-Languages (4-GL):
  - *Maskengeneratoren:*
    Eingabeformulare für DB-Inserts.
  - *Menügeneratoren:*
    Erstellung hierarchischer Masken.

- *Reportgeneratoren:*
  Spezielle Formatierung von Query-Ergebnissen.
- *Datentransfer:*
  Datenspooling

Hauptmängel von SQL2:

- Problematik der Duplikate.
- Verfehlte NULL-Semantik.
- Der Zwang zur 1NF ist für viele Anwendungsbereiche sehr hinderlich.
- Zu geringe Sprachmächtigkeit.
- Keine objektorientierten Modellierungsmöglichkeiten.
- Kaum Unterstützung für Multimedia-Datentypen.

Der angekündigte SQL3-Standard soll viele dieser Defizite beseitigen.

5.7 Spezielle Anwendungen

5.7.1 SQL und Data Warehouses

Der traditionelle Einsatz von DB-Systemen besteht im *Online Transaction Processing* (OLTP). Eine neuere Verwendungsart ist das *Online Analytical Processing* (OLAP) als Komponente eines *Decision Support Systems* (DSS).

Ein Vergleich zwischen OLTP und OLAP für große kommerzielle SQL-Anwendungen liefert das folgende Bild:

	OLTP	OLAP
Aufgabe	täglich wiederkehrende Operationen (Operativ-Datenbanken)	Entscheidungs-unterstützung
Datenbestand	aktuell, SQL2 (insb. 1NF), isolierte DBs	historisch, aggregiert, integrierte DB
Verarbeitungs-einheit	kurze ACID-Transaktionen	komplexe Queries
# zugegriffener Tupel	wenige	Millionen
# der Benutzer	Tausende	wenige bis Hunderte
DB-Größe	100 MB–GB	100 GB–TB
Performanz-kennzahl	Transaktionsdurchsatz	Query-Antwortzeit

Aus betriebsorganisatorischen und Effizienzgründen müssen OLAP-Aufgaben auf einer von den Operativ-Datenbanken abgetrennten Datenbank, dem sogenannten *Data Warehouse*, ausgeführt werden.

Das Data Warehouse enthält insbesondere historische Datenbestände. Eine gezielte Analyse mit OLAP-Tools soll den Informationsvorsprung bringen, um auf die durch Globalisierung, Individualisierung und dem Zwang zu immer kürzeren Produktzyklen sich verschärfenden Wettbewerbsbedingungen vorbereitet zu sein. Die Qualität der Entscheidungen hängt stark von der Qualität der Daten im Warehouse und der Qualität der Informationsaufbereitung ab.

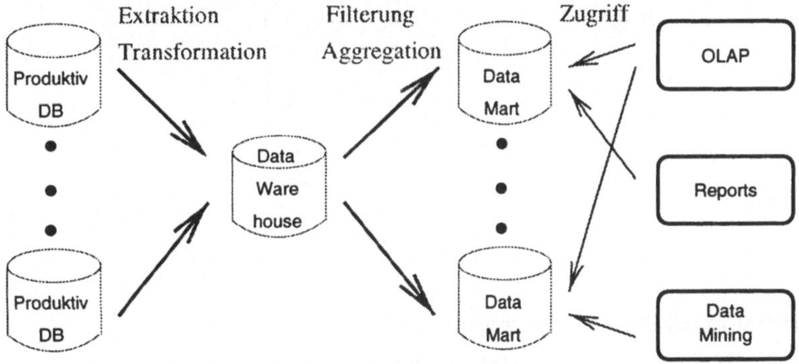

Bemerkung 163 (Kommerzieller Stand)

- Heutige Produktivdatenbanken sind relational (oder älter).

- Ein Data Warehouse kann auf zwei Arten realisiert werden:
  - Aufbauend auf einer SQL-Datenbank (ROLAP, *relational OLAP*)
  - Aufbauend auf einem eigenen, multidimensionalen Datenmodell (MOLAP, *multidimensional OLAP*)

Bemerkung 164 (Problembereiche)

- Die Datensäuberung und Datenintegration beim Laden des Data Warehouses aus den Produktiv-Datenbanken ist schwierig. Verlangt wird die Aufdeckung von Inkonsistenzen aller Art, wie etwa der Verletzung von Integritätsbedingungen, der Verwendung unterschiedlicher Datentypen für gleiche Attribute und das Aufspüren von Synonymen (z.B. „gender" und „sex").

- Geeignete Datenfilterung bei der Erstellung des Data Warehouses und der davon abgeleiteten *Data Marts*.

- Hinsichtlich der Aktualisierung (*Refreshing*) kann das Data Warehouse als *materialisierter View* betrachtet werden.

Eine gute Entscheidungsunterstützung setzt eine gute Aufbereitung der Information für *verschiedenste Aggregationssichten* voraus. SQL2 bietet leider keine ausreichende Funktionalität bzgl. Aggregation/Gruppierung. Die Operationen

```
SLICE & DICE, ROLL UP, DRILL DOWN,
DRILL THROUGH
```

des multidimensionalen Datenmodells stellen wichtige Erweiterungen dar.

Datenbestände sind in der Praxis oft mehrdimensional hierarchisch angeordnet. Man vergleiche dazu das Beispiel einer dreidimensionalen Anordnung von Umsatzzahlen:

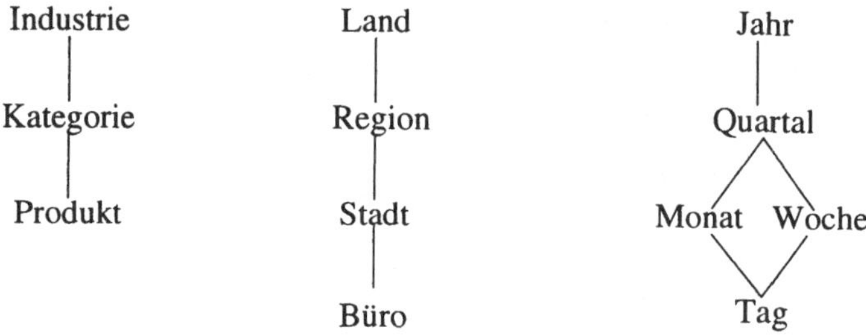

- ROLL UP:

  Datenaggregation auf einer Hierarchiestufe, z.B.:

  „Gesamtverkaufsumsatz im letzten Jahr je Produktkategorie und Region".

- ROLL DOWN, DRILL DOWN, DRILL THROUGH:

  Übergang von einer Aggregationsebene zu einer detaillierteren Ebene, z.B.:

  „Ermittle für eine gegebene Produktkategorie die detaillierten Verkaufsdaten eines jeden Büros je Tag".

- SLICE & DICE:

  Selektion und Projektion, z.B.:

  „Ermittle den Verkaufsumsatz für Getränke im Westen für die letzten 6 Monate".

Zahlreiche Hersteller bieten ähnliche nicht-standardisierte Erweiterungen an; für ROLAP-Server sind dies u.a. die Produkte Sybase IQ, Microstrategy DSS Server, Informix MetaCube.

5.7.2 SQL und das Internet

Um die Informationen in einer Datenbank einem möglichst großen Nutzerkreis zugänglich zu machen, bietet sich das Internet geradezu an. Technisch sind dabei zwei Aspekte zu berücksichtigen.

- Es sollte eine HTML-Schnittstelle zur Ein-/Ausgabe in die Datenbanken geschaffen werden, denn ein HTML-Browser wie z.B. Netscape steht jedem zur Verfügung.

• Für DB-Zwecke ist es erforderlich, HTML/Dokumente als Query-Antwort dynamisch generieren zu können.

Aus diesem Grund wurde das *Common Gateway Interface* (CGI) geschaffen, das die Schnittstelle zwischen einem Datenbank-Client und einem Webserver, der die Datenbank ansteuert, bildet.

CGI-Programme können in verschiedenen Programmiersprachen geschrieben werden (z.B. C/C++, Fortran, PERL, TCL, Shell-Skriptsprachen). Bei jedem Clientzugriff über die URL wird das CGI-Programm ausgeführt, so daß Information *dynamisch* erzeugt werden kann. Das Ergebnis wird an den Client im gewünschten MIME-Type (Multipurpose Internet Mail Extensions) zurückgeschickt. Aktuelle *Parameterwerte* für eine Query können vom Client über die URL des Servers mitgeteilt werden.

Ein Beispiel zur Abfrage einer Aktienchart-DB findet sich unter http://www.bank24.de/cgi-bin/cgichart?type=3&search=oracle.

Neben CGI gibt es noch andere Ansätze wie SSI, SSS oder API. Entsprechende *Datenbank-Webserver* werden von den meisten DBS-Herstellern angeboten.

5.8 Übungen (online)

Die Übungen sind nur in der Online-Version verfügbar!

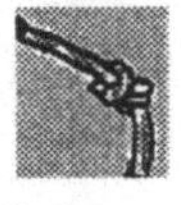

Übung

6. Algebraische Query-Optimierung

6.1 Vorüberlegungen zum Query-Optimierer

Es gibt zwei grundverschiedene Methoden der Query-Optimierung:

- Konkrete Kostenabschätzung für Laufzeit und Speicherplatz, verbunden mit einer Auswahl der kostengünstigsten Auswertungsstrategie.
- Algebraische Umformungen unter der Annahme von Optimierungsheuristiken.

Beispiel 165 (Optimierungsheuristik)
Betrachte die Query

$$Q \equiv \sigma_{A=6}(R \bowtie S)$$

über den Relationen $R(A, B)$ und $S(B, C)$ in RelA. Unabhängig von der Existenz etwaiger Indizes erhält man fast immer eine schnellere Auswertung in der Form

$$Q' \equiv (\sigma_{A=6}(R)) \bowtie S$$

Die zugrundeliegende Heuristik ist, Selektionen möglichst früh abzuwickeln. Die Effekte dieser Transformation sind:

- Der erste Join-Operand hat oft beträchtlich weniger Tupel.
- Wird die Zwischenergebnisrelation $\sigma_{A=6}(R)$ kompakt gespeichert, ist die Anzahl der Blockzugriffe auf den ersten Join-Operand wegen des dadurch bewirkten Clusterings oft beträchtlich geringer.
- Die Größe des Join-Ergebnisses wird oft erheblich kleiner.
- Die Kosten von σ in Q sind sehr gering, falls das Join-Ergebnis sehr klein ist. Demgegenüber ist $\sigma_{A=6}(R)$ in Q' bei großem Join-Ergebnis billiger. Man beachte auch, daß ein Index auf A in Q' verwendbar ist, nicht aber in Q.

Nach der Transformation von Q in Q' wählt man dann die beste Strategie für σ und $\bowtie$ basierend auf konkreten Kostenschätzungen aus.

Bemerkung 166
Heuristiken sind lediglich plausible Optimierungsrichtlinien, die meist – jedoch nicht immer – zu (signifikanter) Verbesserung führen. Gilt im obigen Beispiel $S = \emptyset$, so ist Q günstiger als Q'.

Optimierungsstrategie:

- Im allgemeinen gibt es exponentiell viele verschiedene Möglichkeiten, eine vorliegende Query auszuwerten. Das Aufspüren des jeweils optimalen Auswertungsplans ist deshalb meist zu aufwendig.
- Ziel bei der Konstruktion eines *relationalen Query-Optimierers* sollte folglich sein, den Worst Case zu vermeiden und einen *akzeptablen Auswertungsplan* zu finden.

Folgendes Optimierungsmodell eines relationalen Query-Optimierers ist in der Praxis weit verbreitet:

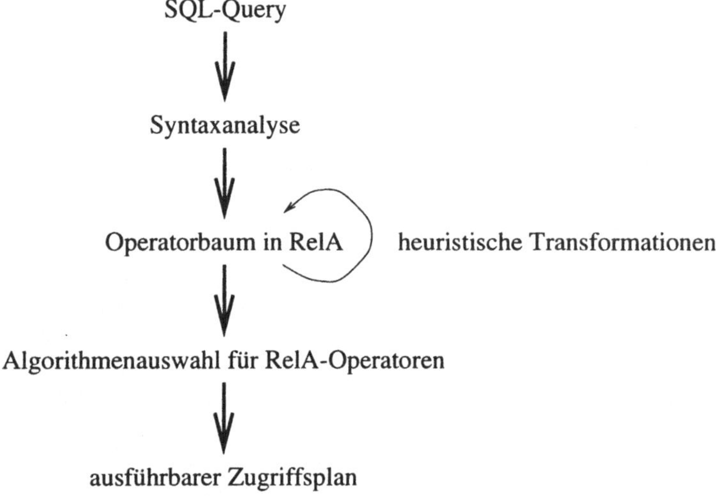

6.2 Äquivalente relationale Ausdrücke

Für die folgenden Betrachtungen ist die Reihenfolge der Attribute in einer Relation irrelevant. Beispielsweise werden $R(A, B, C)$ und $R(C, A, B)$ als identisch angesehen.

Es folgt eine Reihe von Rechengesetzen der relationalen Algebra.

6.2.1 Joins und kartesische Produkte

1. Seien E_1, E_2 RelA-Ausdrücke und F eine Join-Bedingung an Attribute von E_1 und E_2. Dann gilt:

$$E_1 \bowtie_F E_2 \equiv E_2 \bowtie_F E_1$$

$$E_1 \bowtie E_2 \equiv E_2 \bowtie E_1$$

$$E_1 \times E_2 \equiv E_2 \times E_1$$

2. Betrifft F_1 nur Attribute aus E_1 und E_2 und F_2 nur Attribute aus E_2 und E_3, so gilt:

$$(E_1 \bowtie_{F_1} E_2) \bowtie_{F_2} E_3 \equiv E_1 \bowtie_{F_1} (E_2 \bowtie_{F_2} E_3)$$

Entsprechendes gilt für $\bowtie$ und $\times$.

6.2.2 Gesetze mit Selektionen und Projektionen

3. Kaskade von Projektionen:
Für $\{A_1, \ldots, A_n\} \subseteq \{B_1, \ldots, B_m\}$ gilt

$$\pi_{A_1,\ldots,A_n}(\pi_{B_1,\ldots,B_m}(E)) \equiv \pi_{A_1,\ldots,A_n}(E).$$

4. Kaskade von Selektionen:

$$\sigma_{F_1}(\sigma_{F_2}(E)) \equiv \sigma_{F_2}(\sigma_{F_1}(E)) \equiv \sigma_{F_1 \wedge F_2}(E)$$

5. Vertauschung von Selektion und Projektion:

a) F betrifft nur Attribute $A_1 \ldots A_n$:
$$\pi_{A_1,\ldots,A_n}(\sigma_F(E)) \equiv \sigma_F(\pi_{A_1,\ldots,A_n}(E))$$
b) F betrifft auch Attribute $B_1, \ldots, B_m \notin \{A_1, \ldots, A_n\}$:
$$\pi_{A_1,\ldots,A_n}(\sigma_F(E)) \equiv$$
$$\pi_{A_1,\ldots,A_n}(\sigma_F(\pi_{A_1,\ldots,A_n,B_1,\ldots,B_m}(E)))$$

6. Vertauschung von Selektion und kartesischem Produkt:
Betrifft F nur Attribute aus E_1, so gilt:

$$\sigma_F(E_1 \times E_2) \equiv \sigma_F(E_1) \times E_2$$

7. Vertauschung von Selektion mit Vereinigung und Differenz:

$$\sigma_F(E_1 \cup E_2) \equiv \sigma_F(E_1) \cup \sigma_F(E_2)$$
$$\sigma_F(E_1 \setminus E_2) \equiv \sigma_F(E_1) \setminus \sigma_F(E_2)$$

8. Vertauschung von Selektion und Join:
Die Vertauschung von Selektion und Join erfolgt analog zu 4. und 6., da ein Join als Selektion auf einem kartesischen Produkt definiert ist.

9. Vertauschung von Selektion und Natural Join:
Für diesen Spezialfall sei vorausgesetzt, daß F nur gemeinsame Attribute von E_1 und E_2 betrifft:

$$\sigma_F(E_1 \bowtie E_2) \equiv \sigma_F(E_1) \bowtie \sigma_F(E_2)$$

10. Vertauschung von Projektion und kartesischem Produkt:
Sind $A_1, \ldots, A_m$ Attribute von E_1 und $A_{m+1}, \ldots, A_n$ Attribute von E_2, so gilt:

$$\pi_{A_1,\ldots,A_n}(E_1 \times E_2) \equiv \pi_{A_1,\ldots,A_m}(E_1) \times \pi_{A_{m+1},\ldots,A_n}(E_2)$$

11. Vertauschung von Projektion und Vereinigung:

$$\pi_{A_1,\ldots,A_n}(E_1 \cup E_2) \equiv \pi_{A_1,\ldots,A_n}(E_1) \cup \pi_{A_1,\ldots,A_n}(E_2)$$

Bemerkung 167
Die Projektion ist nicht mit der Differenz vertauschbar.

6.3 Operatorbaum-Transformationen

Die SQL2-Query wird in einen Operatorbaum mit RelA-Operatoren übersetzt. Danach findet eine algebraische Optimierung statt:

- Äquivalenzformeln können als Transformationen auf Operatorbäumen angewendet werden.

- Im allgemeinen können Gleichungen als potentielle Transformationen *in beiden Richtungen* gelesen werden.

Die entscheidende Frage dabei ist natürlich, welche Transformationsrichtung günstiger ist. Folgende Heuristiken **(H1)–(H5)** haben sich dabei als erfolgreich erwiesen:

(H1) Frühzeitige Anwendung von Selektionen und Projektionen
Ziel ist es, *möglichst kleine Zwischenergebnisse* zu erhalten.

- Transformationen des Typs `Push Selection`:

  Diese Transformationen werden durch die Gesetze 5–9 ermöglicht. Sie erzielen meist einen enormen Performance-Gewinn, da die Eingaberelationen für $\bowtie$, $\times$, $\cup$ oder $\setminus$ viel kleiner werden.

  Eine Transformation `Push Selection` gemäß Gesetz 9 ist graphisch wie folgt darstellbar:

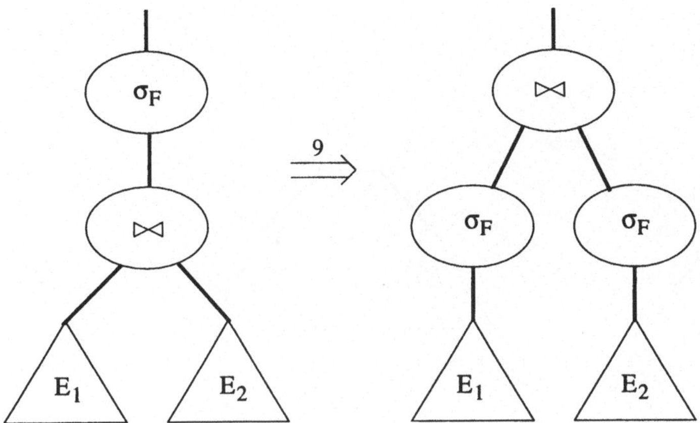

- Transformationen des Typs `Push Projection`:

Grundlage bilden die Gesetze 10–11. Sie erzielen i. allg. ebenfalls einen starken Performance-Gewinn, weil die Größe der Eingaberelationen für $\times$ oder $\cup$ durch Duplikatelimination und Verringerung der Spaltenzahl reduziert wird. Die Wirkung in der Praxis kann beträchtlich sein, denn Relationen mit 20–50 Attributen kommen durchaus vor.

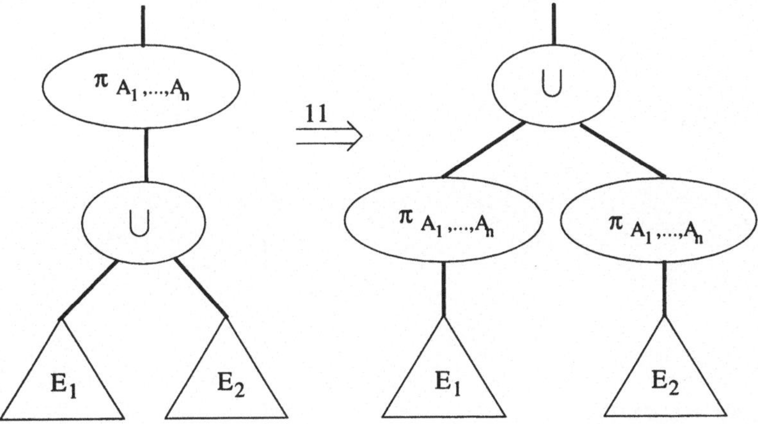

(H2) Kombination von Selektionen und kartesischem Produkt

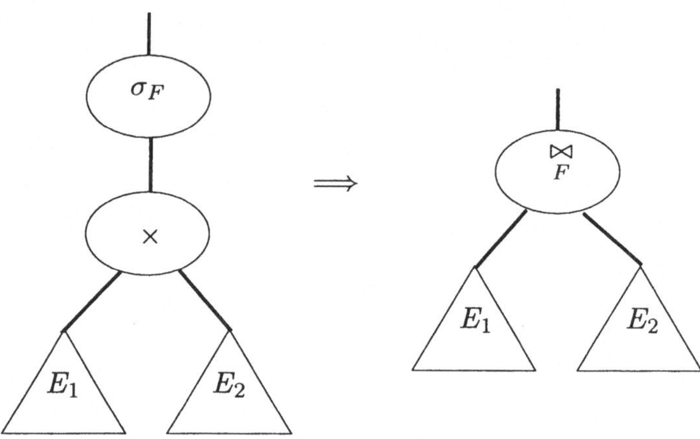

(H3) Kombination einstelliger Operationen mit „Pipelining"

Ziel ist es, die Auswertungen pro Tupel soweit wie möglich kombiniert und auf einmal durchzuführen, um die Erstellung temporärer Relationen zu vermeiden.

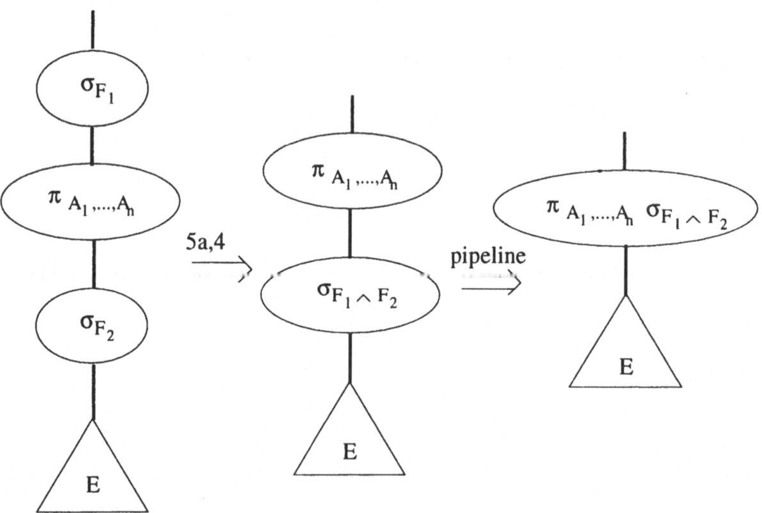

(H4) Gemeinsame Teilausdrücke

Das Ziel besteht darin, Teilausdrücke nur *einmal* auszuwerten und für eine *Wiederverwendung* zwischenzuspeichern. Gemeinsame Teilausdrücke treten häufig bei

Queries auf Views auf.

Die Integration mit den anderen Optimierungsheuristiken stößt jedoch auf Schwierigkeiten: Eine *antagonistische Wechselwirkung* mit anderen Heuristiken ist möglich. Beispielsweise zerstören `Push Selection` oder `Push Projection` häufig gemeinsame Teilausdrücke.

(H5) Join-Order-Optimierung

- Unter Ausnutzung der Regeln 1 und 2 kann eine günstige Auswertungsreihenfolge (`Join-Order`) gewählt werden.
- Obwohl meistens eine enorme Performance-Steigerung möglich ist, nutzen nicht alle Query-Optimierer diese Möglichkeit konsequent aus.
- Die bekannten Optimierungsverfahren beruhen häufig auf einer *statistischen Kostenschätzung* für Join-Trefferraten.

Schwierigkeiten bei der Join-Order sind:

Ein vollständiges Durchsuchen aller Möglichkeiten bei einem n-fachen Join erfordert einen Aufwand von $O(n!) = O(n^n)$. Mit dynamischer Programmierung ist eine Reduktion auf $O(2^n)$ möglich. Trotzdem ist diese Methode für $n > 10$ kaum mehr anwendbar. Aus diesem Grund wurden neuere heuristische Verfahren mit $O(n^2)$ für azyklische Joins entwickelt.

Auch hier treten Wechselwirkungen von `Join-Order` mit der Anwendbarkeit von `Push Selection` oder `Push Projection` auf.

6.4 Ein heuristischer Optimierungsalgorithmus

6.4.1 Das Optimierungsproblem

Ziel ist die effiziente Auswertung eines RelA-Ausdrucks. Über den *Suchraum* dieses Optimierungsproblems ist folgendes zu sagen:

- Der Suchraum ist durch den anfänglichen Operatorbaum gegeben, der einen möglichen *Query Execution Plan (QEP)* repräsentiert.
- Die *QEP-Transformationen* sind eine Menge von semantikerhaltenden Transformationen, wie z.B. `Push Selection`, `Push Projection` und `Join-Order`.

Das Suchproblem:

- Sei QEP* die Menge aller durch Anwendung der QEP-Transformationen auf einen anfänglichen Operatorbaum erzeugbaren QEPs,

- sei cost(qp) eine Kostenfunktion (die entweder heuristisch wie bei `Push Selection` oder auch statistisch wie bei `Join-Order` gewählt werden kann) für $qp \in$ QEP*.

Das Suchproblem lautet dann: Bestimme einen QEP mit minimalen Kosten hinsichtlich der Kostenfunktion cost(qp).

Bemerkung 168 (exponentieller Suchraum)

- Der Suchraum ist meist sehr groß, i. allg. exponentiell. Das Aufspüren des qp mit minimalen Kosten ist somit i. allg. praktisch unmöglich.
- Die Transformationen erfüllen i. allg. nicht die *Church-Rosser-Eigenschaft*, d.h. die Reihenfolge der Transformationen ist wichtig.

Angesichts der vorhandenen Probleme haben sich folgende *heuristische Suchstrategien* als am geeignetsten erwiesen:

- *Hill-climbing, greedy optimization:*
  Der Suchraum wird auf sequentielle Transformationen an einem einzigen QEP eingeschränkt.
- *Stochastische Methoden:*
  Mehrere QEP-Transformationen werden simultan untersucht (Fallschirm-Springer-Modell).
- *KI-Suchmethoden:*
  Die Einschränkung des Suchraums erfolgt hier durch geschickte Kostenabschätzungen (z.B. A*-Algorithmen der KI).

Der Hill-Climbing-Algorithmus macht folgende Vereinfachungen: Die Join-Order und etwaige gemeinsame Teilausdrücke werden im folgenden nicht berücksichtigt. Wir betrachten zudem nur Selektion-Projektion-Join Queries als wichtige Sprachteilmenge von SQL2.

Algorithmus 169 (Hill-Climbing Algorithmus)

Eingabe: Ein Anfangs-QEP qp für die vorliegende Query.

Greedy Optimization:
Ändere qp mit folgenden QEP-Transformationen sequentiell ab:

Schritt 1: Aufspalten von Selektionen nach Regel 4 gemäß

$$\sigma_{F_1 \wedge \ldots \wedge F_n}(E) \Rightarrow \sigma_{F_1}(\ldots(\sigma_{F_n}(E))\ldots).$$

Schritt 2: `Push Selection` *so weit wie möglich* durch Änderung von qp gemäß den Regeln 4–9.

Schritt 3: `Push Projection` *so weit wie möglich* durch Anwendung der Regeln 3 und 5 sowie 10 und 11.

Schritt 4: Aufsammeln von Selektionen und Projektionen mit Hilfe der Regeln 3–5, so daß höchstens eine Selektion gefolgt von höchstens einer Projektion entsteht.

Schritt 5: Kombination von Selektionen und kartesischem Produkt.

Ausgabe: Nach Schritt 5 entstandener qp.

Die *Code-Erzeugung* kann mittels Baumdurchlauf von qp mit Berücksichtigung von Pipelining erfolgen. Vollständig benötigte Zwischenergebnisse sind als *temporäre Relationen* abzulegen.

6.4.2 Beispiel einer Hill-Climbing-Optimierung

Relationen:

```
R(X1,X2,X3,Z2)
S(Y1,Y2,Y3,Z1)
T(Z1,Z2,Z3)
```

View:

```
CREATE VIEW V (X1,X3,Z2,Y2,Y3,Z1,Z3) AS
   SELECT DISTINCT X1, X3, Z2, Y2, Y3, Z1, Z3
   FROM T,S,R
   WHERE S.Z1 = T.Z1 AND R.Z2 = T.Z2
```

Query:

```
SELECT DISTINCT X1
FROM V
WHERE Z3 > 306
```

Anfangs-QEP:

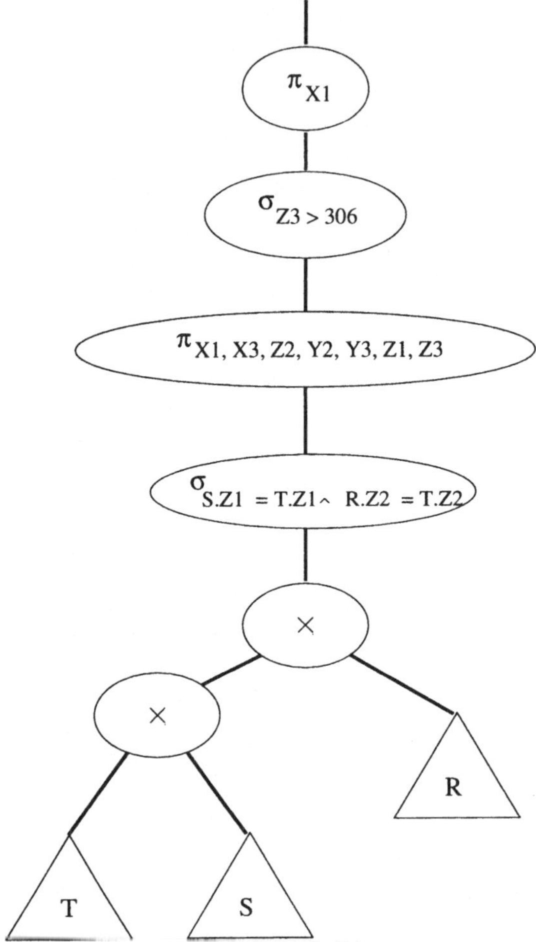

Hier haben wir durch die Reihenfolge der beiden ×-Operationen bereits eine Entscheidung über die Join-Order vorweggenommen. Es werden nun wie im Algorithmus beschrieben QEP-Transformationen auf diesen Operatorbaum angewendet.

Schritt 1: (Aufspaltung der Selektion gemäß Regel 4)

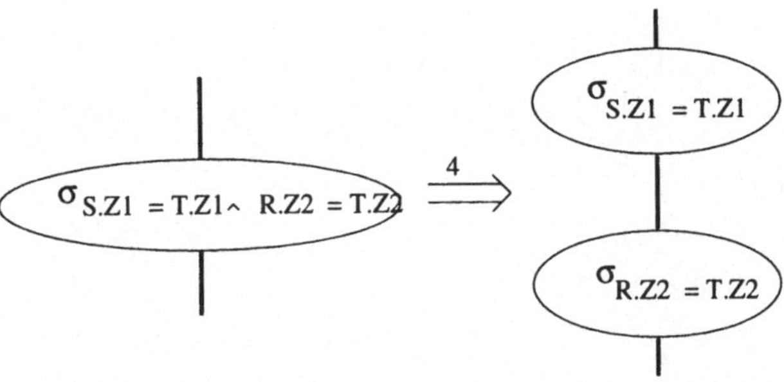

Schritt 2: (Push `Selection` so weit wie möglich)

- Verschiebe $\sigma_{Z_3>306}$ nach unten über $\pi_{X_1,X_2,...}$, sowie beide σ hinweg gemäß den Regeln 5 und 4.
- Verschiebe $\sigma_{Z_3>306}$ weiter nach unten über beide $\times$ hinweg gemäß Regel 6.
- Verschiebe $\sigma_{S.Z_1=T.Z_1}$ nach unten über das erste $\times$ hinweg gemäß Regel 6.

Man beachte dabei die Auswirkung der Reihenfolgenwahl für beide $\times$-Operationen.

Schritt 3: (Push `Projection` so weit wie möglich)

- $\pi_{X_1,X_2,...,Z_3}$ kann durch Regel 3 ganz eliminiert werden.
- Die Anwendung von Regel 5b liefert:

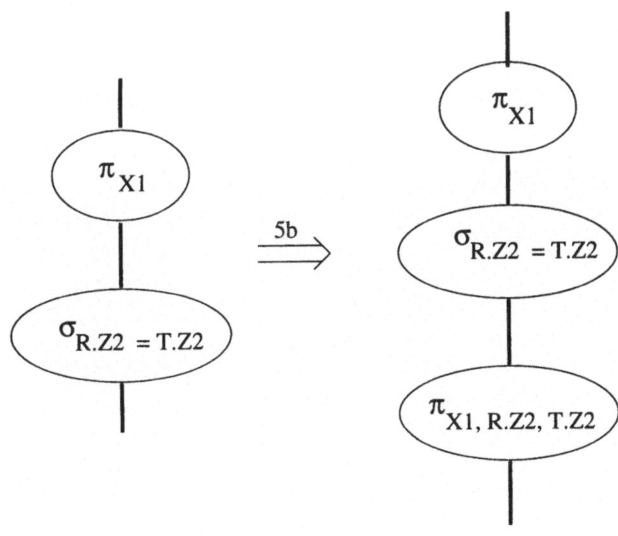

Der QEP besitzt nun zwischenzeitlich die Gestalt:

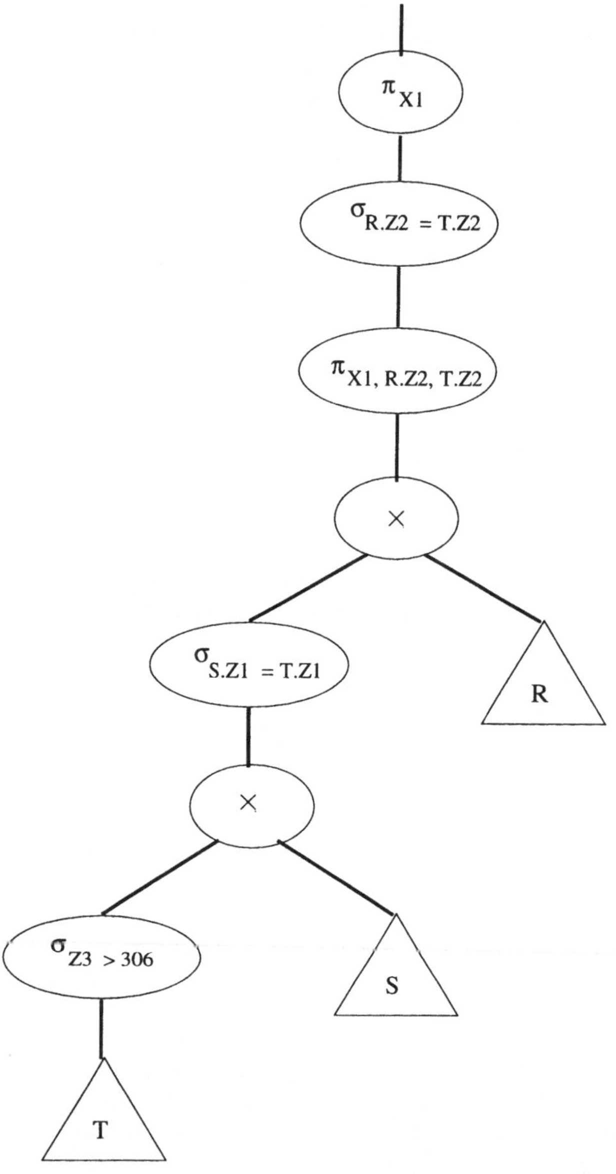

Wir verfahren weiter im **Schritt 3**:

- Verschiebe $\pi_{X_1,R.Z_2,T.Z_2}$ nach unten über beide Zweige von $\times$ hinweg gemäß Regel 10.
- Verschiebe die Projektion im linken Zweig weiter hinunter nach Regeln 5b:

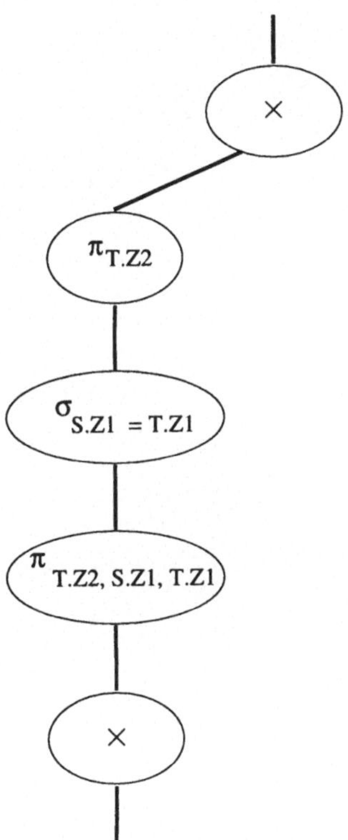

Zum Abschluß von **Schritt 3** wende Regel 10 an und schiebe die Projektion $\pi_{T.Z2,S.Z1.T.Z1}$ über die das kartesische Produkt.

Der QEP besitzt nach Ausführung von **Schritt 3** die Gestalt:

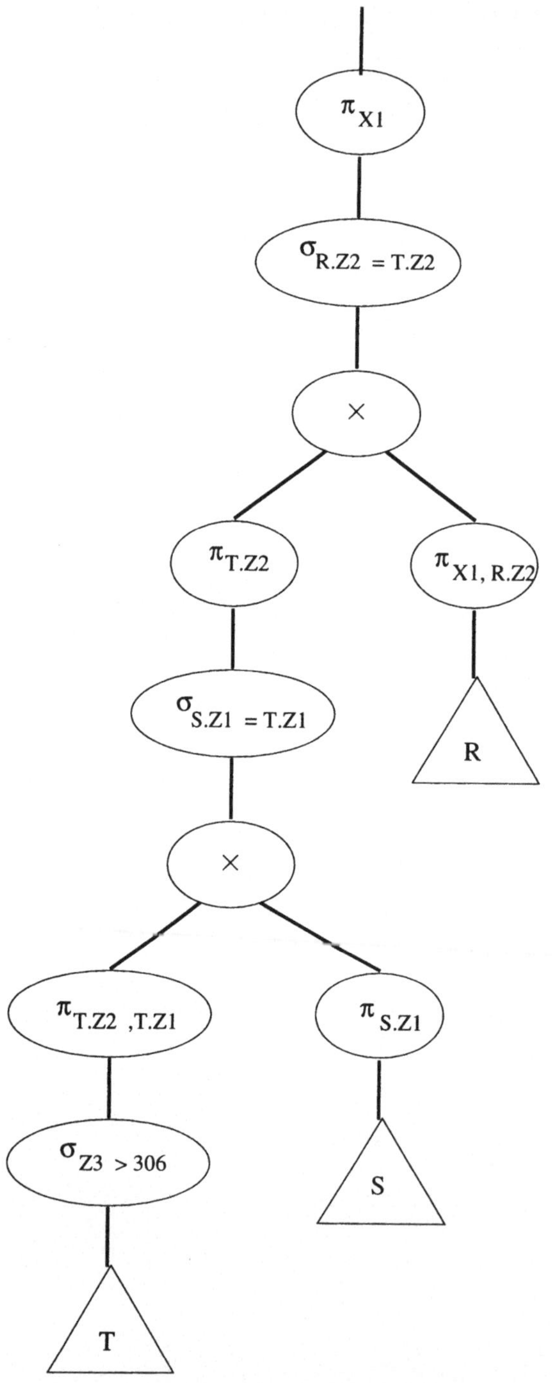

Schritte 4 und 5:

Als Endergebnis erhält man unter Berücksichtigung des Pipelinings einstelliger RelA-Operationen und der Anwendung der Join-Definition folgenden QEP:

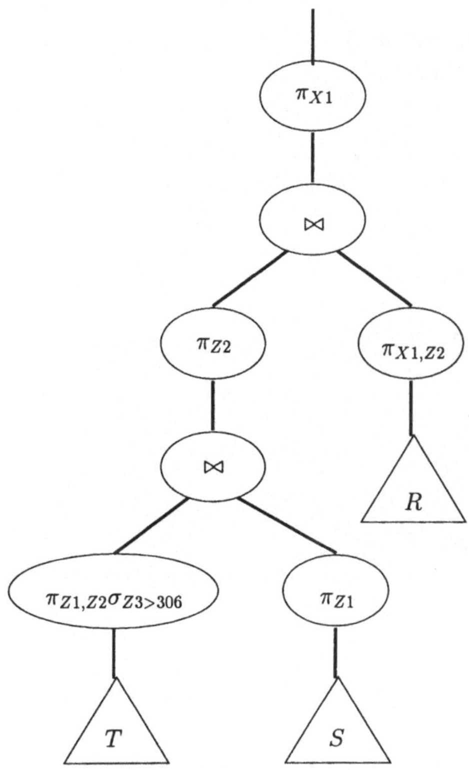

Bemerkung 170

Obwohl unser gieriger Optimierungsalgorithmus sehr simpel ist, so haben wir in diesem Beispiel doch eine gewaltige Effizienzverbesserung erzielt.

Die einzelnen Schritte dieser Query-Optimierung lassen sich durch eine Animation sehr viel komfortabler veranschaulichen.

Animation

6.5 Dynamische Filter

Die bisherigen Heuristiken `Push Selection` und `Push Projection` zielen auf eine Reduktion der Größe von Zwischenergebnisrelationen ab. Damit sind die Möglichkeiten aber bei weitem noch nicht ausgeschöpft. Eine weitere wirksame Optimierungsstrategie bilden die *dynamischen Filter*.

Beispiel 171 (Verwandtschaftsbeziehungen)
Wir betrachten folgende Relationen und Views:

Relation: („E ist Elternteil von K")

```
Elternteil(E,K)
```

View 1: („X und Y sind Geschwister")

```
CREATE VIEW Geschwister(X, Y) AS
   SELECT e1.K, e2.K
   FROM Elternteil e1, Elternteil e2
   WHERE e1.E = e2.E AND e1.K <> e2.k;
```

View 2: („X hat Onkel/Tante Y")

```
CREATE VIEW hatOnkel(X, Y) AS
   SELECT e.K, g.X
   FROM Geschwister g, Elternteil e
   WHERE g.Y = e.E;
```

Query: („Welche Onkel hat John")

```
SELECT Y
FROM hatOnkel
WHERE X = 'John';
```

Der nach dem bisherigen Optimierungsrepertoire erzeugte RelA-Operatorbaum sieht wie folgt aus:

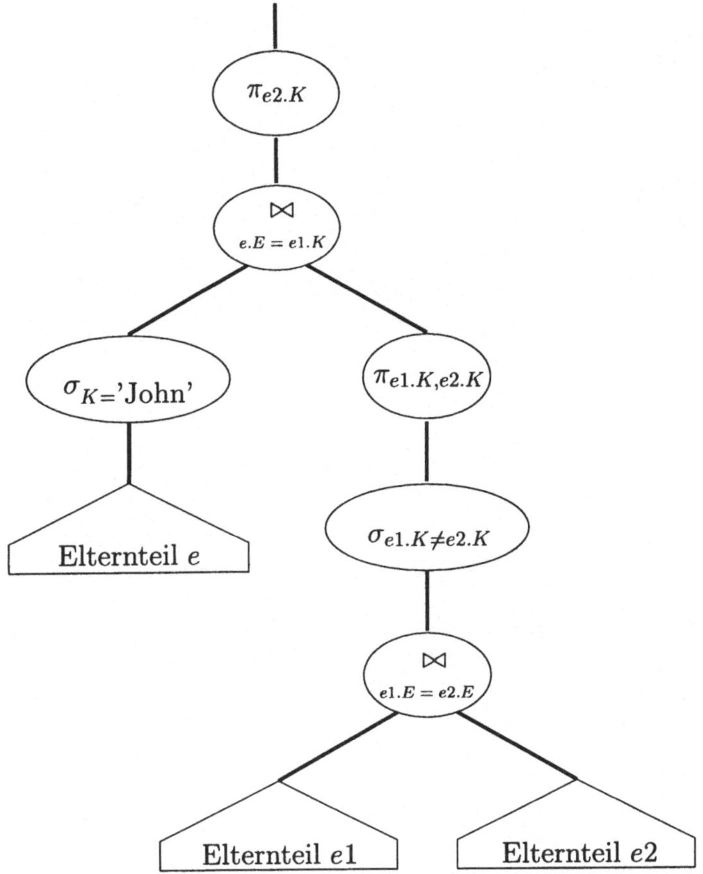

Man beachte: Im rechten Zweig ist ein voller Selbst-Join von `Elternteil` vorzunehmen, obwohl wir eigentlich nicht an allen Geschwisterpaaren interessiert sind, sondern nur an den Geschwistern der Eltern $e.E$ des Kindes `'John'` (für die Abstammungsdatenbanken der Mormonen in Salt Lake City/Utah mit mehreren Millionen Tupeln würde der volle Selbst-Join nicht vernünftig ausführbar sein).

Lösungsidee:

- Ermittle *während* der Laufzeit die relevanten Bindungen für obiges $e.E$ *dynamisch*.

- Propagiere diese Bindungen als *Filter* in den anderen Joinpartner möglichst weit nach unten.

Der dynamische Filter *F(E)* ergibt sich hier als:

$$F(E) := \pi_E(\sigma_{K \ = \ 'John'}(\texttt{Elternteil}))$$

Ergebnis der Transformation:

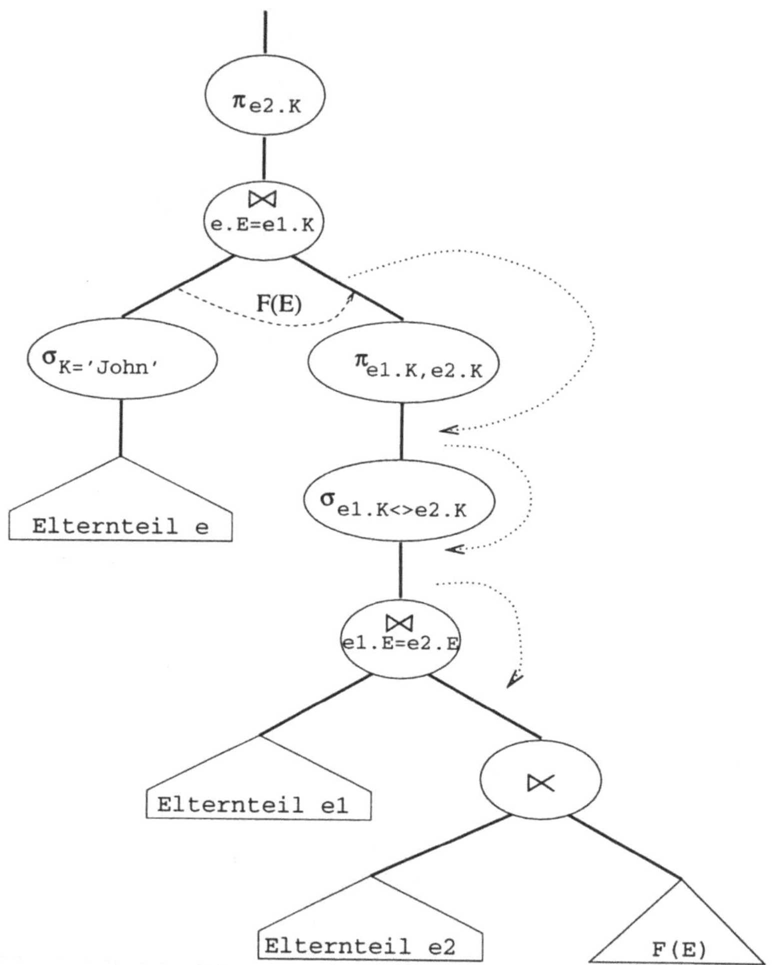

Durch Anwendung des Semijoins $\ltimes$ wird die gewünschte Filterung erzielt.

Bemerkung 172

Die vorgestellten Optimierungsmethoden stellen nur einen kleinen Ausschnitt aus einer inzwischen reichhaltigen Palette von Optimierungsmöglichkeiten dar. Weitere Techniken sind z.B:

- Elimination redundanter Joins mit der *Tableaux-Methode*.
- *Semantische* Optimierungen unter Ausnutzung von Metawissen aus den Systemkatalogen (z.B. Integritätsbedingungen).
- Optimierung von Aggregatsqueries und korrelierter Subqueries unter Einsatz dynamischer Filter.

7. Implementierung der Relationenalgebra

Wir haben uns eingangs bereits den strukturellen Aufbau eines DB-Systems überlegt. Für das folgende ist eine Detaillierung der physischen DB-Organisation notwendig.

7.1 Physische DB-Organisation

7.1.1 Speicherorganisation eines Standard-DBS

Wir gehen von folgenden Annahmen aus:

- Der Hauptspeicher ist zu klein, um die gesamte Datenbank aufzunehmen.
- Die physische Datenbank ist persistent als Menge von Dateien auf Harddisk oder RAID gespeichert.
- Der Datentransport (Lesen/Schreiben) zwischen Hauptspeicher und physischer DB ist sehr langsam.
- Ein Datenbank-Cache zur Optimierung des Datentransports ist als Teil des Hauptspeichers vorhanden.
- Es existiert ein sequentieller persistenter Speicher zur Sicherung und Archivierung.

Folgendes Diagramm spiegelt diese Organisation wieder.

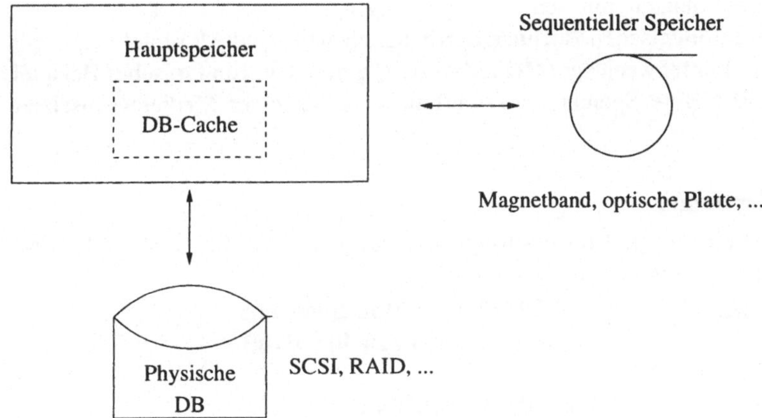

Hier ist eine Kurzbeschreibung der derzeit gängigen Speichersubsysteme.

SCSI-Festplatten (Small Computer Systems Interface):

Speicherkapazität : $\leq$ 23 GByte
max. Transferrate : $\leq$ 40 MByte/s
Positionierzeit : $\approx$ 8–10 ms
Preis : $\approx$ DM 0.13/MByte

RAID-Systeme (Redundant Array of Independant Disks):

Unter dem Begriff RAID faßt man Technologien zusammen, die mehrere Laufwerke zu größeren, teilweise auch ausfallsicheren Gesamtsystemen zusammenpacken. Ausfallsicher bedeutet dabei, daß der Ausfall eines Einzellaufwerks weder zu einem Ausfall des Gesamtsystems noch zu Betriebsunterbrechung oder gar zu Datenverlust führt. RAID-Systeme verwenden Techniken wie z.B. Mirroring (Spiegelung von zwei oder mehreren Laufwerken) und Stripping (Zusammenfassen von mehreren Laufwerken als logische Einheit und blockweises Verteilen der Daten auf diese Laufwerke). Ein typisches Beispiel ist:

Speicherkapazität : 100 GByte
Anzahl Platten : 10
Preis : DM 50.000,-

Magneto-optische Speichersysteme:

Magneto-optische Plattenlaufwerke erlauben es, einen doppelseitig nutzbaren Datenträger zu beschreiben. Mittels eines Lasers wird die MO-Oberfläche erhitzt und durch gleichzeitiges Anlegen eines Magnetfelds beschrieben. Diese Daten können mit dem Laser später wieder gelesen werden. Ein typisches Beispiel ist:

Speicherkapazität : 100 GByte
max. Transferrate : 6MByte/s
Positionierzeit : $\approx$ 20 ms
Medien-Preis : $\approx$ DM 0.01/MByte

Für große Datenmengen mit sehr geringer Zugriffswahrscheinlichkeit, die man aber doch im automatischen Rechnerzugriff halten will, sind MO-Laufwerke mit automatischem Plattenwechsler *(MO-Jukeboxen)* einsetzbar. Ein typisches Beispiel hierfür sind 50 GByte Speicherkapazität/Laufwerk bei einer Medienwechselzeit von 10–20s.

Magnetbandsysteme:

EXABYTE ist ein Beispiel für ein Magnetbandsystem. Derartige Laufwerke sind aus der Video8-Technik hervorgegangen.

Speicherkapazität : $\leq$ 20 GByte (170-m-Band, mit
Kompression bis zu 40 GByte)
maximale Transferrate : $\leq$ 6 MByte/s
Medien-Preis : $\approx$ DM 0.006/MByte

Auch bei Magnetbandsystemen gibt es automatische Kassettenwechsler. Heute ein typisches Beispiel sind 80 170-m-Bänder mit einer Speicherkapazität von 1.6 Terabyte und einer Zugriffszeit im Sekunden- bis Minutenbereich.

7.1.2 Schichtenarchitektur der DBS-Software

Zur Abwicklung der komplexen DBS-Aufgaben erfolgt eine hierarchische Strukturierung der DBS-Software. Für das Relationenmodell mit seinen simplen 1NF-Relationen kann im Prinzip jede Relation in einer Datei abgespeichert werden. Damit ergibt sich der folgende Aufbau:

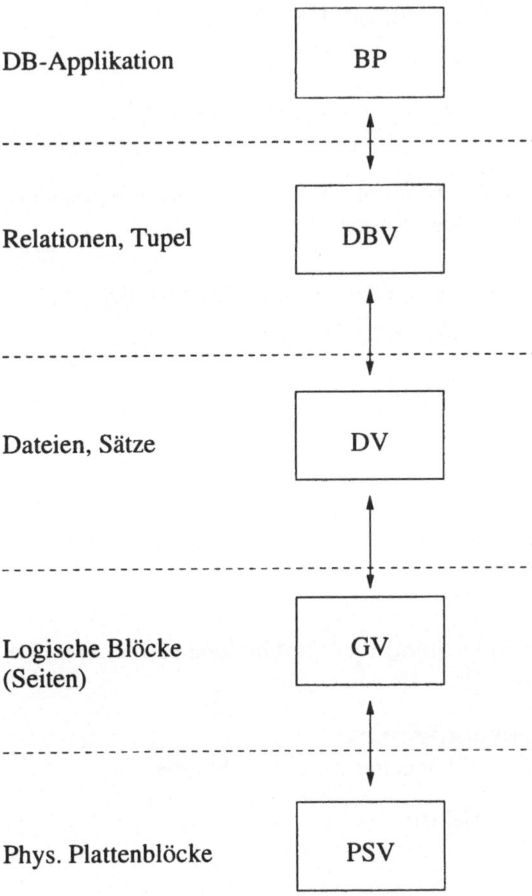

Erläuterungen:

- Benutzerprogramm BP:
  interaktives SQL2, ESQL, …
- Datenbankverwaltung DBV:
  DDL mit Katalogverwaltung, DML mit Übersetzer, Query-Optimierer, Interpreter, Recovery, Concurrency.
- Dateiverwaltung DV:
  Dateien bestehend aus Sätzen, Zugriffsstrukturen wie z.B. B*-Bäume, temporäre Dateien, Utilities wie z.B. Sortieralgorithmen.
- Gebietsverwaltung GV:
  Gebiete bestehend aus Seiten; auch für die DB-Cache-Verwaltung verantwortlich.
- Peripheriespeicherverwaltung PSV:
  Physische Plattenblöcke; Betriebssystemteil, z.B. Unix-Kern.

7.2 Effizienter Satzzugriff

Im folgenden gehen wir davon aus, daß eine Relation R auf eine Datei D und jedes Tupel von R auf einen Satz in D abgebildet werden.

Wie können nun einfache Selektionsanfragen effizient ausgewertet werden?
Zur Klärung dieser Frage betrachten wir folgendes Beispiel.

Beispiel 173 (einfache Selektions-Query)
Die SQL2-Query

```
SELECT *
FROM R
WHERE X = 47
```

wird von Query-Optimierer transformiert in $\sigma_{x=47}(R)$.

Gesucht ist eine effiziente Datenstruktur (*Index*) für die Abbildung von der Domäne D_X auf Satzadressen S für Sätze von D.

Definition 174 (Primärindex, Sekundärindex)
Sei I ein Index, der die Domäne D_X auf Satzadressen $s \in S$ abbildet.

- I heißt *Primärindex*, wenn X Schlüssel ist:
  $$I: D_X \to S$$
- Andernfalls heißt I *Sekundärindex*:
  $$I: D_X \to 2^S$$

  Ein Sekundärindex bildet also einen Domänenwert auf eine Menge von Satzadressen ab.

Die gewünschten Index-Operationen für ein Element $x \in D_X$ (genannt der „Suchschlüssel") mit zugeordneter Information α umfassen:

$\mathrm{Suchen}(x)$, $\mathrm{Bereich}(x_1, x_2)$, $\mathrm{Einf\ddot{u}gen}(x, \alpha)$,
$\mathrm{L\ddot{o}schen}(x)$, $\mathrm{\ddot{A}ndern}(x, \alpha')$.

Bemerkung 175

- $\mathrm{Bereich}(x_1, x_2)$ unterstellt dabei eine totale $\leq$-Ordnung auf den Suchschlüsseln: Alle x mit $x_1 \leq x \leq x_2$ werden gesucht.
- Es gibt auch Indizes auf mehreren Domänen, z.B.:
$$I: D_X \times D_Y \to S.$$

7.2.1 Primärindizes

Wir stellen verschiedene Möglichkeiten für die Wahl eines Primärindex vor.

7.2.1.1 Sequentielle Datei (Heap)

Der Heap stellt die einfachste Organisationsform einer Datei dar.

Definition 176 (Heap)

Seien n die Anzahl der Sätze einer Datei D und r die Anzahl der in eine Seite passenden Sätze. Ein *Heap* ist eine *kompakte, unsortierte, sequentielle* Abspeicherung der $\frac{n}{r}$ Seiten von D.

Bei der Abschätzung der Kosten zählen wir der Einfachheit wegen nur die Anzahl der benötigten Seitenzugriffe und nehmen an, daß ebenso viele physische Block-I/Os stattfinden. Lokalitätseffekte durch den DB-Cache bleiben also unberücksichtigt.

Heap-Effizienz:

$\mathrm{Suchen}(x)$:
Im Schnitt werden $\frac{n}{2r}$ Blockzugriffe bei einer erfolgreichen Suche benötigt; bei einer erfolglosen Suche $\frac{n}{r}$.

$\mathrm{Bereich}(x_1, x_2)$: $\frac{n}{r}$ Blockzugriffe.

$\mathrm{Einf\ddot{u}gen}(x, \alpha)$:
Sind keine Duplikate erlaubt, wird zunächst $\mathrm{Suchen}(x)$ und dann ein Lesen/Schreiben auf dem letzten Block ausgeführt.

$\mathrm{L\ddot{o}schen}(x)$:
Lösche das Element, das durch $\mathrm{Suchen}(x)$ gefunden wurde. Es existieren zwei Varianten:

- Bei im Speicher nicht verschiebbaren Sätzen (*pinned records*): Setze ein *delete-Bit*.

- Bei verschiebbaren Sätzen (*unpinned records*):
  - Bei festen Satzlängen:
    Speichere den Satz vom letzten Block in die freie Stelle um. Falls der letzte Block nun leer ist, erfolgt eine Kompaktifizierung des Gebiets.
  - Bei variablen Satzlängen:
    Kompaktifizierungen sind hier ebenfalls möglich. Eine Freispeicherreservierung pro Block erweist sich als sinnvoll.

Beispiel 177 (Heap)

Es seien $n = 10^6$ Sätze zu je 300 Bytes gegeben. Die Blockgröße betrage 4.096 Bytes. Folglich ist $r = 13$. Im Erfolgsfall benötigt $\text{Suchen}(x)$ somit im Mittel etwa $\frac{n}{2r} = 38.500$ Zugriffe. Bei 0,01 Sekunden pro Blockzugriff dauert $\text{Suchen}(x)$ also mehr als 6 Minuten.

Das *Block directory* für den Heap, das alle Blockadressen des Heaps beinhaltet, ist ebenfalls ziemlich groß. Falls die Länge einer Blockadresse 4 Bytes beträgt, beansprucht es ca. $77.000 \cdot 4 = 308.000$ Bytes, also 76 Blöcke.

7.2.1.2 Hash-Index (Hashed File)

Auch manche Hash-Techniken eignen sich als DB-Index. Verwendung finden beispielsweise Hash-Indizes mit separaten Kollisionsklassen (Buckets), die als Heaps organisiert sind.

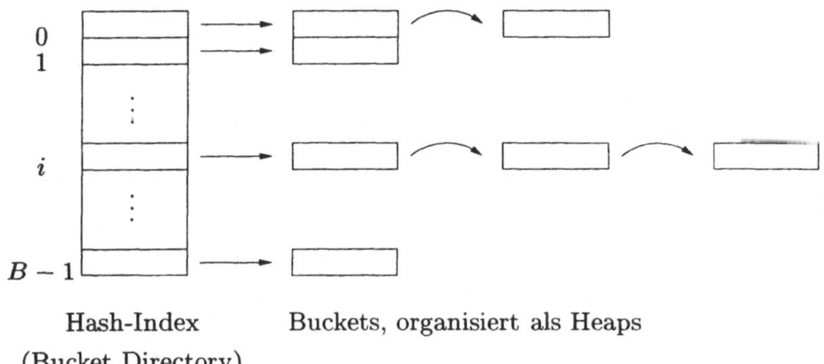

Hash-Index   Buckets, organisiert als Heaps
(Bucket Directory)

Wie üblich braucht man eine Hash-Funktion

$$h: X \to [0 \dots B - 1].$$

Lemma 178 (Hash-Effizienz im Idealfall)

Bei B Buckets hat jeder Heap $\frac{n}{Br}$ Blöcke. Ein erfolgreiches Suchen kostet daher $\frac{n}{2 \cdot B \cdot r}$ Blockzugriffe plus einen Hash-Index-Zugriff.

Beispiel 179 (Hash-Index)

Sei $n = 10^6$, $r = 13$, $B = 500$. Dann sind in jedem Bucket $\frac{n}{B} = 2.000$ Sätze in $\frac{n}{B \cdot r} = 154$ Blöcken enthalten. Bei 4 Bytes pro Blockadresse ergibt dies 2.000 Bytes für den Hash-Index, der somit im Arbeitsspeicher gehalten werden kann. Im Erfolgsfall dauert das Suchen(x) also $\frac{154}{2} \cdot 0.01 = 0,77$ Sekunden.

Bemerkung 180

Hashing bietet i. allg. keine effiziente Unterstützung für die Operation Bereich(x_1, x_2).

7.2.1.3 Indexsequentielle Dateien

- *Indexsequentielle Dateien* sind nach Suchschlüsseln *sortiert*. Eine Zusatzdatei (Index) enthält *sortierte* Sätze in der Form (Schlüsselwert, Block-Id).
- Für alle Blöcke b der sortierten Datei gibt es dabei einen Satz (v, b) im Index mit:
  - Für alle Schlüssel x in b: $v \leq x$.
  - Für alle Schlüssel x in den Vorgängerblöcken von b: $x < v$.

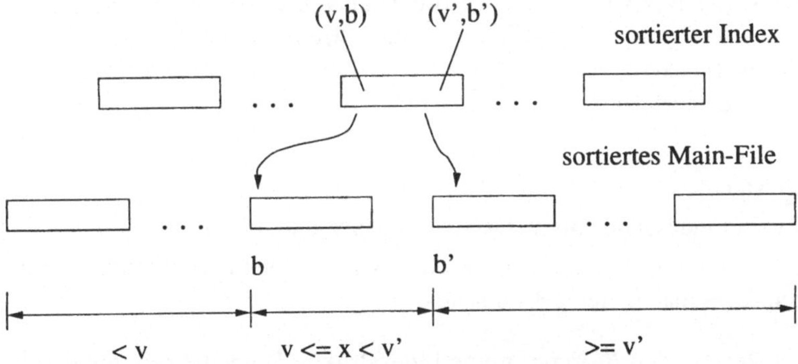

Beispiel 181 (Indexsequentielle Datei)

Vertraute Beispiele aus dem Alltag sind:

- Wörterbuch + Seitenindex
- Telefonbuch + Seitenindex

Bemerkung 182

- Die Index-Datei selbst enthält nur unpinned records.

- Der Index ist *nicht-dicht*, denn nicht alle Schlüssel existierender Sätze müssen im Index erscheinen.

Die Operation Suchen(x) geschieht wie folgt:

1. Durchsuche Index nach $v \leq x < v'$; man erhält (v, b).
2. Durchsuche Seite b nach Schlüssel x.

Das Suchen im Index selbst, um (v, b) zu finden, ist wie folgt realisierbar:

- lineares Suchen (ineffizienteste Möglichkeit)
- binäres Suchen
- Interpolationssuche

Beispiel 183 (Indexsequentielle Suche)

Seien $n = 10^6$, $r = 13$, Satzgröße 300 Byte, Blockgröße 4.096 Bytes, Schlüssellänge 20 Bytes und Blockadressen 4 Bytes. Wegen $\frac{n}{r} = 77.000$ Blöcke ist die Anzahl der Indexeinträge gleich 77.000.

Wegen $|(v, b)| = 20+4 = 24$ ergibt sich $4.096/24 = 170$ als Anzahl der Indexsätze pro Block.

Werden deleted-Bits benötigt, erhält man beispielsweise 150 Indexsätze pro Block. Also benötigt man $\frac{77.000}{150} = 514$ Blöcke für die Indexdatei.

Ein binäres Suchen im Index erfordert $\log_2 514 = 10$ Blockzugriffe, einen Suchvorgang Suchen(x), folglich $10 + 1 = 11$ Blockzugriffe und damit 0,11 Sekunden. Demgegenüber benötigt eine Interpolationssuche lediglich $1 + \log_2 \log_2 514 = 5$ Blockzugriffe im Index, weshalb Suchen(x) lediglich 6 Blockzugriffe entsprechend 0,06 Sekunden erfordert.

Bemerkung 184

- *ISAM-Files* sind indexsequentielle Dateien mit speziellem Hardware-Tuning.
- Die Grundschwierigkeit indexsequentieller Dateien sind Einfügungen und Löschungen. Dies macht eine periodische *Offline-Reorganisation* notwendig.

Wir werden später mit den *B-Bäumen* eine Indexstruktur kennenlernen, die diesen Mangel nicht aufweist.

7.2.2 Sekundärindizes

Zusätzlich zum Primärindex können ein oder mehrere *Sekundärindizes* eingerichtet werden, um Selektionsanfragen auf Nichtschlüssel-Attributen zu beschleunigen. Man beachte dabei jedoch den *Tradeoff* zwischen Query-Performance und dem erhöhten Speicher- und Wartungsaufwand für die Indizes.

Definition 185 (Dichter Index)

Sei $R(\underline{X}, Y, \ldots)$ eine Relation mit Primärschlüssel X, die in Datei D abgespeichert wird. Für X existiere ein Primärindex P_X. Als Sekundärindex S_Y bietet sich ein *dichter Index* an:

Gibt es Sätze $r_i = (x_i, y, \ldots) \in D$ $(1 \le i \le m)$, dann existiert auch ein Eintrag in S_Y der Form

$$(y, \{vr_1, \ldots, vr_m\}),$$

wobei die vr_i Satzverweise auf r_i sind.

Beispiel 186 (Sekundärindizes)

Die Datei R(<u>A</u>, B, C, D) habe den Primärindex P_A und die dichten Sekundärindizes S_B und S_C.

Schematisch läßt sich dieser Sachverhalt so darstellen:

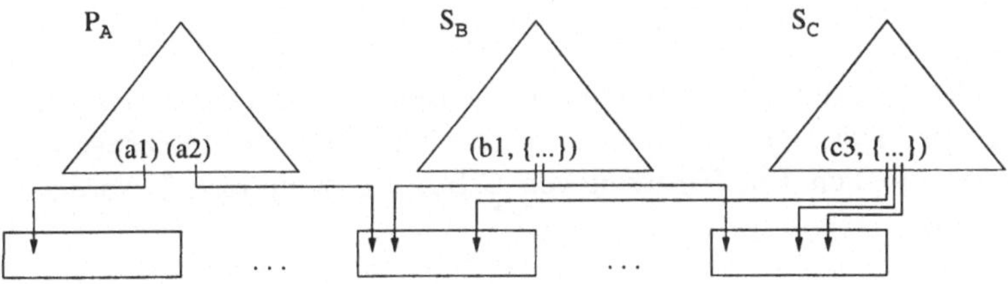

Sätze von R in Datei D (z.B. als Heap)

Bemerkung 187 (Tupel-Ids, TIDs)

Die Satzverweise vr_i können auch unter Verwendung von *eindeutigen Tupelidentifikatoren* (TIDs) in Kombination mit Block-Ids konstruiert werden:

$$vr_i = (b_j, \text{TID}_k)$$

Dies erlaubt die Anwendung effizienter *TID-Algorithmen* zur Auswertung konjunktiver Selektionsanfragen.

Beispiel 188 (TID-Algorithmus)
```
SELECT B, C, D
FROM R
WHERE B=35 AND C=8 AND D > 47;
```
Zur effizienten Auswertung geht man folgendermaßen vor:

1. Verwende S_B:
   $$\text{TID}_{35} := \{\text{TID}_i \mid (35, \{\ldots (b_j, \text{TID}_i) \ldots\}) \in S_B\}$$

2. Verwende S_C:
$$\text{TID}_8 := \{\text{TID}_i \mid (8, \{\ldots (b_j, \text{TID}_i) \ldots\}) \in S_C\}$$

3. Hole nur Sätze $r \in \text{TID}_{35} \cap \text{TID}_8$ aus der physischen DB und prüfe im DB-Cache, ob $D > 47$ ist.

7.2.3 Cluster-Indizes

Falls alle auf einer Datei D definierten Indizes dicht sind, kann D im Prinzip als unsortierter, packed Heap realisiert werden. Dies hat jedoch auch *Nachteile*:

Bei Sekundärindizes:
In $(y, \{(b_1, \ldots), \ldots, (b_m, \ldots)\})$ sind in der Regel alle b_i verschieden, d.h. für m Satzzugriffe $r_1, \ldots, r_m$ sind m Blockzugriffe nötig. Eine große Effizienzsteigerung ist erzielbar, falls die $r_1, \ldots, r_m$ auf möglichst wenigen Blöcken verteilt sind *(Clustering)*.

Bei Primärindizes:
Die Operation $\texttt{Bereich}(x_1, x_2)$ erfordert bei m Sätzen im angegebenen Bereich in der Regel auch m Blockzugriffe. Wiederum ist ein beträchtlicher Effizienzgewinn durch *Clustering* möglich. Ein Clustering von D bzgl. A ist ein bzgl. A sortierter packed heap für R.

Bemerkung 189
- Für eine Datei D kann in der Regel genau ein Index als Cluster-Index eingerichtet werden. Seine Wahl ist abhängig vom Query/Update-Profil.
- Zu beachten ist das Problem der Sortierung und der pinned records.
- Ein ISAM-Primärindex ist normalerweise ein Cluster-Index.

7.3 B-Bäume

7.3.1 Grundidee der B-Bäume

Den B-Bäumen liegt folgende Idee zugrunde:

- Ein Baumknoten wird auf eine Seite abgebildet.
- Ein balanzierter Vielweg-Baum mit sehr hohem Verzweigungsgrad soll die Anzahl der notwendigen Seitenzugriffe stark reduzieren.

Definition 190 (B-Baum)
Seien k, h zwei ganze Zahlen mit $k > 0, h \geq -1$. Ein *B-Baum der Klasse* $\Gamma(k, h)$ ist entweder

- ein leerer Baum ($h = -1$) oder
- ein geordneter Baum, in dem
  1. jeder Pfad von der Wurzel zu einem Blatt die gleiche Länge h,
  2. jeder Knoten, außer der Wurzel und den Blättern, mindestens $k + 1$ Söhne und die Wurzel, sofern sie kein Blatt ist, mindestens 2 Söhne sowie
  3. jeder Knoten höchstens $2k + 1$ Söhne hat.

Bemerkung 191
Jeder B-Baum der Klasse $\Gamma(k, h)$ hat die Höhe h.

Seien Suchschlüssel x_i und zugehörige Information α_i gegeben. Ein B-Baumknoten wird in einer Seite P wie folgt organisiert:

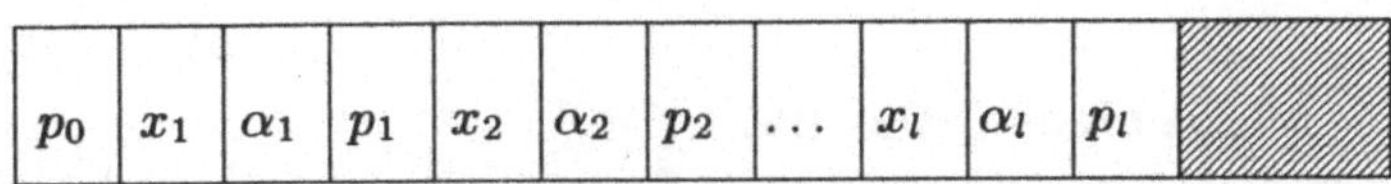

Dabei sind $p_0, \ldots, p_l$ Verweise auf Söhne von P. Für Blätter sind keine Verweise p_i vorhanden.

Es sei $k \leq l \leq 2k$, falls P keine Wurzel ist und $1 \leq l \leq 2k$ sonst. Es besteht die verallgemeinerte *Suchbaum-Eigenschaft*:

1. Für jede Seite P gilt $x_1 < x_2 < \ldots < x_l$.
2. Sei $P(p_i)$ die Seite, auf die p_i verweist, $T(p_i)$ ein Unterbaum mit Wurzel $P(p_i)$ und $K(p_i)$ die Menge der Schlüssel in $T(p_i)$. Dann gelten folgende Ordnungsbeziehungen:
   - $\forall y \in K(p_0): y < x_1$
   - $\forall i = 1, \ldots, l - 1 \, \forall y \in K(p_i): x_i < y < x_{i+1}$
   - $\forall y \in K(p_l): x_l < y$

Beispiel 192 (B-Baum, schematisch)
In einem B-Baum der Klasse Γ (2,2) muß wegen $k = 2, h = 2$ jeder Knoten außer der Wurzel zwischen $k + 1 = 3$ und $2k + 1 = 5$ Söhne haben, z.B.:

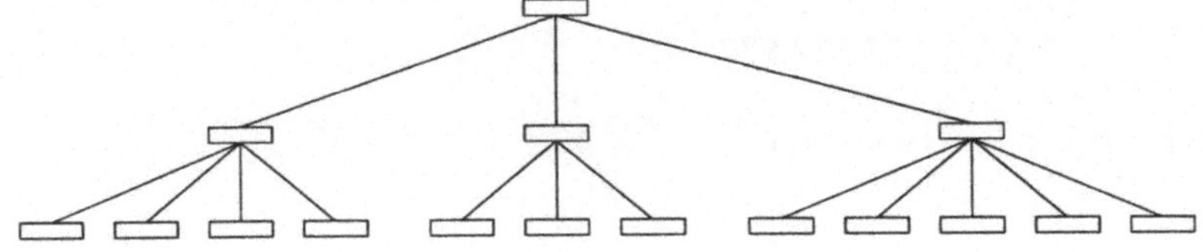

Lemma 193 (Knotenanzahl)

Bezeichne $P_{\min}(k, h)$ bzw. $P_{\max}(k, h)$ die minimale bzw. maximale Knotenanzahl eines B-Baums der Klasse $\Gamma(k, h)$. Dann gilt für $h \geq 0$:

a) $P_{\min}(k, h) = 1 + \frac{2}{k} \cdot ((k + 1)^h - 1)$

b) $P_{\max}(k, h) = \frac{1}{2k}((2k + 1)^{h+1} - 1)$

Beweis:

a)

$$\begin{aligned}
P_{\min}(k, h) &= 1 + 2 \cdot [(k + 1)^0 + \\
&\qquad (k + 1)^1 + \ldots + (k + 1)^{h-1}] \\
&= 1 + 2 \cdot \Sigma_{i=0}^{h-1}(k + 1)^i \\
&= 1 + \frac{2}{k} \cdot [(k + 1)^h - 1].
\end{aligned}$$

b)

$$P_{\max}(k, h) = \sum_{i=0}^{h}(2k + 1)^i = \frac{1}{2k}[(2k + 1)^{h+1} - 1].$$

Lemma 194 (Höhe eines B-Baums)

Sei N die Anzahl der Schlüssel in einem B-Baum der Klasse $\Gamma(k, h)$. Dann gilt für $N \geq 1, k > 0$:

$$\log_{2k+1}(N + 1) - 1 \leq h \leq \log_{k+1}\left(\frac{N + 1}{2}\right)$$

Beweis:

- $N \leq P_{\max}(k, h) \cdot 2k = (2k + 1)^{h+1} - 1 \Longrightarrow$

$\log_{2k+1}(N + 1) \leq h + 1.$

- $N \geq 1 + 2 \cdot [(k + 1)^h - 1] \Longrightarrow \log_{k+1}(\frac{N+1}{2}) \geq h.$

Beispiel 195 (Schlüsselanzahl)

Bezeichne $N_{\min}$ die minimale Schlüsselanzahl, $N_{\max}$ die maximale. Dann ergeben sich für einen B-Baum mit $k = 60$ die folgenden Werte:

Höhe h	$N_{\min}$	$N_{\max}$
0	1	120
1	121	14.640
2	7.441	1.771.560
3	453.961	214.358.880

Ein B-Baum mit $k = 214$ besitzt für $N = 10^7$ eine Höhe $h = 2$.

7.3.2 Der Einfüge-Algorithmus

Die Operation Suchen(x) läßt sich in B-Bäumen rekursiv gemäß der vorgegebenen Suchordnung realisieren. Das Durchsuchen einer B-Baum-Seite kann dabei effizient durch binäres Suchen erfolgen. Auch die Operation Bereich(x_1, x_2) wird von B-Bäumen effizient unterstützt. Etwas komplizierter gestaltet sich dagegen die dynamische Beibehaltung der strukturellen B-Baum-Kriterien bei Einfügungen.

Algorithmus 196 (Einfügung in B-Baum)

1. Suche die richtige Einfügestelle, die immer ein Blatt des B-Baums ist.

2. Falls das Blatt noch nicht voll ist, d.h. weniger als $2k$ Schlüssel darin gespeichert sind, trage den neuen Schlüssel unter Berücksichtigung der Sortierung ein.

3. Ansonsten entsteht ein *Überlauf (Overflow)* wie in der folgenden Situation in P_{voll}:

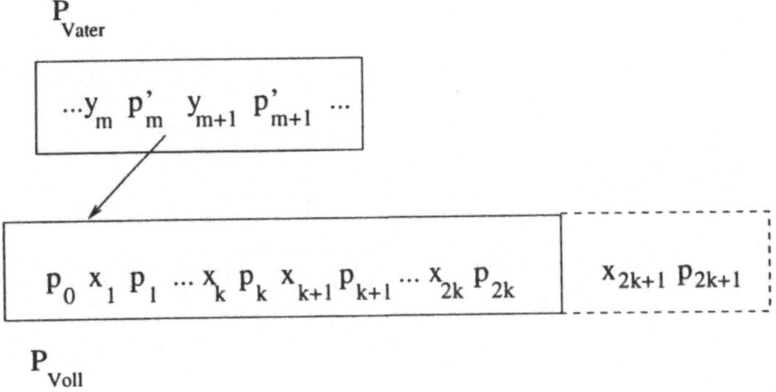

Die Reparatur erfolgt durch Spalten der Blattseite.

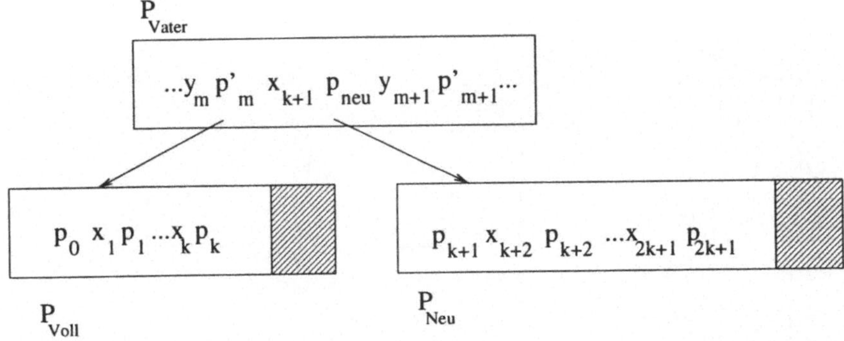

- Beim Spalten wird eine neue leere Seite P_{neu} beschafft. P_{voll} und P_{neu} haben nach der Spaltung jeweils k Schlüssel.

- Der Spaltvorgang fügt einen Schlüssel in P_{Vater} ein. Aus diesem Grund kann sich der Spaltvorgang rekursiv bis zur Wurzel fortsetzen. B-Bäume wachsen nur durch eine solche Spaltung der Wurzel „nach oben".

Beispiel 197 (Einfügen mit Spaltungen)

Das Einfügen des Schlüssels 9 in den folgenden B-Baum T der Klasse $\Gamma(1, 2)$ kann nur durch Spalten einer Seite erfolgen: Diese Spaltung setzt sich bis zur Wurzel fort und führt schließlich zur Schaffung einer neuen Wurzel. (Die zugeordneten Informationen α_i haben wir unterdrückt.)

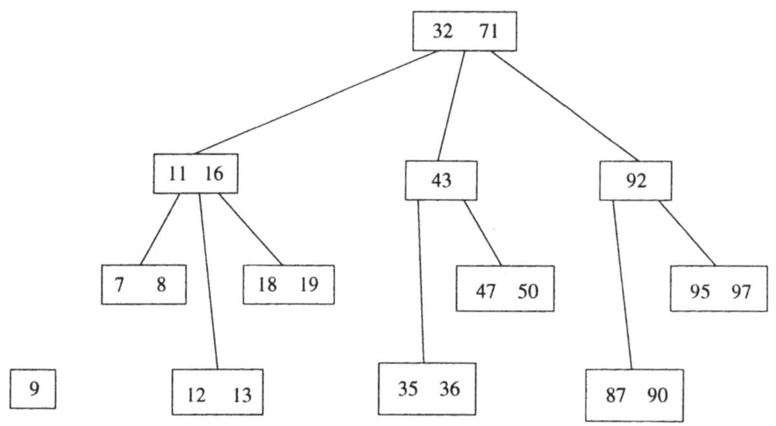

Nach dem Einfügen des Schlüssels liegt ein Overflow einer Blattseite vor.

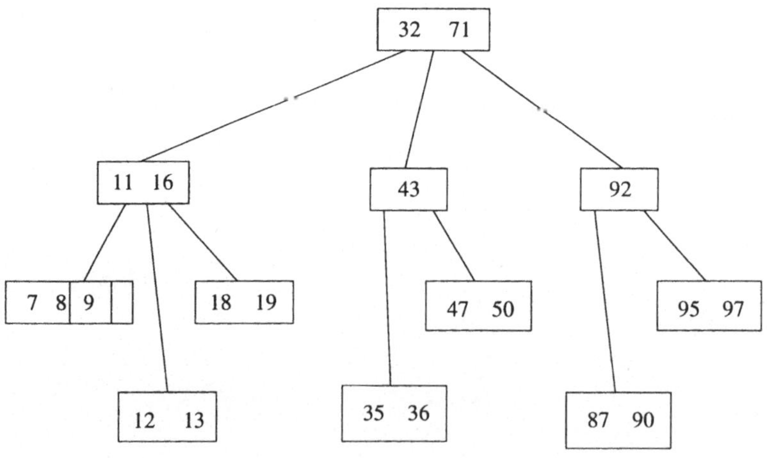

Dieser Overflow wird durch das Spalten der Blattseite bereinigt. Dies führt zu einem erneuten Overflow.

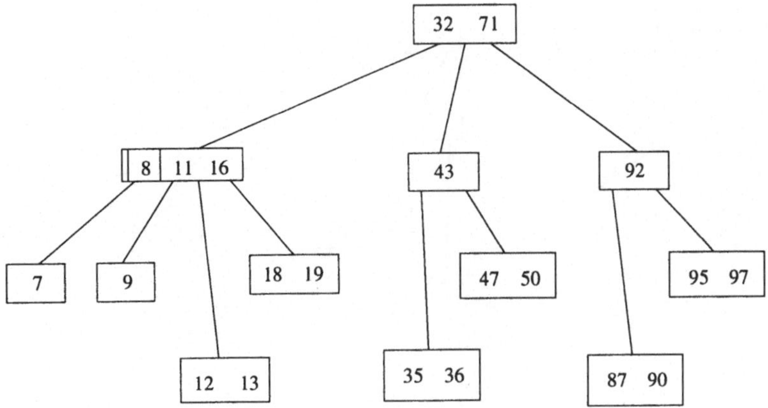

Wieder wird der Overflow durch das Spalten der Seite bereinigt. Dies führt zu einem erneuten Overflow.

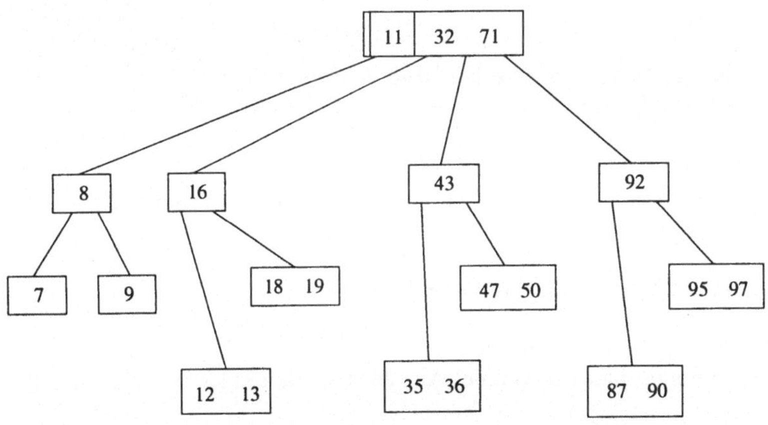

Diesmal liegt ein Overflow in der Wurzel vor. Dies wird durch das Spalten der alten Wurzel und durch das Einfügen einer neuen Wurzel bereinigt.

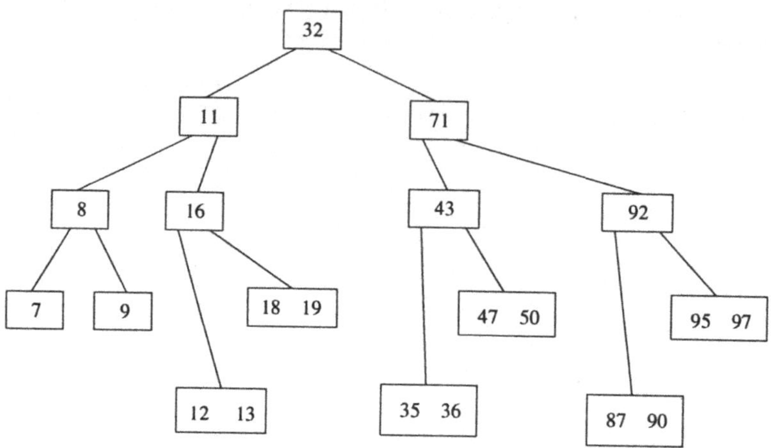

Der animierte Einfügevorgang stellt die Restrukturierung des B-Baums viel anschaulicher dar.

Animation

Lemma 198 (Kostenanalyse des Einfüge-Algorithmus)

Wir machen der Einfachheit halber mehrere plausible Annahmen:

- Die Wurzelseite bleibt immer im DB-Cache.
- Jede andere benötigte Seite muß genau einmal von derPlatte in den DB-Cache transportiert werden.

Sei T ein Baum der Klasse $\Gamma(k, h)$ mit $h \geq 1$, sowie

- $f_{min}\,(f_{max})$ die minimale (maximale) Anzahl zu lesender Seiten,
- $w_{min}\,(w_{max})$ die minimale (maximale) Anzahl auszuführender Schreibvorgänge.

Dann ergeben sich als I/O-Kosten:

Suchen(T, x):

- Falls y in der Wurzel von T liegt:
  $f_{min} = 0$
- Falls y auf einem Blatt oder nicht in T liegt:
  $f_{max} = h$

$\texttt{Einfügen}(T, x)$:

- Einfügen im Blatt, keine Spaltung:
  $f_{\min} = h,\, w_{\min} = 1$
- Spaltung des Blattes bis zur Wurzel:
  $f_{\max} = h,\, w_{\max} = 2 \cdot h + 3$

Zur Illustration von $w_{\max}$:

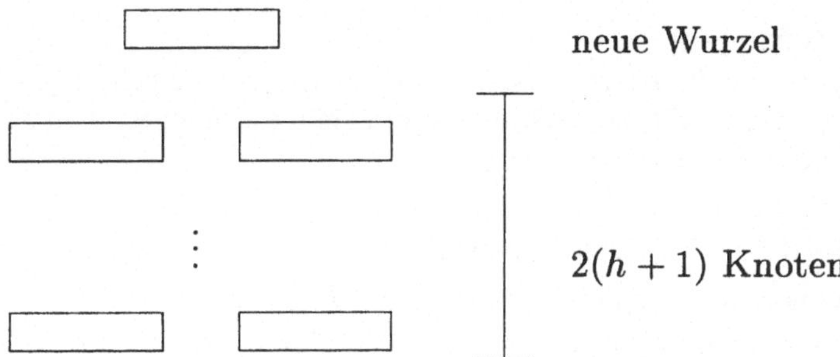

Beispiel 199 (Einfüge-Kosten)
Für die Schlüsselanzahl $N = 10^7$ sowie $k = 214$ ergibt sich eine Höhe $h = 2$.
Benötigt ein Seitenzugriff 10 msec, so erhält man für

- $\texttt{Suchen}(T, x)$:
  $f_{\max} = 2 \cdot 10 \text{ msec} = 20 \text{ msec},$
- $\texttt{Einfügen}(T, x)$:
  $f_{\min} + w_{\min} = 3 \cdot 10 \text{ msec} = 30 \text{ msec}$
  $f_{\max} + w_{\max} = 9 \cdot 10 \text{ msec} = 90 \text{ msec}.$

Bemerkung 200
Spaltungen sind bei großem k kein großer Overhead. Die amortisierten Kosten der Spaltungen, um beginnend mit einem leeren Baum einen B-Baum mit N Schlüsseln aufzubauen, berechnen sich wie folgt:

Sei $P(N)$ die Anzahl der belegten Seiten. Bis auf die Wurzelseite muß jede durch Spaltungen entstanden sein. Also haben $P(N) - 1$ Spaltungen stattgefunden.

Der Overhead pro Spaltung ergibt sich aus dem Schreiben der neuen Seite und der Vaterseite.

Man gelangt also zu $2(P(N) - 1)$ zusätzlichen Schreibvorgängen durch Spaltungen. Wegen $P(N) \cdot k \leq N$ ergibt sich im Mittel pro Einfügen:

$$\tfrac{1}{N} \cdot 2(P(N) - 1) \leq \tfrac{1}{N} \cdot 2 \cdot (\tfrac{N}{k} - 1) = \tfrac{2}{k} - \tfrac{2}{N} < \tfrac{2}{k}$$

Als *durchschnittliche* Kosten für Einfügen(T, y) erhält man somit

- $f_{avg} = h$
- $w_{avg} < 1 + \frac{2}{k}$

wobei $\frac{2}{k}$ der amortisierte Anteil der Spaltungen ist.

7.3.3 Der Lösch-Algorithmus

Algorithmus 201 (Löschen)

1. Bestimme die Seite, wo die Löschung von x auszuführen ist (wie beim Suchbaum): Vertausche dazu x mit dem nächstkleineren Schlüssel auf einem Blatt L, falls x nicht bereits auf einem Blatt L liegt.
2. Lösche dann x auf diesem Blatt L:
   - Falls in L danach noch $\geq k$ Schlüssel vorhanden sind, sind wir fertig.
   - Verbleiben nur noch $k - 1$ Schlüssel, ist ein *Underflow* eingetreten.

Ein Underflow wird wie folgt behandelt:

Fall 1 (Konkatenation):
Eine Nachbarseite Q von L hat genau k Schlüssel. Vor der Konkatenation liegt folgende Situation vor:

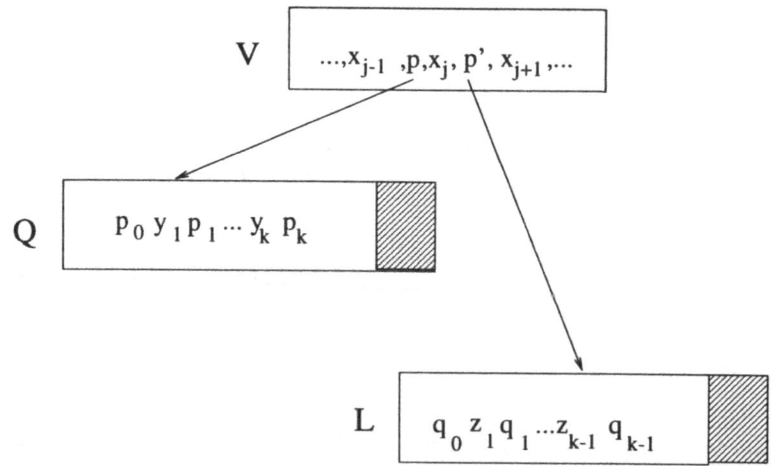

Nach Konkatenation von L mit Q nach Q ergibt sich:

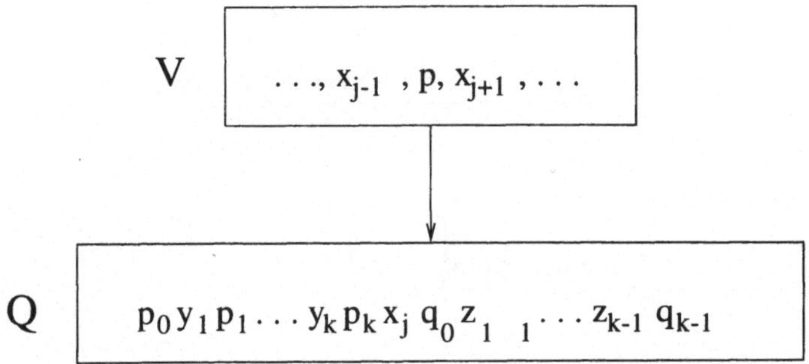

Danach kann Seite L freigegeben werden.

Fall 2 (Stehlen, Ausgleich):

Eine Nachbarseite Q von L hat mindestens $k + 1$ Schlüssel. Vor dem Stehlen/Ausgleich liegt folgende Situation vor:

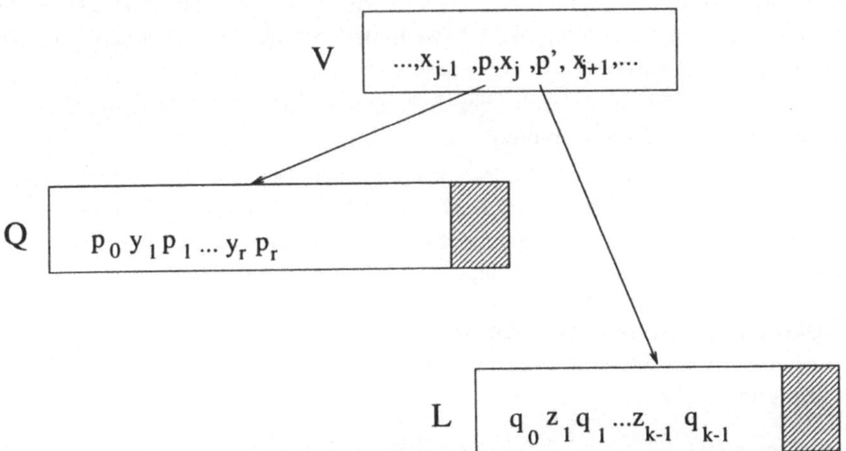

Nach Stehlen von Q über V nach L ergibt sich:

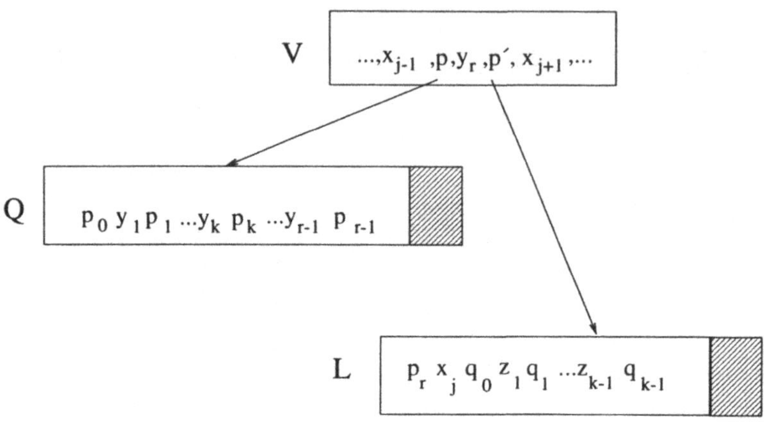

Bemerkung 202

- Bei Konkatenation wird ein Schlüssel aus der Vaterseite entfernt. Die Konkatenationsvorgänge können sich also rekursiv bis zur Wurzel fortsetzen. Die Höhe des B-Baums schrumpft um den Wert 1, wenn dadurch der letzte Schlüssel aus der Wurzel gelöscht wird.

- Stehlen pflanzt sich nicht nach oben fort, es werden auch keine Seiten frei und der Baum kann nicht schrumpfen.

- Gemäß Definition ist eine Mindestspeicherausnutzung von 50% gewährleistet. Die *mittlere Speicherausnutzung* liegt jedoch höher. Falls beim Einfügen neben Spaltung auch noch Stehlen verwendet wird, so kann man zeigen, daß die mittlere Speicherausnutzung bei $\approx 70\%$ liegt.

Beispiel 203 (Löschen im B-Baum)

Die Löschung des Schlüssels 11 aus dem resultierenden B-Baum des Beispiels 197 schrumpft den B-Baum.

Lemma 204 (Kostenanalyse des Lösch-Algorithmus)

Unter den gleichen Annahmen wie in Lemma 198 ergibt sich:

- Kein Underflow:
  - Schlüssel auf Blatt: $f_{\min} + w_{\min} = h + 1$
  - Schlüssel nicht auf Blatt: $f_{\min} + w_{\min} = h + 2$
- Underflow mit Konkatenation bis zur Wurzel:

$$f_{\max} + w_{\max} = h + (2h + 1) = 3h + 1$$

Die amortisierten Kosten für Löschungen sind für große k ebenfalls sehr gering.

7.4 Varianten von B-Bäumen

Einen entscheidenden Einfluß auf die Effizienz hat die Wahl des Verzweigungsgrades k. Ein größeres k impliziert einen niedrigeren B-Baum und somit eine bessere Performanz. Der Parameter k ist aber durch die Seitengröße beschränkt und zudem noch umgekehrt proportional von der Satzgröße abhängig. Insbesondere für große Satzlängen ergibt sich somit ein potentielles Performanzproblem.

7.4.1 B*-Bäume

Grundidee:
Den Suchschlüsseln kommt im B-Baum eine Doppelrolle zu:

1. Mit dem Suchschlüssel x wird die assoziierte Information α festgelegt.
2. Der Suchschlüssel x wird als Weiche zur Suchsteuerung im Baum verwendet.

Für die letzte Aufgabe ist α völlig bedeutungslos, müßte also nicht abgespeichert sein. Die assoziierte Information α braucht folglich nur auf der Blattebene existieren; auf Nichtblättern stünden dann lediglich Paare (x, p) mit Seitenverweis p. Auf diese Weise ist ein wesentlich höherer Verzweigungsgrad erzielbar. Es ergibt sich trotz Redundanz ein wesentlich niedrigerer Baum.

Bemerkung 205
B*-Bäume sind dichte Indizes, können somit auch als Sekundärindizes verwendet werden. Schematisch

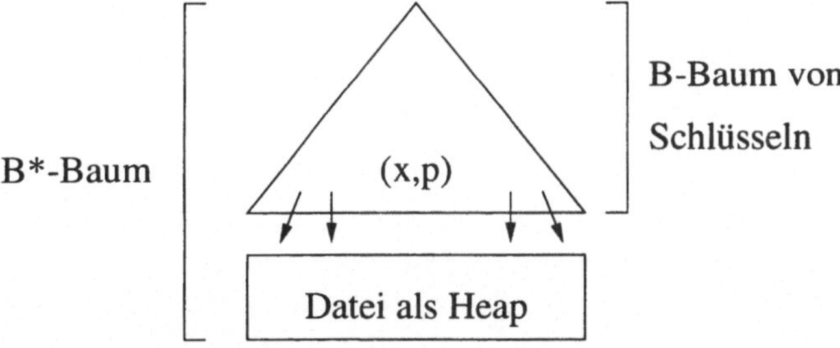

Beispiel 206 (Spalten beim B*-Baum)
Ein B*-Baum, der nur aus einer vollen Seite besteht, wird wie folgt bei einer Einfügung gespalten:

$$(x_1, \alpha_1),...,(x_k, \alpha_k),(x_{k+1}, \alpha_{k+1}),...,(x_{2k}, \alpha_{2k}) \quad | \quad (x_{2k+1}, \alpha_{2k+1})$$

Durch das Spalten entsteht eine neue Wurzel.

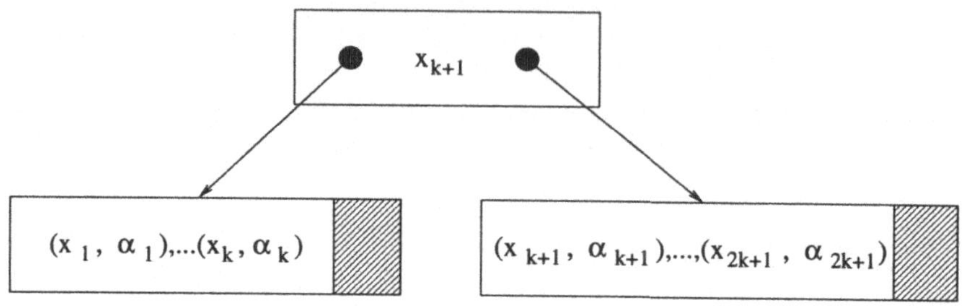

Weitere Spaltungen der Blätter werden analog behandelt. Spaltungen von Nichtblättern erfolgen genau wie im normalen B-Baum.

Die dadurch entstehende Baumstruktur heißt B^*-*Baum* (oft auch: B^+-Baum) und
hat folgende Eigenschaften:

- Die Paare (x, α) stehen nur in den Blättern.
- Die auf den Nichtblättern redundant gespeicherten Suchschlüssel dienen zur
  Steuerung der Suche und erfordern in der Praxis ca. 1–2% zusätzlichen Speicher-
  bedarf. Die Sucheigenschaften im Index modifizieren sich zu

  $$y < x_1 \text{ bzw. } x_i \leq y < x_{i+1} \text{ bzw. } x_l \leq y.$$

- B*-Bäume sind aufgrund des höheren Verzweigungsgrades i. allg. niedriger als
  die entsprechenden B-Bäume.
- Das Löschen von (x, α) kommt nur auf Blättern vor. Der Suchschlüssel x kann
  dabei als Suchweiche weiterhin im Baum verbleiben.

Bemerkung 207

Ein B*-Baum kann als Cluster-Index verwendet werden, indem die Heap-Datei
nach dem Indexschlüssel sortiert (und häufig doppelt verkettet) wird.

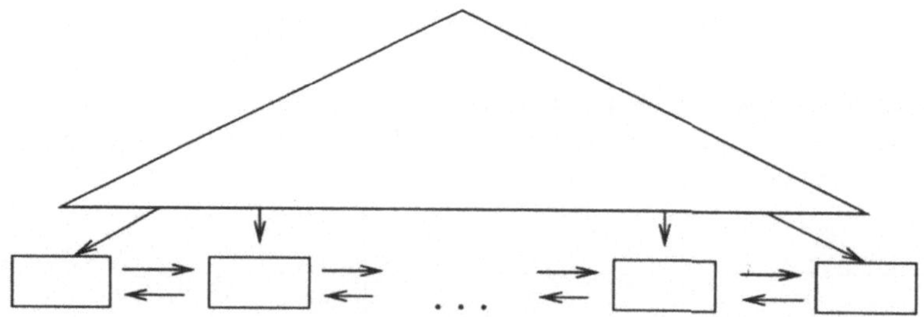

7.4.2 Präfix-B*-Bäume

Die Grundidee, die zu den B*-Bäumen führte, beruhte darauf, den Index nur zur
Steuerung der Suche zu verwenden. Bisher stehen im Index jedoch noch die vollen
Suchschlüssel, die immer noch überflüssige Informationen als Ballast enthalten. Zur
Verfeinerung kann man nun im Index die Suchschlüsselinformation auf den Anteil
beschränken, der ausreicht, um die Suche zu steuern.

Definition 208 (kürzester Präfix-Separator)

- Ein *Separator* zwischen den Suchschlüsseln x_i und x_{i+1} ist ein beliebiger Suchschlüssel s mit $x_i < s \leq x_{i+1}$ gemäß der lexikographischen Ordnung.
- Ein Separator s ist *kürzester Präfix-Separator*, wenn gilt:
  - $x_i < y \leq x_{i+1} \implies |s| \leq |y|$
  - s ist Präfix von x_{i+1}.

Bemerkung 209

Kürzeste Separatoren mit der Präfix-Eigenschaft sind eindeutig.

Beispiel 210 (Kürzeste Präfix-Separatoren)

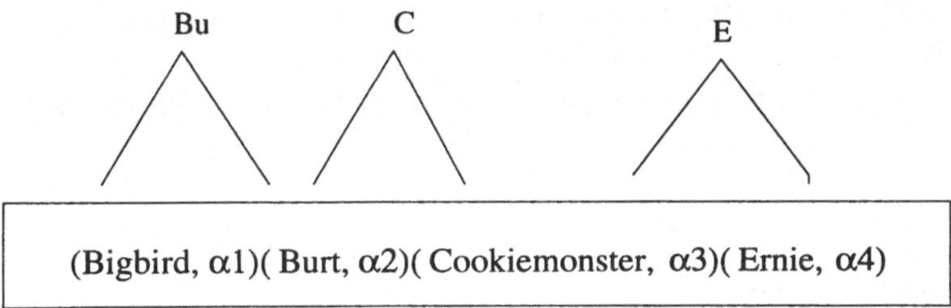

Definition 211 (Präfix-B*-Baum)

Ein *Präfix-B*-Baum* ist ein B*-Baum, in dem beim Spalten von Blättern nur die
kürzesten Präfix-Separatoren in den Indexteil aufgenommen werden.

Beispiel 212 (Spaltung Präfix-B*-Baum)

Wir betrachten einen Präfix-B*-Baum, der nur aus der Wurzelseite aus Beispiel 210
besteht. Die Einfügung von (Suffleopogus, α5) soll dazu diese Wurzel spalten. Wir
erhalten:

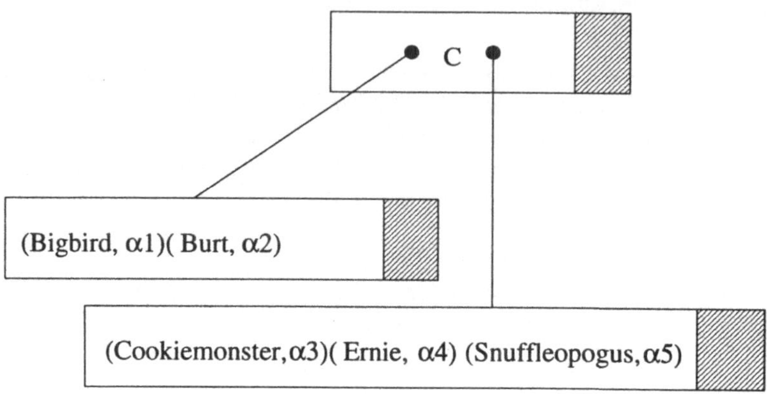

Bemerkung 213

- Im Index können sich Suchschlüsselfragmente unterschiedlicher Länge befinden. Folglich lassen sich B-Baum-Algorithmen an einen variablen Verzweigungsgrad k anpassen. Sollte die Satzlänge für Blätter variabel sein, ist dies in der Praxis auch dort empfehlenswert.

- Durch die Komprimierung des Indexteils wird ein Präfix-B*-Baum noch niedriger als der entsprechende B*-Baum und damit noch effizienter.

- Löschungen können dazu führen, daß im Index nicht mehr überall kürzeste Separatoren stehen bleiben.

- Weitere Tuningmaßnahmen sind möglich. Man kann z.B. das Spaltintervall nicht genau durch die Mitte begrenzen, um kürzere kürzeste Präfix-Separatoren zu bekommen.

7.4.3 Positions-B*-Bäume

Für den (in SQL2 noch nicht standardisierten) Datentyp BLOB bieten manche DBS-Hersteller die Operation

SUBRANGE(byteposition 1, byteposition 2)

an. Zur effizienten Implementierung ist folgende Variante eines B*-Baumes naheliegend.

Definition 214 (Positions-B*-Baum)
Ein Positions-B*-Baum ist ein B*-Baum mit folgenden Eigenschaften:

- Die Blätter enthalten die Seiten der BLOBs.

- Im Indexteil werden als Suchschlüsselinformation *BytePositionen* verwendet. Zur Erhöhung des Verzweigungsparameters k kann man bei Nicht-Wurzelknoten *relative* Byte-Positionen angeben.

Beispiel 215 (Positions-B*-Baum)

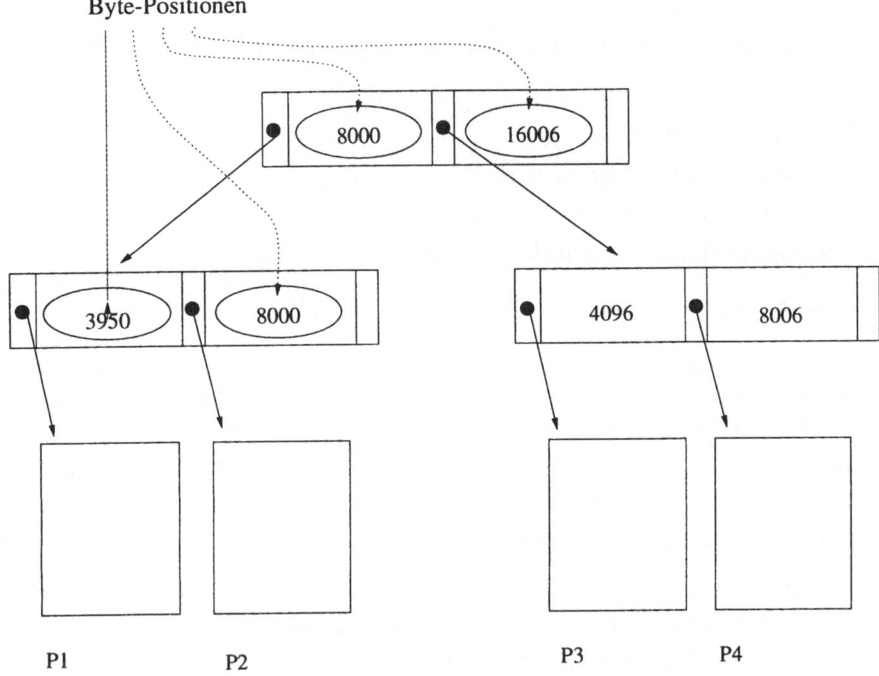

Der BLOB enthält die Bytes 1 bis 16.006. Dabei enthält P_3 die Bytes 8.001 bis 8.000 + 4.096 = 12.096, P_4 die Bytes 12.097 bis 8.000 + 8.006 = 16.006.

Schlußanmerkungen:

- Präfix-B*-Bäume sind heute für eine Vielzahl praktischer Anwendungen die empfehlenswerteste Variante der B-Bäume. Sie sind die Basis der meisten industriellen Datenbanksysteme geworden.
- Die B-Baum-Familie unterstützt effiziente *eindimensionale* Selektionsanfragen wie $\sigma_{A=c_1}(R)$. Konjunktive Selektionsanfragen wie

$$\sigma_{A=c_1 \,\wedge\, B=c_2}(R)$$

  kann man auch als *mehrdimensionale* Suchanfrage interpretieren.

Mit den TID-Algorithmen haben wir schon konventionelle Möglichkeiten zur Beantwortung solcher mehrdimensionaler Suchanfragen kennengelernt. Darüber hinaus kennt die Literatur eine Fülle mehrdimensionaler Indexstrukturen zur effizienten Auswertung solcher Anfragen. Am populärsten ist die Familie der *R-Bäume* (Rechtecksbäume).

7.5 Selektionsoptimierung

7.5.1 Ein einfaches Kostenmodell

Wir verwenden die folgenden Bezeichnungen für Statistikdaten:

- T_R: Anzahl der Tupel von R
- B_R: Anzahl der Blöcke von R
- G_A: erwartete *Tupel-Trefferrate* für $\sigma_{A=const}(R)$
- H_A: erwartete *Block-Trefferrate* für $\sigma_{A=const}(R)$
- I_A: erwartete Anzahl verschiedener A-Werte *(image size)* für R.

Wir machen folgende Annahmen über das *Kostenmodell*:

- H_A sei der *dominierende Kostenfaktor*. Damit wird unterstellt, daß das DBS einen *I/O-Engpaß* hat *(I/O-bound)*. Bei einem CPU-Engpaß *(CPU-bound)* müßten die CPU-Kosten optimiert werden.
- Keine Differenzierung zwischen Hash-Index, B-Baum etc. Die Blockzugriffskosten im Indexteil werden vernachlässigt.
- Falls für R ein *Nichtcluster-Index* auf A existiert, so gilt

  $$H_A \approx G_A$$

  auch wenn zufällig mehrere Treffer-Tupel in einem Block stehen.
- Falls für R ein *Cluster-Index* auf A existiert, modifiziert sich dieser Wert zu

  $$H_A \approx G_A/(T_R/B_R)$$

  d.h. es findet eine Verbesserung um den Faktor T_R/B_R statt.

Lemma 216 (Schätzung von Trefferraten)
Die *Tupel-Trefferrate* hängt von der statistischen Verteilung der A-Werte ab. Bei Gleichverteilung ergibt sich:

$$G_A \approx T_R/I_A$$

Folglich:

$$\begin{aligned} H_A &\approx T_R/I_A \quad &\text{für einen Nichtcluster-Index} \\ H_A &\approx B_R/I_A \quad &\text{für einen Cluster-Index} \end{aligned}$$

Für einen Primärindex auf A gilt nach diesem Modell:

$$I_A = T_R \implies G_A = 1 \implies H_A = 1$$

Bemerkung 217 (statistische Metainformation)
Die DB-Verwaltung kann über T_R, B_R und I_A bei Einfügungen/Löschungen in den Systemkatalogen Buch führen.

7.5.2 Konjunktive Selektionsanfragen

Konjunktive Selektionsanfragen haben in SQL2 die Form

```
SELECT *
FROM  R
WHERE C₁ AND ...AND Cⱼ
```

Die WHERE-Formel ist also in konjunktiver Normalform: Die C_i sind dabei Bedingungen auf den Attributen von R. Sie können sich aus einzelnen Teilbedingungen zusammensetzen, die durch OR, NOT oder nicht-korrelierte Subqueries miteinander verknüpft werden.

Sprechweise, falls es einen Index I auf A gibt:

$$C_j \; pa\beta t \; auf \, I, \text{ falls } C_j \equiv A = \text{const}$$

Die Optimierung konjunktiver Selektions-Queries hat i. allg. durch die Auswahl einer Menge von Indizes zu erfolgen. Bei j Indizes gibt es somit *exponentiell* viele Möglichkeiten. Der anschließende Algorithmus mit *linearem* Optimierungsaufwand liefert i. allg. nur *suboptimale* Ergebnisse, insbesondere ohne Berücksichtigung von TID-Algorithmen.

Algorithmus 218 (Selektionsoptimierung)
Eingabe:

- Konjunktive Selektions-Query auf der Relation R.
- Metainformation aus den Systemkatalogen über
  - verfügbare Indizes (clustered/nonclustered) auf R,
  - Statistikdaten für T, B, R, sowie I_{C_j} und für die jeweiligen Indizes.

```
begin
```

1. *„Predicate splitting“*: Schätze für jede Wahl eines C_j die Kosten aller Auswertungsmöglichkeiten von C_j ab.
2. Wähle die günstigste Lösung für ein C_j; die verbleibenden C_i werden auf dem Ergebnis von $\sigma_{C_j}(R)$ im DB-Cache ausgewertet (und verursachen damit keine zusätzlichen Blockzugriffe mehr).

```
end
```

Gemäß unserem einfachen Kostenmodell kann der Algorithmus folgende Kostenschätzungen vornehmen:

1. *Passender Cluster-Index:*
$$C_j \equiv A = c \Longrightarrow$$
$$H := \frac{B}{I_{C_j}}$$

2. *Nichtpassender Cluster-Index:*

$$C_j \equiv A\Theta c \text{ mit } \Theta \in \{<, \leq, >, \geq\} \Longrightarrow$$
$$H := \frac{B}{2}.$$

(Im Schnitt muß die Hälfte aller Tupel gelesen werden, die auf $B/2$ Blöcke gepackt sind.)

3. *Passender Nicht-Cluster-Index:*

$$C_j \equiv A = c \Longrightarrow$$
$$H := \frac{T}{I_{C_j}}$$

4. *R als kompakter Heap:*

$$H := B$$

5. *Nichtpassender Nicht-Cluster-Index:*

$$C_j \equiv A\Theta c \text{ mit } \Theta \in \{<, \leq, >, \geq\} \Longrightarrow$$
$$H := \frac{T}{2}$$

Beispiel 219 (Versandhaus, Kostenschätzung)

Für unser Versandhaus-Schema aus Beispiel 59 interessieren wir uns für folgende konjunktive Selektions-Query.

```
SELECT *
FROM beinhaltet
WHERE Anzahl >= 5 AND ArtName = 'Ski';
```

Es gelte:

- $T = 2000$.
- Kompakte Speicherung von `beinhaltet` mit 20 Tupeln pro Block, d.h. $B = 100$.
- Cluster-Index auf `Auftrag#`.
- Nicht-Cluster-Indizes auf `ArtName` und `Anzahl` mit $I_{\texttt{ArtName}} = 40$.

Als Kostenschätzungen gemäß Algorithmus 218 erhält man:

1. Kein passender Cluster-Index.
2. Kein nichtpassender Cluster-Index.
3. $H := T/I_{\texttt{ArtName}} = 2000/40 = 50$.
4. $H = B = 100$.
5. Verwende Index auf `Anzahl`: $H = 2000/2 = 1000$.

Es ist also Option 3 mit den geschätzten Kosten $H = 50$ Blockzugriffe zu wählen. Dies bedingt eine Ausführungszeit von 0,5 Sek. bei 10 ms pro Blockzugriff.

Bemerkung 220 (Schätzung von Trefferraten)

- Die Güte der Auswahl hängt von den verfügbaren Statistikdaten in den Systemkatalogen ab. Man beachte den Tradeoff zwischen dem Wartungsaufwand dieser Statistiken und der exakteren Optimierung.

- Eine etwas bessere Schätzung von Bereichsselektionen gemäß $c_1 \leq A \leq c_2$ ist bei Verwendung eines geeigneten Index (B-Baum, ISAM) wie folgt möglich:

$$G_A = \frac{c_2 - c_1 + 1}{\max(A) - \min(A) + 1} \cdot T$$

wobei $\max(A)$ bzw. $\min(A)$ den aktuellen maximalen bzw. minimalen A-Wert eines Tupels in R bezeichnen.

- Die Verwendung genauerer statistischer Modelle für die Blocktrefferrate H_A, die auch die Lokalität im DB-Cache mit berücksichtigen, kann die Auswahlqualität beträchtlich verbessern.

7.6 Berechnung kartesischer Produkte

Für kartesische Produkte und Joins gibt es eine Vielzahl verschiedener Algorithmen. Die Wahl eines akzeptablen Algorithmus hängt vom Statistikprofil ab. Der Query-Optimierer muß eine *kostenbasierte* Auswahl treffen.

Lemma 221 (Ergebniskosten von $R \times S$)
Wir untersuchen nun $R \times S$, wobei:

- R sei mit T_R Tupeln in B_R Blöcken gepackt.
- S sei mit T_S Tupeln in B_S Blöcken gepackt.
- Die Tupellänge von R sei l_R, die von S sei l_S.
- Die Blockgröße sei b.

Die Anzahl der für das Ergebnis von $R \times S$ benötigten Blöcke ergibt sich zu:

$$B_{R \times S} = \frac{T_R \cdot T_S (l_R + l_S)}{b}.$$

Wegen

$$B_R \approx T_R \cdot \frac{l_R}{b}, B_S \approx T_S \cdot \frac{l_S}{b}$$

folgt daraus

$$B_{R \times S} = B_R \cdot T_S + T_R \cdot B_S.$$

Beispiel 222 (Ergebnisgröße $R \times S$)
Für $T_R = 10.000, B_R = 800, T_S = 2.000, B_S = 250$ gilt:

$$B_{R \times S} = 800 \cdot 2.000 + 10.000 \cdot 250 = 4.100.000$$

Bei einer Blockgröße von 4 Kilobytes entspräche dies einem Speicherbedarf von ca. 16 Gigabytes.

Algorithmus 223 (Nested-Loop für $R \times S$)
Der *Nested-Loop-Algorithmus* stützt sich auf ein Verfahren der Form:

$$\forall s \in S \colon (\forall r \in R \colon \texttt{output } r \circ s).$$

Sei im folgenden M die Anzahl der verfügbaren DB-Cache-Blöcke. Außerdem gelte $B_S < B_R$.

```
begin
```

1. Fall $B_S < M$:
   - S wird komplett in den DB-Cache gelesen.
   - In einem verbleibenden freien DB-Cache-Block wird R mit S blockweise kartesisch multipliziert.
2. Fall $B_S \geq M$:
   - S wird in Portionen von $M - 1$ Blöcken fragmentiert.
   - Für jedes Fragment verfahre wie unter 1.

```
end
```

Lemma 224 (Einlesekosten von $R \times S$)
Der Nested-Loop-Algorithmus zur Berechnung des kartesischen Produkts verursacht folgende Einlesekosten in den DB-Cache:

$$B_R \cdot \left\lceil \frac{B_S}{M-1} \right\rceil + B_S$$

Bemerkung 225 (Verdrängung aus DB-Cache)
Die Existenz von *fix* und *unfix* Operationen auf den Blöcken des DB-Cache ist wünschenswert, um die ungewollte Verdrängung von S aus dem DB-Cache zu vermeiden. Insbesondere ist eine LRU-Verdrängungsstrategie (wie in Betriebssystemen oft üblich) für den Nested Loop-Algorithmus denkbar schlecht.

7.7 Join-Berechnung

Die Schätzung der *Join-Kardinalität* geht als Parameter wesentlich in den Optimierungsprozeß ein und stellt ein schwieriges Teilproblem dar, da i. allg. gilt:

$$0 \leq T_{R \bowtie S} \leq T_R \cdot T_S$$

Um $T_{R \bowtie S}$ zu ermitteln, muß man die erwartete *Join-Trefferrate* kennen, d.h.:

Was ist die durchschnittliche Anzahl von Join-Partnern in S für ein beliebiges Tupel von R?

7.7.1 Nested-Loop-Join

Als Berechnungsmethode für den *Nested-Loop-Join* dient die Selektion auf dem kartesischen Produkt mit Pipelining.

Beispiel 226 (Nested-Loop-Join)

Zu berechnen sei z.B. für $R(A,B,C)$ und $S(B,C,D)$

$$R \bowtie S = \sigma_{R.A=S.A \wedge R.B=S.B}(R \times S).$$

Die Berechnung von $R \times S$ erfolgt dabei mit dem Nested-Loop Algorithmus wie zuvor besprochen. Ausgegeben werden jedoch nur die Tupel, die die Selektion erfüllen.

Im folgenden nehmen wir an, daß die Ausgabe des Join-Ergebnisses

$$(B_R \cdot T_S + T_R \cdot B_S)/J$$

Kosten verursacht,wobei J ein mit der Join-Trefferrate in Zusammenhang stehender Parameter sei. Auf die Ermittlung von J wollen wir anschließend nicht mehr eingehen.

Lemma 227 (Gesamtkosten, Nested-Loop-Join)

Bei gegebener DB-Cache Größe M betragen die Gesamtkosten des Nested-Loop-Joins:

$$B_{R \bowtie_\theta S} := \underbrace{(B_R \cdot \lceil \frac{B_S}{M-1} \rceil + B_S)}_{\text{Eingabe}} + \underbrace{(B_R \cdot T_S + T_R \cdot B_S)/J}_{\text{Ausgabe}}.$$

Beispiel 228 (Nested-Loop-Join)

Die Statistikdaten seien $T_R = 10.000$, $B_R = 800$, $T_S = 2.000$, $B_S = 250$ sowie $J = 4.000$.

Ausgabekosten (unabhängig von M):

$$4.100.000/4.000 = 1.025$$

Eingabekosten:

1. $M = 26$:
   $\Longrightarrow (800 \cdot \frac{250}{25} + 250) = 8.250$
   $\Longrightarrow$ *Gesamtkosten* gleich 9.275
   $\Longrightarrow$ Geschätzte Gesamtoperationsdauer ca. 93 Sekunden

2. $M = 251$:
   $\Longrightarrow (800 \cdot \frac{250}{250} + 250) = 1.050$
   $\Longrightarrow$ *Gesamtkosten* gleich 2.075
   $\Longrightarrow$ Geschätzte Gesamtoperationsdauer ca. 21 Sekunden

Bemerkung 229

- Nested-Loop-Joins sind sehr schlecht, falls der zur Verfügung stehende DB-Cache zu klein ist. In einem solchen Fall besser geeignete Methoden werden im folgenden besprochen.

- Die Auswertung eines Θ-Join mit Θ verschiedenen $=$ geschieht am besten mit dem Nested-Loop-Join, da i. allg. keine bessere Methode zur Verfügung steht.

7.7.2 Sortierungs-Join

Für den *Sortierungs-Join* nimmt man eine geeignete *Sortierung* von R und S vor, um anschließend die Join-Partner effizient ermitteln zu können.

Beispiel 230 (Sortierungs-Join)
Für

$$R(A, B) \bowtie S(B, C)$$

seien R und S jeweils nach dem Joinattribut B *sortiert*. Es bestehe also z.B. folgende Situation (von oben nach unten zu lesen):

```
                         R              S
                         ⋮              ⋮
Cursor auf  R  ⟹    (43,107)      (107,60)    ⟸ Cursor
                     (5,130)       (107,45)      auf  S
        ↓            (28,205)      (310,60)        ↓

                     (10,310)         ⋮
                         ⋮
```

Je ein sequentieller Durchgang durch R und S genügen zur Ermittlung aller Join-Partner. Die Operationen `open cursor` und `get next` finden dabei auf den Dateien für R bzw. S statt.

Ein geeignetes effizientes Sortierverfahren ist das *Mehrwege-Plattenmischen*, das sich besonders gut für große DB-Caches eignet.

Lemma 231 (Kosten des Sortierungs-Joins)
Die Kosten des Sortierungs-Joins betragen:

$$(2 \cdot B_R \lceil \log_M B_R \rceil + 2 \cdot B_S \lceil \log_M B_S \rceil) +$$
$$(B_R + B_S) +$$
$$(B_R T_S + T_R B_S)/J$$

Der 1. Term gibt dabei die Lese- und Schreibkosten für das Mehrwege-Mischen an, der 2. Term die Scan-Kosten zur Ermittlung der Join-Partner und der 3. Term die Kosten für das Schreiben des Join-Ergebnisses.

Beispiel 232 (Kosten eines Sortierungs-Joins)

Wie in Beispiel 228 seien $J = 4.000$, $T_R = 10.000$, $T_S = 2.000$, $B_S = 250$, $B_R = 800$. Dann gilt:

$M = 26$:

$$B_R = 800 \implies \lceil \log_{26} 800 \rceil = 3;$$

$$B_S = 250 \implies \lceil \log_{26} 250 \rceil = 2.$$

Damit betragen die Kosten

$$(3.200 + 1.000) + (800 + 250) + 1.025 = 6.275$$

(besser als der Nested-Loop-Join in Beispiel 228).

$M = 251$:

Es ergibt sich

$$B_R = 800 \implies \lceil \log_{251} 800 \rceil = 2;$$

$$B_S = 250 \implies \lceil \log_{251} 250 \rceil = 1.$$

Damit betragen die Kosten

$$(3.200 + 500) + (800 + 250) + 1.025 = 5.775$$

(schlechter als der Nested-Loop-Join in Beispiel 228).

Lemma 233

Bei konstanter DB-Cache-Größe M wachsen die Kosten

- des Nested-Loop-Joins in $O(B_R \cdot \lceil \frac{B_S}{M} \rceil)$,
- des Sortierungs-Joins in $O(B_R \lceil \log_M B_R \rceil)$ bzw. $O(B_S \lceil \log_M B_S \rceil)$.

Folglich ist der Sortierungs-Join *asymptotisch besser* als der Nested-Loop-Join.

7.7.3 Index-Joins

Eine naheliegende Idee ist, zum effizienten Auffinden von Join-Partnern geeignete Indizes zu verwenden.

7.7.3.1 Verwendung eines Cluster-Index

Wir studieren hier exemplarisch den Fall $R(A, B) \bowtie S(B, C)$ unter den Annahmen:

- Es existiert ein Cluster-Index auf $S.B$.
- Es gelte referentielle Integrität von $R.B$ nach $S.B$.
- R ist als kompakter Heap gespeichert.

Algorithmus 234 (1-Index-Join)
```
begin
```

1. Für jeden Block L von R und für alle Tupel $t = (a, b)$ auf L, ermittle die Join-Partner $\sigma_{B=b}(S)$ durch Indexzugriff.
2. Bilde dann das kartesische Produkt
$$\{t\} \times \sigma_{B=b}(S)$$

```
end
```

Lemma 235 (Kosten des 1-Index-Joins)

Bezeichne I die Image-Größe von $S.B$, d.h. die Anzahl der verschiedenen Werte von $S.B$. Wegen der Existenz des Cluster-Indizes und wegen der referentiellen Integrität von $R.B$ nach $S.B$ benötigt jede Ausführung der inneren Schleife im Schnitt $\max(1, \frac{B_S}{I})$ Blockzugriffe.

Die Kosten belaufen sich daher auf

$$\underbrace{(B_R + T_R \cdot \max(1, \frac{B_S}{I}))}_{\text{Eingabe}} + \underbrace{(B_R \cdot T_S + T_R \cdot B_S)/J}_{\text{Ausgabe}}$$

Hierbei wird angenommen, daß das kartesische Produkt $\{t\} \times \sigma_{B=b}(S)$ im Hauptspeicher gebildet werden kann.

Beispiel 236 (1-Index-Join)

Seien $B_R = 800, T_R = 10.000, B_S = 250, T_S = 2.000,$
$I = 50$.

Dann betragen die Kosten $50.800 + 1.025 = 51.825$.
Die geschätzte Ausführungszeit beträgt also ca. 9 Minuten.

Bemerkung 237 (Nicht-Cluster-Index)

Gibt es einen *Nicht-Cluster-Index* auf $S.B$, so sind $\frac{T_S}{I}$ statt $\frac{B_S}{I}$ Blockzugriffe pro inneren Schleifendurchgang notwendig, was eine beträchtliche Verschlechterung darstellt.

7.7.3.2 Verwendung zweier Cluster-Indizes

Wir studieren wieder den Fall $R(A, B) \bowtie S(B, C)$ unter den Annahmen:

- Es existieren Cluster-Indizes auf $R.B$ und $S.B$.
- Es gelte referentielle Integrität von $R.B$ nach $S.B$.

Algorithmus 238 (2-Index-Join)
```
begin
```

1. Finde alle B-Werte über dem Index mit kleinerer Image-Size.
2. Finde für alle derartigen B-Werte b die Join-Partner $\sigma_{B=b}(R)$ und $\sigma_{B=b}(S)$ jeweils mittels Indexzugriff.
3. Bilde dann das kartesische Produkt

$$\sigma_{B=b}(R) \times \sigma_{B=b}(S).$$

```
end
```

Lemma 239 (Kosten des 2-Index-Joins)

Die Image-Größen seien I für $R.B$ und K für $S.B$. Wegen der referentiellen Integrität von $R.B$ nach $S.B$ gilt $K \geq I$.

Unter Vernachlässigung der Kosten für Schritt 1 fallen folgende Kosten an:

$$\underbrace{K \cdot (\max(1, \frac{B_R}{K}) + \max(1, \frac{B_S}{I}))}_{\text{Eingabe}} + \underbrace{(B_R \cdot T_S + T_R \cdot B_S)/J}_{\text{Ausgabe}}$$

Hierbei wird angenommen, daß das kartesische Produkt $\sigma_{B=b}(R) \times \sigma_{B=b}(S)$ im Hauptspeicher gebildet werden kann.

Beispiel 240 (2-Index-Join)

Wir übernehmen die Zahlenwerte aus Beispiel 236. Außerdem sei $K = 200$.

Dann belaufen sich die Kosten auf $1.800 + 1.025 = 2.825$.

Bemerkung 241 (Nicht-Cluster-Indizes)

Eine entsprechende *Verschlechterung* (T_R statt B_R, T_S statt B_S) handelt man sich bei Verwendung von Nicht-Cluster-Indizes ein.

7.7.3.3 Erzeugung eines Cluster-Index

Selbst die *temporäre* Erzeugung eines geeigneten Cluster-Index ist oft besser als die Verwendung eines Nicht-Cluster-Index.

Lemma 242 (Kosten der Cluster-Index-Erzeugung)

Sei $R(A, B)$ eine Relation mit der Image-Größe I für B. Für eine feste DB-Cache-Größe M gilt:

Der Aufwand für eine Cluster-Index-Erzeugung beträgt $2 \cdot \max(I, B_R) \cdot log_M I$, sofern eine geeignete Strategie für den Aufbau des Hash-Index verwendet wird.

Bemerkung 243 (Zusammenfassung)

- Es gibt keine absolut beste Join-Strategie.
- Nested-Loop-Joins sind ungeeignet für größere Relationen, jedoch schnell für kleine (relativ zur Größe des DB-Cache).
- Index-Joins mit zwei existierenden Cluster-Indizes sind am schnellsten für größere Relationen.
- Als Alternativen bei nicht existierenden Cluster-Indizes stehen Sortier-Joins und die temporäre Cluster-Index-Erzeugung zur Verfügung.
- In den obigen Kostenanalysen ist nur I/O berücksichtigt. Bei einem *CPU-Engpaß* sind auch die Kosten der Operationen im DB-Cache wichtig. Dann wird z.B. der Nested-Loop-Join äußerst CPU-aufwendig, besonders bei großem R und S.

Bemerkung 244 (Duplikatelimination)

Eine weitere teure Operation der RelA ist die Duplikatelimination bei *Projektionen* und *Vereinigungen*. Für einen *effizienten Duplikat-Test* kann ein temporärer Hash-Index verwendet werden. Ein solcher ist auch für die effiziente Auswertung von *Differenzen* und *Gruppierungen* einsetzbar.

8. Ablaufsteuerung paralleler Transaktionen

8.1 Konsistente Ablaufsteuerung

Die *Ablaufsteuerung* in DB-Systemen ist für die Concurrency Control und das Scheduling paralleler Transaktionen verantwortlich. Als elementare Einheiten für die Ablaufsteuerung fungieren dabei die Transaktionen. Wir legen wie bisher das ACID-Transaktionsmodell zugrunde.

8.1.1 Konsistenzprobleme

Wie in allen parallelen Systemen – vergleiche etwa Prozeßabläufe in Betriebssystemen – kann auch bei DB-Systemen eine vollkommen unkontrollierte Parallelität zu schwerwiegenden Problemen führen. Wir legen folgendes *Verarbeitungsmodell* für die Parallelausführung $\{T_1, T_2, \ldots, T_n\}$ von n Transaktionen zugrunde:

- Jede Transaktion T_j besteht aus *sequentiellen Aktionen*
  $a_{j_1}, \ldots, a_{j_k}$, $j_k \in \mathbf{N}$, die selbst als atomar angesehen werden:
  $$T_j = (a_{j_1}; a_{j_2}; \ldots; a_{j_k})$$
- Änderungen einer Transaktion werden in ihrem *privaten Arbeitsbereich* vorbereitet und via DB-Cache wieder in die physische DB zurückgeschrieben.

Beispiele für Aktionen sind einzelne SQL-Anweisungen oder Operationen wie `lese Tupel`, `schreibe Tupel`, `lese Seite`.

Wir wiederholen zunächst das bereits in Abschnitt 1.3.2 formulierte Kriterium für eine konsistente Ablaufsteuerung paralleler Transaktionen.

Definition 245 (Konsistente Ablaufsteuerung)
Eine Ablaufsteuerung heißt *konsistent*, wenn die *parallele* Ausführung einer Transaktionsmenge $\{T_1, \ldots, T_n\}$ durch die Ablaufsteuerung in ihrer Wirkung äquivalent zur *seriellen* Ausführung $(T_{p(1)}, \ldots, T_{p(n)})$ für eine Permutation p von $\{1, \ldots, n\}$ ist.

Die unkontrollierte Parallelausführung von Transaktionen verursacht *Konsistenzprobleme*. Beispielhaft werden im folgenden einige typische Formen angesprochen.

Dabei bezeichne `read` das Lesen von der DB in den privaten Arbeitsbereich und `write` die entsprechende Schreiboperation.

Beispiel 246 (Verlorengegangene Änderungen)

Zur Veranschaulichung diene eine Datenbank, die Sitzplatzreservierungen für Flüge verwalten soll. Zu diesem Zweck beinhalte F die Anzahl der für einen bestimmten Flug bereits gebuchten Plätze. Im Falle einer unkontrollierten Ablaufsteuerung ist die folgende zeitliche Ausführungssequenz denkbar ($z1$, $z2$ sind lokale Variablen von $T1$ bzw. $T2$):

T1	T2
start-TA T1; z1 := read(F);	

	start-TA T2;
	z2 := read(F);
	z2:= z2 + 1;
	write(z2, F);
	commit-TA T2;

z1: = z1 + 1;
write(z1, F);
commit-TA T1;	

Der obige Ablauf kann auch in animierter Form dargestellt werden.

Animation

Zwar sind beide Transaktionen einzeln jeweils korrekt, doch geht im Beispiel das Update von T2 verloren. Man spricht in diesem Zusammenhang daher auch vom *Lost-Update*-Problem.

Beispiel 247 (Inkonsistente Datenbank)

Wir nehmen an, daß in einer Datenbank die Integritätsbedingung $A = B$ gelten soll. Eine Transaktion T1 soll sowohl A als auch B um 1 erhöhen, eine andere Transaktion T2 soll A und B jeweils verdoppeln. Betrachte nun folgende zeitliche Ausführungssequenz, wobei anfangs $A = B = 5$ gelte:

T1	T2
start-TA T1; a1 := read(A); (=5) a1:= a1 + 1; (=6) write(a1, A); (=6)	
	start-TA T2; a2 := read(A); (=6) a2 := 2 * a2; (=12) write(a2, A); (=12) b2 := read(B); (=5) b2 := 2 * b2; (=10) write(b2, B); (=10) **commit-TA** T2;
b1 := read(B); (=10) b1 := b1 + 1; (=11) write(b1, B); (=11) **commit-TA** T1;	

Die Parallelausführung der Transaktionen T1 und T2 ergibt in ihrer Gesamtheit $12 = A \neq B = 11$, obwohl T1 und T2 jede für sich genommen korrekt sind. Als Animation läßt sich das angesprochene Problem natürlich viel anschaulicher darstellen.

Animation

Beispiel 248 (Nicht-reproduzierbares Lesen)

T1	T2

start-TA T1;
a1 := read(A);
print(a1);	

	start-TA T2;
	a2 := read(A);
	a2 := a2 + 1;
	write(a2, A);
	commit-TA T2;

a1 := read(A);
print(a1);
commit-TA T1;	

Der Ablauf läßt sich natürlich auch animiert präsentieren.

Animation

8.1.2 Serialisierbarkeit

Die gezeigten Transaktionsabläufe haben gemeinsam, daß sie in ihrer Wirkung nicht einer sequentiellen Ausführung der Transaktionen in irgendeiner beliebigen Reihenfolge entsprechen. Wir werden derartige Abläufe daher ausschließen.

Definition 249 (Schedule, Serialisierbarkeit)

Sei $T := \{T_1, \ldots, T_n\}$ eine Menge paralleler Transaktionen.

- Ein *Schedule* von T ist eine sequentielle Ausführung der in T enthaltenen Aktionen, die die Anordnung der Aktionen in den einzelnen T_i erhält.

- Ein *serieller Schedule* S von T ist ein Schedule, der für eine Permutation p von $\{1, \ldots, n\}$ die Gestalt

  $$S = (T_{p(1)}, \ldots, T_{p(n)})$$

  besitzt.

- Zwei Schedules heißen *äquivalent*, wenn
  - sie für jedes Objekt den gleichen Wert erzeugen und
  - sie jeder Transaktion beim Lesezugriff den gleichen Wert bereitstellen.

- Ein Schedule S von T heißt *serialisierbar*, wenn er zu einem beliebigen seriellen Schedule von T äquivalent ist.

Bemerkung 250

Die drei zuvor diskutierten Beispiele 247, 248 und 249 stellen nicht-serialisierbare Schedules dar.

Postulat 251

Um die Konsistenz der Ablaufsteuerung sicherzustellen, dürfen *nur serialisierbare Schedules* zugelassen werden.

Zur Realisierung dieser Konsistenzbedingung bieten sich verschiedene Strategien an. Der naheliegendste und einfachste Ansatz, eine Einschränkung auf serielle Schedules vorzunehmen, ist für die meisten DB-Anwendungen aus Performanzgründen nicht akzeptabel. Ein allgemeiner Mechanismus zur Synchronisation in parallelen Systemen besteht dagegen in der Verwendung von Sperren. Er soll in den nächsten Abschnitten eingehend diskutiert werden.

8.2 Ablaufsteuerung durch Sperren

8.2.1 Synchronisation durch Sperren

Definition 252 (Sperren)

Eine *Sperre* ist ein temporäres Zugriffsprivileg für eine Transaktion auf ein einzelnes DB-Objekt. Sperranfragen werden durch die sogenannte *Lock-Operation* getätigt:

```
lock(<item>, <lock-type>, <ta-id>)
```

- `<item>` ist ein eindeutiger, invarianter Identifikator für das zu sperrende DB-Objekt. Zu sperrende Objekte können z.B. Relationen mit ihrem Relationennamen als Identifikator oder einzelne Tupel mit einem Tupelidentifikator als Identifikator sein. Die Festlegung der zu sperrenden Objekte wird als *Sperrgranularität* bezeichnet.
- Jede ablaufende Transaktion besitzt einen eindeutigen Transaktionsidentifikator `<ta-id>`.
- Das gewünschte Zugriffsprivileg wie etwa ein Lese- oder Schreibwunsch wird in `<lock-type>` angegeben.

Sperranfragen werden von einem *Sperrenverwalter* gewährt bzw. abgelehnt. Die Verwaltung der aktuellen Sperrinformation erfolgt in einer *Sperrtabelle*.

Sperrenfreigabe erfolgt durch die Operation

```
unlock(<item>).
```

Bemerkung 253

Die Sperranfragen sind als atomare Operationen zu realisieren, was beispielsweise unter Verwendung von Semaphoren des Betriebssystems erreicht werden kann.

Definition 254 (Legaler Schedule)

Ein Schedule heißt *legal*, wenn er

- vor jedem DB-Zugriff eine entsprechende Sperranfrage stellt,
- jede gewährte Sperre irgendwann wieder freigibt, sowie
- keine überflüssigen Lock-Anfragen stellt bzw. unsinnigen Unlocks durchführt.

Postulat 255

Es werden von nun an *legale Schedules* vorausgesetzt.

Beispiel 256 (Legaler Schedule)

Wir betrachten die Transaktion

```
T1= (a1 := read(A); a1:= a1 + 1; write(a1,A)).
```

Dann verhält sich T1 im Rahmen eines legalen Schedules zum Beispiel wie folgt:

```
(lock(A, update, T1), a1:= read(A); a1:= a1 + 1;
 write(a1,A), unlock(A,T1))
```

Ein modernes DB-System sollte selbsttätig für die Einhaltung der Legalität von Schedules sorgen: `lock`- und `unlock`-Befehle sollten automatisch erzeugt werden.

8.2.2 Deadlocks

Ein allgemeines Problem bei der Synchronisation mit Hilfe von Sperren stellen *Deadlocks* (zyklisches Warten) dar. Zur Veranschaulichung diene das folgende Beispiel (nur die Sperranfragen sind angegeben):

Beispiel 257 (Deadlock)
Wir betrachten den legalen Schedule

```
S= (lock(A, update, T1),
    lock(B, update, T2),
    lock(B, update, T1),
    lock(A, update, T2), ...)
```

der Transaktionen

```
T1 = (lock(A, update, T1);
      lock(B, update, T1);
      unlock(A, T1); unlock(B, T1))

T2 = (lock(B, update, T2);
      lock(A, update, T2);
      unlock(B, T2); unlock(A, T2))
```

Unter der Annahme, daß Update-Locks auf einem Objekt exklusiv sind, ergibt sich folgendes Verhalten für den Sperrenverwalter:

1. `lock` A für T1 wird gewährt;
2. `lock` B für T2 wird gewährt;
3. `lock` B für T1 wird nicht gewährt, deshalb muß T1 warten;
4. `lock` A für T2 wird nicht gewährt, deshalb muß T2 warten;

Damit warten T1 und T2 ewig aufeinander, ein Deadlock ist eingetreten. Ein schrittweiser Erwerb von benötigten Sperren kann also Deadlocks erzeugen.

Deadlock-Situationen müssen entweder vermieden oder vom DB-System erkannt und aufgelöst werden.

8.2.3 Allgemeine Maßnahmen zur Deadlockvermeidung

Preclaiming:
Die Transaktionen fordern alle benötigten Sperren zu Beginn ihrer Ausführung „auf einen Schlag" an. Damit ist eine Parallelität jedoch nur zwischen vollkommen konfliktfreien Transaktionen möglich. Für praktische Zwecke stellt dies i. allg. eine zu starke Restriktion dar.

Totale Ordnung auf DB-Objekten:
Mit Hilfe einer totalen Ordnung auf den DB-Objekten ist eine Priorisierung der Sperrenanforderungen durchführbar. Auch diese Methode ist für DB-Systeme offensichtlich nicht praktikabel.

Für DB-Systeme besser geeignet ist die *Erkennung* von Deadlocks durch den Sperrenverwalter, der dann entsprechende *Rücksetzungen* (abort, backup) und *Neustarts* von Transaktionen vornimmt. Es ergibt sich hier also eine Wechselwirkung mit der Recovery-Komponente. Für leistungsfähige DB-Systeme ist eine *schnelle* Rücksetzbarkeit von Transaktionen bei Mehrbenutzerbetrieb wesentlich.

8.2.4 Livelocks

Eine zusätzliche Komplikation bei der Sperrsynchronisation bilden die *Livelocks* (Starvation, Verhungerungsproblem).

Beispiel 258 (Livelock)

Für die Transaktionen

```
T1 = (lock(A, update, T1);
      unlock(A, T1))

T2 = (lock(A, update, T2);
      unlock(A, T2))
```

ist folgender legaler Schedule denkbar:

1. T1 erhält Sperre auf A gewährt;
2. T2 muß auf T1 wegen A warten;
3. T1 gibt A frei, jedoch bekommt eine weitere Transaktion T3 die Sperre auf A gewährt usw.

Die Transaktion T2 wartet somit ewig auf die Sperre auf A.

8.2.5 Der Transaktions-Scheduler

Der *Transaktions-Scheduler* des DB-Systems realisiert die Ablaufsteuerung paralleler Transaktionen. Er ist eine Teilkomponente der DB-Verwaltung und regelt Konflikte zwischen parallelen Transaktionen unter Berücksichtigung von Problemen durch Deadlocks, Livelocks oder Nichtserialisierbarkeit. Seine Aufgabe ist es,

- Transaktionen bei nichtgewährten Sperren in den Wartezustand zu versetzen bzw. wartende Transaktionen fortzusetzen, sowie
- Transaktionen bei Bedarf zurückzusetzen und neu zu starten.

Schematisch:

Parallele Transaktionen

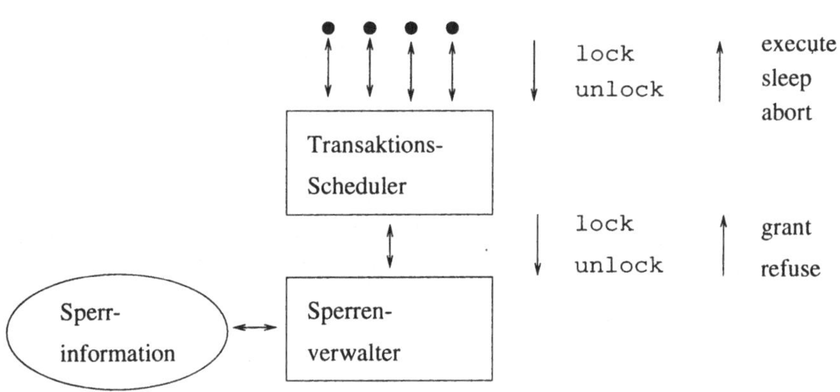

8.3 Konsistente Sperrprotokolle

Die Legalität von Schedules allein genügt nicht, um eine konsistente Ablaufsteuerung sicherzustellen!

Beispiel 259 (Nicht-serialisierbarer Schedule)

Wir setzen das Beispiel 247 fort. Zu dem dort diskutierten zeitlichen Ablauf gehört der legale Schedule

```
S= (lock(A, update, T1), unlock(A, T1),
     lock(A, update, T2), lock(B, T2),
     unlock(B, T2), unlock(A, T2),
     lock(B, update, T1), unlock(B, T1))
```

Die Wirkung dieser Parallelausführung {T1, T2} ist ungleich der Wirkung der
seriellen Ausführungen (T1, T2) als auch (T2, T1). Also ist S nicht serialisierbar.

Beispiel 260 (Phantomproblem)

Zur Erläuterung des *Phantomproblems* für Lesetransaktionen betrachten wir den
folgenden Ausschnitt aus einer Flugreservierungs-Datenbank:

Passengers	Name	Seat#	Flight#	...
	'Mike'	'10A'	'LH 745'	
	'Julia'	'9F'	'LH 745'	
	'George'	'7C'	'LH 745'	

Flight-Info	Flight#	Count-Pass	...
	'LH745'	3	

Wir betrachten die Transaktionen T1 und T2:

```
T1 = (SELECT Name
      FROM Passengers
      WHERE Flight# = 'LH 745';

      SELECT Count-Pass
      FROM Flight-Info
      WHERE Flight# = 'LH 745')

T2 = (UPDATE Flight-Info
      SET Count-Pass = Count-Pass + 1
      WHERE Flight# = 'LH 745';

      INSERT INTO Passengers
      VALUES (Phantomas, 8B, 'LH 745'))
```

Ein legaler Schedule S ist:

```
lock(Passengers, read, T1),
unlock(Passengers, T1),
lock(Flight-Info, update, T2),
unlock(Flight-Info, T2),
lock(Passengers, update, T2),
unlock(Passengers, T2),
lock(Flight-Info, read, T1),
unlock(Flight-Info,T1)
```

Phantomas erscheint im Endergebnis nicht auf der Passagierliste, obwohl für ihn
ein Sitz reserviert ist. Der Schedule S ist also aus der Sicht der reinen Lesetransak-
tion T1 nicht serialisierbar.

Legale Schedules garantieren also nicht ohne weiteres die Serialisierbarkeit. Folglich muß eine weitere Einschränkung der Aktionenfolgen vorgenommen werden. Praktischerweise verwendet man zu diesem Zweck *Protokolle*, deren Einhaltung vom DB-System automatisch erzwungen werden sollte.

8.3.1 Ein hinreichendes Serialisierbarkeitskriterium

Transaktions-Protokolle müssen die Serialisierbarkeit von Schedules sicherzustellen. Definitionsgemäß haben sie dazu zu garantieren, daß der beabsichtigte Schedule äquivalent zu einem seriellen Schedule ist. Für beliebige Operationen und Objekte ist dies in effektiver und effizienter Weise nicht möglich. Wir betrachten deshalb ausschließlich *uninformierte* Protokolle, d.h. es wird keine Kenntnis über etwaige anwendbare Umformungen vorausgesetzt, z.B.:

$$(a := a + 5;\ a := a - 10) \not\equiv$$
$$(a := a - 5) \not\equiv$$
$$(a := a - 10;\ a := a + 5)$$

Im folgenden untersuchen wir ein hinreichendes Serialisierbarkeitskriterium. Um die Wirkung von Schedules formal beschreiben zu können, müssen wir eine *abstrakte Semantik* von Transaktionen einführen:

- Wir betrachten legale Schedules mit den atomaren Sperraktionen

    $a_i = $ lock(<item>, <lock type>, <ta-id>)

    sowie

    $a_j = $ unlock(<item>, <ta-id>)

- Die Locks werden vorerst stets als exklusiv angesehen. Wir schreiben daher abkürzend

    lock(<item>, <ta-id>)

- Mit $\text{lock}(A, T)$ sei das Lesen aus der DB in den privaten Arbeitsbereich verbunden.

- Mit $\text{unlock}(A, T)$ sei das Schreiben eines Objekt A mit einem Wert

    $$f_i(A, \ldots, \textit{weitere von } T \textit{ gesperrte Objekte}, \ldots)$$

    in die DB verbunden. Dabei sind alle f_i als verschieden anzusehen (uninformiertes Protokoll).

Das Serialisierbarkeitskriterium basiert auf sogenannten Serialisierungsgraphen als theoretisches Hilfsmittel.

Definition 261 (Serialisierungsgraph)

Sei $S = (a_1, \ldots, a_n)$ ein legaler Schedule. Der *Serialisierungsgraph G* zu S ist so aufgebaut, daß

- seine Knotenmenge aus den Transaktionen von S besteht und

- seine Kantenmenge genau solche Elemente $T_j \to T_k$ enthält, für die es Aktionen
$$a_i = \texttt{unlock}(A_m, T_j) \text{ und } a_p = \texttt{lock}(A_m, T_k)$$
gibt mit $p > i$ und mit $k \neq j$, wobei a_p die erste Aktion in S mit solchen Eigenschaften sein soll.

Bemerkung 262

Einer Kante $T_j \to T_k$ in G kommt intuitiv die Bedeutung zu, daß in jedem zu S äquivalenten seriellen Schedule T_j *vor* T_k auszuführen ist.

Satz 263 (Serialisierbarkeitstest)

Der folgende Algorithmus stellt einen korrekten Serialisierbarkeitstest dar.

Eingabe: Ein legaler Schedule S für $\{T_1, \ldots, T_n\}$.

```
begin
```

1. Erstelle den Serialisierungsgraphen G zu S.
2. a) Enthält G einen *Zyklus*, so ist S *nicht* serialisierbar.

   b) Ist G *zyklenfrei*, so liefert eine *topologische Sortierung* von G einen zu S äquivalenten seriellen Schedule.

```
end
```

Beweis:

a) G enthält einen Zyklus $T_{j_1} \to T_{j_2} \to \ldots \to T_{j_t} \to T_{j_1}$:

Sei R ein zu S äquivalenter serieller Schedule. Die Transaktion T_{j_p} möge von allen T_{j_i} des Zyklus in R zuerst vorkommen. Dann gibt es in G eine Kante $T_{j_{p-1}} \to T_{j_p}$ bezüglich eines Objekts A. Während also in S die Transaktion $T_{j_{p-1}}$ bezüglich A vor T_{j_p} angeordnet ist, sind die Verhältnisse in R genau umgekehrt; dort kommt T_{j_p} vor $T_{j_{p-1}}$. Nach Modellbildung erzeugen diese unterschiedlichen Reihenfolgen jedoch auch unterschiedliche Werte für A. Folglich kann R kein zu S äquivalenter serieller Schedule sein.

b) G ist zyklenfrei:

Um diesen Fall geeignet behandeln zu können, führen wir den Begriff der *Tiefe* d einer Transaktion T ein. Darunter versteht man die Länge des längsten Pfades zu T in G. Eine Transaktion T der Tiefe d kann nur Werte von Transaktionen kleinerer Tiefe lesen. Der Beweis erfolgt durch Induktion nach d.

Der Induktionsanfang $d = 0$ ist trivial.

Sei $d > 0$. Möge $T_{i_1}, \ldots, T_{i_r}$ die Folge der Transaktionen in S sein, die das Objekt A sperren. Folglich existiert eine Kantenfolge $T_{i_1} \to \ldots \to T_{i_r}$ in G. Bezeichne T nun eine Transaktion, die den Wert des Objekts A liest. Der aktuelle Wert von A sei in S durch eine Transaktion T' geschrieben worden, der aktuelle Wert von A in R durch eine Transaktion T''. Dann ist die Kante $T' \to T$ in der obigen Kantenfolge von G enthalten. Die Transaktion T'' erscheint als Knoten zwar auch in dieser Kantenfolge, kann durch topologische Sortierung unter der Annahme $T' \neq T''$ jedoch kein direkter Vorgänger von T werden; also muß $T' = T''$ gelten.

Wegen $d(T') \leq d(T) - 1$ liest T' nach Induktionsvoraussetzung in S und R die gleichen Werte bezüglich des Objekts A; da A beliebig gewählt war, liest T in S und R die gleichen Werte. Damit schreibt T aber auch die gleichen Werte.

Beispiel 264 (Serialisierungstest)

Gegeben sei der Schedule

```
S = (lock(A, T2), unlock(A, T2),
     lock(A, T3), unlock(A, T3),
     lock(B, T1), unlock(B, T1),
     lock(C, T0), unlock(C, T0),
     lock(C, T2), unlock(C, T2),
     lock(B, T2), unlock(B, T2))
```

Dann besitzt der Serialisierungsgraph G zu S die Gestalt:

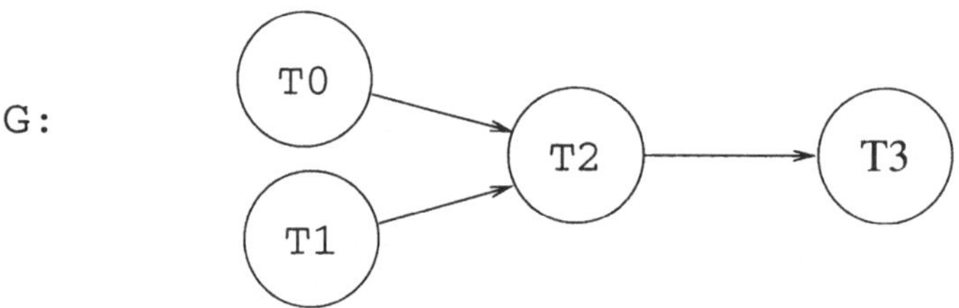

G ist zyklenfrei, also ist S ein serialisierbarer Schedule. S ist dabei äquivalent zum seriellen Schedule (T0, T1, T2, T3) oder (T1, T0, T2, T3).
Beachte:
Obwohl T1 in der seriellen Ordnung vor T3 kommt, darf T1 in S auch noch nach Beendigung von T3 gestartet werden.

8.3.2 2-Phasen-Sperrprotokolle

Die Überprüfung der Serialisierbarkeit mit dem angegebenen Test wäre ein viel zu großer Aufwand. Deshalb wurden Protokolle entwickelt, die die Azyklizität des Serialisierungsgraphen garantieren.

Definition 265 (2-Phasen-Sperrprotokoll)

Ein Protokoll heißt *2-Phasen-Sperrprotokoll*, wenn jede Transaktion ihre letzte lock-Anfrage vor ihrer ersten unlock-Anweisung stellen muß.

2-Phasen-Sperrprotokolle sind eine einfache und beliebte Methode, um ausschließlich serialisierbare Schedules zu erzeugen. Man kann sie folgendermaßen schematisch darstellen:

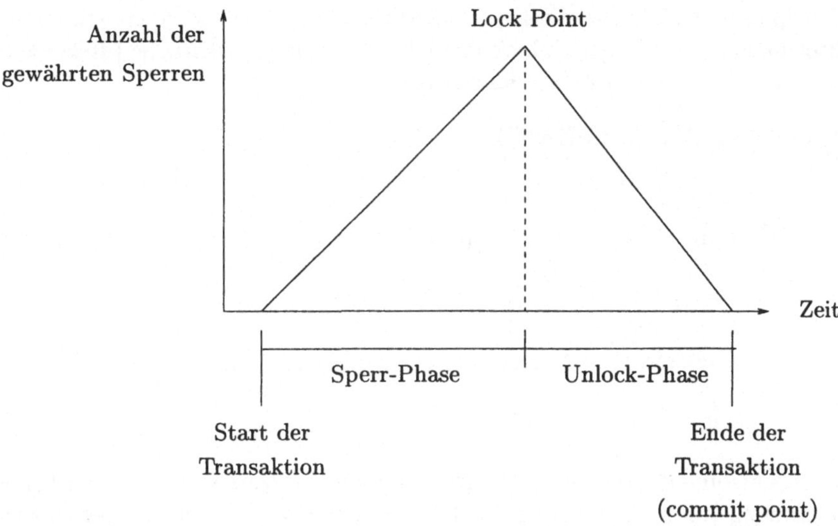

Das Schreiben in die physische DB findet nur während der 2. Phase statt. Dadurch sind Zurücksetzungen von Transaktionen während der 1. Phase – z.B. aufgrund von Deadlocks – leichter möglich.

Satz 266

Im Rahmen eines 2-Phasen-Sperrprotokolls ist jeder legale Schedule serialisierbar.

Beweis:

Angenommen, der Serialisierungsgraph G eines Schedules S enthalte einen Zyklus $T_{i_1} \to \ldots \to T_{i_p} \to T_{i_1}$.

Dann folgt ein lock von T_{i_2} auf dem unlock von T_{i_1}, ein lock von T_{i_3} folgt auf dem unlock von T_{i_2} etc. Letztlich folgt aber auch ein lock von T_{i_1} auf dem unlock von T_{i_p}. Dies stellt einen Widerspruch zur Zweiphasigkeit von T_{i_1} dar.

Bemerkung 267

Der Scheduler kann jeden legalen Schedule von zweiphasigen Transaktionen ungeprüft akzeptieren. Es müssen aber die Probleme von Deadlock und Livelock, verbunden mit Abort und Neustart berücksichtigt werden.

8.3.3 Strenge 2-Phasen-Sperrprotokolle

Ungeachtet der Serialisierbarkeit zweiphasiger Transaktionen kann es zu Rücksetzungen solcher Transaktionen aufgrund von Deadlocks oder Livelocks kommen. Die Zweiphasigkeit erleichtert solche Rücksetzungen während der Sperr-Phase. Bei Rücksetzungen während der Unlock-Phase können jedoch gefährliche Effekte auftreten. Man betrachte dazu folgendes Beispiel:

Beispiel 268 („Domino-Effekt")

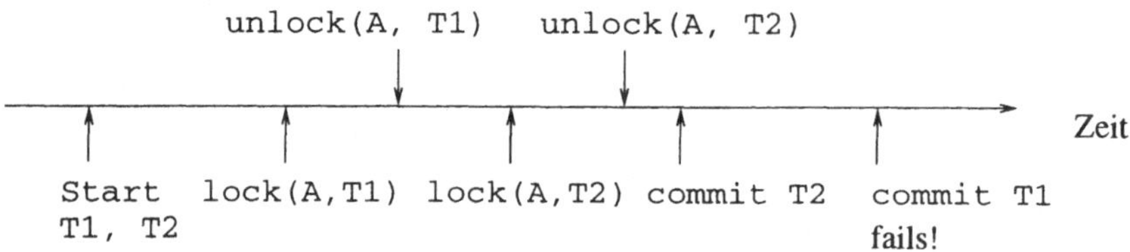

Scheitert der Commit-Versuch von T1 etwa infolge eines Hardware-Fehlers, ist eine Zurücksetzung von T1 notwendig. Da T2 beim Lesen von A nun ein sogenanntes *dirty read* vorgenommen hat, muß auch diese bereits erfolgreich beendete Transaktion zurückgesetzt werden. Dies widerspricht nicht nur der Dauerhaftigkeit des ACID-Prinzips, sondern kann zudem eine Kaskadierung von Rücksetzungen nach sich ziehen („Domino-Effekt").

Definition 269 (Strenges 2-Phasen-Protokoll)

Ein 2-Phasen-Protokoll heißt *strenges 2-Phasen-Protokoll*, wenn alle Sperren bis zum Transaktionsende, d.h. bis zum Commit-Point gehalten werden.

Strenge 2-Phasen-Protokolle vermeiden die Kaskadierung von Rücksetzungen. Sie werden daher in der Praxis fast ausschließlich genutzt.

8.3.4 Das RX-Protokoll

Bisher haben wir nur exklusive Sperren $\text{lock}(A, T)$ betrachtet. Für praktische Zwecke ist dies häufig zu restriktiv, da sich bereits zwei Leser gegenseitig aussperren können. Um dadurch bedingte Effizienzeinbußen zu reduzieren, erfolgt nun eine Verfeinerung des Sperrmechanismus bezüglich der beabsichtigten Verwendungsart der betroffenen Objekte A. Wir konzentrieren uns zunächst auf eine Erhöhung der Parallelität durch Unterscheidung zwischen reinen Lesezugriffen sowie Lese- und Schreibzugriffen. Darauf basiert das sogenannte RX-Protokoll.

Die (strenge) 2-Phasen-Eigenschaft wird weiterhin vorausgesetzt.

Definition 270 (RX-Protokoll)

Das *RX-Protokoll* unterscheidet zwei Sperrarten:

- **R-Sperre:** `lock(A, shared, T)`
  abgekürzt zu `RLOCK(A,T)`

- **X-Sperre:** `lock(A, exclusive, T)`
  abgekürzt zu `XLOCK(A,T)`

Ihre Semantik wird durch folgende Matrix festgelegt:

	R	X
R	+	−
X	−	−

Gegenseitig verträgliche Sperren (+) sind gleichzeitig zulässig. Dagegen werden unverträgliche Sperranfragen (−) durch den RX-Sperrverwalter blockiert.

Eigenschaften:

- Das RX-Protokoll erhöht die Parallelität unter den Leseanfragen.

- Im RX-Protokoll treten Behinderungen durch Schreibvorgänge in zwei Formen auf:

  - Leseanfragen werden durch Updatevorgänge behindert und umgekehrt.

  - Updates werden durch Updates behindert.

Definition 271 (Serialisierungsgraph für RX)

Die Konstruktion des *Serialisierungsgraphen* G muß für das RX-Protokoll geringfügig modifiziert werden. Dazu ist die Kantenmenge von G um folgende Elemente zu ergänzen:

- $T_1 \rightarrow T_2$, falls `RLOCK(A, `T_2`)` nach `XLOCK(A, `T_1`)` und `UNLOCK(A, `T_1`)` die nächste Sperre auf A ist.

- $T_3 \rightarrow T_1$, falls `XLOCK(A, `T_1`)` nach `RLOCK(A, `T_3`)` und `UNLOCK(A, `T_3`)` die nächste Sperre auf A ist.

Satz 272

Enthält der Serialisierungsgraph G eines Schedules S einen Zyklus, so ist S nicht serialisierbar. Ist G dagegen zyklenfrei, so liefert eine topologische Sortierung von G einen zu S äquivalenten seriellen Schedule.

Satz 273

Im Rahmen des RX-Protokolls ist jeder zweiphasige legale Schedule serialisierbar.

8.3.5 Das RAX-Protokoll

Aus Sicherheitsgründen ist es günstig, daß Transaktionen Updates in ihrem privaten Arbeitsbereich zuerst auf Kopien anfertigen. Erst beim Commit werden die Updates an die physische Datenbank übergeben. Das RAX-Protokoll nutzt diese Querbeziehung zur Recovery aus, indem es Parallelität zwischen Leser und Schreiber auf demselben Objekt ermöglicht.

Definition 274 (RAX-Protokoll)

Das *RAX-Protokoll* unterscheidet zusätzlich zum RX-Protokoll die weitere Sperrart:

- **A-Sperre:** `lock(`Y`, analyze, `T`)`
  abgekürzt zu `ALOCK(`Y`, `T`)`.

Ablaufszenario von RAX:

Nach einem `ALOCK(`Y`, `T`)` wird Y in den privaten Arbeitsbereich von T eingelesen, wo auf einer Kopie $V_o(Y)$ ein neuer Wert $V_n(Y)$ vorbereitet werden kann. Nach Fertigstellung der neuen Version $V_n(Y)$ erfolgt eine *Konvertierung* der Sperre A $\rightarrow$ X.

Graphisch läßt sich eine solche Vorgehensweise folgendermaßen veranschaulichen:

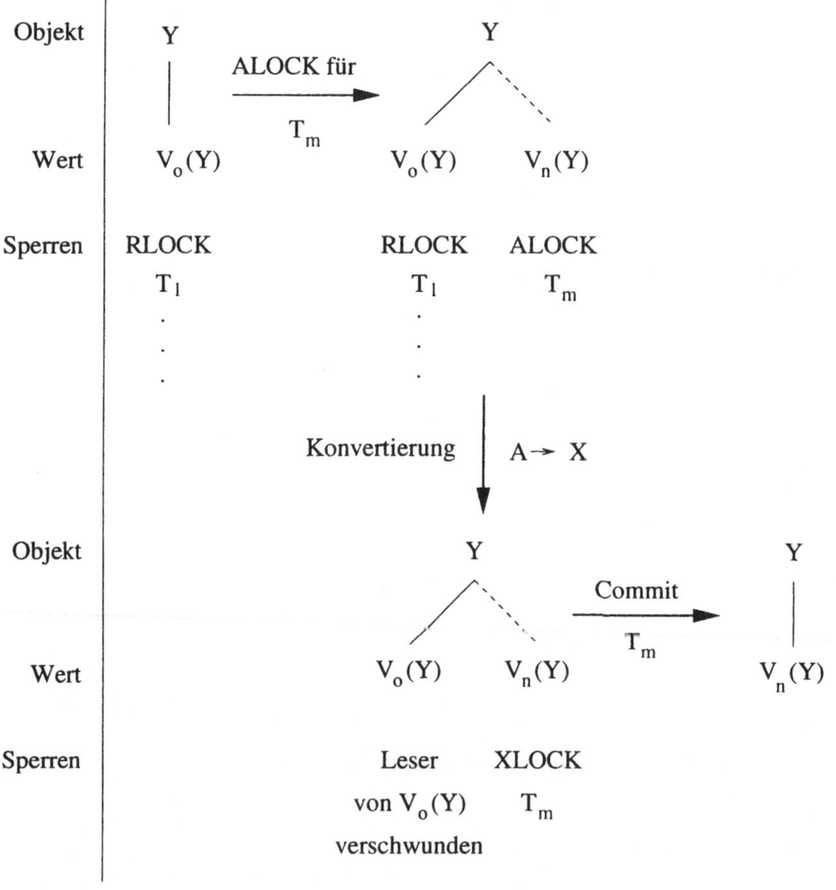

Die Sperrmatrix des RAX-Protokolls besitzt die Gestalt:

	R	A	X
R	+	+	−
A	+	−	−
X	−	−	−

Das RAX-Protokoll läßt eine höhere Parallelität als das RX-Protokoll zu. Insbesondere für Lesewünsche besteht eine hohe Verfügbarkeit.

Die Konvertierung A $\rightarrow$ X kann jedoch zu einem Deadlock führen. Durch Bündelung aller A $\rightarrow$ X einer Transaktion auf den Commit-Zeitpunkt werden die Kosten der Deadlockerkennung verringert und eine längstmögliche Parallelität mit Lesern ermöglicht. Die späte Rücksetzung einer Schreibtransaktion verursacht jedoch maximal viel *verlorene Arbeit*. Insofern ist stets zwischen Leistungssteigerung durch höhere Parallelität und Leistungsminderung durch mehr verlorene Arbeit aufgrund von Rücksetzungen und Neustarts abzuwägen.

8.3.6 Deadlocks und Livelocks

8.3.6.1 Behandlung von Deadlocks

Die Serialisierbarkeit wird beim RX- und RAX-Protokoll bereits durch die Zweiphasigkeit gewährleistet, muß also nicht vom Scheduler überwacht werden. Unverträgliche Sperren führen jedoch zu Blockierungen. Folglich müssen Deadlocks und Livelocks erkannt und behandelt werden.

Die allgemeine Problemstellung bei der Deadlockerkennung setzt sich aus der Überwachung und Einhaltung einer partiellen Ordnung zwischen den parallelen Transaktionen zusammen. Ihre Behandlung erfolgt standardmäßig meist mit Hilfe einer *Zyklensuche im Wartegraphen*. Dies bietet den folgenden Vorteil:

- Azyklische Graphen repräsentieren die partielle Ordnung exakt. Folglich deuten Zyklen auf *unvermeidbare* Rücksetzungen infolge eines Deadlocks hin.

Dem steht als Nachteil jedoch der Aufwand der Zyklensuche entgegen:

- Der Warshall-Algorithmus besitzt bei n parallelen Transaktionen die Komplexität $O(n^3)$.
- Wird der Serialisierungsgraph G immer zyklenfrei gehalten, d.h. wird bei einer auftretenden Blockierung ein sofortiger Zyklentest vorgenommen, stehen günstigere Algorithmen zur Verfügung. In Wartegraphen mit n Knoten und m Kanten kann so bei einer depth-first-Suche die Komplexität auf $O(n \cdot m)$ reduziert werden.

Als Zeitpunkte für eine Zyklensuche kommen in Betracht:

- periodisch Suche („time-out")
- bei jeder Änderung des Wartegraphen

Ein Beispiel für die Erstellung eines Wartegraphen liefert diese Animation.

Animation

Typischerweise geht man bei der Behandlung von Deadlocks so vor, daß zunächst die verursachenden Zyklen bestimmt werden. Anschließend ist die *billigste* Menge von Transaktionen zu ermitteln, die zurückgesetzt werden muß, um alle Zyklen zu brechen (*minimal cycle cut set*).

Ein sehr hartnäckiges Phänomen hierbei ist der *zyklische Neustart*, d.h. eine Transaktion kann immer wieder Opfer einer Rücksetzung werden. Lange Schreibtransaktionen sind hierfür besonders anfällig. Interessant wäre daher eine Methode, die die partielle Ordnung lediglich näherungsweise repräsentiert, aber einen effizienten Test auf Verletzung der partiellen Ordnungseigenschaft bereitstellt. Die dynamischen Zeitintervalle stellen einen solchen Ansatz dar.

Definition 275 (Dynamische Zeitintervalle)

Bei der Methode der *dynamischen Zeitintervalle* erhält jede Transaktion vom Scheduler ein

$$\text{halboffenes Intervall } [l, h) \text{ mit } l, h \in \mathbf{R} \cup \{-\infty, +\infty\}$$

als logischen *Zeitstempel* zugewiesen.

Auf der Menge dieser halboffenen Intervalle ist eine partielle Ordnung $<$ definierbar. Für Transaktionen $T1, T2$ mit Zeitstempeln $[l1, h1)$ bzw. $[l2, h2)$ gilt:

$$T1 < T2 :\Longleftrightarrow h1 \leq l2.$$

Algorithmus 276

Bei ihrem Start erhält jede Transaktion T zunächst das Zeitintervall $[-\infty, \infty)$. Solange keine Sperrkonflikte auftreten, wird keine Ordnung unter den parallelen Transaktionen erzwungen. Wartet jedoch die Transaktion T_1 auf die Transaktion T_2, ist $T_1 < T_2$ zu vermerken. Dies geschieht durch geschicktes *Abschneiden* der Zeitstempel wie folgt:

```
begin
  1: if h1 <= 12 then return("OK")
  2: else if h2 <= 11 then return("BACKUP");

  3: if 12 > 11 then h1 := 12; return("OK")
  4: else if h2 > h1 then 12 := h1; return("OK")
  5: else waehle ein c mit 11 < c < h2;
         h1 := 12 := c; return("OK");
end
```

Erläuterung:

- In den Fällen 3, 4 und 5 gilt weder $T1 < T2$ noch $T2 < T1$. Man kann also durch geeignetes „Abschneiden" der Zeitintervalle die gewünschte Reihenfolge $T1 < T2$ herstellen.
- Fall 3: Das Zeitintervall von $T1$ wird rechts abgeschnitten.
- Fall 4: Das Zeitintervall von $T2$ wird links abgeschnitten.
- Fall 5: Das Zeitintervall von $T1$ wird rechts, das von $T2$ links abgeschnitten.

Bemerkung 277

Der Vorteil dieser Methode ist die *sehr geringe* (konstante) *Komplexität*. Dafür müssen eventuelle *überflüssige* Rücksetzungen in Kauf genommen werden, denn die zugrunde liegende partielle Ordnung wird durch die logischen Zeitintervalle nur approximiert.

Einen Vergleich zwischen Wartegraph und dynamischen Zeitintervallen zeigt diese Animation.

Animation

8.3.6.2 Vermeidung von Livelocks

RX-Protokoll:

Bei der Blockierung von X durch R müssen weitere R-Sperren auf dieses X warten. Eine FIFO-Strategie bei der Sperrvergabe verhindert dies (auf Kosten einer weiteren Einschränkung der Parallelität).

RAX-Protokoll:

Nach einem Konvertierungswunsch A $\rightarrow$ X werden keine weiteren Leser zugelassen; R-Sperren warten auf den Vollzug der Konvertierung A $\rightarrow$ X. Der Zeitpunkt der Konvertierung kann nach unterschiedlichen Kriterien bestimmt werden:

- Die *späte Konvertierung* beim Commit behandelt alle Konvertierungen einer Transaktion gebündelt. Damit wird der Aufwand für die Zyklensuche reduziert, die Gefahr einer verlorenen Arbeit durch Rücksetzungen aber vergrößert.
- Die Strategie der frühen *Konvertierung* führt sofort bei der Sperrenvergabe eine Prüfung durch, ob eine spätere Konvertierung zu einem Zyklus führt. Dies bedingt zwar einen erhöhten Aufwand für die Zyklensuche, verringert jedoch die Gefahr verlorener Arbeit durch Rücksetzungen.

8.4 Optimistische Synchronisationsverfahren

Sperrverfahren besitzen trotz ihrer weiten Verbreitung gewisse Nachteile:

- Das theoretisch mögliche Ausmaß der Parallelität wird durch gegenseitige Blockierungen reduziert.
- Der vorhandene Synchronisations-Overhead für Sperren, Zyklensuche etc. vermindert die Effizienz.

Als Alternative zu Sperrverfahren sind daher *optimistische Methoden* interessant. Diese basieren auf der Annahme, daß *Konflikte* zwischen parallelen Transaktionen *relativ selten* und die Transaktionen selbst relativ kurz sind. Ihre Idee besteht darin, parallele Transaktionen ungehindert bis zum Transaktionsende arbeiten zu lassen und erst unmittelbar vor dem Commit zu testen, ob der verwendete Schedule serialisierbar ist *(Validierung)*.

Bei einer optimistischen Concurrency Control lassen sich somit die folgenden Transaktionsphasen unterscheiden:

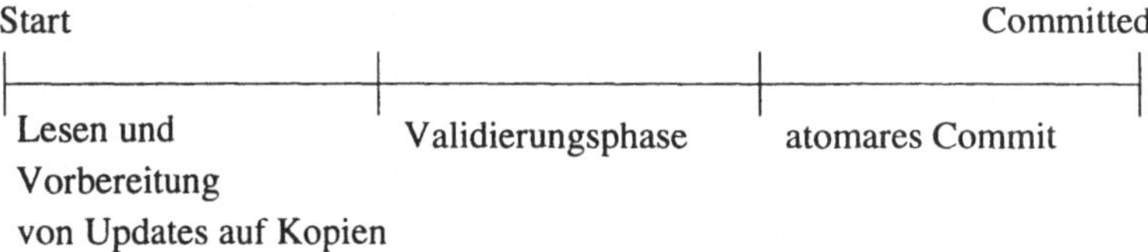

Während der *Validierungsphase* prüft die Transaktion T_i, ob sie alle relevanten Änderungen von gelesenen Objekten mitbekommen hat. Schlägt die Validierung fehl, muß T_i zurückgesetzt werden. Dabei geht die gesamte Arbeit der Transaktion verloren. Einen einfachen Validierungstest gibt der nachstehend beschriebene Algorithmus an.

Algorithmus 278 (Validierungstest)
Wir verwenden die folgenden Bezeichnungen:

- $s(T_i)$: physikalische Startzeit der Transaktion T_i
- $v(T_i)$: physikalische Validierungszeit der Transaktion T_i
- $R(T_i)$: Menge der von T_i gelesenen Objekte
- $W(T_i)$: Menge der von T_i geschriebenen Objekte.

Die Transaktion T_i darf erfolgreich validieren, wenn für alle bereits erfolgreich validierten Transaktionen T_j gilt:

$$s(T_i) < v(T_j) < v(T_i) \text{ impliziert } R(T_i) \cap W(T_j) = \emptyset.$$

Anders ausgedrückt müssen die Werte in $R(T_i)$ während der ersten Phase von T_i unverändert geblieben sein. Es stehen verschiedene effiziente Implementierungen dieses Basistests zur Verfügung.

Bemerkung 279
Die optimistische Methode ist nur sinnvoll, wenn die gemachten Annahmen auch wirklich zutreffen. Ansonsten tritt eine sehr hohe Ineffizienz durch späte Rücksetzungen und Benachteiligung langer Transaktionen auf.

8.5 Ablaufsteuerung in SQL2

In SQL2 ist das gewünschte Konsistenzniveau einstellbar. Zur Verfügung stehen die folgenden Wahlmöglichkeiten:

- Lesezugriff: `READ ONLY`
- Schreibzugriff: `READ WRITE`
  - `READ UNCOMMITTED`:
    Ein Lesen nicht freigegebener Änderungen – also ein sogenanntes Dirty Read – ist möglich.
  - `READ COMMITTED`:
    Das Lesen erfolgt grundsätzlich sauber; eine Wiederholbarkeit von Lesevorgängen (vgl. Beispiel 248) ist jedoch nicht garantiert.
  - `REPEATABLE READ`:
    Bis auf Phantome ist die Wiederholbarkeit von Lesevorgängen garantiert.
  - `SERIALIZABLE`: Volle Serialisierbarkeit ist automatisch garantiert.

Damit können beispielsweise die folgenden Festlegungen getroffen werden:

- ```
  SET TRANSACTION ISOLATION LEVEL
  READ UNCOMMITTED, READ ONLY
  ```
- ```
  SET TRANSACTION READ WRITE ISOLATION
  LEVEL SERIALIZABLE
  ```

Bemerkung 280
Normalerweise sollte aus Konsistenzgründen stets

```
SERIALIZABLE
```

gewählt werden. In allen anderen Fällen ist der Benutzer selbst für die geeignete Behandlung etwaiger Inkonsistenzen verantwortlich!

8.6 Übungen (online)

Die Übungen sind nur in der Online-Version verfügbar!

Übung

9. DB-Recovery und verteilte DB-Systeme

Ausführliches Material zu diesen Themen findet sich z.B. in [Gray95] und [Dadam96].

9.1 Das Recovery-Problem

Das ACID-Transaktionsmodell stellt höchste Anforderungen an die Fehlerbehandlung in DB-Systemen. Als Grundvoraussetzung für ein zuverlässiges Systemverhalten ist in einem ersten Schritt eine Klassifikation für die zu erwartenden Fehlerfälle aufzustellen, gegen die man gewappnet sein will. Um eine Kaskadierung von Backups für erfolgreich beendete Transaktionen zu vermeiden, nehmen wir auch die Verwendung eines strengen 2-Phasen-Protokolls an.

9.1.1 Fehlerklassifikation

Wir unterscheiden drei Fehlerklassen:

1. *Transaktionsfehler:*
   Fehlerhafte Aktion, Verletzung von Integritätsbedingungen oder Zugriffsrechten, Deadlock-Opfer bei Parallelausführung vor Commit der Transaktion.
2. *Systemfehler:*
   Verlust von Hauptspeicherinformation infolge von Stromausfall, CPU-Ausfall, Betriebssystemausfall. Dabei wird angenommen, daß die physische Datenbank auf dem permanenten Sekundärspeicher davon nicht betroffen ist.
3. *Gerätefehler:*
   Verlust von persistenten Daten in der physischen DB, verursacht z.B. durch Plattenfehler, fehlerhafte Kanalprogramme etc.

Für die Fehlererkennung gilt:

- Transaktionsfehler können meist durch das DBS erkannt werden.
- Für System- u. Gerätefehler ist eine zusätzliche Fehlererkennungssoftware (z.B. mit Fehlercodes) notwendig.

Die typische Häufigkeit von Fehlern bei großen DB-Applikationen beträgt:

- Mehrere Transaktionsfehler in der Minute oder sogar im Sekundenbereich.
- Mehrere Systemfehler pro Monat.
- Mehrere Gerätefehler pro Jahr.

9.1.2 Recovery-Maßnahmen

Das Ziel aller Recovery-Maßnahmen ist die *Wiederherstellung (Recovery)* eines
konsistenten DB-Zustands im Fehlerfalle unter Berücksichtigung der ACID-
Eigenschaften. Dabei ist eine möglichst geringe Benutzerinteraktion anzustreben.
Es soll also ein *fehlertolerantes* DBS geschaffen werden.

Ein allgemeines Prinzip für Fehlertoleranz besteht in der *Duplizierung* von
Datenbeständen. (Im Extremfall: Duplizierung eines ganzen Rechenzentrums an
geographisch verschiedenen Orten mit nichtkorrelierten Katastrophenprofilen.)

Definition 281 (UNDO, REDO, Warmstart, Kaltstart)
- Das Prinzip der *Atomarität* (alles oder nichts) einer Transaktion T erfordert im
  Fehlerfall, daß alle Änderungen von T in der Datenbank rückgängig gemacht
  werden. Dafür steht die Operation $UNDO(T)$ zur Verfügung.
- Das nach dem erfolgreichen Commit geltende Prinzip der *Dauerhaftigkeit* einer
  Transaktion T erfordert, daß im Fehlerfall alle Änderungen von T in die Daten-
  bank aufgenommen werden. Dafür steht die Operation $REDO(T)$ zur Verfügung.
- *Warmstart*:
  - Recovery-Maßnahmen bei Systemfehler.
  - Warmstartzeiten sollten im Sekunden- bis Minutenbereich liegen.
- *Kaltstart*:
  - Recovery-Maßnahmen bei Gerätefehler oder Betriebssystemfehler.
  - Kaltstartzeiten liegen meist im Minuten- bis Stundenbereich.

Im folgenden werden wir vorwiegend Recovery-Verfahren für Transaktionsfehler oder Systemfehler behandeln. Für Gerätefehler-Recovery oder gar sogenannte
Scavenger- und Salvation-Programme im Falle unvorhergesehener Katastrophen sei
auf die Literatur verwiesen.

9.1.3 Das Recovery-Subsystem

Die Implementierung von Recovery-Algorithmen erfordert, daß die bisherige DB-
Schichten-Architektur geeignet erweitert wird. Zu diesem Zweck nehmen wir eine
Ergänzung des Gebietsverwalters wie folgt vor.

Architektur des Recovery-Subsystems:

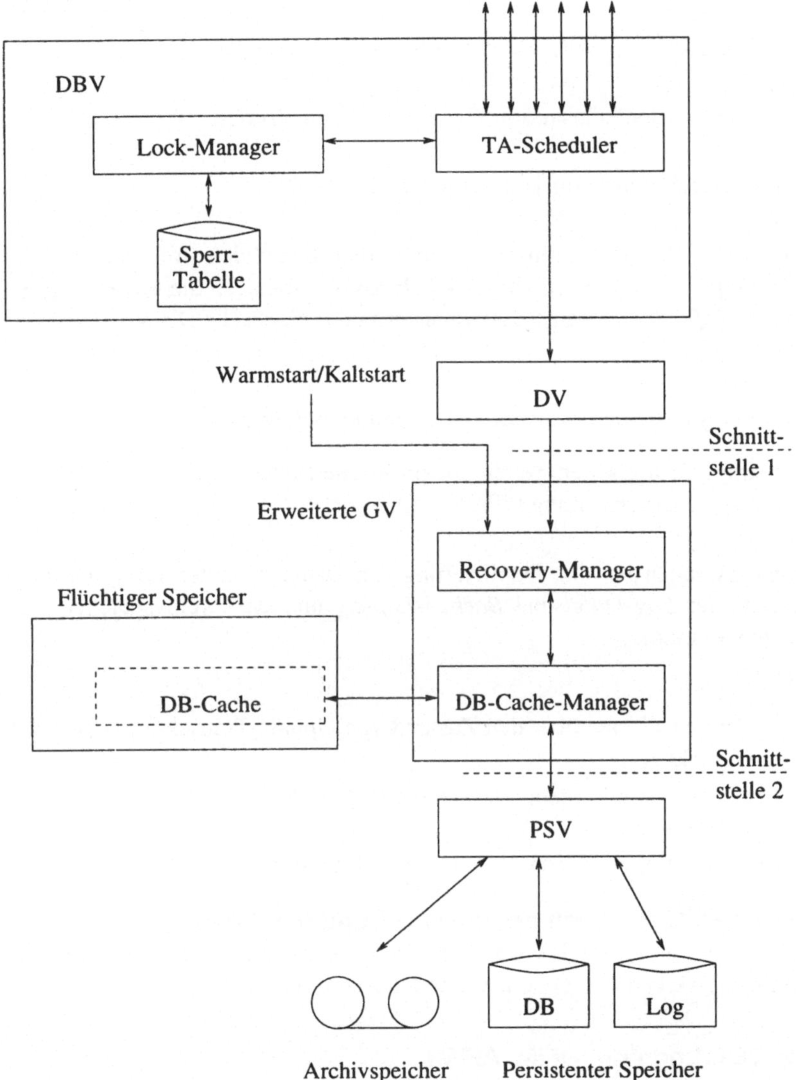

Die Bearbeitung von Transaktionen wird auf der Ebene von (logischen) Seitenzu-
griffen beobachtet. Dazu stehen an der Schnittstelle zwischen der Dateiverwaltung
und dem Recovery-Manager folgende Operationen zur Verfügung:

Schnittstelle 1 zwischen DV und Recovery-Manager:

- `begintrans`$_i$:
  Start der Transaktion T_i wird durch den Scheduler gemeldet.
- `read`$_i(P_j)$:
  Seite P_j wird von der Transaktion T_i zum Lesen angefordert.
- `write`$_i(P_j)$:
  Geänderte Seite P_j wird von Transaktion T_i angeliefert.
- `commit`$_i$:
  Commitauftrag für Transaktion T_i durch den Scheduler. Bei erfolgreicher Durchführung von `commit`$_i$ wird vom Recovery-Manager die Garantie gegeben, daß *schließlich* alle `write`$_i$ permanent in die physische DB aufgenommen werden.
- `abort`$_i$:
  Kein `write`$_i$ soll in die physische DB aufgenommen werden.

Die Umsetzung von logischen Seiten auf physische Plattenblöcke geschieht über die Peripheriespeicherverwaltung PSV.

Zu Recovery-Zwecken ist eine Duplizierung von Datenbeständen nötig. Dies geschieht mittels der *Log-Datei* und *Backup-Kopien* auf dem Archivspeicher (z.B. Band, optische Platten).

Die *Log-Datei:*

- Sie enthält Informationen über den Zustand von Update-Transaktionen und von geänderten Objekten.
- Sie liegt gewöhnlich auf einem reservierten Plattenbereich oder besser noch auf einer separaten Platte.
- Sie soll die Behebung von Transaktions- und Systemfehlern ermöglichen.

Bemerkung 282 (Schreiben der phys. DB und des Logs)

Welche I/Os zwischen dem DB-Cache und der physischen DB auf der Platte bzw. dem Log initiiert werden, hängt vom konkreten Recovery-Verfahren ab.

Definition 283 (Logging, BFIM, AFIM)

Sowohl *logisches* Logging (Angaben über geänderte Tupel oder Attribute) als auch *physisches* Logging auf Seitenebene ist möglich.

Für letzteres sind zwei Fälle zu unterscheiden:

Before-Image (`BFIM`):
Der Inhalt einer Seite *vor* einem Update wird im Log protokolliert.

After-Image (`AFIM`):
Der Inhalt einer Seite *nach* einem Update wird im Log protokolliert.

Beispiel 284 (Log-Eintrag)

Die konkrete Form eines Log-Eintrags ist von der gewählten Recovery-Methode abhängig, z.B.:

```
Transaktions-Id,
Zeitpunkt der Änderung,
Adresse der geänderten Seite,
BFIM, AFIM
```

Konvention 285 (Sicherung der Log-Datei)

Wir nehmen an, daß die Log-Datei *nie* fehlerhaft ist. Dies kann durch Mehrfachführung der Log-Datei (Plattenspiegelung, Mirroring) erreicht werden. (Man vergleiche dazu auch die verschiedenen Levels von RAID-Systemen.)

Für das Schreiben von Seiten aus dem DB-Cache in die physische DB oder in die Log-Datei definieren wir unter der Annahme von Seitenlogging folgende Operationen für die Architektur des Recovery-Subsystems:

Schnittstelle 2 zwischen DB-Cache-Manager und PSV:

- $\mathtt{store}_i(\mathrm{AFIM/BFIM}(P_j))$:
  synchrones Schreiben des BFIMs bzw. AFIMs in die physische DB.
- $\mathtt{log}_i(\mathrm{AFIM/BFIM}(P_j))$:
  synchrones Schreiben des BFIMs bzw. AFIMs in die Log-Datei.
- $\mathtt{write}_i(\mathrm{AFIM/BFIM}(P_j))$:
  asynchrones Schreiben des BFIMs bzw. AFIMs in die physische DB.
- $\mathtt{read}_i(\mathrm{AFIM/BFIM}(P_j))$:
  asynchrones Lesen der BFIMs bzw. AFIMs von der DB oder dem Log in den DB-Cache.

Das Schreiben der Log-Datei geschieht *sequentiell* entsprechend der zeitlichen Reihenfolge der Aufträge.

Bemerkung 286 (Warmstart)

- Liegt die Log-Datei auf einer dedizierten Platte, kann diese rein *sequentiell* beschrieben werden. Somit entfallen die sehr teuren Plattenarmbewegungen.
- Die Recovery-Zeiten hängen insbesondere für den Warmstart von der Länge des zu durchsuchenden Logs ab.

Bemerkung 287 (Kaltstart)

- *Backup-Kopien* eines physisch konsistenten DB-Zustands werden *periodisch* erstellt. Man spricht in diesem Zusammenhang von *System Checkpoints*.
- Die Rekonstruktion des gültigen DB-Zustands erfolgt beim Kaltstart aus der letzten Backup-Kopie und der Log-Datei.
- Häufigere Checkpoints verkürzen die Kaltstart-Zeiten, mindern jedoch den Transaktionsdurchsatz.

9.2 Recovery-Algorithmen

9.2.1 Grundprinzipien

Wechselwirkung zwischen Recovery und Concurrency:

Sind die Wahl der Sperrgranularität für die Synchronisation und die Wahl des Logging-Verfahrens nicht aufeinander abgestimmt, treten einige unerwünschte Phänomene auf. Wir machen für die folgenden Ausführungen die Annahme von Tupelsperren und von physischem Seitenlogging.

Seite P

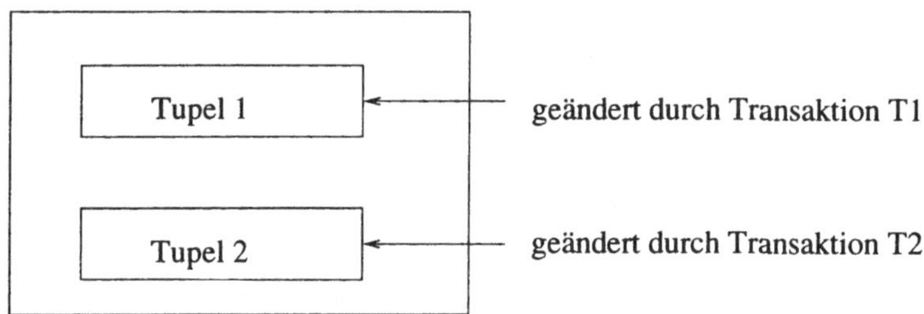

Wir betrachten nun das Szenario

$$\texttt{begintrans}_1, \texttt{read}_1(P), \texttt{write}_1(P), \texttt{begintrans}_2,$$
$$\texttt{read}_2(P), \texttt{write}_2(P), \texttt{commit}_1, \texttt{abort}_2.$$

Um jetzt die Änderung von T_2 rückgängig zu machen, kann nicht einfach das BFIM von P für T_2 herangezogen werden, da sich sonst ein Lost-Update für T_1 (bereits committed) ergeben würde.

Folglich darf bei physischem Seitenlogging die Sperrgranularität nicht kleiner als eine Seite sein. Man erhält als Merkregel:

$$\textbf{lock granularity} \geq \textbf{log granularity}$$

Problematik des DB-Recovery

- Die Schnittstelle zum Recovery-Manager bietet die Operation $\texttt{write}_i(P_j)$ zum Schreiben einer logischen Seite an, die in einen *synchronen* oder *asynchronen* Schreibauftrag auf die physische Datenbank oder auf den Log umgesetzt werden kann.
- Aus Performance-Gründen ist der asynchrone Modus vorzuziehen, aus Recovery-Gründen hingegen ist es oft wichtig, gewisse Schreibvorgänge synchron zu forcieren.

Ein effizientes Zusammenspiel der DB-Cache-Verwaltung, des Recovery-Managers und des Betriebssystems ist daher anzustreben.

Konvention 288 (Idempotenzforderung)

Um gegen auftretende Fehler während des Recovery immun zu sein, stellt man an die Programmierung der Recovery-Algorithmen die *Idempotenzforderung*. Dadurch wird gewährleistet, daß eine Recovery-Maßnahme solange durchgeführt werden kann, bis sie letztendlich erfolgreich ist.

Die idempotente Programmierung der Grundoperationen $\text{UNDO}(T_i)$ und $\text{REDO}(T_i)$ kann z.B. wie folgt geschehen:

- $\text{UNDO}(T_i)$:
  ```
  begin
  ```
  Für alle P_j mit ausgeführtem $\texttt{write}_i(\text{AFIM}(P_j))$:
  ```
  store_i(BFIM(P_j))
  end
  ```
- $\text{REDO}(T_i)$:
  ```
  begin
  ```
  Für alle P_j mit ausgeführtem $\texttt{write}_i(\text{AFIM}(P_j))$:
  ```
  store_i(AFIM(P_j))
  end
  ```

Algorithmus 289 (Warmstartprozedur)

Eine exemplarische Verwendung von UNDO und REDO für den Warmstart nach einem Systemfehler könnte wie folgt aussehen.

1. Rückwärtslesen des Logs bis zum letzten System-Checkpoint: Ermittle dabei die erfolgreich beendeten (committed) Transaktionen (*Gewinner*) und die nicht erfolgreich beendeten Transaktionen (*Verlierer*).

   Lese den Log weiter rückwärts, bis alle Starts von Verlierertransaktionen erreicht sind.
2. Führe während des Vorwärtslesens des Logs jeweils ein REDO für alle Gewinner-Transaktionen aus.
3. Führe während des Rückwärtslesens des Logs jeweils ein UNDO für alle Verlierertransaktionen aus.

Beispiel 290 (Warmstart)

Der Log sei zeitlich sequentiell wie folgt beschrieben worden:

$\dots$ $\texttt{begintrans}_1$, $\texttt{write}_1(25)$, $\texttt{begintrans}_2$, $\texttt{write}_2(24)$, $\texttt{checkpoint}$, $\texttt{begintrans}_3$, $\texttt{write}_3(23)$, $\texttt{write}_1(26)$,
$\texttt{commit}_1$, $\texttt{write}_2(26)$, $\texttt{begintrans}_4$, $\texttt{write}_4(25)$,
$\texttt{write}_4(28)$, $\texttt{write}_3(29)$, $\texttt{commit}_3$, $\texttt{write}_2(27)$

Es trete nun ein Systemfehler auf. Für den Warmstart ergibt sich:

1. Gewinner-Transaktionen seit dem letzten Checkpoint:

   T_1, T_3

   Verlierertransaktionen seit dem letzten Checkpoint:

   T_2, T_4

2. Reihenfolge der REDOs:

   $\texttt{write}_1(25); \texttt{write}_3(23); \texttt{write}_1(26); \texttt{write}_3(29)$

3. Reihenfolge der UNDOs:

   $\texttt{write}_2(27); \texttt{write}_4(28); \texttt{write}_4(25); \texttt{write}_2(26);$
   $\texttt{write}_2(24)$

Dieser Ablauf kann auch als Animation betrachtet werden.

Animation

Bemerkung 291

- Die Warmstartdauer hängt von der Länge des zu durchsuchenden Logs ab, die wiederum mit der Häufigkeit von System-Checkpoints korreliert ist.

- Hier haben wir sogar den Log bis vor den letzten Checkpoint lesen müssen.

- Es wurde ein Warmstartverfahren demonstriert, das sowohl UNDOs als auch REDOs verwendet. Auch andere Varianten sind möglich (siehe später).

Entsprechend erhält man als Kaltstartprozedur.

Algorithmus 292 (Kaltstartprozedur)

1. Einspielen der letzten Backup-Kopie der physischen DB.

2. REDO-fähige Warmstartprozedur aktivieren.

Es ist sicherzustellen, daß AFIMs bzw. BFIMs im Fehlerfalle immer *rechtzeitig* zur Verfügung stehen. Die Asynchronität der I/Os erfordert daher bei der Programmierung der Recovery-Algorithmen das Einhalten folgender Regeln:

- **Commit-Regel** (ermöglicht REDO):
  $\texttt{AFIM}_i(P_j)$ muß **vor** $\texttt{commit}_i$ im permanenten Speicher sein, um $\texttt{commit}_i$ zu ermöglichen.

- **Log-Ahead-Regel** (ermöglicht UNDO):
  $\texttt{BFIM}_i(P_j)$ muß **bis zu** $\texttt{commit}_i$ im permanenten Speicher sein.

Beispiel 293 (Commit-Regel, Log-Ahead-Regel)

Wir betrachten folgende Befehlssequenzen:

- $\texttt{store}_i(\texttt{AFIM}(P_j))$ oder $\texttt{log}_i(\texttt{AFIM}(P_j))$ ist vor $\texttt{commit}_i$ auszuführen.

- Die Befehlsfolge

  $$\ldots \texttt{store}_i(\text{AFIM}(P_j)), \texttt{commit}_i \ldots$$

  erfordert daher ein vorheriges

  $$\ldots \texttt{log}_i(\text{BFIM}(P_j)) \ldots,$$

  falls $\text{AFIM}(P_j)$ in der physischen DB das $\text{BFIM}(P_j)$ überschreibt (update-in-place).

9.2.2 Das Redo&KeinUndo-Verfahren

Die Klassifikation von Recovery-Algorithmen erfolgt abhängig

- vom Zeitpunkt, wann die BFIMs und AFIMs auf den permanenten Speicher geschrieben werden, sowie
- von der Fähigkeit zu REDO und/oder UNDO im Fehlerfalle.

Es kommen also vier verschiedene Typen von Recovery-Algorithmen in Frage:

- REDO & UNDO,
- REDO & KeinUNDO,
- KeinREDO & UNDO,
- KeinREDO & KeinUNDO

Beispielhaft werde hier das REDO&KeinUNDO-Verfahren erläutert. Da für einen Kaltstart immer REDO nötig ist, scheint dies der natürlichste Kandidat für ein umfassendes DB-Recovery zu sein.

Der nachfolgende Algorithmus verwendet drei Hauptspeicherlisten, die aus den entsprechenden Log-Einträgen ermittelt werden können:

- AC: Liste der noch aktiven Transaktionen.
- AB: Liste der zurückgesetzten Transaktionen.
- CO: Liste der erfolgreich beendeten Transaktionen.

Das REDO&KeinUNDO-Verfahren stützt sich auf folgende Prinzipien:

1. Alle AFIMs einer Transaktion T werden rechtzeitig vor deren Commit in den Log geschrieben.
2. Alle BFIMs von T werden bis zum Commit in der physischen DB unverändert gelassen.(„Die physische DB bleibt sauber.")

Diese Vorgehensweise hat folgende Eigenschaften:

- Es sind keine BFIMs im Log nötig.
- Es sind keine UNDOs bei Rücksetzungen infolge (häufiger) Transaktionsfehler nötig.

- Beim Warmstart sind jedoch i. allg. REDOs nötig.
- Der häufigere Fehlerfall wird also auf Kosten des selteneren Fehlerfalls optimiert. (Genau so soll es auch sein.)

Algorithmus 294 (REDO&KeinUNDO-Verfahren)

Die Operationen des Recovery-Managers sehen unter Einhaltung der Commit-Regel und der Log-Ahead-Regel prinzipiell wie folgt aus (Pseudo-Code):

```
begintrans_i :
    begin
      log_i(⟨begintrans_i⟩);
      AC := AC ∪ {T_i}
    end


read_i(P_j) :
    begin
      if <bereits write_i(P_j) erfolgt>
      then read_i(AFIM(P_j))
      else read_i(BFIM(P_j))
    end


write_i(P_j) :
    begin
      ⟨AFIM(P_j) in DB-Cache einfügen⟩;
      log_i(AFIM(P_j))
    end


commit_i :
    begin
      log_i(⟨commit_i⟩);
      CO := CO ∪ {T_i};
      für alle j mit vorherigem write_i(P_j):
          Asynchrones write_i(AFIM(P_j)) kopiert AFIM(P_j)
          von Log/DB-Cache in die physische DB;
      quittieren an den Transaktions-Scheduler;
      log_i(⟨endtrans_i⟩);
      AC := AC \ {T_i}
    end
```

```
abort_i :
   begin
     log_i(⟨abort_i⟩);
     AB := AB ∪ {T_i};
     quittieren an den Transaktions-Scheduler;
     log_i(⟨endtrans_i⟩);
     AC := AC \ {T_i}
   end


warmstart :
   begin
     für alle T_i ∈ AC \ CO : abort_i;
        − − Verlierertransaktionen
     für alle T_j ∈ AC ∩ CO : commit_j;
        − − Gewinner − Transaktionen
     quittieren an den Transaktions-Scheduler;
   end
```

Eigenschaften dieses Verfahrens:

- Mit $\log_i(\mathrm{AFIM}(P_j))$ wird bei der Implementierung von $\mathtt{write}_i(P_j)$ die Commit-Regel befolgt. Es ist sogar eine Verzögerung dieses $\log_i(\mathrm{AFIM}(P_j))$ bis vor $\mathtt{commit}_i$ zulässig.

- Die Log-Ahead-Regel erfordert, daß bei Verdrängung einer $\mathrm{AFIM}(P_j)$-Seite aus dem DB-Cache diese nicht in die physische DB zurückgeschrieben werden darf. ($\mathrm{BFIM}(P_j)$ muß bis zum Commit erhalten bleiben.)

- Es hat ein Seitenalarm zu erfolgen, falls $\mathrm{AFIM}(P_j)$ bzw. $\mathrm{BFIM}(P_j)$ bei $\mathtt{read}_i(P_j)$ nicht im DB-Cache steht.

- Der **atomare Commit-Point** besteht bei $\mathtt{commit}_i$ im $\log_i(<\mathtt{commit}_i >)$, da das Schreiben eines einzigen physischen Blocks als atomar betrachtet werden kann. (Technisch ist dies durch spezielle Redundanz-Codes, Prüfsummen etc. erzielbar.)
  Das anschließende Kopieren der AFIMs in die physische DB kann durch einen Fehler unterbrochen werden, ist aber idempotent wiederholbar.

- Die Operation $\mathtt{abort}_i$ ist sehr effizient:
  Nur zwei sequentielle I/Os auf dem Log sind erforderlich.

- Der Warmstart erfordert keine UNDOs und ist somit relativ schnell. Er ist ebenfalls idempotent programmiert. (Bei der Wiederholung von $\mathtt{commit}_j$ im Fehlerfall kann der $\log_i(<\mathtt{commit}_i >)$-Eintrag entfallen.)

9.2.3 Atomares Commit

Falls bei $\mathtt{commit}_i$ ein *synchrones Random-Schreiben* auf dem Log erfolgt, ist der theoretisch maximale Transaktionsdurchsatz bei heutiger Plattentechnologie auf ca. 100 Transaktionen pro Sekunde begrenzt. Es bieten sich folgende Beschleunigungsmöglichkeiten an:

- Die Log-Datei wird auf einer eigenen Platte *sequentiell* betrieben. Damit ist keine Zylindersuche erforderlich. Folglich liegt der maximale Transaktionsdurchsatz nun bei ca. 1000 Transaktionen/Sekunde.
- Eine weitere Verbesserung erzielt das *Gruppen-Commit*:
  Dabei werden die relativ kurzen Commit-Records mehrerer Commit-Requests aufgesammelt und mit einem einzigen sequentiellen Schreiben auf dem Log gruppenweise atomar gültig gemacht.

Abschließend sei erwähnt, daß die bisher diskutierten Verfahren nur funktionieren, wenn jede Transaktion als ein einziger Betriebssystemprozeß realisiert ist, der vom Transaktions-Scheduler voll kontrolliert werden kann.

In der Praxis trifft man jedoch häufig auf den Fall, daß sich eine Transaktion über mehrere Prozesse (z.B. bei Transaktionsmonitoren: DBS, Mail-System, Kommunikationssystem) erstreckt. Dann ist ein verteiltes atomares Commit erforderlich (2-Phasen-Commit in verteilten DBS).

9.3 Verteilte DB-Systeme

9.3.1 Ziele und Charakteristika

Definition 295 (Verteiltes DB-System)
Ein *verteiltes DB-System* ist eine Menge kooperierender DB-Systeme, die der Benutzer als *eine* logische DB sieht.

Vor- und Nachteile:
Ein verteiltes DB-System erhöht

- die *lokale Autonomie* durch Kontrolle der lokalen Datenbestände mit effizienter Verarbeitung lokaler DB-Abfragen vor Ort (z.B. Bankfiliale; geographisch verteilte Organisationen),
- die *Zuverlässigkeit* und *Verfügbarkeit* durch gezielte Replikation von Datenbeständen,
- das *Leistungpotential* bei gezielter Ausnutzung von Parallelverarbeitung zwischen den einzelnen DB-Systemen,
- die *Flexibilität* und *Erweiterbarkeit*,
- leider aber auch die *Softwarekomplexität*, insbesondere für
  - die verteilte Query-Optimierung,
  - verteiltes Commit und Recovery sowie

– die verteilte Ablaufsteuerung globaler Transaktionen.

Komponenten eines verteilten DBS:

- Datenkommunikationsteil (DC-Komponente)
- Lokales DB-System
- Verwaltung des Verteilungsaspekts (VDBS)

Aufgaben des VDBS:

1. Verwaltung globaler Schemainformation mit Verteilungsinformation, einschließlich verteilter DDL und Integritätskontrolle.
2. Verteilte Query-Auswertung, die die Kommunikationskosten in die Optimierungsstrategie mit einbezieht. Als Kommunikationsnetz kommen sowohl LANs zwischen Workstations (etwa Ethernet mit TCP/IP) als auch WANs (etwa ISDN, Datenautobahn, Satellitenkommunikation) zum Einsatz.
3. Verteilte Transaktionsverarbeitung, einschließlich Concurrency Control, Recovery und atomaren Commit.

Definition 296 (homogene, heterogene Verteilung)

- *Homogen verteiltes DBS:*
  Alle DBS_i sind identisch.
- *Heterogen verteiltes DBS:*
  Die DBS_i können verschieden sein.

Im folgenden betrachten wir homogen verteilte SQL-Systeme.

Ziele verteilter DB-Systeme:

Verteilungsunabhängigkeit (Site Transparency):
Im Idealfall sieht der Benutzer nur eine logische (zentrale) DB. Die Aspekte der Datenverarbeitung bleiben ihm verborgen. Aufgrund seines bereits hohen Grades an Datenunabhängigkeit bildet das Relationenmodell eine gute Ausgangsposition. Damit bestehen folgende Vorteile:

- Die DB-Programmierung bleibt unverändert wie im zentralen Fall.
- Die Anwendungsprogramme müssen bei Datenumverteilung nicht neu geschrieben werden.

Fragmentation und Replication Transparency:
Eine gezielte Datenumverteilung kann zur Erhöhung der Verfügbarkeit und Leistung führen.

- **Redundante Speicherung an verschiedenen Knoten:**
  Man erhält eine erhöhte Ausfallsicherheit, sowie eine beschleunigte Queryauswertung. Dabei ist folgender Tradeoff zu beachten: Eine hohe Redundanz

ist günstig für Lesetransaktionen infolge geringer Kommunikationskosten. Für Schreibtransaktionen ist das aber ungünstig, da alle Kopien konsistent geändert werden müssen (d.h. viel Kommunikation und Koordination). Manchmal erweist sich eine partielle Redundanz als günstig; beispielsweise kann man häufig gelesene Daten wie etwa einen Systemkatalog redundant an anderen Knoten speichern, häufig geänderte Daten aber nur lokal an einem Knoten verfügbar halten. Die *Konsistenzerhaltung für Kopien* ist Aufgabe des VDBS.

- **Fragmentierung von DB-Objekten:**

  Die *horizontale* Fragmentierung einer Relation ist durch Vereinigungen rekonstruierbar.

  Die *vertikale* Fragmentierung einer Relation ist mit Hilfe von Joins rekonstruierbar.

Das Problem der optimalen Datenverteilung ist sehr schwierig und zudem vom Transaktionsprofil und von der Netzkonfiguration bzw. Netzlast abhängig.

9.3.2 Katalogverwaltung

Welche Adressierungstechnik ist zu verwenden?

Direkte Adressierung:
Die Knotenadresse ist Bestandteil des Relationennamens, wodurch sich Probleme bei der Umspeicherung ergeben: Namensänderungen sind bei allen Anwendungen des Namens in den Applikationsprogrammen nötig (Alltagsbeispiel: Ist die Filiale Bestandteil der Kontonummer, treten erhebliche Probleme bei einem Filialenwechsel auf).

Indirekte Adressierung:
Relationen haben invariante, ortsunabhängige Namen. Die Adresse steht als Metainformation im Systemkatalog und wird sonst nirgends verwendet. Damit ist volle *site transparency* möglich.

Wie wird der Katalog selbst verwaltet?

Zentraler Katalog:

- viel Kommunikation, einfache Änderung;
- sehr unsicher, da das gesamte VDBS von einem einzigen Knoten abhängig ist (widerspricht lokaler Autonomie).

Voll redundanter Katalog:
schneller Zugriff, aber teure Änderungen.

Lokale Kataloge für lokale Relationen:
Nicht-lokale Relationen müssen erst durch Kommunikation mit dem Katalogserver oder via Broadcast gefunden werden.

9.3.3 Das 2-Phasen-Commit

Definition 297 (Verteilte Transaktion)

Eine *verteilte Transaktion*

$$T = (T_1, \ldots, T_k)$$

besteht aus *Subtransaktionen* T_i, wobei T_i am Knoten K_i ausgeführt wird. Ist T mit T_1 in K_1 gestartet worden, so sagt man:

- K_1 ist der *Heimatknoten* von T.
- T_1 ist der *Commit-Koordinator* von T.
- $T_1, \ldots, T_k$ sind *Teilnehmer*-Transaktionen.

Bemerkung 298 (Verteiltes atomares Commit)

Falls eine Transaktion T Änderungen an $k \geq 2$ Knoten ausgeführt hat, so genügen zur Erzielung eines atomaren Commit etwaige Einzelcommits der T_i an den K_i nicht. Statt dessen ist ein *verteiltes* atomares Commit nötig.

Wir machen zunächst die Annahme, daß keine Kommunikations- oder Knotenausfälle eintreten. Damit ergibt sich folgendes *Commit-Szenario*:

- Jeder K_i entscheidet, ob T_i lokal sicher committed werden kann oder zurückgesetzt werden muß. In diesem Sinne versendet K_i eine Nachricht `vote-abort` bzw. `vote-commit` an den Commit-Koordinator K_1.
- Der Commit-Koordinator K_1 hat das *Alleinrecht* auf eine globale Commit/Abort-Entscheidung für T.
- Nach `vote-commit` durch T_i *muß* T_i zum Commit bereit sein. Insbesondere gibt K_i danach das Recht auf ein eigenständiges Abort von T_i auf.

Die Transaktionszustandsübergänge für ein verteiltes atomares Commit haben damit in der Grundversion beginnend im Zustand S folgende Gestalt:

- *Teilnehmertransaktion:*

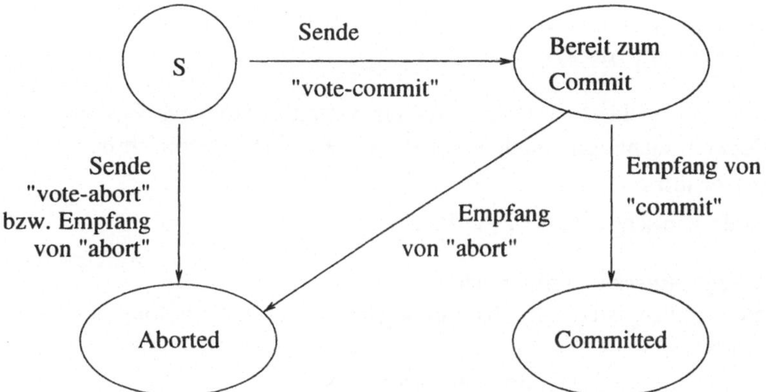

- *Commit-Koordinator:*

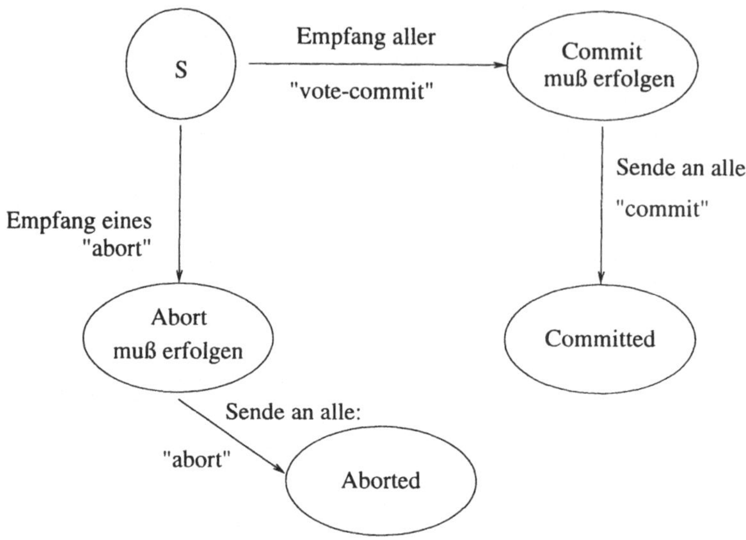

Bemerkung 299 (Zustand *Bereit zum Commit*)

Im Zustand *Bereit zum Commit* muß die Subtransaktion T_i sowohl zurückgesetzt als auch committed werden können. Also müssen sowohl die $\text{AFIM}_i(P_j)$ als auch die $\text{BFIM}_i(P_j)$ zur Verfügung stehen.

Nun erfolgt zusätzlich eine *Berücksichtigung von Netzfehlern*, d.h. von Knoten- oder Kommunikationsausfall. Das bisherige verteilte Commit-Protokoll kann zu Blockierungssituationen bei Netzfehlern führen:

- Was ist etwa zu tun, falls T_i im Zustand *Bereit zum Commit* lange Zeit nichts von seinem Koordinator erfährt?
- Aus Konsistenzgründen nicht erlaubt ist die eigenmächtige Entscheidung von K_i zu Abort oder Commit von T_i.

Das einfachste und populärste Verfahren für ein verteiltes atomares Commit mit reduzierten Blockierungsmöglichkeiten ist das 2-Phasen-Commit-Verfahren.

Das 2-Phasen-Commit:

Wir unterscheiden wie schon bisher zwei Phasen:

- Die *Abstimmungsphase* der Teilnehmer:
  Der Koordinator initialisiert die Abstimmungsphase durch Verteilung der Liste aller Teilnehmer.
- Die *Entscheidungsphase* des Commit-Koordinators.

Zusätzlich verwenden wir einen *time-out-* und *help-me*-Mechanismus zur Verringerung von Blockierungen.

- Im Zustand *Bereit zum Commit* wird von T_i nur eine gewisse Zeit auf die Antwort vom Koordinator gewartet; dann tritt `time-out` ein.
- Dann können `help-me` Anfragen an andere Teilnehmer T_j gesendet werden, um die Situation zu erhellen:
  - Ist T_j im Zustand *Committed*, so kann dieses Signal nur vom Koordinator empfangen worden sein. Also ist der Übergang zu *Committed* für T_i o.k.
  - Ist T_j im Zustand *Aborted*, so wird die Transaktion T auf alle Fälle aborted. Der Abort von T_i ist also o.k.
  - Falls T_j noch nicht gewählt hat, kann sie nach Gutdünken `vote-abort` machen.
  - T_j im Zustand *Bereit zum Commit* kann nicht zur Klärung der Blockierungssituation beitragen.

Algorithmus 300 (Zustandsübergänge, 2-Phasen-Commit)
- *Teilnehmertransaktionen:*

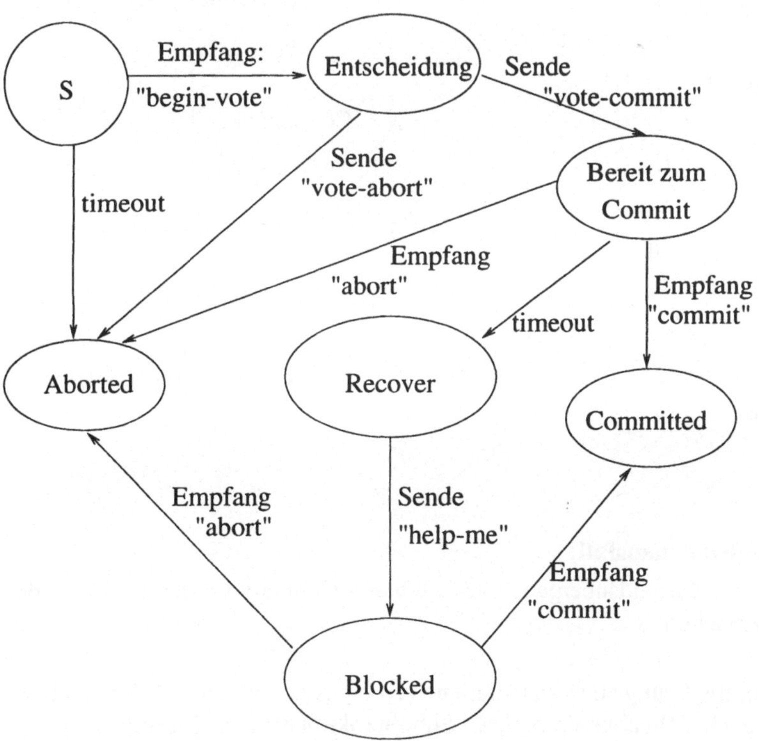

- *Commit-Koordinator:*

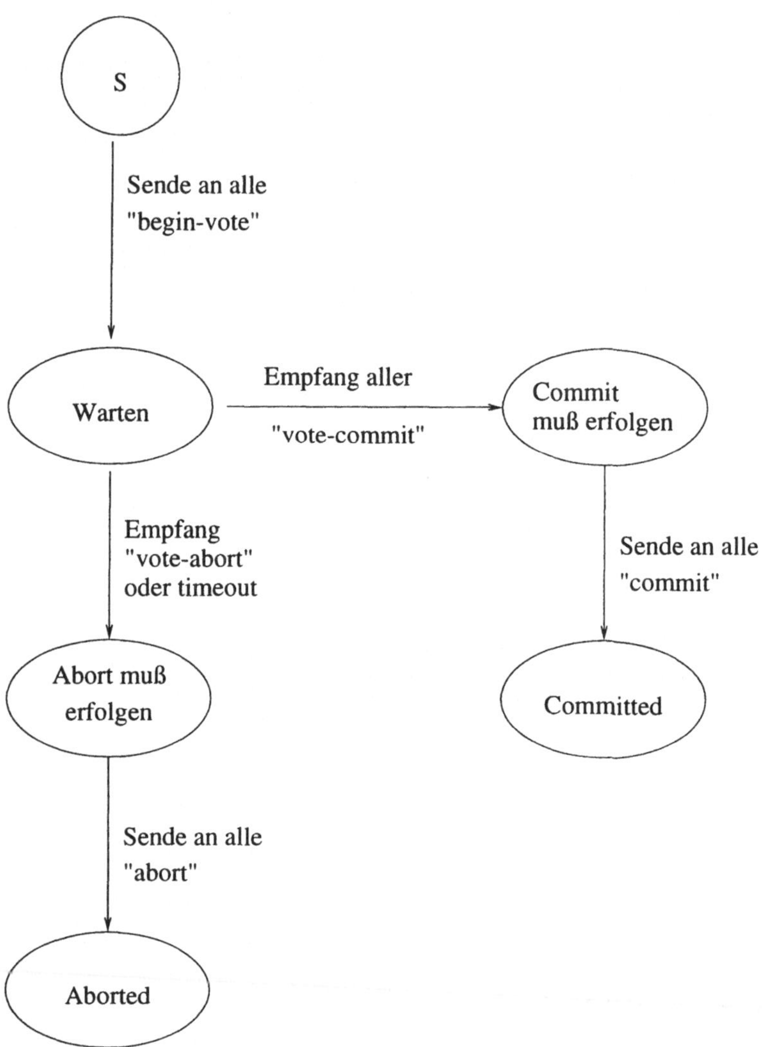

Recovery bei Knotenausfall:

Nachrichten und Zustandsübergänge des 2-Phasen-Commits werden im Log jedes Knotens K_i gesichert.

Die Wiedereingliederung eines ausgefallenen Knotens K_i ins Netz erfolgt durch Ermittlung der noch nicht abgeschlossenen Subtransaktionen in K_i (in `begin-vote` stehen alle Teilnehmer). Man stimmt mit allen anderen Teilnehmern über das Schicksal der Subtransaktion ab.

Bemerkung 301

- Ein nichtblockierendes Commit-Protokoll ist das *3-Phasen-Commit*.
- Die Eheschließung auf dem Standesamt ist ein Alltagsbeispiel für ein 2-Phasen-Commit.

10. Normalformentheorie

Bei der Modellierung einer relationalen DB-Anwendung, die vorzugsweise im E/R-Modell geschieht, gibt es i. allg. mehrere Möglichkeiten, die zu unterschiedlichen Relationenschemata führen. In diesem Kapitel gehen wir der Frage nach, wie man „gute" von „schlechten" Schemata unterscheidet.

10.1 Funktionale Abhängigkeiten

10.1.1 Design-Anomalien

Beispiel 302 (Versandhaus, Design-Anomalien)

Bei der Erstellung der – vielen – Relationenschemata für unsere Versandhaus-Applikation aus Beispiel 59 mag sich manche(r) bereits die Frage gestellt haben, ob man nicht mit weniger Schemata auskommen könnte. In gewissen Fällen wie Lemma 56 war uns dies auch bereits möglich.

Könnte man aber nicht noch weitere Zusammenfassungen vornehmen? Angenommen, wir hätten

- `LIEFERANT(`<u>`LName`</u>`, LAdr)` und
- `liefert(`<u>`LName`</u>`, `<u>`ArtName`</u>`, Preis)`

zusammengefaßt in

- `L_INFO(`<u>`LName`</u>`, LAdr, `<u>`ArtName`</u>`, Preis)`.

Die Lieferantenadresse `LAdr` muß dann für jede Lieferung wiederholt werden. Dies resultiert in folgenden *potentiellen Inkonsistenzen* infolge von *Redundanz*:

a) *Update-Anomalie:*
   Beim Ändern der Adresse `LAdr` muß dies in jedem Tupel geschehen.

b) *Insert-Anomalie:*
   Ein Lieferant mit Adresse kann nicht erfaßt werden, wenn er momentan noch nichts liefert. `NULL` für `ArtName` ist nicht erlaubt, da `ArtName` Teil des Schlüssels ist (vgl. die Integritätsregel 3).

c) *Deletion-Anomalie:*
Falls man alle Artikel eines Lieferanten löscht, verliert man unbeabsichtigt auch dessen Adresse.

Bei einer Zerlegung von L_INFO in LIEFERANT und liefert verschwinden diese Probleme.

Bemerkung 303
Für manche Queries wird dadurch ein zusätzlicher Join notwendig. Folglich müssen *triftige* Gründe für eine Zerlegung vorliegen, um die potentielle Ineffizienz aufzuwiegen.

Gesucht wird daher:

- ein zuverlässiges Verfahren zur *Erkennung* eines *schlechten* Schemadesigns,
- ein zuverlässiges Verfahren zur *Erzeugung* eines *guten* Schemadesigns.

Den zentralen Aspekt bilden die Erkennung und Kontrolle von *Redundanz*. Wir beschränken uns auf das Studium von Redundanz, die durch funktionale Abhängigkeiten bewirkt wird.

10.1.2 Redundanz durch FDs

Definition 304 (Funktionale Abhängigkeit, FD)
Seien $R(A_1, \ldots, A_n)$ ein Relationenschema und

$$X, Y \subseteq \{A_1, \ldots, A_n\}.$$

Y heißt *funktional abhängig* von X (geschrieben $X \to Y$) genau dann, wenn gleiche Attributwerte für X auch gleiche Attributwerte für Y erzwingen.
$X \to Y$ heißt dann FD (functional dependency) für $R(A_1, \ldots, A_n)$.

Beispiel 305 (Redundanz)
Wir betrachten folgende Instanz von L_INFO aus Beispiel 302:

L_INFO	LName	LAdr	ArtName	Preis
	'Kahn'	'Seestr. 9'	'Käse'	1.99
	'Kahn'	??	'Wurst'	1.19

Ist der Attributwert ?? irgendwie herleitbar? Da LName Primärschlüssel in LIEFERANT ist, wissen wir, daß LAdr von LName funktional abhängig ist. Folglich muß ?? gleich Seestr. 9 sein. Die Redundanz wurde durch die FD {LName} → {LAdr} bewirkt.

Lemma 306 (Entstehung von FDs aus dem E/R-Modell)
Für Relationenschemata, die aus dem E/R-Design entstanden (vgl. Algorithmus 37), ergeben sich folgende FDs:

- Repräsentiere $R(A_1, \ldots, A_n)$ den Entity-Typ R und sei X Schlüsselkandidat von R.

  Dann gilt $X \to Y$ für alle $Y \subseteq \{A_1, \ldots, A_n\}$.

- Repräsentiere $R(A_1, \ldots, A_n)$ eine N:1-Relationship zwischen E_1 und E_2 und habe E_1 den Schlüsselkandidaten X. Dann gilt $X \to Y$ für alle $Y \subseteq \{A_1, \ldots, A_n\}$.

Beispiel 307 (Versandhaus, FDs)

Einige der FDs für unser Versandhaus-Schema aus Beispiel 59 sind:

- In LIEFERANT gilt $\{$LName$\} \to \{$LAdr$\}$.
- In liefert gilt $\{$LName, ArtName$\} \to \{$Preis$\}$.
- In KUNDE gilt $\{$KName$\} \to \{$KAdr, Saldo$\}$.

Bemerkung 308

- FDs sind Zusicherungen über die *Semantik* der „realen Welt", d.h. sie sind nicht beweisbar.
- Manche FDs werden automatisch vom DBS überwacht, wie z.B. Primärschlüssel (vgl. Integritätsregel 1).

Neben den erwähnten FDs gibt es in der Versandhaus-Applikation noch zahlreiche weitere wie etwa:

- triviale FDs: $\{$LName$\} \to \{$LName$\}$
- aber auch: $\{$LName, ArtName$\} \to \{$LAdr, Preis$\}$

Die letztere FD folgt logisch aus den vorherigen FDs, d.h. aus dem semantischen Verständnis dieser Attribute. Wie kann man nun alle derartigen logisch folgerbaren FDs ermitteln?

10.2 Berechnung funktionaler Abhängigkeiten

Im folgenden bezeichne „klein" r eine Relationeninstanz zum Relationenschema „groß" $R(\ldots)$.

10.2.1 Logische Folgerbarkeit von FDs

Definition 309 (Erfüllung funktionaler Abhängigkeiten)

Seien r eine Instanz von $R(A_1, \ldots, A_n)$, $X, Y \subseteq \{A_1, \ldots, A_n\}$. Die Instanz r *erfüllt* $X \to Y$, wenn für alle Tupel $\nu, \mu \in r$ gilt:

$$\nu[X] = \mu[X] \text{ impliziert } \nu[Y] = \mu[Y].$$

Bemerkung 310

- Falls $X \to Y$ für R gilt, so muß $X \to Y$ in *jedem* r erfüllt sein.
- Falls $X \to Y$ nicht gilt, kann $X \to Y$ durch ein r erfüllt sein oder auch nicht.

Definition 311 (Logische Folgerung, $\models$)

Sei F eine Menge von FDs über R.

Die FD $X \to Y$ *folgt logisch* aus F (geschrieben $F \models X \to Y$), wenn jede Instanz r von R, in der alle FDs aus F erfüllt sind, auch $X \to Y$ erfüllt.

Beispiel 312 (Logisch folgerbare FDs)

Aus $F = \{\text{A} \to \text{B}, \text{B} \to \text{C}\}$ ergibt sich

- $F \models \text{A} \to \text{B}$,
- $F \models \text{B} \to \text{C}$, aber auch
- $F \models \text{A} \to \text{C}$.

Der Beweis geschieht auf Tupelebene gemäß Definition 309.

Definition 313 (Hülle F^{+})

Die *Hülle F^{+}* von F ist definiert als

$$F^{+} := \{X \to Y \mid F \models X \to Y\}.$$

10.2.2 Bestimmung von Schlüsseln

Der Schlüsselbegriff im Relationenmodell ist bisher nur intuitiv gefaßt worden. Dies betraf insbesondere die Anforderungen an die Minimalität (vgl. Definition 40).

Definition 314 (Schlüsselbegriff im RM)

Sei $R(A_1, \ldots, A_n)$ ein Relationenschema mit einer Menge F von FDs.

Eine Teilmenge $X \subseteq \{A_1, \ldots, A_n\}$ heißt *Schlüsselkandidat* (oder kurz *Schlüssel*), wenn gilt:

1. $X \to \{A_1, \ldots, A_n\} \in F^{+}$
2. $\not\exists\, Y \subset X : Y \to \{A_1, \ldots, A_n\} \in F^{+}$

Beispiel 315 (Postleitzahlen)

Wir betrachten die deutschen Postleitzahlen. In den meisten Fällen ist die Postleitzahl durch Stadt und Straße eindeutig bestimmt, z.B.

```
{München, Dachsteinstr.} → 81825
```

Von Ausnahmefällen, wie z.B.

```
{München, Dachauerstr. 1-147} → 80335
{München, Dachauerstr. 149-181} → 80636
```

wollen wir im folgenden abstrahieren.

Sei

```
PLZBUCH(Stadt,Straße,PLZ)
```

gegeben mit den nicht-trivialen FDs

$$F = \{ \ \{\texttt{Stadt},\texttt{Straße}\} \ \to \ \{\texttt{PLZ}\}, \ \{\texttt{PLZ}\} \ \to \ \{\texttt{Stadt}\} \ \}.$$

Aufgrund der Semantik der idealisierten Anwendung nehmen wir folgende Mengen von Schlüsselkandidaten an:

$$\text{cand\_key}(\texttt{PLZBUCH}) = \{ \ \{\texttt{Stadt},\texttt{Straße}\}, \ \{\texttt{Straße},\texttt{PLZ}\} \ \}.$$

Wünschenswert ist nun ein Algorithmus, der den exakten Schlüsselbegriff aus Definition 314 überprüfen kann. Dazu stellt sich insbesondere die Frage nach einer *mechanischen* Berechnung von F^+.

10.2.3 Der Armstrong-Kalkül

Ein *Kalkül* besteht aus *Axiomen* und *Deduktionsregeln*, wobei letztere syntaktische Schlußfolgerungen darstellen.

Definition 316 (Deduktion im Kalkül, ⊢)

Für das Rechnen im Kalkül benötigen wir eine eigene Notation, um uns deutlich von der logischen Folgerbarkeit ($\models$, Definition 311) abzuheben:

- $F \vdash X \to Y$ bedeutet, daß $X \to Y$ ein Theorem ist, das sich aus F mit Deduktionsregeln ableiten läßt.
- $F \models X \to Y$ bedeutet, daß $X \to Y$ logisch aus F folgt.

Definition 317 (Korrektheit, Vollständigkeit)

- *Korrektheit (soundness)* eines Kalküls bedeutet:
$$F \vdash X \to Y \implies F \models X \to Y.$$

- *Vollständigkeit (completeness)* eines Kalküls bedeutet:
$$F \models X \to Y \implies F \vdash X \to Y.$$

Der Kalkül für die Prädikatenlogik 1. Stufe ist korrekt und vollständig (Gödel 1930). Der Kalkül für die Prädikatenlogik 2. Stufe ist zwar korrekt, aber unvollständig (Gödel 1931).

Wir treffen folgende notationelle Konventionen:

- Die *universelle Menge* U sei die Menge aller Attributnamen eines Relationenschemas.

- Für $X, Y \subseteq U$ sei XY eine Abkürzung für $X \cup Y$.

- Für $X \subseteq U$, $A \in U$ sei XA eine Abkürzung für $X \cup \{A\}$.

Die mechanische Berechnung von F^+ geschieht mittels eines speziellen Kalküls, dem *Armstrong-Kalkül*.

Algorithmus 318 (Armstrong-Kalkül)

Eingabe: Menge F von FDs über U.

Axiome: $X \to Y \in F \Longrightarrow F \vdash X \to Y$

Deduktionsregeln:

(A1) Reflexivität:
$$Y \subseteq X \Longrightarrow F \vdash X \to Y$$

(A2) Erweiterung (Augmentation):
$$F \vdash X \to Y, Z \subseteq U \Longrightarrow F \vdash XZ \to YZ$$

(A3) Transitivität:
$$F \vdash X \to Y, F \vdash Y \to Z \Longrightarrow F \vdash X \to Z$$

Beispiel 319 (Postleitzahlen, Deduktion von FDs)

Wir greifen auf das Beispiel 315 zurück. Mit den Abkürzungen S für Stadt, R für Straße und P für PLZ ergibt sich aus der Anwendungssemantik als Menge der FDs:

$$F = \{\text{SR} \to \text{P}, \text{P} \to \text{S}\}$$

Folgende Deduktionsschritte sind damit u.a. angebbar:

1. $F \vdash \text{P} \to \text{S}$ (Axiom)
2. $F \vdash \text{RP} \to \text{RS}$ (A2 angewendet auf 1.)
3. $F \vdash \text{SR} \to \text{P}$ (Axiom)
4. $F \vdash \text{SR} \to \text{PSR}$ (A2 angewendet auf 3.)
5. $F \vdash \text{RP} \to \text{PSR}$ (A3 angewendet auf 2. und 4.)

Lemma 320 (Korrektheit des Armstrong-Kalküls)

Der Armstrong-Kalkül ist korrekt, d.h. es gilt:

$$F \vdash X \to Y \Longrightarrow F \models X \to Y$$

Beweis:

(A1) Unter der Voraussetzung $Y \subseteq X$ liefert die Übereinstimmung zweier Tupel in X auch die Übereinstimmung in Y. Es folgt also $F \models X \to Y$.

(A2) Die Instanz r erfülle $X \to Y$, aber es existiere ein Tupel ν, μ mit $\nu[XZ] = \mu[XZ]$ und mit $\nu[YZ] \neq \mu[YZ]$. Dann müßte gelten $\nu[Y] \neq \mu[Y]$ mit Widerspruch zu $X \to Y$.
Also gilt $F \models XZ \to YZ$.

(A3) Trivial.

Lemma 321 (Weitere Deduktionsregeln)

Weitere abgeleitete Deduktionsregeln, die in Beweisen verwendet werden dürfen, sind:

(A4) Vereinigung:
$$F \vdash X \to Y, F \vdash X \to Z \Longrightarrow F \vdash X \to YZ$$

(A5) Zerlegung:
$$F \vdash X \to Y, Z \subseteq Y \Longrightarrow F \vdash X \to Z$$

Beweis:

(A4)

$$
\begin{array}{ll}
F \vdash X \to Y & \text{(Axiom oder deduziert)} \\
F \vdash X \to XY & \text{(A2 von 1)} \\
F \vdash X \to Z & \text{(Axiom oder deduziert)} \\
F \vdash XY \to ZY & \text{(A2 von 3)} \\
F \vdash X \to ZY & \text{(A3 von 2 und 4)}
\end{array}
$$

(A5)

$$
\begin{array}{ll}
F \vdash X \to Y & \text{(Axiom oder deduziert)} \\
F \vdash Y \to Z & \text{(A1)} \\
F \vdash X \to Z & \text{(A3)}
\end{array}
$$

Lemma 322

Wegen **(A4)** und **(A5)** gilt:

$$F \vdash X \to Y_1 \ldots Y_m \iff \forall i = 1, \ldots, m : F \vdash X \to Y_i$$

Anders ausgedrückt reichen FDs mit einelementigen rechten Seiten (einfache FDs) aus.

Satz 323 (Vollständigkeit des Armstrong-Kalküls)

Der Armstrong-Kalkül ist vollständig, d.h.:

$$F \models X \longrightarrow Y \longrightarrow F \models X \to Y$$

Lemma 324 (Berechnung von F^+)

$$F^+ = \{X \to Y \mid F \models X \to Y\}$$

ist nun durch Rechnen im Kalkül bestimmbar:

$$F^+ = \{X \to Y \mid F \vdash X \to Y\}$$

10.2.4 Hüllenberechnung

Eine wichtige Fragestellung beim DB-Design lautet, ob für eine Menge F von FDs und Attributen X, Y die Beziehung $F \models X \to Y$ gilt. Offensichtlich gilt zumindest

$$F \models X \to Y \iff X \to Y \in F^+$$

Beispiel 325 (Naiver Test)

Der naive Ansatz durch Auflisten von F^+ scheitert, da im Worst Case $|F^+| = O(2^m)$ für $|F| = m$ liefert.

Eine derartige Situation tritt beispielsweise für

$$F = \{A \to B_1, A \to B_2, \ldots, A \to B_m\}$$

auf, wie man durch wiederholte Anwendung der Vereinigungsregel (A4) leicht sieht.

Definition 326 (Hülle X^+)

Sei F eine Menge von FDs auf der Attributmenge U und gelte $X \subseteq U$. Die *Hülle* X^+ *von X bezogen auf F* ist definiert als

$$X^+ := \{A \in U \mid F \vdash X \to A\}$$

Lemma 327 (Eigenschaft von X^+)

$$F \vdash X \to Y \iff Y \subseteq X^+$$

Beweis:

„$\Longleftarrow$": Sei $Y = A_1, \ldots, A_m$ und $Y \subseteq X^+$. Dann folgt aus der Definition von X^+ die Beziehung $F \vdash X \to A_i$ für $i = 1, \ldots, m$ und daraus mit (A4) schließlich $F \vdash X \to Y$.

„$\Longrightarrow$": Es gelte $F \vdash X \to Y$. Mit (A5) erhält man $F \vdash X \to A_i$ für $i = 1, \ldots, m$, also $Y \subseteq X^+$ nach Definition von X^+.

Damit kann ein Test auf Gültigkeit von „$F \models X \to Y$" durch einen Test auf Gültigkeit von „$Y \subseteq X^+$" ersetzt werden.

Algorithmus 328 (Berechnung von X^+)

Eingabe: Universelle Menge U, Menge von FDs F, $X \subseteq U$.

```
begin
```

Berechne eine Folge von Attributmengen $X^{(0)}, X^{(1)}, \ldots$ wie folgt:

$$X^{(0)} := X;$$

```
repeat
```
$$X^{(i+1)} := X^{(i)} \cup$$
$$\{A \mid \exists\, Y \to Z \in F : A \in Z \wedge Y \subseteq X^{(i)}\}$$
```
until X^(i) = X^(i+1)
```

end

Ausgabe: $X^+ := X^{(i)}$

Lemma 329 (Komplexität der Hüllenberechnung)
Der Algorithmus zur Berechnung von X^+ ist linear in der Länge von F.

Beispiel 330 (Berechnung von X^+)
$U := \text{ABCDEGH}$;

$F := \{\text{AC} \to \text{H},\ \text{BD} \to \text{CE},\ \text{E} \to \text{A},\ \text{H} \to \text{BG}\}$;

$X := \text{CE}$;

```
begin
  X^(0) := CE;
  X^(1) := CE ∪ {A} = CEA;          % E → A
  X^(2) := CEA ∪ {H} = CEAH;        % AC → H
  X^(2) := CEAH ∪ {BG} = CEAHBG;    % H → BG
  X^(4) := X^(3);
end
```

Ergebnis: $(\text{CE})^+ = \text{CEAHBG}$.

10.2.5 Minimale Überdeckungen

Gegeben sei das Universum U aller relevanten Attribute. Gesucht ist eine „geeignete" Menge F von FDs. Offensichtlich genügt die Angabe irgendeines F mit $F_{\min} \leq F \leq F_{\min}^+$.

Wie kann man aber die Gültigkeit einer solchen Beziehung nachweisen?

Definition 331 (Überdeckung, Äquivalenz von FDs)
Wir definieren eine partielle Ordnung $\leq$ und eine Äquivalenzrelation $\equiv$ zwischen zwei FD-Mengen F und G wie folgt:

- $F \leq G :\Longleftrightarrow F^+ \subseteq G^+$ (G *überdeckt* F)
- $F \equiv G :\Longleftrightarrow F^+ = G^+ \Longleftrightarrow F \leq G \wedge G \leq F$

  (F und G sind *äquivalent*)

Bemerkung 332
Ein Test für $F \equiv G$ durch $F^+ = G^+$ ist offensichtlich nicht effizient.

Lemma 333 (Überdeckungstest für $F \leq G$)
Es gilt

$$F \subseteq G^+ \implies F \leq G$$

(Die Richtung „$\Longleftarrow$" gilt ohnehin.)

Beweis:
Da $\vdash$ monoton bzgl. $\subseteq$ ist, gilt infolge von $F \subseteq G^+$:

$$F^+ = \{Y \to Z \mid F \vdash Y \to Z\} \subseteq \{Y \to Z \mid G^+ \vdash Y \to Z\}$$
$$= (G^+)^+ = G^+$$

Algorithmus 334 (Äquivalenztest $F \equiv G$)
Wir testen zwei FD-Mengen F und G auf $F \equiv G$ wie folgt:

- Teste für jedes $Y \to Z \in F$, ob $Y \to Z \in G^+$ gilt,
  wie folgt:
  Berechne Y^+ bezüglich G und teste $Z \subseteq Y^+$.
- Prüfe analog jede FD in G.

Lemma 335 (Normalform funktionaler Abhängigkeiten)
Jedes F ist äquivalent zu einem G, das nur einfache FDs enthält.
Beweis:

Sei $G := \{X \to A \mid X \to Y \in F \land A \in Y\}$. Dann folgt $X \to A \in G$ aus $X \to Y \in F$ (Zerlegungsregel A5). Also ist $G \subseteq F^+$.

Analog ergibt sich für $Y = A_1 \ldots A_n$ die Beziehung $X \to Y \in F$ aus $X \to A_i \in G$ $(i = 1, \ldots, n)$ durch die Vereinigungsregel A4. Also ist auch $F \subseteq G^+$.

Wir stellen nun einige weitere wünschenswerte Eigenschaften von F zusammen.

Definition 336 (Minimale Überdeckung)
F heißt *minimale Überdeckung*, wenn gilt:

1. F enthält nur einfache FDs.
2. Keine FD in F ist redundant:
   $$\nexists X \to A \in F \colon F \setminus \{X \to A\} \equiv F$$
   (**Test:** $A \in X^+$ bezüglich $F \setminus \{X \to A\}$.)
3. Kein Attribut auf der linken Seite einer FD ist redundant:
   $$\nexists X \to A \in F, B \subset U : F \setminus \{X \to A\} \cup \{X \setminus B \to A\} \equiv F$$
   (**Test:** $A \in (X \setminus B)^+$ bezüglich F.)

Lemma 337 (Existenz einer minimalen Überdeckung)

Jedes F besitzt eine minimale Überdeckung.

Algorithmus 338 (Konstrukt. einer min. Überdeckung)

```
begin
```

1. Spalte nicht-einfache FDs in F.
2. Entferne sukzessive redundante Attribute gemäß Punkt 3, Definition 336.
3. Entferne sukzessive redundante FDs gemäß Punkt 2, Definition 336.

```
end
```

Bemerkung 339

Verschiedene Reihenfolgen liefen i. allg. unterschiedliche Ergebnisse, d.h. minimale Überdeckungen sind nicht eindeutig. Zwei verschiedene minimale Überdeckungen können sogar eine verschiedene Anzahl von FDs besitzen.

Beispiel 340 (Minimale Überdeckungen)

Sei $F := \{\text{M} \to \text{L}, \ \text{L} \to \text{M}, \ \text{M} \to \text{N}, \ \text{N} \to \text{M}, \ \text{L} \to \text{N}\}$ gegeben.
Schritte 1 und **2** in Algorithmus 338:
bereits einfache FDs, keine redundanten Attribute.
Schritt 3, Möglichkeit I:

- Test $\text{M} \to \text{L}$ redundant?
  Mit $G := F \setminus \{\text{M} \to \text{L}\}$ gilt $\text{L} \notin \text{M}_G^+ = \{\text{M}, \text{N}\}$.
  $\implies$ Nein.
- Test $\text{L} \to \text{M}$ redundant?
  Mit $G := F \setminus \{\text{L} \to \text{M}\}$ gilt $\text{M} \in \text{L}_G^+ = \{\text{L}, \text{N}, \text{M}\}$.
  $\implies$ Streiche $\text{L} \to \text{M}$.
- Test $\text{M} \to \text{N}$ redundant?
  Mit $H := G \setminus \{\text{M} \to \text{N}\}$ gilt $\text{N} \in \text{M}_H^+ = \{\text{M}, \text{L}, \text{N}\}$.
  $\implies$ Streiche $\text{M} \to \text{N}$.
- Es gibt keine weiteren redundanten FDs.

$H := \{\text{M} \to \text{L}, \ \text{N} \to \text{M}, \ \text{L} \to \text{N}\}$ ist eine minimale Überdeckung.
Schritt 3, Möglichkeit II:

- Test $\text{L} \to \text{N}$ redundant?
  Mit $G := F \setminus \{\text{L} \to \text{N}\}$ gilt $\text{N} \in \text{L}_G^+ = \{\text{L}, \text{M}, \text{N}\}$.
  $\implies$ Streiche $\text{L} \to \text{N}$.
- Es gibt keine weiteren redundanten FDs.

$G := \{\text{M} \to \text{L}, \ \text{L} \to \text{M}, \ \text{M} \to \text{N}, \ \text{N} \to \text{M}\}$ ist eine minimale Überdeckung von F.

Beispiel 341 (Minimale Überdeckungen)

Sei $F := \{\text{ML} \to \text{N}, \ \text{M} \to \text{L}, \ \text{L} \to \text{M}\}$ gegeben.

Schritt 2, Möglichkeit I:

- Test M redundant in ML $\to$ N?
  Da $\text{N} \in \text{L}_F^+ = \{\text{L}, \text{M}, \text{N}\} \implies$ Streiche M in ML $\to$ N.

- Es gibt keine weitere Redundanz.
  $G := \{\text{L} \to \text{N}, \ \text{M} \to \text{L}, \ \text{L} \to \text{M}\}$ eine minimale Überdeckung.

Schritt 2, Möglichkeit II:

- Test L redundant in ML $\to$ N?
  Da $\text{N} \in \text{M}_F^+ = \{\text{M}, \text{L}, \text{N}\}$
  $\implies$ Streiche L in ML $\to$ N.
- Es gibt keine weitere Redundanz.
  $H := \{\text{M} \to \text{N}, \ \text{M} \to \text{L}, \ \text{L} \to \text{M}\}$ eine minimale Überdeckung.

10.3 Zerlegung eines Relationenschemas

Für die weiteren Überlegungen gehen wir von minimalen Überdeckungen aus. Durch eine geeignete *Zerlegung* eines *schlechten* Schemas kann man die bekannten Design-Anomalien beseitigen. Im folgenden identifizieren wir dazu ein Schema $R(A_1, \ldots A_n)$ mit der Menge seiner Attribute $R = \{A_1, A_2, \ldots, A_n\}$, auch $R = A_1 A_2 \ldots A_n$ geschrieben.

10.3.1 Eigenschaften von Zerlegungen

Definition 342 (Zerlegung)

Die *Zerlegung* eines Relationenschemas $R = A_1 \ldots A_n$ ist dessen Ersetzung durch eine Menge von Relationenschemata

$$\rho = \{R_1, \ldots, R_k\} \text{ mit } R_i \subseteq R \text{ und } R = R_1 \cup \ldots \cup R_k.$$

Die R_i müssen dabei nicht disjunkt sein. Für eine *gute* Zerlegung sollte ρ aber bestimmte Eigenschaften aufweisen.

Beispiel 343 (Zerlegung)

Wir studieren wieder das frühere Beispiel 302 mit

- L_INFO = {<u>LName</u>, LAdr, <u>ArtName</u>, Preis},
- LIEFERANT = {<u>LName</u>, LAdr} und
- liefert = {<u>LName</u>, <u>ArtName</u>, Preis}.

Offensichtlich ist ρ = {LIEFERANT, liefert} eine Zerlegung von L_INFO.
Diese Zerlegung bereinigte einige der in L_INFO aufgetretenen Anomalien.
Umgekehrt stellt sich die Frage, ob man L_INFO eindeutig aus der Zerlegung
zurückgewinnen kann?

Daß dies i. allg. nicht der Fall ist, zeigt folgendes Beispiel.

Beispiel 344 (Nicht verlustfreie Zerlegung)

Wir betrachten folgende Instanzen r von R, r_1 von R_1 und r_2 von R_2:

r	A	B	C
	17	21	45
	98	21	69

r_1	A	B
	17	21
	98	21

r_2	B	C
	21	45
	21	69

Es gilt:

- $\rho = \{R_1, R_2\}$ ist eine Zerlegung von R.
- $r_1 = \pi_{A,B}(r)$, $r_2 = \pi_{B,C}(r)$.
- Jedoch gilt $r \subset r_1 \bowtie r_2$ wegen der unvollständigen Kombinationen der B-Werte
  in r.

Die Instanz r ist also durch einen Natural Join aus den Projektionen *nicht* rekonstruierbar.

Beispiel 345 (Dangling Tupel)

Wir gehen nun von zwei Instanzen r_1 und r_2 einer Zerlegung aus.

r_1	A	B
	17	21

r_2	B	C
	21	45
	50	69

Für $r := r_1 \bowtie r_2$ gilt:

- $\rho = (R_1, R_2)$ ist eine Zerlegung von R.
- $\pi_{A,B}(r) = r_1$.

- Jedoch gilt: $\pi_{B,C}(r) = \{(21, 45)\} \subset r_2$.

Ursache hierfür sind Tupel ohne natürlichen Joinpartner in r_2. Das Tupel $(50, 69) \in r_2$ heißt auch *dangling Tupel*.

10.3.2 Verlustfreie Joins

Definition 346 (Verlustfreie Zerlegung bzgl. F)

Sei $\rho = \{R_1, R_2, \ldots, R_k\}$ eine Zerlegung von R und F eine Menge von FDs auf R. Die Zerlegung ρ besitzt einen *verlustfreien Join bezüglich F*, wenn für jede Instanz r von R, die F erfüllt, gilt:

$$r = \pi_{R_1}(r) \bowtie \ldots \bowtie \pi_{R_k}(r)$$

Die Wiedergewinnung der ursprünglichen Information aus der Zerlegung ist also für solche ρ möglich, die einen verlustfreien Join besitzen.
ρ heißt dann auch *verlustfreie Zerlegung* bzgl. F.

Bemerkung 347

- Zerlegungen werden uns helfen, Probleme der Redundanz in den Griff zu bekommen.

- Jedoch sind in der Zerlegung i. allg. mehr Joins zur Beantwortung einer Query notwendig.

Eine verlustfreie Zerlegung für jede Instanz r, die F erfüllt, erfordert:

- keine dangling Tupel in den Projektionen,

- vollständige Kombinationen in R.

Dangling Tupel in der Zerlegung zuzulassen ist jedoch ein Vorteil (vgl. die Zerlegung in LIEFERANT und liefert hinsichtlich der Insert-Anomalie). Man wird also eine verlustfreie Zerlegung anstreben, anschließend aber dennoch dangling Tupel zulassen.

Algorithmus 348 (Test auf verlustfreie Zerlegung)

Gegeben seien ein Relationenschema $R = \{A_1, \ldots, A_n\}$, dessen Zerlegung $\rho = \{R_1, \ldots, R_l\}$ und eine Menge F von einfachen FDs auf R.
begin

1. Erstelle eine Tabelle T mittels folgender Konstruktionsvorschrift:

    - $A_j \in R_i \implies$ Eintrag $T[R_i, A_j] = a_j$
    - $A_k \notin R_i \implies$ Eintrag $T[R_i, A_k] = b_{ik}$

$$
\begin{array}{c|cccccccc}
T & A_1 & \dots & A_j & \dots & A_k & \dots & A_n \\
\hline
R_1 & & & & & & & \\
\vdots & & & & & & & \\
R_i & & & a_j & & b_{ik} & & \\
\vdots & & & & & & & \\
R_l & & & & & & &
\end{array}
$$

2. Betrachte ein $X \to A_j \in F$. Wenn zwei Zeilen m und m' in den X-Spalten übereinstimmen, identifiziere man in Spalte j wie folgt:

   a) Falls a_j in Zeile m' steht und b_{mj} in Zeile m, so setze $b_{mj} := a_j$.

   b) Falls $b_{m'j}$ in Zeile m' steht und b_{mj} in Zeile m, so setze $b_{mj} = b_{m'j}$ (oder umgekehrt).

Fahre auf diese Weise fort, bis keine Änderungen mehr möglich sind. Sobald eine Zeile

$$a_1 \dots a_n$$

entsteht, existiert ein verlustfreier Join.

end

Intuitiv ist der Algorithmus aufgrund folgender Überlegung korrekt. Wenn zwei Tupel in X übereinstimmen, müssen sie wegen $X \to A_j$ auch in A_j übereinstimmen.

Beispiel 349 (Test auf verlustfreie Zerlegung)
Wir studieren wieder Beispiel 302.

- `L_INFO` = {<u>`LName`</u>, `LAdr`, <u>`ArtName`</u>, `Preis`},
- `LIEFERANT` = {<u>`LName`</u>, `LAdr`} und
- `liefert` = {<u>`LName`</u>,<u>`ArtName`</u>, `Preis`}.

Mit den Abkürzungen

$$\text{L\_INFO} \longleftrightarrow R, \text{LIEFERANT} \longleftrightarrow R_1,$$
$$\text{liefert} \longleftrightarrow R_2$$

sowie

$$\text{LName} \longleftrightarrow N, \text{LAdr} \longleftrightarrow L, \text{ArtName} \longleftrightarrow A,$$
$$\text{Preis} \longleftrightarrow P$$

ergibt sich

$$R = NLAP, R_1 = NL, R_2 = NAP,$$
$$\rho = (R_1, R_2), F = \{N \to L, NA \to P\}$$

und somit:

1. Anfangstabelle T:

T	N	L	A	P
R_1	a_1	a_2	b_{13}	b_{14}
R_2	a_1	b_{22}	a_3	a_4

2. Betrachte $N \to L \in F$:
   Durch die Identifikation $b_{22} := a_2$ entsteht eine Zeile
   $a_1 a_2 a_3 a_4$, also existiert ein verlustfreier Join.

10.3.3 Bewahrung von Abhängigkeiten

Eine weitere wichtige Eigenschaft von Zerlegungen ist die Erhaltung funktionaler
Abhängigkeiten.

Definition 350 (Abhängigkeitserh. Zerlegung bzgl. F)

Seien $\rho = \{R_1, \ldots, R_k\}$ eine Zerlegung von R und F eine Menge von FDs auf R.

- Die *Projektion Π von F* auf eine Attributmenge Z definiert durch
  $$\Pi_Z(F) := \{X \to Y \in F^+ \mid XY \subseteq Z\}.$$

- Falls
  $$\left(\bigcup_{i=1}^{k} \Pi_{R_i}(F)\right)^+ = F^+$$
  gilt, ist ρ eine *abhängigkeitserhaltende Zerlegung bzgl. F*.

Bemerkung 351

- $\left(\bigcup_{i=1}^{k} \Pi_{R_i}(F)\right)^+ \subseteq F^+$ ist stets erfüllt.
- F stellt eine Integritätsbedingung auf R dar.
- Wird R durch eine Zerlegung ρ dargestellt, die nicht abhängigkeitserhaltend ist,
  können Updates der r_i das ursprüngliche F auf R verletzen.

Beispiel 352 (Postleitzahlen)

Wir greifen auf das Beispiel 315 zurück und verwenden die Abkürzungen S für
Stadt, R für Straße und P für PLZ. Dann ist:

- $T = \text{SRP}, F = \{\text{SR} \to \text{P}, \text{P} \to \text{S}\}$
- Für $T1 = \text{RP}, T2 = \text{SP}$ stellt $\rho = \{T1, T2\}$ eine verlustfreie Zerlegung von T
  bezüglich F dar:

T	S	R	P
RP	b_{11}	a_2	a_3
SP	a_1	b_{22}	a_3

  Betrachte $\text{P} \to \text{S} \in F$.
- $\Pi_{\text{RP}}(F) = \{\text{triviale FDs}\}$
- $\Pi_{\text{SP}}(F) = \{\text{triviale FDs}, \text{P} \to \text{S}\}$
- Aber wegen
  $$\Pi_{\text{RP}}(F) \cup \Pi_{\text{SP}}(F) \not\vdash \text{SR} \to \text{P}$$

wird F durch ρ nicht erhalten, wie folgendes Beispiel zeigt:

t1	R	P
	'Universitätsstr.'	86136
	'Universitätsstr.'	86159

t2	S	P
	'Augsburg'	86136
	'Augsburg'	86159

t	S	R	P
	'Augsburg'	'Universitätsstr.'	86136
	'Augsburg'	'Universitätsstr.'	86159

Obwohl in $T1$ und $T2$ jeweils alle projizierten FDs gelten, ist SR $\to$ P in T verletzt.

Bemerkung 353

- Es gibt verlustfreie Zerlegungen, die nicht abhängigkeitserhaltend sind und umgekehrt.

- Es gibt einen Algorithmus für den Test auf Abhängigkeitserhaltung mit einer polynomialen Komplexität in der Größe von F.

10.4 Zerlegung in Normalformen

10.4.1 Hierarchie von Normalformen

Um Probleme der Redundanz und Änderungsanomalien in den Griff zu bekommen, bieten sich zwei prinzipielle Möglichkeiten an:

1. Die bei der Modellierung festgelegten FDs werden durch das DB-System oder den Anwendungsprogrammierer überwacht, um das Entstehen von Integritätsverletzungen zu verhindern.
2. Es wird eine Überführung des Ausgangsschemas in spezielle andere Schemata vorgenommen, die die genannten Probleme nach Möglichkeit vermeiden. Dies entspricht einer *Zerlegung in Normalformen*.

Definition 354 (Primes Attribut, Oberschlüssel)

Betrachte ein Relationenschema R mit einer Menge F von einfachen FDs auf R.

- Ein Attribut A von R heißt *prim*, wenn A Teil eines Schlüsselkandidaten ist.
- A heißt *nichtprim*, wenn A kein Teil eines Schlüsselkandidaten ist.
- Für einen Schlüsselkandidaten X und $X \subseteq Z$ heißt Z *Oberschlüssel* von X.

Definition 355 (Normalformen)

- *Erste Normalform* (1NF):
  Alle Attribute von R haben skalare Domänen (vergleiche die Datentypen von SQL2). Die 1NF wird bei allen weiteren Normalformen vorausgesetzt.

- *Zweite Normalform* (2NF):
  $$X \to A \in F \wedge A \notin X \implies A \text{ ist prim} \vee$$
  $$\nexists \text{ Schlüssel } K: X \subset K$$
- *Dritte Normalform* (3NF):
  $$X \to A \in F \wedge A \notin X \implies A \text{ ist prim} \vee$$
  $$X \text{ ist Oberschlüssel}$$
- *Boyce-Codd-Normalform* (BCNF):
  $$X \to A \in F \wedge A \notin X \implies X \text{ ist Oberschlüssel}$$

Lemma 356 (Hierarchie von Normalformen)

$$\text{BCNF} \implies \text{3NF} \implies \text{2NF} \implies \text{1NF}$$

Beweis:

Zum Nachweis von 3NF $\implies$ 2NF beachte man, daß X genau dann Oberschlüssel ist, wenn es einen Schlüssel $\overline{K}$ mit $\overline{K} \subseteq X$ gibt.

Sei nun K ein Schlüssel mit $X \subset K$. Dann folgt $\overline{K} \subseteq X \subset K$ mit Widerspruch zur Minimalität von K.

Beispiel 357 (Postleitzahlen, Normalformen)

Wir greifen auf das Beispiel 315 zurück. $T = \text{SRP}$, $F = \{\text{SR} \to \text{P}, \text{P} \to \text{S}\}$, und sei $K = \{\text{SR}, \text{RP}\}$ die Menge der Schlüssel. Wegen $\text{P} \to \text{S}$, wobei P kein Oberschlüssel ist, liegt keine BCNF vor. Die 3NF existiert jedoch sehr wohl, da S und P prim sind.

Beispiel 358 (Versandhaus, Normalformen)

Wir betrachten unser Beispiel 302 mit den Abkürzungen aus Beispiel 349:

$$R = NLAP, F = \{NA \to P, N \to L\}, K = \{NA\}.$$

Wegen $N \to L$ mit nichtprimem L ist N kein Oberschlüssel, weshalb keine 3NF vorliegt. Infolge $N \subset NA$ ist R jedoch nicht einmal in 2NF.

Motivation für die Normalformen:

2NF:

Die 2NF entfernt Redundanzen, die dadurch verursacht werden, daß nichtprime Attribute von Teilen eines Schlüssels abhängig sind.

Folgende Relation $R = P_1 P_2 N$ ist nicht in 2NF:

r	P_1	P_2	N
	1	7	5
	1	8	?

Sei $K = \{P_1 P_2\}$ und $P_1 \to N \in F$. Dann ist „?" redundant.

3NF:

Die 3NF entfernt Redundanzen, die durch transitive Abhängigkeiten von nichtprimen Attributen von einem Schlüssel verursacht werden.

Folgende Relation $R = PN_1N_2N_3$ ist nicht in 3NF:

r	P	N_1	N_2	N_3
	1	6	9	7
	2	6	?	3

Sei $K = \{P\}$ und $P \to N_1$, $N_1 \to N_2$. Dann ist „?" redundant.

Die 3NF entfernt jedoch keine Redundanzen aufgrund von Abhängigkeiten unter den primen Attributen.

Betrachte dazu das Beispiel 315:

t	S	R	P
	`'Augsburg'`	`'Krumperstr.'`	`86169`
	`?`	`'Kuckuckweg'`	`86169`

Wegen $K = \{\mathtt{SR}, \mathtt{RP}\}$ sind alle Attribute prim. Außerdem gilt $\mathtt{SR} \to \mathtt{P}$ für beide Tupel. Aber „?" ist redundant aufgrund von $\mathtt{P} \to \mathtt{S}$.

BCNF:

Die BCNF *eliminiert jegliche Redundanz*, die durch eine Menge F von FDs auf R verursacht wird.

Zur Begründung betrachte man eine Relation R in BCNF mit einem redundanten Wert von A wie etwa:

r	V	W	A
	v	w_1	a
	v	w_2	?

V und W sollen hier Attributmengen repräsentieren. Falls „?" durch FDs herleitbar ist, dann muß ? $= a$ sein mit FD $Z \to A$ für $Z \subseteq V$. Z ist jedoch kein Oberschlüssel, da beide Tupel in V identisch, in W aber verschieden sind. Folglich ist R nicht in BCNF.

Bemerkung 359 (Update-Anomalien)

- Eine Relation in BCNF kann *ohne Konsistenzprobleme* infolge von Redundanz durch FDs geändert werden.

- In der 3NF erfordert das Update auf *primen* Attributen Vorsicht.

- Außer FDs gibt es noch andere Ursachen für Redundanz:

  – Mehrwertige Abhängigkeiten (MVD) führten zur Entwicklung der 4NF.

  – Verallgemeinerte Abhängigkeiten.

- Eine *absichtliche Nicht-Normalisierung* kann sinnvoll sein, da Zerlegungen bei Queries zusätzliche Joins und damit schlechtere Performanz bedingen.

- Die aus Modellierungssicht sehr einschränkende 1NF-Bedingung entfällt für neuere Datenmodelle mit komplexen Objekten (vgl. Vorlesungsskript Teil 3: ODMG-93, SQL3).

10.4.2 Zerlegung in BCNF und 3NF

Liegt ein Schema R *nicht bereits* in der BCNF vor, würde eine verlustfreie und abhängigkeitserhaltende Zerlegung von R in BCNF viele Vorteile bei Updates bieten.

Lemma 360 (Abhängigkeitserh. Zerlegung in BCNF)
Nicht jedes R kann abhängigkeitserhaltend in BCNF zerlegt werden.

Beweis:
Für $T = \mathrm{SRP}, F = \{\mathrm{SR} \to \mathrm{P}, \mathrm{P} \to \mathrm{S}\}$ aus Beispiel 357 liegt eine 3NF vor, jedoch keine BCNF. Bei *jeder* Zerlegung ohne Beteiligung von SRP folgt $\mathrm{SR} \to \mathrm{P}$ nicht aus den projizierten Abhängigkeiten.

Satz 361 (Zerlegungen in BCNF und 3NF)
- Jedes R kann verlustfrei in die BCNF zerlegt werden.
- Jedes R kann verlustfrei *und* abhängigkeitserhaltend in 3NF zerlegt werden.

Der folgende Algorithmus mit polynominaler Komplexität zerlegt ein Schema R mit FDs F verlustfrei und abhängigkeitserhaltend in 3NF.

Algorithmus 362 (3NF-Zerlegung)
Eingabe:
Relationenschema R mit Menge F einfacher FDs (günstigenfalls minimale Überdeckung).

```
begin
```

$\rho := \emptyset; \quad i := 0;$

```
for  X → A ∈ F  do begin
```
$\qquad\qquad i := i + 1; \quad R_i := XA;$
$\qquad\qquad \rho := \rho \cup \{R_i\};$
```
              end;
```

```
if  <  Kein R_i ∈ ρ enthält Schlüsselkandidaten von  R >
then begin
       <  Wähle Schlüsselkandidat K von  R >;
       i := i + 1;  R_i := K;
       ρ := ρ ∪ {R_i};
       end;
```

```
if  ⋃_{j=1}^{i} R_j ≠ R
then begin
       R_{i+1} := R \ ⋃_{j=1}^{i} R_j;
       ρ := ρ ∪ {R_{i+1}};
       end;
return ρ;
```

```
end
```

Ausgabe:
Abhängigkeitserhaltende und verlustfreie Zerlegung ρ in 3NF bzgl. F.

Eine deutliche Abmilderung der Performanznachteile durch Zerlegung ist wie folgt zu erzielen (vgl. dazu auch Lemma 56).

Lemma 363 (Zusammenfassung von Schemata)

Ist F eine minimale Überdeckung, so können K Schemata, die aus

$$X \to A_1, \dots, X \to A_k$$

entstehen, zu einem einzigen Schema

$$X A_1 \dots A_k$$

zusammengefaßt werden.

Beispiel 364

Seien $R = \mathtt{MLNDEG}$ und

$$F = \{\mathtt{L} \to \mathtt{N}, \mathtt{L} \to \mathtt{M}, \mathtt{D} \to \mathtt{E}, \mathtt{D} \to \mathtt{M}\} \text{ gegeben.}$$

Jeder Schlüsselkandidat muß die Attribute $\mathtt{L}, \mathtt{D}$ und $\mathtt{G}$ enthalten, da diese nicht auf der rechten Seite einer FD aus F stehen. Wegen $\mathtt{LDG}^+ = \{\mathtt{L}, \mathtt{D}, \mathtt{G}, \mathtt{N}, \mathtt{M}, \mathtt{E}\}$ ist gemäß der für Schlüsselkandidaten geforderten Minimalität $\mathtt{LDG}$ einziger Schlüsselkandidat.

Gemäß Definition 355 ist R nur in 1NF, sollte daher normalisiert werden.

- Die 3NF-Zerlegung nach Algorithmus 362 liefert

  - $R_1 := \mathtt{LN}$,

  - $R_2 := \mathtt{LM}$,

  - $R_3 := \mathtt{DE}$,

  - $R_4 := \mathtt{DM}$.

  Die Schemata $R_1, \ldots, R_4$ enthalten $\mathtt{LDG}$ nicht.
  Wegen $R = R_1 \cup \ldots \cup R_5$ mit

  - $R_5 := \mathtt{LDG}$

  ist $\rho := \{R_1, \ldots, R_5\}$ die gesuchte 3NF-Zerlegung.

- F ist eine minimale Überdeckung. Also kann ρ nach Lemma 363 optimiert werden zu

  - $R_1' := \mathtt{LNM}$,

  - $R_2' := \mathtt{DEM}$,

  wodurch man $\rho' := \{R_1', R_2', R_5\}$ erhält.

Bemerkung 365

- *Unnötige Zerlegungen* von Schemata, die bereits in BCNF oder 3NF sind, sind **unbedingt** zu vermeiden.

- Aus dem E/R-Modell erzeugte Schemata sind oft bereits in 3NF oder BCNF.

- Es ist fast immer vorteilhaft, Schemata zusammenzufassen.

- Eine *absichtliche Nicht-Normalisierung* ist denkbar, falls die Query-Performanz dies erfordert (Aufwand für Joins). Insbesondere in Anwendungen wie Data Warehouses und Data Marts für Decision Support Systeme sind solche Situationen denkbar.

Literatur

[Dadam96]   P. Dadam. *Verteilte Datenbanken und Client/Server-Systeme.* Springer-Verlag, 1996.

[Gray95]   J. Gray, A. Reuter. *Transaction Processing: Concepts and Techniques.* Morgan Kaufmann, 1995.

[Heuer95]   A. Heuer, G. Saake. *Datenbanken: Konzepte und Sprachen.* Thomson, 1995.

[Kemper96]   A. Kemper, A. Eickler. *Datenbanksysteme.* Oldenbourg, 1996.

[Lockemann93]   P. C. Lockemann, J. W. Schmidt (Hrsg.). *Datenbank-Handbuch.* Springer-Verlag, 1993.

[Vossen94]   G. Vossen. *Datenmodelle, Datenbanksprachen und Datenbank-Management-Systeme.* Addison-Wesley, 1994.

[Elmasri94]   R. Elmasri, S. Navathe. *Fundamentals of Database Systems.* Benjamin/Cummings, 1994.

[Silberschatz97] A. Silberschatz, H. Korth, S. Sudarshan. *Database System Concepts.* McGraw-Hill, 1997.

[Melton93]   S. Melton. *Understanding the New SQL: A Complete Guide.* Morgan Kaufmann, 1993.

[Teorey94]   T. Teorey. *Database Modeling & Design.* Morgan Kaufmann, 1994.

[Ullman88]   J. Ullman. *Principles of Database and Knowledge-Base Systems.* Bd. 1, Computer Science Press, 1988.

[Ullman89]   J. Ullman. *Principles of Database and Knowledge-Base Systems.* Bd. 2, Computer Science Press, 1989.

Teil 2
Deduktive Datenbanksysteme

1. Motivation

1.1 Grundidee

Zum Vergleich betrachten wir relationale DB-Systeme, die erfolgreich etwa in folgenden Anwendungsbereichen eingesetzt werden:

- Banken und Versicherungen
- Öffentliche Verwaltungen
- Personalverwaltung
- Buchungs- und Reservierungssysteme

Diese Anwendungsgebiete haben folgende Gemeinsamkeiten:

- einfache Datensätze von festem Format mit einfachen Datentypen,
- kurze Transaktionen mit einfachen Queries und Updates, hohe Transaktionsraten im Online-Betrieb,
- Mehrbenutzerbetrieb ist unabdingbar.

Heutige relationale DB-Systeme sind genau auf diese Merkmale abgestimmt. Ein wesentlicher Faktor für den Siegeszug des relationalen Datenmodells stellt die deklarative DB-Sprache SQL dar.

Demgegenüber steht die mangelnde Ausdrucksstärke der DML (und auch der DDL) des relationalen Datenmodells:

- SQL2 ist nur *relational vollständig*, nicht aber *berechnungsvollständig*.
- Die Bearbeitung *rekursiver* Probleme ist direkt nicht möglich.
- Als Konsequenz ist die *Einbettung* in prozedurale Wirtssprachen notwendig.

Ein kanonisches Beispiel ist die Berechnung der Vorfahrenrelation `ancestor(X,Y)` aus einer Basisrelation `parent(X,Y)`.

Die Berechnung von `ancestor(X,Y)` ist in relationaler Algebra oder SQL2 nicht möglich. Der Grund dafür ist das Fehlen eines transitiven Hüllenoperators.

Weitere Beispiele rekursiver Probleme sind:

- Stücklisten (z.B. in der Automobilindustrie)
- Wegefindung in Graphen (z.B. Reiseverbindungen bei Bahnreisen)

Die einzige Möglichkeit, rekursive Probleme in SQL2 zu lösen, ist die Einbettung in prozedurale Wirtssprachen wie C oder Cobol.

Diese Einbettung hat jedoch einige gravierende Nachteile:

- „Impedance mismatch":
  Der Programmierer muß mit zwei völlig unterschiedlichen Paradigmen arbeiten: deklarativ vs. prozedural, mengenorientiert vs. tupelorientiert. Hinzu kommen die Probleme mit unterschiedlichen Datentypen in den beiden Sprachen.
- Die Kommunikation zwischen Wirtsprogramm und DB-System ist eine teure Operation.
- Durch die Zerschlagung des Problems in zwei Sprachanteile ist eine globale Optimierung nur noch sehr schwer möglich.

Durch deduktive Datenbanksysteme ist es möglich, große und regelmäßig aufgebaute Faktenmengen (z.B. die Vorfahrenrelation) durch wenige Regeln auszudrücken. Diese Regeln können auch Rekursion beinhalten.

Die *Grundidee deduktiver Datenbanksysteme* (DedDBS) ist die Verwendung von Logik (genauer Prädikatenlogik 1. Stufe) als Datenmodell. Die Vorteile dieses Ansatz sind:

- Logik subsumiert das relationale Datenmodell.
- Logik ist berechnungsvollständig.
- Rekursion ist in Logik einfach formulierbar.

Beispiel 1 (Vorfahren als Logikprogramm)
Gegeben sei das Prädikat

```
parent(X,Y).
```

Es bedeutet, daß die Person Y einen Elternteil X hat. Gesucht sei das Prädikat

```
ancestor(X,Y).
```

Regelbasiertes Logikprogramm:
```
ancestor(X,Y)  <-  parent(X,Y).
ancestor(X,Y)  <-  parent(X,Z), ancestor(Z,Y).
```
Eine mögliche Query, die alle Vorfahren der Person gerhard berechnet, ist:

```
? ancestor(X, gerhard).
```

Logikprogrammierung (LP) beschäftigt sich mit der Programmierung in Logik. *Deduktive Datenbanksysteme* stellen eine Kombination dieser Methodik mit Datenbanksystemen (im allgemeinen mit relationalen DBS) dar.

Merkregel:

$$\textbf{DedDBS} = \textbf{(Rel)DBS} + \textbf{LP}$$

Diese Vorlesung konzentriert sich insbesondere auf die Definition und Auswertung rekursiver Views mit Hilfe von Logikprogrammen. Die hierfür verwendete logikbasierte DB-Sprache wird als *Datalog* bezeichnet. Wichtige Komponenten relationaler Systeme wie Concurrency Control, Recovery etc. werden durch den Übergang von SQL zu Datalog als Abfragesprache nicht berührt.

1.2 Historische Entwicklung

Deduktive DBS haben ihre Ursprünge in der Logikprogrammierung ausgehend von *Prolog* seit Anfang der 70er Jahre (etwa zeitgleich mit dem Aufkommen von RelDBS).

Die ersten Datalogsysteme wurden Mitte der 80er Jahre in Angriff genommen, beispielsweise:

- LDL (MCC Austin, Texas; Zaniolo / Tsur)
- Die kommerzielle Entwicklung DECLARE (MAD Intelligent Systems GmbH München / San Jose, California; Kießling)
- LOLA (TU München; Bayer / Freitag)
- Coral (Univ. of Wisconsin Madison; Ramakrishnan)

Eine weiterführende Übersicht zum Stand der Entwicklungen gibt z.B. [VLDB94]. Neuerdings beginnt deduktive Datenbanktechnologie in den kommenden SQL3-Standard Einzug zu halten.

1.3 Übungen (online)

Die Übungen sind nur in der Online-Version verfügbar!

Übung

2. Grundlagen

2.1 Prädikatenlogik

In DedDBS wird Logik als Datenmodell verwendet. Die hierfür verwendete Logik ist eine Prädikatenlogik 1. Stufe (Quantifizierung über Individuen, nicht aber Funktionen oder Prädikate).

2.1.1 Syntax

Definition 2 (Prädikatenlogische Sprache)
Eine *prädikatenlogische Sprache* ist definiert als Tupel

$$\mathcal{L} = (\Gamma, \Omega, \Pi, X)$$

paarweise disjunkter Mengen mit folgender Bedeutung:

1. Γ ist die nichtleere, entscheidbare Menge der *Konstantensymbole*.
2. $\Omega := \bigcup_{n \in \mathbb{N}} \Omega_n$ ist die disjunkte Vereinigung der endlichen Mengen Ω_n der n-stelligen *Funktionssymbole*.
3. $\Pi := \bigcup_{n \in \mathbb{N}_0} \Pi_n$ ist die disjunkte Vereinigung der endlichen Mengen Π_n der n-stelligen *Prädikatssymbole*.
4. X ist die aufzählbare Menge der *Variablen*.

Als Konstantensymbole wollen wir in der Regel a, b, c, als Funktionssymbole f, g, h und als Prädikatssymbole p, q, r verwenden.

Zur Modellierung der Entitäten der realen Welt werden Terme verwendet.

Definition 3 (Terme)
Die Menge der *Terme* $T_{\mathcal{L}}$ ist definiert wie folgt:

1. Die Konstantensymbole sind Terme.
2. Die Variablen sind Terme.
3. $f(t_1, \ldots, t_n)$ ist ein Term, wenn $f \in \Omega_n$ ein n-stelliges Funktionsymbol und $t_1, \ldots t_n$ Terme sind.

4. Nichts anderes ist ein Term.

Variablenfreie Terme heißen *Grundterme*. Die Gleichheit auf Termen wird mit $\equiv$ bezeichnet.

Zur Modellierung einfacher Beziehungen zwischen den Entitäten der realen Welt werden Atomformeln verwendet.

Definition 4 (Atomformeln)

Die Menge der *Atomformeln* oder *Atome* $A_{\mathcal{L}}$ ist definiert als die Menge der

$$p(t_1, \ldots, t_n)$$

so daß $p \in \Pi_n$ ein n-stelliges Prädikatssymbol ist und
$t_1, \ldots t_n \in T_{\mathcal{L}}$ Terme sind.
Variablenfreie Atome heißen *Grundatome*. Atomformeln von 0-stelligen Prädikats-symbolen werden als p statt als $p()$ geschrieben.

Zur Modellierung komplexer Beziehungen zwischen den Entitäten der realen Welt werden Verknüpfungen von Atomen, Formeln genannt, verwendet.

Definition 5 (Formeln)

Die Menge der *Formeln* $F_{\mathcal{L}}$ ist definiert wie folgt:

1. Die Atomformeln sind Formeln.
2. $(\neg W)$ ist eine Formel, wenn W eine Formel ist.
3. $W_1 \wedge W_2$, $W_1 \vee W_2$, $W_1 \to W_2$ und $W_1 \leftrightarrow W_2$ sind Formeln, wenn W_1 und W_2 Formeln sind.
4. $(\forall x W)$ und $(\exists x W)$ sind Formeln, wenn x eine Variable und W eine Formel ist.
5. Nichts anderes ist eine Formel.

Die Gleichheit auf Formeln wird ebenfalls mit $\equiv$ bezeichnet.

Bemerkung 6

Zur Vereinfachung der Schreibweise lassen wir äußere Klammerpaare weg, die durch die Festlegung folgender Prioritäten auf den logischen Konnektoren und Quantoren überflüssig sind:

1. $\exists, \forall$
2. $\neg$
3. $\wedge$
4. $\vee$
5. $\to, \leftrightarrow$

Beispiel 7

- $x, f(x)$ sind Terme, $f(a)$ ist ein Grundterm.
- $p(x), q(x), r(x, f(y))$ sind (Atom-)Formeln.

- $r(a, b)$ ist ein Grundatom.
- $\forall x \exists y (p(x) \to q(x) \land r(x, y))$ ist eine Formel.

Die Variablen von Formeln können in freie und gebundene Variablen eingeteilt werden.

Definition 8 (Freie und gebundene Variablen)

Bezeichne vars(W) die Menge der in einer Formel W vorkommenden Variablen. Dann sind die Mengen der *freien* Variablen free(W) und der *gebundenen* Variablen bound(W) wie folgt definiert:

1. free(W) := $vars(W)$ und bound(W) := $\emptyset$, wenn W eine Atomformel ist.
2. free($\neg W$) := free(W) und bound($\neg W$) := bound(W), wenn W eine Formel ist.
3. free($W_1 \land W_2$) := free(W_1) $\cup$ free(W_2) und
   bound($W_1 \land W_2$) := bound(W_1) $\cup$ bound(W_2),
   wenn W_1 und W_2 Formeln sind.
   Analog für $W_1 \lor W_2$, $W_1 \to W_2$ und $W_1 \leftrightarrow W_2$.
4. free($\forall x W$) = free(W) $\setminus \{x\}$ und
   bound($\forall x W$) = bound(W) $\cup \{x\}$,
   wenn W eine Formel ist.
   Analog für $\exists x W$.

Formeln W mit free(W) = $\emptyset$ heißen *geschlossen*, sonst *offen*.

Beispiel 9

Sei $W \equiv \forall x (p(x, y)) \land \exists z (q(x, z))$. Dann gilt:

1. vars(W) = $\{x, y, z\}$
2. free(W) = $\{x, y\}$
3. bound(W) = $\{x, z\}$

Man beachte, daß die Variable x sowohl frei, als auch gebunden ist.

Von besonderem Interesse für DedDBS sind geschlossene Formeln. Man kann offene Formeln auf zwei Arten abschließen.

Definition 10 (Universal- und Existenzabschluß)

Seien W eine Formel und free(W) = $\{x_1, \ldots, x_n\}$ ihre freien Variablen.

1. Der *Universalabschluß* $\forall W$ von W ist definiert als
   $$\forall x_1, \ldots, \forall x_n W.$$
2. Der *Existenzabschluß* $\exists W$ von W ist definiert als
   $$\exists x_1, \ldots, \exists x_n W.$$

Beispiel 11 (Fortsetzung)

Die Universal- bzw. Existenzabschlüsse der obigen Formel sind:

- $\forall x \forall y (\forall x (p(x, y)) \wedge \exists z (q(x, z)))$
- $\exists x \exists y (\forall x (p(x, y)) \wedge \exists z (q(x, z)))$

Im folgenden wollen wir nur noch Formeln W bzw. Formelmengen $\mathcal{W}$ betrachten, bei denen sich freie und gebundene Variablen „nicht in die Quere" kommen.

Solche Formeln bzw. Formelmengen werden als *rektifiziert* bezeichnet und sind definiert wie folgt:

Definition 12 (Rektifizierte Formel)

Eine Formel W ist rektifiziert, wenn gilt:

1. $\text{free}(W) \cap \text{bound}(W) = \emptyset$
2. Keine Variable $x \in \text{vars}(W)$ ist mehrfach quantifiziert.

Die Beschränkung auf rektifizierte Formeln ist o.B.d.A. möglich.

Beispiel 13 (Fortsetzung)

Die Formel W von oben:

$$W \equiv \forall x (p(x, y)) \wedge \exists z (q(x, z))$$

ist durch eine Variablenumbenennung vom zweiten Vorkommen von x nach x' rektifizierbar zu W':

$$W' \equiv \forall x (p(x, y)) \wedge \exists z (q(x', z))$$

Nun gilt:

1. $\text{free}(W') = \{x', y\}$,
2. $\text{bound}(W') = \{x, z\}$ und insbesondere
3. $\text{free}(W') \cap \text{bound}(W') = \emptyset$.

2.1.2 Semantik

Terme und Formeln sind reine Symbolfolgen ohne jede Bedeutung. Es liegt zwar nahe, den logischen Konnektor $\wedge$ als Konjunktion und ein Konstantensymbol 1 als natürliche Zahl eins zu deuten, dies ist jedoch nicht zwingend.

In diesem Abschnitt wollen wir diesen Symbolfolgen nun eine Bedeutung, eine Semantik, zuordnen. Terme sollen hierfür als Elemente einer Domäne gedeutet werden, Formeln soll ein Wahrheitswert zugeordnet werden.

Diese Deutung baut auf Interpretationen der Symbole und Variablen einer prädikatenlogischer Sprache $\mathcal{L} = (\Gamma, \Omega, \Pi, X)$ auf.

Definition 14 (Interpretation)

Eine *Interpretation* ist definiert als $I = (D, I_C, I_F, I_P)$ mit folgender Bedeutung der Komponenten:

1. D ist eine nichtleere Menge, die *Domäne*.
2. I_C ist eine Abbildung $I_C\colon \Gamma \longrightarrow D$ der Konstantensymbole in die Domäne.
3. I_F ist eine Abbildung der n-stelligen Funktionssymbole $f \in \Omega_n$ auf n-stellige Funktionen
$$I_F(f)\colon \underbrace{D \times \ldots \times D}_{n\text{-mal}} \longrightarrow D.$$
4. I_P ist eine Abbildung der n-stelligen Prädikatssymbole
   $p \in \Pi_n$ auf n-stellige Relationen
$$I_P(p) \subseteq \underbrace{D \times \ldots \times D}_{n\text{-mal}}.$$

Wird zusätzlich den Variablen Domänenwerte zugeordnet, können Terme zu Elementen der Domäne ausgewertet werden.

Definition 15 (Variablenbelegung, Termauswertung)

Eine *Variablenbelegung* ρ ist eine Abbildung $\rho\colon X \longrightarrow D$ der Variablen in die Domäne.

Eine *Termauswertung* I_ρ^* bildet Terme $t \in T_{\mathcal{L}}$ auf Elemente
$I_\rho^*(t) =: t_I \in D$ der Domäne wie folgt ab:

1. $t_I := I_C(c)$, wenn t ein Konstantensymbol $c \in \Gamma$ ist,
2. $t_I := \rho(x)$, wenn t eine Variable $x \in X$ ist,
3. $t_I := I_F(f)(I_\rho^*(t_1), \ldots, I_\rho^*(t_n))$, wenn t ein Term der Form $f(t_1, \ldots, t_n)$ ist.

Beispiel 16

Sei $\mathcal{L} = (\Gamma, \Omega, \Pi, X)$ eine prädikatenlogische Sprache mit

$$\Gamma = \{a, b\}$$
$$\Omega = \{f, g\}$$
$$\Pi = \{p\}$$
$$X = \{x, y, z\},$$

sei $I = (D, I_C, I_F, I_P)$ eine Interpretation mit

$$D = \mathbb{N}$$
$$I_C\colon \Gamma \longrightarrow D, a \mapsto 2, b \mapsto 5$$
$$I_F(f)\colon D \longrightarrow D, n \mapsto n^2$$
$$I_F(g)\colon D \longrightarrow D, n \mapsto n + 3$$
$$I_P(p) = \{(n, 13) \mid n \in \mathbb{N}\} \subseteq D \times D$$

und sei ρ eine Variablenbelegung mit

$$\rho \colon X \longrightarrow D, x \mapsto 3, y \mapsto 1, z \mapsto 2$$

Dann gilt:

$$I_\rho^*(f(b)) = I_F(f)(I_\rho^*(b)) = \left(I_\rho^*(b)\right)^2 = 5^2 = 25$$

$$I_\rho^*(g(f(x))) = I_F(g)(I_\rho^*(f(x))) = I_\rho^*(f(x)) + 3 =$$

$$I_F(f)(I_\rho^*(x)) + 3 = \left(I_\rho^*(x)\right)^2 + 3 = (\rho(x))^2 + 3 = 3^2 + 3 = 12$$

Wir haben zunächst Terme auf Elemente der Domäne abgebildet. Nun wollen wir den Formeln einen Wahrheitswert zuordnen. Dazu müssen wir den logischen Konnektoren eine Bedeutung zuordnen.

Definition 17 (Interpretation logischer Konnektoren)
Den Konnektoren

$$\neg, \wedge, \vee, \rightarrow, \leftrightarrow$$

werden die üblichen aussagenlogischen Funktionen

$$\tilde{\neg}, \tilde{\wedge}, \tilde{\vee}, \tilde{\rightarrow}, \tilde{\leftrightarrow}$$

auf der Menge der Wahrheitswerte $\{\mathbf{T}, \mathbf{F}\}$ zugeordnet.

Beispiel 18 (Interpretation von $\rightarrow$)
Dem Implikationssymbol $\rightarrow$ wird die zweistellige Funktion

$$\tilde{\rightarrow} \colon \{\mathbf{T}, \mathbf{F}\} \times \{\mathbf{T}, \mathbf{F}\} \longrightarrow \{\mathbf{T}, \mathbf{F}\}$$

zugeordnet und durch folgende Wahrheitstafel definiert:

w_1	w_2	$w_1 \tilde{\rightarrow} w_2$
$\mathbf{F}$	$\mathbf{F}$	$\mathbf{T}$
$\mathbf{F}$	$\mathbf{T}$	$\mathbf{T}$
$\mathbf{T}$	$\mathbf{F}$	$\mathbf{F}$
$\mathbf{T}$	$\mathbf{T}$	$\mathbf{T}$

Zur Interpretation der logischen Quantoren $\exists, \forall$ müssen wir eine gegebene Variablenbelegung in einzelnen Variablen abändern können.

Definition 19 (Änderung einer Variablenbelegung)
Sei $\{x_1, \ldots, x_n\} \subseteq X$ eine Variablenmenge, $\{d_1, \ldots, d_n\} \subseteq D$ eine Wertemenge. Die *Änderung einer Variablenbelegung ρ in den Variablen $x_1, \ldots, x_n$* ist definiert als

$$\rho\langle x_1|d_1, \ldots, x_n|d_n\rangle(y) := \begin{cases} d_i & \text{falls } y \equiv x_i \\ \rho(y) & \text{sonst} \end{cases}$$

Nun können wir Formeln auswerten.

Definition 20 (Formelauswertung)

Die *Formelauswertung* $I_\rho\colon F_{\mathcal{L}} \longrightarrow \{\mathbf{T}, \mathbf{F}\}$ ist wie folgt definiert:

1. $I_\rho(W) := \begin{cases} \mathbf{T} & \text{falls } (I_\rho^*(t_1), \ldots, I_\rho^*(t_n)) \in I_P(p) \\ \mathbf{F} & \text{sonst} \end{cases}$,

   wenn W eine Atomformel der Form $p(t_1, \ldots, t_n)$ ist.

2. $I_\rho^*(\neg W) := \tilde{\neg} I_\rho^*(W)$, wenn W eine Formel ist,

3. $I_\rho^*(W_1 \wedge W_2) := I_\rho^*(W_1) \tilde{\wedge} I_\rho^*(W_2)$, wenn W_1 und W_2 Formeln sind;

   analog für $W_1 \vee W_2$, $W_1 \to W_2$ und $W_1 \leftrightarrow W_2$.

4. $I_\rho(\exists x W) := \begin{cases} \mathbf{T} & \text{falls } \mathbf{T} \in \{I_{\rho\langle x|d\rangle}(W) \mid d \in D\} \\ \mathbf{F} & \text{sonst} \end{cases}$,

   wenn W eine Formel und x eine Variable ist.

5. $I_\rho(\forall x W) := \begin{cases} \mathbf{T} & \text{falls } \mathbf{F} \notin \{I_{\rho\langle x|d\rangle}(W) \mid d \in D\} \\ \mathbf{F} & \text{sonst} \end{cases}$,

   wenn W eine Formel und x eine Variable ist.

Bemerkung 21

- Die Festlegung auf eine 2wertige Logik mit $\mathbf{T}$ und $\mathbf{F}$ berücksichtigt keine NULL-Werte.

- Der Festlegung $I_\rho(W) = \mathbf{F}$ in 1. liegt die *Closed World Assumption* zugrunde.

Beispiel 22 (Fortsetzung von Beispiel 16)

Gegeben sei folgende Formel:

$$W \equiv \neg p(f(b), g(f(x)))$$

Wir bestimmen den Wahrheitswert der Formel

$$W' \equiv p(f(b), g(f(x)))$$

unter Verwendung der prädikatenlogischen Sprache und Interpretation aus Beispiel 16.

$$I_\rho(W') = \mathbf{T} \qquad \Longleftrightarrow$$

$$(I_\rho^*(f(b)), I_\rho^*(g(f(x)))) \in I_P(p) \quad \Longleftrightarrow$$

$$(25, 12) \in \{(n, 13) \mid n \in \mathbb{N}\}$$

Also $I_\rho(W') = \mathbf{F}$ und damit $I_\rho(W) = \tilde{\neg} I_\rho(W') = \mathbf{T}$.

Entsprechend der Definition der Formelauswertung spielt für *geschlossene Formeln* die ursprüngliche Variablenbelegung ρ keine Rolle. Wir können deshalb von ρ abstrahieren und schreiben I statt I_ρ.

Spezielle Interpretationen von geschlossenen Formeln sind solche, die sie wahr machen, sogenannte Modelle.

Definition 23 (Modell)

Sei W eine geschlossene Formel und $\mathcal{W}$ eine Menge geschlossener Formeln.

1. Eine Interpretation I heißt *Modell* von W gdw $I(W) = \mathbf{T}$.
2. Eine Interpretation I heißt Modell von $\mathcal{W}$ gdw I Modell aller Formeln $W \in \mathcal{W}$ ist.

Beispiel 24

Gegeben sei die geschlossene Formel

$$W \equiv \forall x \exists y (p(x,y))$$

und eine Interpretation I, die das Prädikatssymbol p als die Relation $<$ auf $\mathbb{N}$ interpretiert. Dann gilt: I ist ein Modell von W, d.h. $I(W) = \mathbf{T}$. I ist jedoch kein Modell von

$$\exists y \forall x (p(x,y)).$$

Formeln wurden eingeführt, um Beziehungen zwischen den Entitäten der realen Welt zu repräsentieren.

Frage: Gibt es wenigstens eine Interpretation, die die gegebenen Formeln wahr macht, oder sind diese sogar unter allen Interpretationen wahr?

Definition 25 (Erfüllbarkeit, Allgemeingültigkeit)

Sei $\mathcal{W}$ eine Menge geschlossener Formeln und W_1, W_2 geschlossene Formeln.

1. $\mathcal{W}$ heißt *erfüllbar* (konsistent, widerspruchsfrei)
   gdw $\mathcal{W}$ ein Modell hat.
2. $\mathcal{W}$ heißt *unerfüllbar* (inkonsistent, widerspruchsvoll)
   gdw $\mathcal{W}$ kein Modell hat.
3. $\mathcal{W}$ heißt *allgemeingültig* (in Zeichen $\models \mathcal{W}$)
   gdw jede Interpretation ein Modell von $\mathcal{W}$ ist.

Definition 26 (Semantische Äquivalenz)

Seien W_1, W_2 geschlossene Formeln. W_1 und W_2 heißen *semantisch äquivalent* gdw $I(W_1) = I(W_2)$ für alle Interpretationen I gilt.

In DedDBS sollen große Faktenmengen durch wenige definierende Formeln beschrieben werden. Deshalb ist folgende Fragestellung interessant: Welche Formeln folgern aus den definierenden Formeln?

Definition 27 (Semantische Folgerung)

Sei $\mathcal{W}$ eine Menge geschlossener Formeln und W eine geschlossene Formel.

W heißt *semantische Folgerung* (semantische Konsequenz) aus $\mathcal{W}$ (in Zeichen: $\mathcal{W} \models W$) gdw jedes Modell von $\mathcal{W}$ auch ein Modell von W ist.

Das folgende Lemma führt semantische Folgerung auf die Unerfüllbarkeit von Formelmengen zurück.

Lemma 28

Sei $\mathcal{W}$ eine Menge geschlossener Formeln und $\neg W$ eine geschlossene Formel. Es gilt $\mathcal{W} \models \neg W$ gdw $\mathcal{W} \cup \{W\}$ unerfüllbar ist.

2.1.3 Klauseln und Herbrand-Interpretationen

Problemstellung: Wir wollen prüfen, ob eine geschlossene Formel $\neg W$ die semantische Folgerung einer Menge geschlossener Formeln $\mathcal{W}$ ist. Gemäß obigem Lemma genügt es dazu, die Unerfüllbarkeit von $\mathcal{W} \cup \{W\}$ zu zeigen. Dies erscheint in der Praxis als ein aussichtsloses Unterfangen, da es überabzählbar viele Interpretationen gibt (man denke nur an die reellen Zahlen als Domäne).

Frage: Gibt es Interpretationen, die wir stellvertretend für die Menge aller Interpretationen auswählen können?

Wir werden sehen, daß für eine bestimmte Klasse geschlossener Formeln (den Klauseln) solche Interpretationen (die Herbrand-Interpretationen) tatsächlich existieren.

Definition 29 (Literal)

Die Menge der *Literale* $L_{\mathcal{L}}$ besteht aus den Atomformeln $A \in A_{\mathcal{L}}$ und den negierten Atomformeln $\neg A$. Atomformeln A werden als *positive*, negierte Atomformeln $\neg A$ als *negative* Literale bezeichnet. Ein Literal heißt *Grundliteral*, wenn es variablenfrei ist.

Definition 30 (Klausel, Hornklausel)

- Eine *Klausel*

  $\forall (L_1 \vee \ldots \vee L_n)$

  ist der Universalabschluß einer Disjunktion von Literalen $L_i \in L_{\mathcal{L}}$.

- Eine Klausel heißt *Hornklausel*, wenn sie höchstens ein positives Literal enthält.

Herbrand-Interpretationen beruhen auf dem Herbrand-Universum als Domäne. Die Herbrand-Basis dient zur Interpretation der Prädikatssymbole.

Definition 31 (Herbrand-Universum, Herbrand-Basis)

- Das *Herbrand-Universum* $U_{\mathcal{L}}$ besteht aus der Menge der Grundterme.
- Die *Herbrand-Basis* $B_{\mathcal{L}}$ aus der Menge der Grundatome.

Beispiel 32

Gegeben sei die prädikatenlogische Sprache $\mathcal{L} = (\Gamma, \Omega, \Pi, X)$ mit:

$$\Gamma = \{a, b\}$$
$$\Omega = \{f, g\}$$
$$\Pi = \{p\}$$

Das Herbrand-Universum von $\mathcal{L}$ besteht aus der Menge

$$U_{\mathcal{L}} = \{a, f(a), g(a), f(f(a)), f(g(a)), \ldots\} \cup$$
$$\{b, f(b), g(b), f(f(b)), f(g(b)), \ldots\}$$

von Grundtermen, die Herbrand-Basis aus den Grundatomen

$$B_{\mathcal{L}} = \{p(a), p(f(a)), \ldots\} \cup \{p(b), p(f(b)), \ldots\}.$$

Definition 33 (Herbrand-Interpretation, -Modell)

Eine Interpretation $I = (D, I_C, I_F, I_P)$, so daß

1. $D = U_{\mathcal{L}}$ (die Domäne ist das Herbrand-Universum),
2. $I_C(c) = c$ (Konstantensymbole $c \in \Gamma$ werden durch sich selbst interpretiert),
3. $I_F(f) : \underbrace{U_{\mathcal{L}} \times \ldots \times U_{\mathcal{L}}}_{n\text{-mal}} \longrightarrow U_{\mathcal{L}},$
$$f(t_1, \ldots, t_n) \mapsto f(t_1, \ldots, t_n)$$
(Funktionssymbole $f \in \Omega_n$ werden durch sich selbst interpretiert),

heißt *Herbrand-Interpretation*.

Ein *Herbrand-Modell* einer geschlossenen Formel W (Formelmenge $\mathcal{W}$) ist eine Herbrand-Interpretation, die ein Modell von W ($\mathcal{W}$) ist.

Beispiel 34 (Fortsetzung von Beispiel 32)

Unter Verwendung der prädikatenlogischen Sprache aus Beispiel 32 wird ein Grundterm $f(g(a))$ ausgewertet zu $f(g(a)) \in U_{\mathcal{L}}$. Mit einer Variablenbelegung $\rho(x) = g(f(b))$ wird der Term $f(x)$ ausgewertet zu $f(g(f(b)))$.

Bemerkung 35

1. Die Komponenten D, I_C, I_F stimmen für alle Herbrand-Interpretationen überein.
2. Die Relationen $I_P(p)$ sind Relationen über dem Herbrand-Universum. Damit kann die n-stellige Relation
$$I_P(p) \subseteq \underbrace{U_{\mathcal{L}} \times \ldots U_{\mathcal{L}}}_{n\text{-mal}}$$
mit $p \in \Pi_n$ identifiziert werden mit der Teilmenge
$$\{p(t_1, \ldots, t_n) \mid (t_1, \ldots t_n) \in I_P(p)\} \subseteq B_{\mathcal{L}}$$

der Herbrand-Basis.

3. Insgesamt kann also jede Herbrand-Interpretation mit einer Teilmenge der Herbrand-Basis identifiziert werden und umgekehrt.

Lemma 36

Sei $\mathcal{W}$ eine Menge von Klauseln.

1. $\mathcal{W}$ hat ein Modell gdw $\mathcal{W}$ ein Herbrand-Modell hat.
2. $\mathcal{W}$ ist unerfüllbar gdw $\mathcal{W}$ kein Herbrand-Modell hat.

Dieses Lemma erlaubt es, sich zur Überprüfung der Unerfüllbarkeit von $\mathcal{W} \cup \{W\}$ (und damit $\mathcal{W} \models \neg W$) auf Herbrand-Interpretationen zu beschränken. Es ist jedoch zu beachten, daß dieses Lemma nur für Klauseln, nicht für allgemeine geschlossene Formeln gilt.

Wir haben die Menge der überabzählbar vielen zu betrachtenden Interpretationen nun auf abzählbar (unendlich) viele Interpretationen, den Herbrand-Interpretationen, eingeschränkt. Das folgende Theorem beschreibt nun ein effektives Verfahren zur Überprüfung der Unerfüllbarkeit einer Klauselmenge. Hierfür sei eine *Grundinstanz* einer Klausel $W \equiv \forall(L_1 \vee \ldots \vee L_n)$ eine Disjunktion $L_1' \vee \ldots \vee L_n'$ von Grundliteralen, die sich aus W durch Ersetzen der Variablen vars(W) durch Grundterme $t \in U_{\mathcal{L}}$ ergibt.

Satz 37 (Satz von Herbrand)

Eine Menge $\mathcal{W}$ ist unerfüllbar gdw es eine *endliche* Menge von *Grundinstanzen* von Klauseln $L \in \mathcal{W}$ gibt, die unerfüllbar ist.

Der Test einer endlichen Menge von Grundinstanzen auf Unerfüllbarkeit läßt sich durch Standardmethoden der Aussagenlogik (z.B. Wahrheitstafelmethode) realisieren.

2.2 Logik als Datenmodell

Im relationalen Datenmodell werden Daten spezifiziert durch

- Definition von Relationenschemata (`CREATE TABLE`)
- Definition von Views (`CREATE VIEW`).

Anfragen werden spezifiziert durch

- relationale Algebra
  (`SELECT ...FROM ...WHERE`)
- Relationenkalkül.

In DedDBS werden Daten und Anfragen einheitlich durch *Formeln* spezifiziert. Hierfür verwendet wird die *Datalog*-Sprachfamilie, die relationale Query-Sprachen und View-Definitionen um *Rekursion* und komplexe Attribute erweitert.

2.2.1 Syntax der Datalog-Sprachfamilie

Die Datalog-Sprachfamilie dient in DedDBS als Sprache zur Beschreibung von Daten und zur Formulierung von Anfragen. Ein Prädikat der DB wird durch eine Menge von DB-Klauseln definiert.

Definition 38 (DB-Klauseln, DB-Anfragen)

1. Eine *DB-Klausel* ist definiert als

$$A \quad <- \quad L_1, \ldots, L_n .$$

   Dabei ist $A \in A_{\mathcal{L}}$ ein Atom und
   $L_i \in L_{\mathcal{L}} (1 \leq i \leq n, n \geq 0)$ sind Literale.

   A heißt *Kopf*, $L_1, \ldots, L_n$ heißt *Rumpf* und L_i heißen *Rumpfliterale* der DB-Klausel.

   DB-Klauseln mit $n > 0$ heißen *Regeln*.

2. Eine DB-Klausel mit $n = 0$ und einem Grundatom $A \in B_{\mathcal{L}}$ heißt *DB-Faktum*. Notation: $A \leftarrow$.   (alternative Schreibweise: A.)

3. Eine DB-Klausel, deren Rumpfliterale Atome sind, heißt *definit*.

4. Eine *DB-Anfrage* (DB-Query) ist definiert als

$$? \quad L_1, \ldots, L_n .$$

   Die $L_i \in L_{\mathcal{L}} (n \geq 1)$ sind Literale.

   Alternative Schreibweise: $\leftarrow L_1, \ldots, L_n$.

5. Eine DB-Anfrage, deren Literale Atome sind, heißt *definit*.

6. Eine definite DB-Anfrage mit $n = 1$ heißt *Datalog-Anfrage*.

7. Neben den im Programm definierten Prädikaten können vordefinierte Prädikate $\theta \in \{<, \leq, >, \geq, =, \neq\}$ in Rumpfatomen von Regeln verwendet werden.

DB-Klauseln und DB-Anfragen sind nur eine alternative, durch die Logikprogrammierung eingeführte Schreibweise für Klauseln:

$$A \leftarrow L_1, \ldots, L_n. :\equiv \forall A \vee \neg L_1 \vee \ldots \vee \neg L_n$$
$$A \leftarrow . \qquad\qquad :\equiv \forall A$$
$$\leftarrow L_1, \ldots, L_n. \qquad :\equiv \forall \neg L_1 \vee \ldots \vee \neg L_n$$

D.h. „ , " wird als Konjunktion und „$\leftarrow$" wird als Implikation aufgefaßt.

Der Name DB-Anfrage ist folgendermaßen begründet:

Eine Menge $\mathcal{W}$ von DB-Klauseln zusammen mit einer DB-Anfrage $Q \equiv L_1, \ldots, L_n$ sind nach Lemma 28 unerfüllbar gdw

$$\mathcal{W} \models \neg Q \text{ mit } \neg Q \equiv \exists (L_1 \wedge \ldots \wedge L_n)$$

Definition 39 (Datalog$^{f,\neg}$-Programm, EDB, IDB)

- Ein *Datalog$^{f,\neg}$-Programm* besteht aus einer Menge von DB-Klauseln, so daß Prädikatssymbole, die in DB-Fakten vorkommen, nicht im Kopf der restlichen Klauseln vorkommen.
- Die Menge der DB-Fakten wird als *extensionale DB* (EDB),
- die restlichen DB-Klauseln als *intensionale DB* (IDB) bezeichnet.

Bemerkung 40

- Die EDB eines Programms korrespondiert mit den gespeicherten Fakten. Enthält die EDB keine Funktionssymbole, so kann sie in Form einer relationalen DB gespeichert werden.
- Die IDB eines Programms korrespondiert mit den Views. Der Zusammenhang zu den SQL2-Views wird später klar werden.
- Im Gegensatz zur Programmiersprache Prolog ist die Reihenfolge der Rumpfliterale in der Datalog-Sprachfamilie *ohne* Bedeutung.

Je nach Art der DB-Klauseln unterscheidet man verschiedene Klassen von Datalog$^{f,\neg}$-Programmen.

Definition 41 (Datalog-Sprachklassen)

Sei P ein Datalog$^{f,\neg}$-Programm.

1. P heißt *Datalog$^{\neg}$*-Programm
   gdw P keine Funktionssymbole enthält.
2. P heißt *Datalog^{f}*-Programm (oder definites Programm)
   gdw P keine negativen Literale enthält.
3. P heißt *Datalog*-Programm
   gdw P keine negativen Literale und Funktionssymbole enthält.

Bemerkung 42

- Warnung: Die Sprechweise ist oft unsauber. Auch Datalog$^{f,\neg}$-Programme werden bisweilen als „Datalog"-Programme bezeichnet.
- Achtung: Die angegebene Syntax der Datalog-Sprachen beinhaltet **keine** Typinformationen. Für den Einsatz in der kommerziellen Praxis ist eine streng typisierte Sprache jedoch unverzichtbar.

Beispiel 43

Beispielsprogramme für die einzelnen Sprachklassen:

Datalog:

Das Prädikat e(X,Y) repräsentiere eine Menge von Eltern-Kind-Beziehungen. Die DB-Klausel

```
g(X,Y)  <-  e(U,X), e(U,Y), X ≠ Y.
```

definiert die Halbgeschwister-Beziehung. Mögliche Anfragen sind:

```
? g(X,Y).
? g(john,Y).
? g(john,mary).
```

Datalog$^{\neg}$:
Die Prädikate `male(X)` und `married(X)` mögen die männlichen und verheirateten Personen repräsentieren. Die DB-Klausel

```
bachelor(X)  <-  male(X), ¬ married(X).
```

definiert die Junggesellen.

Datalog^f:
Das Funktionssymbol `cons` repräsentiere das Anhängen eines Elements an das vordere Ende einer Liste. Die DB-Klausel

```
append(cons(a,X),Y,cons(a,Z))  <-  append(X,Y,Z).
```

beschreibt eine wichtige Eigenschaft des Prädikats
`append(X,Y,Z)` für die Konkatenation $X \circ Y = Z$.

Eine weitere Klassifikation von Programmen, die orthogonal zur bisher untersuchten ist, betrachtet die Programme als Ganzes und stützt sich auf Abhängigkeiten zwischen Prädikaten.

Definition 44 (Abhängigkeitsgraph, rekursive Clique)

Der *Abhängigkeitsgraph* (program connection graph, PCG) eines Programms P besteht aus

- Knoten für jedes Prädikatssymbol p in P und
- gerichteten Kanten von Knoten p nach Knoten q, wenn p im Kopf einer DB-Klausel und q in derem Rumpf vorkommt.
- Eine Kante ist *positiv*, wenn q in einem positivem Rumpfliteral bzw. *negativ*, wenn q in einem negativen Rumpfliteral vorkommt.
- Eine *rekursive Clique* ist eine maximale Teilmenge der Prädikatssymbole von P, so daß zwischen je zwei Prädikatssymbolen p und q ein Pfad im PCG existiert.

Definition 45 (Hierarchische, stratifizierte Programme)

1. Ein Programm P heißt *hierarchisch* (nicht rekursiv), wenn sein PCG keine Zyklen enthält, sonst *rekursiv*.

2. Ein Programm P heißt *stratifiziert*, wenn in seinem PCG Zyklen nur aus positiven Kanten bestehen.

Beispiel 46

Das Datalog-Programm

```
bachelor(X)  <-  male(X), ¬ married(X).
```

ist hierarchisch.

Das Programm

```
goodpath(X,Y)  <-  path(X,Y), ¬ toll(X,Y).
goodpath(X,Y)  <-  goodpath(X,Z),
                   goodpath(Z,Y).
```

ist stratifiziert und rekursiv.

Das Programm

```
p(X)  <-  r(X), ¬ q(X).
q(X)  <-  r(X), ¬ p(X).
```

ist rekursiv und nicht-stratifiziert. Die folgende Abbildung zeigt die PCGs der Programme.

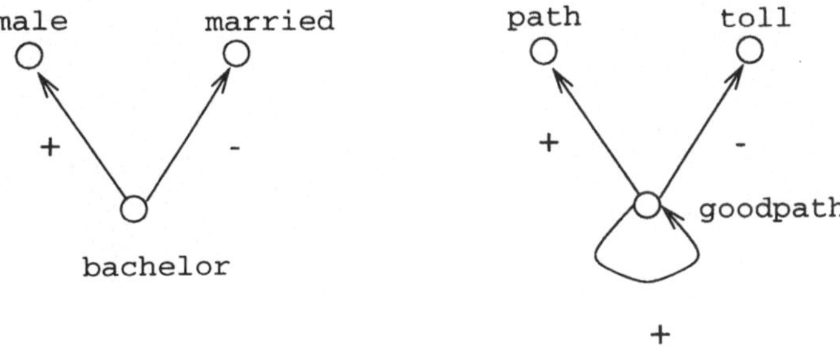

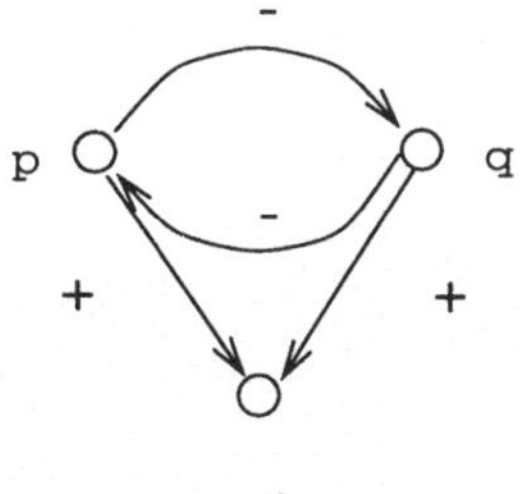

Offensichtlich sind hierarchische bzw. Datalog^f-Programme auch stratifiziert. Stratifizierte Programme können in Schichten zerlegt werden.

Definition 47 (Definition eines Prädikatssymbols)

Sei P ein Programm. Die *Definition $def(p)$ eines Prädikatssymbols p* besteht aus allen DB-Klauseln von P, in denen p im Kopf vorkommt.

Definition 48 (Stratifikation)

Eine *Stratifikation* eines Programms P ist eine Partition

$$P = P_1 \,\dot\cup\, \ldots \,\dot\cup\, P_n$$

von P in Teilprogramme (Strata genannt, $n \geq 1$), so daß gilt:

1. Die Definition jedes Prädikatssymbols ist Teilmenge eines Stratums.
2. Die Definition des Prädikatssymbols eines positiven Rumpfliterals einer DB-Klausel in P_i ist in einem P_j, $j \leq i$, enthalten.
3. Die Definition des Prädikatssymbols eines negativen Rumpfliterals einer DB-Klausel in P_i ist in einem P_j, $j < i$, enthalten.

Stratifikation schließt also Negation in der Rekursion aus!

Lemma 49

Ein Programm ist stratifiziert gdw es eine Stratifikation hat.

Stratifikation ist syntaktisch entscheidbar, wie der folgende Algorithmus zeigt.

Definition und Lemma 50 (Stratifikationsalgorithmus)

Eingabe: Datalog$^{f,\neg}$-Programm P.

Ausgabe:

Stratifikation $P = P_1 \,\dot\cup \ldots \dot\cup\, P_n$ oder „nicht stratifiziert".

Algorithmus:

```
for each Prädikatssymbol p do stratum[p] := 1;

maxstratum := 1;

repeat

    for each DB-Klausel mit Kopfprädikatssymbol p do

    begin

        for each negatives Rumpfliteral mit Prädikatssymbol q do

            stratum[p] := max(stratum[p], 1+stratum[q]);

        for each positives Rumpfliteral mit Prädikatssymbol q do

            stratum[p] := max(stratum[p], stratum[q]);

        maxstratum := max({ stratum[p] | p Prädikatssymbol });

    end

until maxstratum > | Prädikatssymbole | or

    es erfolgt keine Änderungen der stratum-Funktion mehr;

if maxstratum > | Prädikatssymbole |

then „nicht-stratifiziert"

else

    for i := 1 to maxstratum do
```

$$P_i := \bigcup_{\text{stratum}} def(p);$$

Beispiel 51

```
R1:  goodpath(X,Y)   <-  path(X,Y), ¬ toll(X,Y).
R2:  goodpath(X,Y)   <-  goodpath(X,Z),
                         goodpath(Z,Y).
```

Berechnung der Stratifikation:

stratum[**goodpath**] := stratum[**path**] :=
stratum[**toll**] := 1

maxstratum := 1

Im ersten Durchlauf der repeat-Schleife ergibt sich:

$R1$: stratum[goodpath] :=
max(stratum[goodpath], stratum[path]) = 1

$R1$: stratum[goodpath] :=
max(stratum[goodpath], 1 + stratum[toll]) = 2

$R2$: stratum[goodpath] :=
max(stratum[goodpath], stratum[goodpath]) = 2

maxstratum := 2

Ein weiterer Durchlauf der repeat-Schleife ergibt keine Änderung der stratum-Funktion. Insgesamt ergeben sich somit die Strata:

$$P_1 = \{\texttt{toll}, \texttt{path}\},$$
$$P_2 = \{\texttt{goodpath}\}.$$

Für das nicht-stratifizierte Programm

```
R1: p(X)   <-   r(X), ¬ q(X).
R2: q(X)   <-   r(X), ¬ p(X).
```

stoppt der Algorithmus jedoch nach zwei Durchläufen der repeat-Schleife mit der Ausgabe „nicht-stratifizierbar":

stratum[p] := stratum[r] := stratum[q] := 1

maxstratum := 1

Im ersten Durchlauf der repeat-Schleife ergibt sich:

$R1$: stratum[p] := max(stratum[p], stratum[r]) = 1
$R1$: stratum[p] := max(stratum[p], 1 + stratum[q]) = 2
$R2$: stratum[q] := max(stratum[q], stratum[r]) = 1
$R2$: stratum[q] := max(stratum[q], 1 + stratum[p] = 3
maxstratum := 3

Im zweiten Durchlauf der repeat-Schleife ergibt sich:

$R1$: stratum[p] := max(stratum[p], stratum[r]) = 2
$R1$: stratum[p] := max(stratum[p], 1 + stratum[q]) = 4
$R2$: stratum[q] := max(stratum[q], stratum[r]) = 3
$R2$: stratum[q] := max(stratum[q], 1 + stratum[p]) = 5
maxstratum := 5

Abbruch der repeat-Schleife, da

maxstratum $= 5 > | \{p, r, q\} |$ gilt.

2.2.2 Semantik von Datalog^f

In diesem Abschnitt legen wir die intendierte Bedeutung von Datalog^f-Programmen fest.

2.2.2.1 Deklarative Semantik

Wir erinnern uns:

- Datalog^f-Programme bestehen aus Klauseln, deshalb ist die Beschränkung auf Herbrand-Interpretationen möglich.
- Herbrand-Interpretationen können mit Teilmengen der Herbrand-Basis identifiziert werden.

Es liegt nahe, als Semantik ein oder mehrere Herbrand-Modelle zu betrachten. Jedoch: Die Herbrand-Basis $B_{\mathcal{L}}$ ist ein Modell jedes Datalog$^{f,\neg}$-Programms, so daß sie nicht die intendierte Semantik des Programms sein kann!

Eine erfolgversprechende Idee ist, die Grundatome als Semantik zu nehmen, die in *allen* Modellen enthalten sind.

Definition 52 (Minimales, kleinstes Herbrand-Modell)
Sei P ein Datalog$^{f,\neg}$-Programm und M ein Herbrand-Modell.

1. M heißt *minimales* Modell, wenn kein Herbrand-Modell M' existiert, so daß $M' \subset M$.

2. M heißt *kleinstes* Modell, wenn $M \subseteq M'$ für alle Herbrand-Modell M' gilt.

Lemma 53
Sei P ein Datalog^f-Programm und $\mathcal{M}$ die (nichtleere) Menge seiner Herbrand-Modelle. Dann ist

$$M_P := \bigcap \mathcal{M}$$

das *kleinste Herbrand-Modell*.

Man beachte die Einschränkung auf Datalog^f-Programme in diesem Lemma.

Definition 54 (Deklarative Semantik)
M_P wird als das intendierte Modell, die *deklarative Semantik* eines Datalog^f-Programms P festgelegt.

Die Adäquatheit von M_P als Semantik wird durch das folgende Lemma unterstrichen.

Lemma 55
$M_P = \{A \in B_{\mathcal{L}} \mid P \models A\}$.

Beispiel 56

Gegeben sei das folgende Datalog-Programm:

EDB:

```
parent(john, maria).
parent(maria, barbara).
```

IDB:

```
grandparent(X,Y)  <-  parent(X,Z), parent(Z,Y).
```

$$M_P = \text{EDB} \cup \{\texttt{grandparent(john, barbara)}\}$$

Die Wahl des kleinsten Herbrand-Modells als intendierte Semantik des Programms entspricht folgender grundlegender Annahme, die ihre formale Ausprägung in der *closed world assumption* (CWA) und deren Verallgemeinerungen findet.

„Nichts als das durch die Klauseln Definierte soll wahr sein."

Nur die Fakten des kleinsten Modells lassen sich durch die Anwendung der Klauseln als gerichtete Regeln erzeugen, andere Grundatome nicht.

2.2.2.2 Fixpunktsemantik

Wie kann M_P berechnet werden?

- $\mathcal{M}$ ist oft unendlich; $\cap \mathcal{M}$ ist also nicht direkt implementierbar.
- Anwendung eines logischen Ableitungskalküls (z.B. SLD-Resolution); diese Vorgehensweise wird in der Logikprogrammierung z.B. für die Programmiersprache PROLOG verwendet.
- *Fixpunktiteration.*

Grundlage der Fixpunktiteration ist der unmittelbare Folgerungsoperator (immediate consequence operator, T_P-Operator).

Definition 57 (Unmittelbarer Folgerungsoperator T_P)

Der *unmittelbare Folgerungsoperator T_P* ist definiert als

$$T_P : 2^{B_\mathcal{L}} \longrightarrow 2^{B_\mathcal{L}}$$

$$I \;\mapsto\; \{A \in B_\mathcal{L} \mid \text{es existiert eine Grundinstanz}$$
$$A \leftarrow A_1, \ldots, A_n$$
$$\text{einer DB-Klausel mit}$$
$$\{A_1, \ldots, A_n\} \subseteq I\}$$

Beispiel 58

Gegeben sei das Datalog-Programm P:

```
edge(n1,n2).
edge(n1,n3).
edge(n2,n4).
edge(n3,n4).
path(X,Y)  <-  edge(X,Y).
path(X,Y)  <-  edge(X,Z), path(Z,Y).
```

1. Die Anwendung von T_P auf die leere Menge $\emptyset$ ergibt:

$$M_1 = \{\mathbf{edge}(n1, n2), \mathbf{edge}(n1, n3),$$
$$\mathbf{edge}(n2, n4), \mathbf{edge}(n3, n4)\}$$

2. Die Anwendung von T_P auf die Menge $M_1' \subset M_1$ mit

$$M_1' = \{\mathbf{edge}(n1, n2), \mathbf{edge}(n2, n4)\}$$

ergibt:

$$M_2 = M_1 \cup \{\mathbf{path}(n1, n2), \mathbf{path}(n2, n4)\}$$

3. Die Anwendung von T_P auf die Menge M_2 ergibt:

$$M_3 = M_2 \cup \{\mathbf{path}(n1, n4)\}$$

Die Idee der Fixpunktiteration ist, M_P durch die wiederholte Anwendung von T_P zu approximieren, bis ein Fixpunkt erreicht ist.

Definition 59 (Fixpunkt, kleinster Fixpunkt LFP)

Sei $(H, \leq)$ eine partielle Ordnung (reflexiv, antisymmetrisch und transitiv) und $f: H \longrightarrow H$ eine Abbildung.

1. Ein Element $x \in H$, mit $f(x) = x$ heißt *Fixpunkt* von f.
2. Ein Fixpunkt x heißt *kleinster Fixpunkt* von f (in Zeichen: $LFP(f)$), wenn $x \leq y$ für alle Fixpunkte y von f.

Satz 60

Sei P ein Datalog^f-Programm.

1. T_P hat einen kleinsten Fixpunkt $LFP(T_P)$.
2. $LFP(T_P) = T_P^\omega$ mit

$$T_P^0 := \emptyset$$
$$T_P^{n+1} := T_P(T_P^n)$$
$$T_P^\omega := \bigcup_{n \in \mathbb{N}_0} T_P^n .$$

3. $LFP(T_P) = M_P$.

Bemerkung 61

T_P^ω stellt eine *operative Semantik* von P dar. Die Mengen T_P^n approximieren M_P beliebig genau.

Beispiel 62

Gegeben sei das Datalog-Programm P:

```
edge(n1,n2).
edge(n1,n3).
edge(n2,n4).
edge(n3,n4).
path(X,Y)  <-  edge(X,Y).
path(X,Y)  <-  edge(X,Z), path(Z,Y).
```

Es gilt:

$$
\begin{aligned}
T_P^0 &= \emptyset \\
T_P^1 &= \{\texttt{edge(n1,n2)},\ \texttt{edge(n1,n3)}, \\
      &\qquad \texttt{edge(n2,n4)},\ \texttt{edge(n3,n4)}\} \\
T_P^2 &= T_P^1 \cup \\
      &\qquad \{\texttt{path(n1,n2)},\ \texttt{path(n1,n3)}, \\
      &\qquad \texttt{path(n2,n4)},\ \texttt{path(n3,n4)}\} \\
T_P^3 &= T_P^2 \cup \{\texttt{path(n1,n4)}\} \\
T_P^4 &= T_P^3
\end{aligned}
$$

T_P^3 ist der kleinste Fixpunkt von T_P und somit das kleinste Herbrand-Modell M_P.

2.2.3 Semantik von stratifiziertem Datalog$^{f,\neg}$

Brauchen wir Negation?

Satz 63

Datalog^f ist berechnungsvollständig.

Der Satz besagt, daß Datalog^f genauso ausdrucksmächtig wie universelle Programmiersprachen (Pascal, C etc.), aber auch wie Assemblersprachen ist. Aber wollen wir deshalb Assembler als Datenbanksprache verwenden?

Negative Information ist weit verbreitet in der realen Welt und diese wollen wir mit Hilfe eines DBS schließlich modellieren.

Beispiel 64

Studenten, die *nicht* das Vordiplom absolviert haben, sind im Grundstudium.

Eine *natürliche* Modellierung ist jedoch in Datalog^f nicht möglich.

2.2.3.1 Deklarative Semantik

Die deklarative Semantik von Datalog^f-Programmen (das kleinste Herbrand-Modell) ist auf Datalog$^{f,\neg}$-Programme nicht anwendbar.

Im folgenden sei P ein Datalog$^{f,\neg}$-Programm.

Beispiel 65 (Minimale Modelle)

Gegeben sei das Datalog$^\neg$-Programm P:

```
male(john).
bachelor(X)  <-  male(X), ¬ married(X).
```

Die Menge der Herbrand-Modelle $\mathcal{M}$ von P ist

$$M_1 = \{\texttt{male(john)}, \texttt{bachelor(john)}, \texttt{married(john)}\}$$
$$= B_\mathcal{L}$$
$$M_2 = \{\texttt{male(john)}, \texttt{bachelor(john)}\}$$
$$M_3 = \{\texttt{male(john)}, \texttt{married(john)}\}$$

Beobachtungen:

- $\cap\mathcal{M} = \{\texttt{male(john)}\} = \{A \in B_\mathcal{L} \mid P \models A\}$
  ist *kein* Modell von P.

- M_2 und M_3 sind minimale Modelle, aber es gibt kein kleinstes Modell.

Bemerkung 66

Im allgemeinen haben Datalog$^{f,\neg}$-Programme kein kleinstes, sondern mehrere minimale Herbrand-Modelle.

Warum haben Datalog^f-Programme ein kleinstes, jedoch Datalog$^{f,\neg}$-Programme i. allg. nur mehrere minimale Modelle?

Untersuchen wir die Gründe anhand eines Beispiels. Die DB-Klausel

```
bachelor(X)  <-  male(X), ¬ married(X).
```

ist per Definition äquivalent zur Klausel

```
bachelor(X) V ¬ male(X) V married(X).
```

und kann aus demselbem Grund als semantisch äquivalente DB-Klausel

```
married(X)  <-  male(X), ¬ bachelor(X).
```

geschrieben werden. Wendet man diese beiden DB-Klauseln jeweils gemeinsam mit dem DB-Faktum des Programms als gerichtete Regeln an, so erhält man genau die minimalen Modelle.

Da eine definite DB-Klausel als Klausel nur ein positives Literal enthält, existiert für Datalog^f-Programme diese Mehrdeutigkeit nicht, so daß sie ein kleinstes Modell besitzen.

Welches Modell soll als deklarative Semantik gewählt werden?
Die grundlegende Annahme, daß nichts als das durch die Klauseln Definierte wahr sein soll, impliziert eine Beschränkung auf minimale Modelle. Nicht-minimale Modelle wie die Herbrand-Basis enthalten nämlich unnötige Fakten, die nicht durch Anwendung der Regeln gedeckt sind.

Welches minimale Modell soll als deklarative Semantik gewählt werden?
Durch die Wahl einer asymmetrischen DB-Klausel für eine symmetrische Klausel bringt der Benutzer eine Gewichtung der Fakten zum Ausdruck. Beispielsweise wird durch

```
bachelor(X)   <-  male(X),  ¬ married(X).
```

ausgedrückt, daß `married`-Fakten eine höhere Priorität als `bachelor`-Fakten haben. Ein `bachelor`-Fakt hat nur Bestand, wenn es kein höher priorisiertes `married`-Fakt gibt. Eine naheliegende Idee ist, ein unter dieser Priorisierung kleinstes Modell auszuwählen.

Definition 67 (Prioritätsrelation)

Die *Prioritätsrelation* $<$ auf der Herbrand-Basis $B_{\mathcal{L}}$ ist definiert durch:

$$p(t_1, \ldots, t_n) < q(s_1, \ldots, s_m)$$

gdw es einen Pfad von p nach q im PCG von P gibt, der mindestens eine negative Kante enthält.

Für stratifizierte Datalog$^{f,\neg}$-Programme ist die Prioritätsrelation konsistent, d.h. es gibt keine Grundatome A und B, so daß
$A < B < A$.

Lemma 68

Sei P ein stratifiziertes Datalog$^{f,\neg}$-Programm. Dann ist die Prioritätsrelation eine irreflexive partielle Ordnung.

Im folgenden sei P ein stratifiziertes Datalog$^{f,\neg}$-Programm.

Definition 69 (Präferenzrelation, perfektes Modell)

1. Seien M_1, M_2 Modelle.

   M_1 *hat Präferenz vor* M_2 (in Zeichen: $M_1 \leq M_2$) gdw

   a) $M_1 = M_2$

   b) oder $M_1 \neq M_2$ und für alle $A \in M_1 \setminus M_2$ gibt es ein $B \in M_2 \setminus M_1$, so daß $A < B$.

2. Ein Modell M heißt *perfektes Modell* gdw
   $M \leq M'$ für alle Herbrand-Modelle M'.

Ein perfektes Modell ist das „kleinste" Modell bezüglich der Präferenzrelation, die durch das Programm gegeben ist.

Beispiel 70 (Fortsetzung von Beispiel 65)

Die Prioritätsrelation des Programms 65 ergibt:

```
bachelor(john) < married(john)
```

Es gilt $M_2 \leq M_1$ und $M_2 \leq M_3$; M_2 ist das perfekte Modell.

Satz 71

Jedes stratifizierte Datalog$^{f,\neg}$-Programm P hat ein perfektes Modell M_P, das minimal bzgl. $\subseteq$ ist.

Beweis: Siehe [Minker88, Kap. 5].

Für stratifizierte Datalog$^{f,\neg}$-Programme ist es also möglich, ein minimales Herbrand-Modell, das perfekte, auszuzeichnen. Wir setzen dieses Modell als die intendierte Semantik, die deklarative Semantik des Programms fest.

Definition 72 (deklarative Semantik)

M_P ist die *deklarative Semantik* eines stratifizierten Datalog$^{f,\neg}$-Programms.

2.2.3.2 Fixpunktsemantik

Wie kann das perfekte Modell berechnet werden?

Zunächst muß der unmittelbare Folgerungsoperator T_P für Datalog$^{f,\neg}$-Programme verallgemeinert werden.

Definition 73 (Unmittelbarer Folgerungsoperator T_P^J)

Sei P ein Datalog$^{f,\neg}$-Programm.

1. Der *unmittelbare Folgerungsoperator* T_P ist definiert als

$$T_P : 2^{B_{\mathcal{L}}} \longrightarrow 2^{B_{\mathcal{L}}}$$

$$I \mapsto \{A \in B_{\mathcal{L}} \mid A \leftarrow W$$
$$\text{ist eine Grundinstanz einer}$$
$$\text{DB-Klausel mit } I(W) = \mathbf{T}\}$$

2. Der *unmittelbare Folgerungsoperator* T_P^J bzgl. J ist definiert als

$$T_P^J : 2^{B_{\mathcal{L}}} \longrightarrow 2^{B_{\mathcal{L}}}$$

$$I \mapsto \{A \in B_{\mathcal{L}} \mid A \leftarrow A_1, \ldots, A_n, \neg B_1, \ldots, \neg B_m$$
$$\text{ist Grundinstanz einer DB-Klausel mit}$$
$$\{A_1, \ldots, A_n\} \subseteq I, B_i \notin J, 1 \leq i \leq m\}$$

Beispiel 74

Gegeben sei das Datalog$^{\neg}$-Programm P:

```
goodpath(X,Y)   <-   path(X,Y), ¬ toll(X,Y).
goodpath(X,Y)   <-   goodpath(X,Z),
                     goodpath(Z,Y).
```

Sei

$$J = \{\texttt{toll}(\texttt{n1},\texttt{n2})\}$$
$$M = \{\texttt{path}(\texttt{n1},\texttt{n2}), \texttt{path}(\texttt{n2},\texttt{n4}), \texttt{path}(\texttt{n1},\texttt{n4})\}$$

Dann ist

$$T_P^J(M) = M \cup \{\texttt{goodpath}(\texttt{n2},\texttt{n4}), \texttt{goodpath}(\texttt{n1},\texttt{n4})\}.$$

Bemerkung 75

1. Sei $W \equiv A_1, \ldots, A_n, \neg B_1, \ldots, \neg B_m$. Dann gilt $I(W) = \mathbf{T}$ gdw $\{A_1, \ldots, A_n\} \subseteq I$ und $B_i \notin I$ für alle $1 \le i \le m$.

   Deshalb ist der unmittelbare Folgerungsoperator für Datalog^f-Programme kompatibel mit der obigen Definition, wobei $T_P(I) = T_P^I(I)$.

2. Für Datalog$^{f,\neg}$-Programme ist der T_P-Operator i. allg. *nicht* monoton, ein kleinster Fixpunkt existiert i. allg. *nicht*.

3. Für ein *festes* J ist T_P^J monoton und hat einen kleinsten Fixpunkt (vgl. Satz 60).
   $$LFP(T_P^J) = (T_P^J)^\omega = \bigcup_{n \in \mathbb{N}_0} (T_P^J)^n.$$

Für ein stratifiziertes Datalog$^{f,\neg}$-Programm können wir den gewünschten Fixpunkt berechnen, indem wir für jedes Stratum eine Fixpunktiteration durchführen.

Definition und Lemma 76 (Iterierte Fixpunktiteration)

Sei $P = P_1 \dot\cup \ldots \dot\cup P_n$ eine Stratifikation von P. Die *iterierte Fixpunktiteration* ist definiert als

$$M_1 := LFP(T_{P_1})$$

$$M_2 := LFP(T_{P_2 \cup M_1}^{M_1})$$

$$\vdots$$

$$M_n := LFP(T_{P_n \cup M_{n-1}}^{M_{n-1}}) \ .$$

M_n heißt *iterierter Fixpunkt* und ist ein Fixpunkt von T_P.

Satz 77

Der iterierte Fixpunkt stimmt mit dem perfekten Herbrand-Modell überein:

$$M_n = M_P.$$

Beispiel 78 (Iterierter Fixpunkt)

Gegeben sei das Programm P mit Stratifikation $P = P_1 \:\dot\cup\: P_2$:

P_1 :
```
edge(n1,n2).
edge(n1,n3).
edge(n2,n4).
edge(n3,n4).
toll(n1,n2).
path(X,Y)        <-  edge(X,Y).
path(X,Y)        <-  edge(X,Z), path(Z,Y).
```
P_2 :
```
goodpath(X,Y)  <-  path(X,Y),¬ toll(X,Y).
goodpath(X,Y)  <-  goodpath(X,Z),goodpath(Z,Y).
```
Der iterierte Fixpunkt $M_2 = M_P$ von P errechnet sich wie folgt:

$$M_1 := LFP(T_{P_1}) =$$

$$\{\mathbf{edge}(n1,n2), \mathbf{edge}(n1,n3), \mathbf{edge}(n2,n4),$$
$$\mathbf{edge}(n3,n4), \mathbf{toll}(n1,n2), \mathbf{path}(n1,n2),$$
$$\mathbf{path}(n1,n3), \mathbf{path}(n2,n4), \mathbf{path}(n3,n4),$$
$$\mathbf{path}(n1,n4)\}$$

$$M_2 := LFP(T_{P_2\cup M_1}^{M_1}) = M_1 \cup$$

$$\{\mathbf{goodpath}(n1,n3), \mathbf{goodpath}(n2,n4),$$
$$\mathbf{goodpath}(n3,n4), \mathbf{goodpath}(n1,n4)\}$$

2.3 Übungen (online)

Die Übungen sind nur in der Online-Version verfügbar!

Übung

3. Implementierung

In diesem Kapitel beschäftigen wir uns mit einer Realisierung der operativen Fixpunktsemantik von Datalog$^{f,\neg}$-Programmen auf der Grundlage relationaler DB-Techniken. Diese Umsetzung umfaßt:

- die Übersetzung des unmittelbaren Folgerungsoperators T_P in relationale Algebra,
- eine effiziente Fixpunktberechnung und
- die Optimierung der Anfrageauswertung.

Bemerkung 79 (Bottom-up-Auswertung)

Da die Anfragen bei dieser Berechnungsstrategie sukzessive ausgehend von den EDB-Relationen ausgewertet werden, spricht man von einer *bottom-up*-Auswertung. Logikprogrammiersysteme wie Prolog verwenden im Gegensatz dazu eine *Top-down*-Auswertungsstrategie.

Um Programme praktisch auswerten zu können, muß sichergestellt sein, daß alle Zwischenergebnisse der Berechnung endlich sind. Dies ist i. allg. für Datalog$^{f,\neg}$-Programme nicht gewährleistet, jedoch für sogenannte sichere Datalog$^{f,\neg}$-Programme.

Drei Faktoren können dazu führen, daß die Zwischenergebnisse einer Programmauswertung unendlich werden:

- Der unvorsichtige Gebrauch der vordefinierten Prädikate
  $$\theta \in \{<, \leq, >, \geq, =, \neq\},$$
- der unvorsichtige Einsatz der Negation $\neg$ und
- Variablen im Kopf von DB-Klauseln, die nicht in einem positiven Rumpfliteral vorkommen.

Beispiel 80

Folgende DB-Klauseln führen unter Umständen zur Erzeugung unendlicher Ergebnismengen:

```
q(X)                  <-  X > 5.
bachelor(X)           <-  ¬ married(X).
steals(X,Y)           <-  masterthief(X).
nicht_zu_schwör(X,Y)  <-  ingeniör(X).
```

Die vordefinierten Prädikate sind theoretisch durch eine unendliche Menge von DB-Fakten definiert. Da dies praktisch nicht umzusetzen ist, muß die Verwendung dieser Prädikate auf sogenannte zulässige Modi eingeschränkt werden.

Definition 81 (Zulässiger Modus)

Sei $\theta(X_1, \ldots, X_n)$ ein vordefiniertes n-stelliges Prädikat.

1. Ein *Modus von* θ ist eine Einteilung der Argumente X_i in *Eingabeargumente* und *Ausgabeargumente*.

2. Ein Modus heißt *zulässig*, wenn es für jede Belegung der Eingabeargumente mit Grundtermen nur endlich viele entsprechende DB-Fakten gibt.

Bemerkung 82

Der zulässige Modus der Prädikate $\theta \in \{<, \leq, >, \geq, \neq\}$ hat zwei Eingabeargumente, die zulässigen Modi des Prädikats $=$ haben mindestens ein Eingabeargument.

Definition 83 (Sichere DB-Klauseln, DB-Anfragen)

Sei P ein Datalog$^{f, \neg}$-Programm.

1. Eine *Variable* einer DB-Klausel von P heißt *sicher*, wenn sie

   - in einem positiven Rumpfliteral mit nicht vordefiniertem Prädikatssymbol enthalten ist,

   - oder in einem Ausgabeargument eines vordefinierten Prädikats in zulässigem Modus vorkommt, dessen Eingabeargumente nur sichere Variablen enthalten.

2. Eine *DB-Klausel* von P heißt *sicher*, wenn alle ihre Variablen sicher sind.

3. Eine *DB-Anfrage* heißt sicher, wenn alle ihre Variablen sicher sind.

4. P heißt *sicher*, wenn alle DB-Klauseln sicher sind und die Anzahl der Klauseln endlich ist.

Beispiel 84

Die DB-Klausel

```
q(X)   <-   X > 5.
```

ist nicht sicher. Der einzige zulässige Modus von $>$ hat zwei Eingabeargumente. Variable X ist somit nicht sicher.

Die DB-Klausel

```
bachelor(X)   <-   ¬ married(X).
```

ist nicht sicher, da X keine sichere Variable ist.

Die DB-Klausel

```
steals(X,Y)   <-   masterthief(Y).
```

ist nicht sicher, da X keine sichere Variable ist.

Wir beschränken uns in diesem Kapitel auf sichere Programme und Anfragen. Ohne Beschränkung der Allgemeinheit betrachten wir sogar nur Datalog-Anfragen (jede sichere Anfrage kann durch Einführen eines neuen Prädikatssymbols, einer sicheren Regel, die dieses Prädikatssymbol definiert, und einer Datalog-Anfrage ausgedrückt werden).

Lemma 85

Sei $I \in B_{\mathcal{L}}$ endlich. Dann ist $T_P(I)$ ebenfalls endlich.

Beweis: Folgt unmittelbar aus der Definition des T_P-Operators und der Sicherheit von Programmen.

Das bedeutet, daß die Zwischenergebnisse einer Fixpunktberechnung endlich sind.

Die Sicherheit von Programmen ist auch eine hinreichende Bedingung für die *Domänenunabhängigkeit* von Programmen und Anfragen. Dies bedeutet, daß die deklarative Semantik der Programme nur von deren EDB abhängt und nicht von der zugrundeliegenden prädikatenlogischen Sprache. Deshalb können wir für sichere Programme die Sprache aus dem Programm konstruieren. Wir drücken dies durch Verwendung des Index P statt $\mathcal{L}$ aus (z.B. B_P für die Herbrand-Basis).

Für Datalog⁻-Programme folgt daraus, daß nur Argumente der EDB als Grundterme des intendierten Modells auftreten. Diese Menge ist endlich und somit auch das Modell. Bei Verwendung weiterer vordefinierter Prädikate wie + (X, Y, Z) oder für Programme mit Funktionssymbolen gilt das jedoch nicht mehr.

3.1 Datalog⁻ und relationale Algebra

3.1.1 Transformation von Datalog⁻ in relationale Algebra

In diesem Abschnitt übersetzen wir den unmittelbaren Folgerungsoperator eines Datalog⁻-Programms in eine Reihe von relationalen Ausdrücken.

Zur Erinnerung, die Grundoperatoren der relationalen Algebra (RelA) sind:

×	Kartesisches Produkt
σ	Selektion
π	Projektion
∪	Mengenvereinigung
\\	Mengendifferenz

Abgeleitete Operatoren sind u.a.

- der Join $R_1 \bowtie_\theta R_2$ als $\sigma_\theta(R_1 \times R_2)$
- der Semijoin $R_1 \ltimes_\theta R_2$ als $\pi_{R_1}(R_1 \bowtie_\theta R_2)$.

Attribute einer Relation werden wir in diesem Kapitel durch Positionsnummern $\#i$ identifizieren, z.B.

$$\pi_{\#1,\#3}(R) \text{ oder } \sigma_{\#1=249}(R)$$

Definition 86 (Positive relationale Algebra, RelA$^+$)

Positive relationale Algebra (RelA$^+$) schließt die Mengendifferenz aus.

Definition 87 (Transformation des T_P-Operators)

Sei P ein sicheres Datalog$^\neg$-Programm.

1. Jedem n-stelligen Prädikatssymbol des Programms wird eine n-stellige Relation über dem Herbrand-Universum zugeordnet:

- Den $r_1, \ldots, r_m$ Prädikatssymbolen der EDB werden die Relationen $R_1, \ldots, R_m$ zugeordnet.

- Den $q_1, \ldots, q_n$ Prädikatssymbolen der IDB werden die Relationen $Q_1, \ldots, Q_n$ zugeordnet.

- Den Prädikatssymbolen $<, >, \leq, \geq, =, \neq$ werden die hypothetischen (da i. allg. unendlich großen) Relationen LT, GT, LE, GE, EQ, NE zugeordnet.

2. Jede DB-Klausel $C \equiv A \leftarrow L_1, \ldots, L_l$ der IDB wird in eine Form gebracht, so daß alle Argumente des Kopfes Variablen sind. Dazu wird jedes Konstantensymbol a im Kopf durch eine noch nicht verwendete Variable X ersetzt und der Rumpf um das Literal $X = a$ ergänzt.

3. Jede Regel C wird in einen RelA-Ausdruck $eval\_rule(C)$ umgesetzt.

Sei $C \equiv A \leftarrow L_1, \ldots, L_l$. Die Rumpfliterale seien so geordnet, daß die Sicherheit der Variablen eines Rumpfliterals durch die vorhergehenden Rumpfliterale gewährleistet ist:

a) Zunächst wird das Atom $A_i \equiv p_i(t_1, \ldots, t_k)$ des Literals L_i in einen relationalen Ausdruck E_i überführt:

Sei P_i die p_i entsprechende Relation. E_i hat die Form $\sigma_\theta(P_i)$, so daß die Selektionsbedingung θ die Übereinstimmung von Variablen und das Vorhandensein von Konstantensymbolen ausdrückt. Das heißt θ ist die Konjunktion der Gleichheitsanforderungen

$\#j = t_j$, falls t_j ein Konstantensymbol ist oder

$\#j = \#k$, falls t_j und t_k die gleiche Variable sind.

b) Der relationale Ausdruck $F := F_l$, der dem Rumpf entspricht, wird von links nach rechts berechnet.

Sei $F_1 := E_1$.

- $F_i := F_{i-1} \times E_i$, falls L_i keine Variablen der vorhergehenden Rumpfliterale enthält, d.h.

$\mathrm{vars}(L_i) \cap \mathrm{vars}(\{L_1, \ldots, L_{i-1}\}) = \emptyset$.

- $F_i := F_{i-1} \bowtie_\theta E_i$, falls L_i positiv ist. Die Equijoinbedingung θ erzwingt die Gleichheit der Spalten, die gemeinsamen Variablen entsprechen.

- $F_i := F_{i-1} \setminus (F_{i-1} \bowtie_\theta E_i)$, falls L_i negativ ist. Die Bedingung θ erzwingt die Gleichheit der Spalten, die gemeinsamen Variablen entsprechen.

c) Aufgrund der Sicherheit ist eine vollständige Elimination der hypothetischen Relationen
THETA $\in \{LT, GT, LE, GE, EQ, NE\}$ möglich:

- Der Join $E \bowtie$ THETA wird durch einen geeigneten Ausdruck der Form $\pi(\sigma(E))$ ersetzt, z.B.

  (Fall entstanden aus: $E(X, Y, \ldots), X \leq Y)$
  $E \bowtie_{\#1=\#1 \wedge \#2=\#2}$ LE wird ersetzt durch $\sigma_{\#1<\#2}(E)$

  (Fall entstanden aus: $E(X, \ldots), X = W)$
  $E \bowtie_{\#1=\#1} EQ$ wird ersetzt durch $\pi_{attributes(E),\#1}(E)$

- Das kartesische Produkt $E \times \sigma_{\#2=c}(EQ)$ wird durch $\pi_{attributes(E),c}(E)$ ersetzt.

d) Der C entsprechende relationale Ausdruck $eval\_rule(C)$ ergibt sich nun als $\pi(F)$, so daß auf die Spalten, die den Variablen des Kopfs entsprechen, projiziert wird.

4. Der dem IDB-Prädikat q entsprechende RelA-Ausdruck $eval(q)$ ergibt sich als

$$eval(q) = \bigcup_{C \in def(q)} eval\_rule(C).$$

Der T_P-Operator entspricht nun den EDB-Relationen für alle r_i und den RelA-Ausdrücken $eval(q_i)$.

Für die Transformation des T_P-Operators in RelA$^+$ ist die Sicherheit des Programms entscheidende Voraussetzung. Natürlich muß der so erzeugte RelA-Ausdruck von einem deduktiven Query-Optimierer noch optimiert werden.

Auch die Datalog-Anfrage wird transformiert.

Definition 88 (Transformation der Datalog-Anfrage)
Sei

$$? \ s(X_1, \ \ldots \ , \ X_k, c_{k+1}, \ldots, c_m) \ .$$

eine Datalog-Anfrage und S die zu s korrespondierende Relation (S kann dabei sowohl EDB- als auch IDB-Relation sein).

Die Anfrage wird in RelA$^+$ zu $\sigma_F(S)$ transformiert, so daß die Selektionsbedingung F die Übereinstimmung von Variablen und das Vorhandensein von Konstantensymbolen ausdrückt.

Beispiel 89 (same generation)

Gegeben seien das folgende Datalog-Programm

```
person(john).
parent(john,george).
parent(john,mary).

C1: sg(X,X)   <-   person(X).
C2: sg(X,Y)   <-   parent(Xp,X), sg(Xp,Yp),
                   parent(Yp,Y).
```

und die Query

```
? sg(george,Y).
```

Die EDB-Relationen für person und parent sind:

$$\text{PERSON} = \{(\texttt{john})\}$$
$$\text{PARENT} = \{(\texttt{john}, \texttt{george}), (\texttt{john}, \texttt{mary})\}$$

Die für die Transformation der Rumpfliterale benötigte Ordnung sei durch die Reihenfolge der Notation der Regeln $C1$ und $C2$ gegeben.

Der T_P-Operator für SG in RelA$^+$ lautet:

$$T_P(SG) = eval(\mathbf{sg}) =$$
$$eval\_rule(C_1) \cup eval\_rule(C_2) =$$
$$\pi_{\#1,\#1}(\text{PERSON}) \cup$$
$$\pi_{\#2,\#6}((\text{PARENT} \bowtie_{\#1=\#1} \text{SG}) \bowtie_{\#4=\#1} \text{PARENT})$$

Offensichtlich ist $T_P(SG)$ rekursiv und muß durch Fixpunktiteration (LFP) ausgewertet werden. Die Query wird transformiert in

$$\sigma_{\#1=george}(\text{SG}) = \sigma_{\#1=\text{george}}(LFP(T_P(SG))).$$

Beispiel 90

Gegeben sei das Datalog$^\neg$-Programm mit den EDB-Prädikaten male und married sowie der DB-Klausel

```
C1: bachelor(X)   <-   male(X), ¬ married(X).
```

Der T_P-Operator für bachelor lautet

$$T_P(\text{BACHELOR}) = eval(\mathbf{bachelor}) = eval\_rule(C_1) =$$
$$\pi_{\#1}(\text{MALE} \setminus (\text{MALE} \bowtie_{\#1=\#1} \text{MARRIED})).$$

Da T_P(BACHELOR) nicht rekursiv ist ergibt sich unter Berücksichtigung weiterer Optimierungsmöglichkeiten

$$\text{BACHELOR} = T_P(\text{BACHELOR})$$
$$= \text{MALE} \setminus \text{MARRIED} \, .$$

Die Anfrage

```
? bachelor(john).
```

kann somit in

$$\sigma_{\#1=\text{john}}(\text{MALE}\setminus\text{MARRIED})$$

transformiert werden.

Beispiel 91
Die DB-Regel

```
p(86,Y,U)  <-  r(X,Y), X=U.
```

wird zuerst überführt in

```
p(Z,Y,U)  <-  r(X,Y), X=U, Z=86.
```

Die Transformation des Rumpfes ergibt:

$$(R \bowtie_{\#1=\#1} EQ) \times (\sigma_{\#2=86}(EQ))$$

Die Elimination der THETA-Relation führt dann zu

$$\pi_{\#1,\#2,\#1,86}(R) \, .$$

Somit ergibt sich

$$eval\_rule(p) = \pi_{\#4,\#2,\#3}(\pi_{\#1,\#2,\#1,86}(R))$$
$$= \pi_{86,\#2,\#1}(R) \, .$$

3.1.2 Ausdrucksmächtigkeit von hierarchischem Datalog¬

In diesem Abschnitt vergleichen wir die Ausdrucksmächtigkeit sicherer hierarchischer Datalog¬-Programme und relationaler Algebra.

Zunächst beobachten wir, daß jeder relationale Ausdruck in ein sicheres hierarchisches Datalog¬-Programm überführt werden kann.

Lemma 92
- Zu jedem RelA-Ausdruck gibt es eine äquivalente Datalog-Anfrage an ein sicheres hierarchisches Datalog¬-Programm.
- Ist der Ausdruck in RelA$^+$, so ist das Programm ein Datalog-Programm.

Beweis: Konstruktiv, durch Induktion über die Struktur eines RelA-Ausdrucks E.

1. Sei $E \equiv R$ eine m-stellige Basisrelation. Das Datalog-Programm enthält für jedes Tupel $(c_1, \ldots, c_m)$ von R folgendes EDB-Faktum:

    ```
    r(c_1, ..., c_m).
    ```

    Anfrage:

    ```
    ? r(X_1, ..., X_m).
    ```

2. Sei $E \equiv \pi_{\#i_1,\ldots,\#i_k}(E_1)$ und p_1 das E_1 zugeordnete m-stellige Prädikat.

    Datalog-Programm:

    ```
    p(X_i_1, ..., X_i_k)    <-    p_1(X_1, ..., X_m).
    ```

    Anfrage:

    ```
    ? p(X_i_1, ..., X_i_k).
    ```

3. Seien $E \equiv \sigma_{\#i=c}(E_1)$ bzw. $E \equiv \sigma_{\#i=\#j}(E_1)$.

    Datalog-Programm:

    ```
    p(X_1, ..., X_m)    <-    p_1(X_1, ..., X_m),   X_i = c.
    ```

    bzw.

    ```
    p(X_1, ..., X_m)    <-    p_1(X_1, ..., X_m),   X_i = X_j.
    ```

    Anfrage:

    ```
    ? p(X_1, ..., X_m).
    ```

4. Seien $E \equiv E_1 \times E_2$ und p_1 bzw. p_2 die E_1 bzw. E_2 entsprechenden Prädikate.

    Datalog-Programm:

    ```
    p(X_1, ..., X_{m+n})    <-    p_1(X_1, ..., X_m),
                                  p_2(X_{m+1}, ..., X_{m+n}).
    ```

    Anfrage:

    ```
    ? p(X_1, ..., X_{m+n}).
    ```

5. Sei $E \equiv E_1 \cup E_2$ (wobei E_1 und E_2 die gleiche Stelligkeit m haben müssen).

    Datalog-Programm:

    ```
    p(X_1, ..., X_m)    <-    p_1(X_1, ..., X_m).
    p(X_1, ..., X_m)    <-    p_2(X_1, ..., X_m).
    ```

    Anfrage:

    ```
    ? p(X_1, ..., X_m).
    ```

6. Sei $E \equiv E_1 \setminus E_2$ (wobei E_1 und E_2 die gleiche Stelligkeit m haben müssen).

    Datalog$^\neg$-Programm:

    ```
    p(X_1, ..., X_m)    <-    p_1(X_1, ..., X_m),
                              ¬ p_2(X_{m+1}, ..., X_{m+n}).
    ```

    Anfrage:

    ```
    ? p(X_1, ..., X_m).
    ```

Umgekehrt läßt sich jedes sichere hierarchische Datalog$^\neg$-Programm in einen RelA-Ausdruck überführen.

Lemma 93

- Zu jeder Datalog-Anfrage an ein sicheres hierarchisches Datalog⌐-Programm gibt es einen äquivalenten Ausdruck in RelA.

- Ist das Programm ein sicheres hierarchisches Datalog-Programm, so ist der Ausdruck in RelA$^+$.

Beweis:

Sei P ein sicheres hierarchisches Datalog⌐-Programm. Da P hierarchisch ist, ist P stratifiziert und hat ein perfektes Modell M_P. Da der PCG keine Zyklen enthält, können die Prädikatssymbole im PCG topologisch sortiert werden. Sei $p_1, \ldots, p_l$ eine totale Ordnung der Prädikatssymbole. Dann ist $P_i := def(p_i)$ eine Stratifikation von P. Da P hierarchisch ist, findet für jedes Stratum nur ein Iterationsschritt statt. M_P ergibt sich zu:

$$M_1 := T_{P_1}(\emptyset) \; ;$$
$$M_2 := T_{P_2}^{M_1}(M_1) \cup M_1 \; ;$$
$$\ldots$$
$$M_l := T_{P_l}^{M_{l-1}}(M_{l-1}) \cup M_{l-1} = M_P \; ;$$

Die Berechnung dieses iterierten Fixpunkts kann in relationale Algebra umgesetzt werden (dabei fallen die vordefinierten Prädikate weg).

Seien $R_1, \ldots, R_m$ die EDB-Relationen und $Q_1, \ldots, Q_n$ die IDB-Relationen (in der vorgegebenen totalen Ordnung). Dann erhalten wir

$$Q_1 := eval(q_1; R_1, \ldots, R_m);$$
$$\ldots$$
$$Q_n := eval(q_n; R_1, \ldots, R_m, Q_1, \ldots, Q_{n-1});$$

Die Datalog-Anfrage wird wie gehabt in eine Selektion auf Q_n umgesetzt.

Beispiel 94

Gegeben sei das folgende Datalog-Programm mit den EDB-Prädikatssymbolen r und s:

```
p(Z,Y)   <-   r(X,Y), Z=42.
p(X,Y)   <-   s(X,Z), r(Z,Y).
q(X,X)   <-   p(X,99).
q(X,Y)   <-   p(X,Z), s(Z,Y).
```

Der PCG des Programms ist gegeben durch

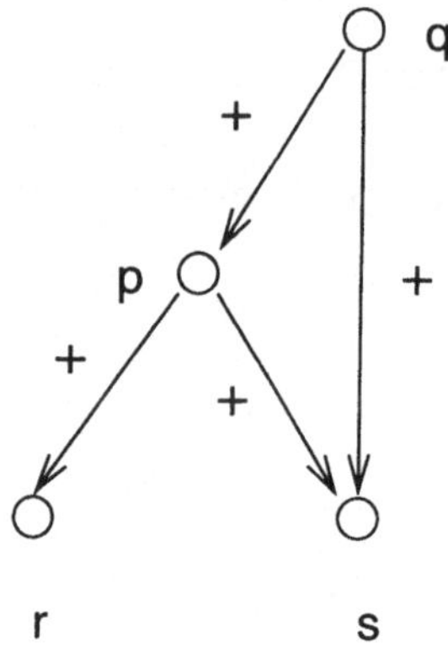

Topologische Sortierungen der Prädikatssymbole sind (r, s, p, q) oder (s, r, p, q).

Die relationalen Ausdrücke für die IDB-Relationen ergeben sich als:

$$P := \pi_{42,\#2}(R) \cup \pi_{\#1,\#4}(S \bowtie_{\#2=\#1} (R)) \ ;$$
$$Q := \pi_{\#1,\#1}(\sigma_{\#2=99}(P)) \cup \pi_{\#1,\#4}(P \bowtie_{\#2=\#1} S) \ ;$$

Die Relationen P und Q bilden den kleinsten Fixpunkt des Programms.

Korollar 95

1. RelA$^+$ und sicheres hierarchisches Datalog sind gleich ausdrucksmächtig.
2. RelA und sicheres hierarchisches Datalog$^\neg$ sind gleich ausdrucksmächtig.

Allein durch die Verwendung von Logik als Anfragesprache ohne Rekursion erhöht also die Ausdrucksmächtigkeit gegenüber relationalen DBS noch nicht.

Die folgende Abbildung faßt die bisherigen Ergebnisse in einer Hierarchie von Sprachklassen zusammen.

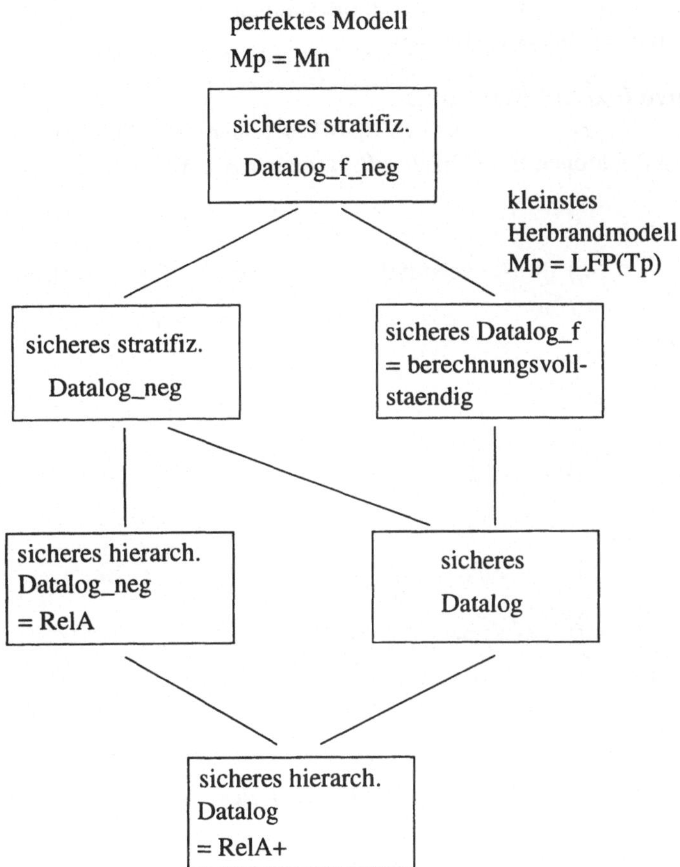

3.2 Fixpunktauswertung von rekursivem Datalog

Die deklarative Semantik hierarchischer Datalog⌐-Programme läßt sich – wie im letzten Abschnitt gezeigt – durch relationale Algebra ausdrücken. Für rekursive Programme jedoch ist zusätzlich ein Fixpunktoperator LFP erforderlich. Im folgenden untersuchen wir die effiziente Implementierung eines solchen Operators. Dabei beschränken wir uns auf Datalog-Programme; für stratifizierte Datalog⌐-Programme wird für jedes Stratum eine entsprechende Fixpunktiteration durchgeführt.

3.2.1 Naive Fixpunktiteration

Der Fixpunktoperator LFP für Datalog-Programme kann unmittelbar in folgenden (ineffizienten) Algorithmus umgesetzt werden.

Definition 96 (Naive Fixpunktiteration)
- Seien $R_1, \ldots, R_m$ bzw. $Q_1, \ldots, Q_n$ die den EDB-Prädikaten bzw. IDB-Prädikaten entsprechenden Relationen eines Datalog-Programms. Als Abkürzung schreiben wir

$$\overline{R} := (R_1, \ldots, R_m).$$

- Sei $eval(q_i; \overline{R}, S_1, \ldots, S_n)$ die Anwendung des T_P-Operators für q_i bzgl. der Interpretationen $\overline{R}, S_1, \ldots, S_n$.

Naive Fixpunktiteration:

```
begin
(S_1, ..., S_n) := (∅, ..., ∅);
(Q_1, ..., Q_n) := (eval(q_1; R, ∅, ..., ∅), ...,
                    eval(q_n; R, ∅, ..., ∅));

while  ∃i: Q_i ≠ S_i  do
begin
(S_1, ..., S_n) := (Q_1, ..., Q_n);
(Q_1, ..., Q_n) := (eval(q_1; R, S_1, ..., S_n), ...,
                    eval(q_n; R, S_1, ..., S_n));
end
end
```

Die Relationen $R_1, \ldots, R_m$ und $Q_1, \ldots, Q_n$ bilden dann den kleinsten Fixpunkt des Programms.

Beispiel 97
Gegeben sei das folgende Datalog-Programm:

```
parent(b,a).
parent(c,a).
parent(d,b).
parent(e,b).
parent(f,c).
parent(g,c).
C1: ancestor(X,Y)  <-  parent(X,Y).
C2: ancestor(X,Y)  <-  parent(X,Z),ancestor(Z,Y).
```

Die EDB-Relation von **parent** ist somit

$$\text{PARENT} = \{(\text{b},\text{a}), (\text{c},\text{a}), (\text{d},\text{b}), (\text{e},\text{b}), (\text{f},\text{c}), (\text{g},\text{c})\}.$$

Der T_P-Operator für **ancestor** in RelA$^+$ lautet:

$eval(\texttt{ancestor}; \text{PARENT}, \text{ANCESTOR}) =$
$eval\_rule(C1) \cup eval\_rule(C2) =$
$\text{PARENT} \cup \pi_{\#1,\#4}(\text{PARENT} \bowtie_{\#2=\#1} \text{ANCESTOR}).$

Die Relation ANCESTOR von *ancestor* wird durch folgende Iterationsschritte berechnet:

Initialisierung:

$$\text{ANCESTOR}^{(0)} := eval(\texttt{ancestor}; \text{PARENT}, \emptyset) =$$
$$\{(\text{b},\text{a}),(\text{c},\text{a}),(\text{d},\text{b}),(\text{e},\text{b}),(\text{f},\text{c}),(\text{g},\text{c})\}$$

Naive Iteration:

$$\text{ANCESTOR}^{(1)} := eval(\texttt{ancestor}; \text{PARENT}, \text{ANCESTOR}^{(0)})$$
$$= \{(\text{b},\text{a}),(\text{c},\text{a}),(\text{d},\text{b}),(\text{e},\text{b}),(\text{f},\text{c}),(\text{g},\text{c}),$$
$$(\text{d},\text{a}),(\text{e},\text{a}),(\text{f},\text{a}),(\text{g},\text{a})\}$$

$$\text{ANCESTOR}^{(2)} := eval(\texttt{ancestor}; \text{PARENT}, \text{ANCESTOR}^{(1)})$$
$$= \text{ANCESTOR}^{(1)}$$

$\text{ANCESTOR}^{(2)}$ und PARENT bilden den kleinsten Fixpunkt des Programms.

3.2.2 Delta-Fixpunktiteration

Die naive Fixpunktiteration ist eine sehr ineffiziente Implementierung von LFP, da alle bereits bekannten Fakten in jedem weiteren Iterationsschritt erneut berechnet werden. Aus der Monotonie des T_P-Operators für Datalog-Programme (und damit der entsprechenden Ausdrücke in RelA$^+$) folgt nämlich $T_P^{n+1} \supseteq T_P^n$.

Fragestellung: Kann diese wiederholte Berechnung von Fakten vermieden werden?
Idee: Seien $M_0 := \emptyset$ und $M_{i+1} := T_P(M_i)$ für $i \geq 0$. Berechne nach Möglichkeit nur die Differenz zwischen den M_i, d.h. die Mengen

$$\Delta M_i := M_i \setminus M_{i-1}, i > 0 .$$

Es gilt dann für $i > 0$:

$$\Delta M_1 = M_1 \setminus M_0 = T_P(\emptyset)$$
$$\Delta M_{i+1} = M_{i+1} \setminus M_i$$
$$= T_P(M_i) \setminus M_i$$
$$= T_P(M_{i-1} \;\dot\cup\; \Delta M_i) \setminus M_i$$

Kann man diese letzte Differenz effizient berechnen?

Definition 98 (Aux-Funktion)

Eine Abbildung $\text{Aux}_P: 2^{B_P} \times 2^{B_P} \longrightarrow 2^{B_P}$, so daß

$$T_P(M \,\dot{\cup}\, \Delta M) \setminus T_P(M) = \text{Aux}_P(M, \Delta M) \setminus T_P(M)$$

heißt *Aux-Funktion* von T_P.

T_P selbst ist eine triviale Aux-Funktion. Im nächsten Abschnitt wird untersucht, wie man bessere Aux-Funktionen automatisch erzeugen kann.

Definition 99 (Delta-Iteration, Semi-naive Iteration)
Initialisierung:

$$M_0 := \emptyset\ ;$$
$$\Delta M_1 := T_P(\emptyset)\ ;$$

Iteration für $i > 0$ bis kleinster Fixpunkt $LFP(T_P)$ erreicht ist:

$$M_i := M_{i-1} \,\dot{\cup}\, \Delta M_i\ ;$$
$$\Delta M_{i+1} := \text{Aux}_P(M_{i-1}, \Delta M_i) \setminus M_i\ ;$$

Beweis: Korrektheit durch Induktion.

Folgende Animation zeigt eine Delta-Iteration.

Animation

Kombinieren wir die Delta-Iteration mit der Transformation des T_P-Operators in RelA-Ausdrücke, so erhalten wir die folgende Implementierung.

Definition 100 (Implementierung der Delta-Iteration)

Seien $R_1, \ldots, R_m$ die zu den EDB-Prädikaten und $Q_1, \ldots, Q_n$ die zu den IDB-Prädikaten $q_1, \ldots, q_n$ korrespondierenden Relationen. Seien weiterhin $\overline{R} := (R_1, \ldots, R_m)$, $\overline{Q} := (Q_1, \ldots, Q_n)$, $\Delta\overline{Q} := (\Delta Q_1, \ldots, \Delta Q_n)$.

Delta-Iteration:

```
begin
(Q_1, ..., Q_n)            := (∅, ..., ∅);
(ΔQ_1, ..., ΔQ_n)          := (eval(q_1; R̄, ∅, ..., ∅), ...,
                                eval(q_n; R̄, ∅, ..., ∅));

while ∃i: ΔQ_i ≠ ∅ do
begin
  (AuxQ_1, ..., AuxQ_n) := (Aux_{q_1}(R̄, Q̄, ΔQ̄), ...,
                            Aux_{q_n}(R̄, Q̄, ΔQ̄));
  (Q_1, ..., Q_n)        := (Q_1 ∪̇ ΔQ_1, ..., Q_n ∪̇ ΔQ_n);
  (ΔQ_1, ..., ΔQ_n)      := (AuxQ_1 \ Q_1, ...,
                            AuxQ_n \ Q_n);
end
end
```

Aux_q ist dabei die Aux-Funktion bezogen auf den RelA-Ausdruck $eval(q)$, d.h.

$$\text{Aux}_q(\overline{R}, Q, \Delta Q) \setminus eval(q; \overline{R}, Q) =$$

$$eval(q; \overline{R}, Q \,\dot\cup\, \Delta Q) \setminus eval(q; \overline{R}, Q).$$

Bemerkung 101

- Für die EDB-Prädikate sind keine Delta-Mengen notwendig, da diese bis auf den ersten Iterationsschritt immer leer wären. Das obige Iterationsschema zieht den ersten Schritt in die Initialisierung und startet mit dem zweiten.

- Die Operation $\dot\cup$ ist billig, da kein Duplikatstest durchgeführt werden muß.

- Für die Operation $\setminus$ sollte ein Index verwendet werden.

- Für allgemeine Datalog-Programme gibt es keine bessere Methode als die Delta-Iteration, wenn der gesamte Fixpunkt berechnet werden soll.

- Für spezielle Programmklassen gibt es effizientere Auswertungsalgorithmen (siehe z.B. [Ullman88, Kap. 15]).

Beispiel 102 (Fortsetzung)

Gegeben sei das Programm 97. Sei

$$\text{Aux}_{ancestor}(\text{ANCESTOR}, \Delta\text{ANCESTOR}) :=$$
$$\pi_{\#1,\#4}(\text{PARENT} \bowtie_{\#2=\#1} \Delta\text{ANCESTOR})$$

eine Aux-Funktion für $eval(\texttt{ancestor})$.

Die Relation von ancestor wird durch folgende Iterationsschritte berechnet:

$$\text{ANCESTOR}^{(0)} := \emptyset$$
$$\Delta\text{ANCESTOR}^{(1)} := eval(\texttt{ancestor}; \text{PARENT}, \emptyset) =$$
$$\{(b,a),(c,a),(d,b),(e,b),(f,c),(g,c)\}$$

$$\text{ANCESTOR}^{(1)} := \{(b,a),(c,a),(d,b),(e,b),(f,c),(g,c)\}$$
$$\Delta\text{ANCESTOR}^{(2)} := \{(d,a),(e,a),(f,a),(g,a)\}$$

$$\text{ANCESTOR}^{(2)} := \{(b,a),(c,a),(d,b),(e,b),(f,c),(g,c),\}$$
$$\cup\{(d,a),(e,a),(f,a),(g,a)\}$$

$$\Delta\text{ANCESTOR}^{(3)} := \emptyset$$

$\text{ANCESTOR}^{(2)} \cup \text{PARENT}$ bilden den kleinsten Fixpunkt des Programms.

3.2.3 Symbolische Differentiation des Folgerungsoperators

In diesem Abschnitt untersuchen wir die automatische Erzeugung von Aux-Funktionen für einen Ausdruck $eval(q)$ in RelA$^+$. Wir bedienen uns hierfür einer symbolischen Differentiation von $eval(q)$.

Definition 103 (Symbolische Differentiation)
Sei E ein Ausdruck in RelA$^+$ über Basisrelationen. Die *symbolische Differentiation* von E (in Zeichen $dF(E)$) ist definiert als:

- $dF(E) = \Delta R,$
  wenn E eine EDB- oder IDB-Relation R ist.

Sei E ein Ausdruck in RelA$^+$.

- $dF(\sigma_\theta(E)) = \sigma_\theta(dF(E))$
- $dF(\pi_\theta(E)) = \pi_\theta(dF(E))$

Seien E_1, E_2 Ausdrücke in RelA$^+$.

- $dF(E_1 \cup E_2) = dF(E_1) \cup dF(E_2)$
- $dF(E_1 \times E_2) =$
  $E_1 \times dF(E_2) \cup dF(E_1) \times E_2 \cup dF(E_1) \times dF(E_2).$
- $dF(E_1 \bowtie_\theta E_2) =$
  $E_1 \bowtie_\theta dF(E_2) \cup dF(E_1) \bowtie_\theta E_2 \cup dF(E_1) \bowtie_\theta dF(E_2)$

Lemma 104
Sei $\Delta R := \emptyset$ für EDB-Relationen R. Dann ist

$$\text{Aux}_q(R_1, \ldots, R_m, Q_1, \ldots, Q_n, \Delta Q_1, \ldots, \Delta Q_n) :=$$
$$dF(eval(q; R_1, \ldots, R_m, Q_1, \ldots, Q_n))$$

eine Aux-Funktion von $eval(q)$.

Beispiel 105 (Fortsetzung)

Gegeben sei das Programm 97. Der RelA$^+$-Ausdruck des T_P-Operators für die Vorfahrenrelation wird differenziert zu:

$$dF(eval(\texttt{ancestor}; \text{PARENT}, \text{ANCESTOR})) =$$

$$dF(\text{PARENT} \cup \pi_{\#1,\#4}(\text{PARENT} \bowtie_{\#2=\#1} \text{ANCESTOR})) =$$
$$dF(\text{PARENT}) \cup \pi_{\#1,\#4}(dF(\text{PARENT} \bowtie_{\#2=\#1} \text{ANCESTOR})) =$$
$$\emptyset \cup \pi_{\#1,\#4}(dF(\text{PARENT}) \bowtie_{\#2=\#1} dF(\text{ANCESTOR}) \cup$$
$$\text{PARENT} \bowtie_{\#2=\#1} dF(\text{ANCESTOR}) \cup$$
$$dF(\text{PARENT}) \bowtie_{\#2=\#1} \text{ANCESTOR}) =$$
$$\pi_{\#1,\#4}(\emptyset \cup \text{PARENT} \bowtie_{\#2=\#1} \Delta\text{ANCESTOR} \cup \emptyset) =$$

$$\pi_{\#1,\#4}(\text{PARENT} \bowtie_{\#2=\#1} \Delta\text{ANCESTOR})$$

Beispiel 106

Gegeben sei alternativ das nicht-linear rekursive Programm zur Berechnung der Vorfahrenrelation:

```
ancestor(X,Y)  <-  parent(X,Y).
ancestor(X,Y)  <-  ancestor(X,Z),ancestor(Z,Y).
```

Der relationale Ausdruck für *ancestor*

$$eval(\texttt{ancestor}; \text{PARENT}, \text{ANCESTOR}) =$$
$$\text{PARENT} \cup \pi_{\#1,\#4}(\text{ANCESTOR} \bowtie_{\#2=\#1} \text{ANCESTOR})$$

wird differenziert zu

$$dF(eval(\texttt{ancestor}; \text{PARENT}, \text{ANCESTOR})) =$$

$$\pi_{\#1,\#4}(dF(\text{ANCESTOR}) \bowtie_{\#2=\#1} dF(\text{ANCESTOR}) \cup$$
$$\text{ANCESTOR} \bowtie_{\#2=\#1} dF(\text{ANCESTOR}) \cup$$
$$dF(\text{ANCESTOR}) \bowtie_{\#2=\#1} \text{ANCESTOR}) =$$

$$\pi_{\#1,\#4}(\Delta\text{ANCESTOR} \bowtie_{\#2=\#1} \Delta\text{ANCESTOR} \cup$$
$$\text{ANCESTOR} \bowtie_{\#2=\#1} \Delta\text{ANCESTOR} \cup$$
$$\text{ANCESTOR} \bowtie_{\#2=\#1} \Delta\text{ANCESTOR} \cup$$
$$\Delta\text{ANCESTOR} \bowtie_{\#2=\#1} \text{ANCESTOR}).$$

Bemerkung 107

Man vergleiche die Komplexität der Aux-Funktionen für das nicht-lineare rekursive und das äquivalente linear-rekursive Programm!

Mit zusätzlichem Wissen über das Programm (z.B. Monotonieeigenschaften) sind noch bessere Aux-Funktionen erzielbar.

3.3 Auswertung von Datalog^f

In diesem Abschnitt beschäftigen wir uns mit der Implementierung von Datalog^f-Programmen. Wie für Datalog ist die deklarative Semantik dieser Sprachklassen der kleinste Fixpunkt des T_P-Operators. Es sind jedoch folgende Unterschiede zu beachten:

- Die Beschränkung auf sichere Regeln reicht – auch wenn nur die üblichen vordefinierten Prädikate Anwendung finden – nicht aus, um Terminierung der Fixpunktiteration zu garantieren. Datalog^f ist berechnungsvollständig, das Terminierungsproblem deshalb unentscheidbar. Wir wollen uns aber dennoch auf sichere Programme beschränken, um die Sicherheit der Zwischenergebnisse zu gewährleisten.

- In Datalog^f ist die Beschreibung von *komplexen* Entitäten möglich. Dies stellt eine Abkehr von der 1NF relationaler DBS dar, eine direkte Umsetzung auf relationale DBS ist also nicht möglich.

Beispiel 108

Ein mögliches komplexes DB-Faktum ist

```
angestellter(  name(klaus,maier),
               adresse(str(23,goethe_str),
               stadt(lech_valley, 84711))).
```

Die Umsetzung in einem relationalen DBS würde eine „Flachklopfen" dieses Faktums zu einem Tupel erfordern:

```
(klaus,maier,23,goethe_str,lech_valley,84711).
```

Ein wichtiges Beispiel für komplex strukturierte Entitäten sind *Listen*. Sie können durch ein Konstantensymbol *nil* für die leere Liste und ein Funktionssymbol *cons* für das Anhängen eines Elements am Kopf der Liste modelliert werden.

Beispiel 109

Ein möglicher Term ist

```
cons(a,cons(b,cons(c,cons(d,cons(e,nil)))))).
```

Um Klammergebirge zu vermeiden, wird folgende abkürzende Schreibweise verwendet:

- [ ] für `nil`,
- [a,b,c,d,e] für den obigen Term und
- [H | T] für `cons(H,T)`.
  H wird als *head*, T als *tail* der Liste bezeichnet.

Beispiel 110
Ein Datalog^f-Programm, das Listen umkehrt:

```
reverse([],[]).
reverse([H | T],L) <- reverse(T,RT),
                          append(RT,[H],L).
```

3.3.1 Term-Matching

Die Abkehr von der 1NF impliziert, daß der T_P-Operator eines Datalog^f-Programms nicht unmittelbar auf Ausdrücke in RelA$^+$ abgebildet werden kann. Notwendig ist die Erweiterung der relationalen Algebra um Operatoren, die mit Funktionssymbolen umgehen können. Kernstück dieser Erweiterung ist das Term-Matching.

Definition 111 (Term-Matching)
Sei F eine Atomformel und G ein Grundatom. Das *Term-Matching* von F und G ist eine Abbildung τ von den Variablen vars(F) in das Herbrand-Universum, so daß die Ersetzung der Variablen X durch $\tau(X)$ die Formeln F und G identisch macht.

Es ist zu beachten, daß nicht immer ein Term-Matching existiert. Term-Matching ist ein Spezialfall der in der Logikprogrammierung verwendeten *Unifikation*. Für einen exakten Algorithmus siehe z.B. [Ullman88, Kap.12].

Beispiel 112
Gegeben seien folgendes Atom F und Grundatom G:

$$F \equiv \mathrm{r}(\mathrm{f}(\mathrm{X},\mathrm{Y}),\mathrm{Y},\mathrm{g}(\mathrm{Y}))$$
$$G \equiv \mathrm{r}(\mathrm{f}(\mathrm{h}(\mathrm{b}),\mathrm{a}),\mathrm{a},\mathrm{g}(\mathrm{a}))$$

Das Term-Matching τ von F und G ist

$$\tau(\mathrm{X}) = \mathrm{h}(\mathrm{b}),\ \tau(\mathrm{Y}) = \mathrm{a}.$$

3.3.2 Transformation des Klauselrumpfes

Bei der Transformation von Datalog wird jedem Rumpfatom ein Ausdruck in RelA$^+$ zugeordnet, der auf der mit dem Prädikatssymbol korrespondierenden Relation basiert. Konstantensymbole und Gleichheit von Variablen im Atom werden in eine Selektion umgesetzt. Enthält das Literal im Falle von Datalog^f Funktionssymbole, müssen außerdem noch die Belegungen für die Variablen aus den Argumenten herausgezogen werden.

Definition 113 (Operation ATOV)

Seien $A \equiv \mathrm{p}(\mathrm{t}_1, \ldots, \mathrm{t}_k)$ eine Atomformel, P die p entsprechende Relation und $\mathrm{X}_1, \ldots, \mathrm{X}_n$ die in A vorkommenden Variablen.
Die *Operation ATOV* („atoms to variables") ist definiert als

$$\mathrm{ATOV}(A, P) := \{\ \tau(\mathrm{X}_1), \ldots, \tau(\mathrm{X}_n)\ |$$
$$\text{Für } (s_1, \ldots, s_k) \in P \text{ es existiert ein}$$
$$\text{Term-Matching } \tau \text{ zwischen } A \text{ und}$$
$$\mathrm{p}(s_1, \ldots, s_k)\}$$

Das Ergebnis von ATOV ist selbst eine n-stellige Relation und kann als eine verallgemeinerte Selektion/Projektion gesehen werden.

Beispiel 114 (Auswertung von Datalog^f)

1. Gegeben seien die Atomformel $F_1 \equiv \mathrm{r}(\mathrm{f}(\mathrm{X}, \mathrm{Y}), \mathrm{Y}, \mathrm{g}(\mathrm{Y}))$ und die mit r korrespondierende Relation R:

R	R_1	R_2	R_3
	f(a,b)	b	g(b)
	f(f(a,b), g(a))	g(a)	g(g(a))

$\mathrm{ATOV}(F_1, \mathrm{R})$ ist dann die Relation $\tilde{\mathrm{R}}$:

$\tilde{\mathrm{R}}$	X	Y
	a	b
	f(a,b)	g(a)

2. Gegeben sei die Atomformel $F_2 \equiv \mathrm{s}(\mathrm{h}(\mathrm{Y}), \mathrm{Z})$ und die mit s korrespondierende Relation S:

S	S_1	S_2
	h(b)	c
	h(g(a))	f(a,f(a,b))

$\mathrm{ATOV}(F_2, \mathrm{S})$ ist dann die Relation $\tilde{\mathrm{S}}$:

$\tilde{\mathrm{S}}$	Y	Z
	b	c
	g(a)	f(a,f(a,b))

Bei der Transformation von Datalog werden die Ausdrücke in RelA$^+$, die den Rumpfliteralen entsprechen, durch Join-Operationen verknüpft. Für Datalog^f wird dies mit den ATOV-Relationen der Rumpfliterale durchgeführt.

Beispiel 115 (Fortsetzung von Beispiel 114)
Gegeben sei die DB-Klausel

```
p(g(X),f(X,Y))  <-  r(f(X,Y),Y,g(Y)),s(h(Y),Z).
```
Der Ausdruck in RelA$^+$ für den Rumpf ist dann die Relation:

$$\text{Body} := \tilde{R} \bowtie_{\#2=\#1} \tilde{S} \text{ mit:}$$

Body	X	Y	Z
	a	b	c
	f(a,b)	g(a)	f(a,f(a,b))

3.3.3 Transformation der Gesamtklausel

Für Datalog wird der Ausdruck in RelA$^+$ des Rumpfs auf die Argumente des Kopfatoms projiziert. Diese Projektion muß für Datalog^f verallgemeinert werden.

Definition 116 (Operation VTOA)
Seien $A \equiv p(t_1, \ldots, t_k)$ eine Atomformel und R eine Relation, die für jede Variable X_i von A ein Attribut X_i hat.
Die *Operation VTOA* („variables to atoms") ist definiert als

$$\text{VTOA}(A, R) := \{ \ (s_1, \ldots, s_k) \ | \ s_i \text{ ist } t_i$$
$$\text{mit den Variablen } X_{i_1}, \ldots, X_{i_n}$$
$$\text{ersetzt durch die Attribute } X_{i_1}, \ldots, X_{i_n}$$
$$\text{eines Tupels } \mu \in R\}$$

Beispiel 117 (Fortsetzung Beispiel 115)
Für

Body	X	Y	Z
	a	b	c
	f(a,b)	g(a)	f(a,f(a,b))

ist die Relation P für die vorherige DB-Klausel gegeben durch:

$$P := \text{VTOA}(p(g(X), f(X, Y)), \text{Body})$$

P	X	Y
	g(a)	f(a,b)
	g(f(a,b))	f(f(a,b),g(a))

3.4 Aspekte der Query-Optimierung

In diesem Abschnitt beschäftigen wir uns mit der Optimierung der Auswertung einer Datalog-Anfrage an ein rekursives Datalog-Programm.

Falls A keine Konstanten oder gleiche Variablen enthält, so ist i. allg. die Auswertung durch Delta-Iteration das effizienteste Verfahren. In diesem Abschnitt wollen wir untersuchen, ob (analog zur *push-selection*-Optimierung in SQL2-Systemen) das Auftreten von Konstanten eine effizientere Query-Auswertung erlaubt.

3.4.1 Vertauschung von Selektion und Rekursion

Beispiel 118 (Transitive Hülle)

```
r(1,2).
r(4,2).
r(2,3).
r(3,5).
r(5,6).
s(X,Y)  <-  r(X,Y).
s(X,Y)  <-  r(X,Z), s(Z,Y).
```

Studie:

Query 1: ? `s(X,3).`

Die triviale Auswertung dieser Anfrage ist, zunächst den gesamten Fixpunkt zu berechnen und danach die Selektion entsprechend der Anfrage vorzunehmen:

$$\pi_{\#1}(\sigma_{\#2=3}(LFP(R \cup \pi_{\#1,\#4}(R \bowtie_{\#2=\#1} S)))) = \{(1),(2),(4)\}$$

In relationalen DBS versucht man, Selektionen möglichst zu den Blättern des Operatorbaumes hin zu verschieben. Eine Vertauschung von σ und LFP ergibt:

$$\pi_{\#1}(LFP(\sigma_{\#2=3}(R) \cup \pi_{\#1,\#4}(R \bowtie_{\#2=\#1} \sigma_{\#2=3}(S)))) =$$

$$\{(1),(2),(4)\}$$

Dies ist hier korrekt.

Query 2: ? `s(3,Y).`

$$\pi_{\#2}(\sigma_{\#1=3}(LFP(R \cup \pi_{\#1,\#4}(R \bowtie_{\#2=\#1} S)))) = \{(5),(6)\}$$

Vertausche σ und LFP:

$$\pi_{\#2}(LFP(\sigma_{\#1=3}(R) \ \cup \ \pi_{\#1,\#4}(R \bowtie_{\#2=\#1} \sigma_{\#1=3}(S))))) = \{(5)\}$$

Dies ist hier **nicht** korrekt!

Die allgemeine Fragestellung ist nun: Gegeben sei ein rekursives Datalog-Programm P. Wann gilt

$$\sigma(LFP(T_p)) = LFP(\sigma(T_p)) \ ?$$

Lemma 119 (Stelligkeitsregel)

Sei s ein linear-rekursives IDB-Prädikat eines Datalog-Programms P und

```
? s(..., c, ...).
```

eine Query, die die Variable Y an Position i an eine Konstante c bindet, dann gilt:

Falls Y in allen Vorkommen in einem Literal mit Prädikat s genau an Position i vorkommt, dann ist bei der Query-Auswertung Selektion und LFP vertauschbar.

Bemerkung 120

Man beachte, daß bei Query 1 in Beispiel 118 die Stelligkeitsregel erfüllt ist.

3.4.2 Magic-Set-Optimierung

Falls die Stelligkeitsregel nicht anwendbar ist, die Anfrage aber gebundene Argumente enthält, so läßt sich mit der *Magic-Set*-Optimierung in vielen Fällen eine effizientere Auswertung erzielen als durch die semi-naive Berechnung des gesamten Fixpunkts gefolgt von einer Selektion.

Definition 121 (Gebundene und freie Argumente)

Sei $?p(t_1, \ldots, t_n)$ eine Datalog-Anfrage.

Ein Argument t_i heißt *gebunden* (in Zeichen b), wenn t_i ein Konstantensymbol ist, sonst *frei* (in Zeichen f).

Beispiel 122 (Ancestor)

Gegeben seien das Datalog-Programm

```
ancestor(X,Y)   <-   parent(X,Y).
ancestor(X,Y)   <-   parent(X,Z),
                     ancestor(Z,Y).
```

mit den (visualisierten) PARENT-Fakten

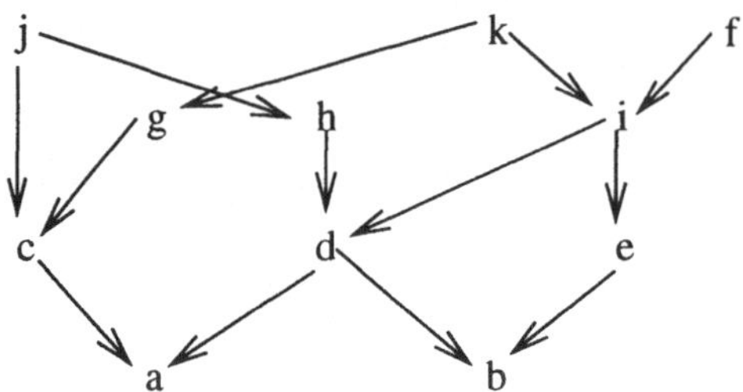

und die DB-Anfrage

```
? ancestor(h,Y).
```

Das erste Argument der Anfrage ist gebunden, das zweite frei. Das Ergebnis der Anfrage sind die Fakten

```
ancestor(h,d).
ancestor(h,a).
ancestor(h,b).
```

Bemerkung 123

- Zur Ermittlung dieses Query-Ergebnisses könnte man nur mit den Atomen `parent(h,d),parent(d,a)` und `parent(d,b)` auskommen.
- Weitere `parent`-Atome oder andere `ancestor`-Atome des gesamten LFP als die genannten sind hierzu **irrelevant**.

Fragestellung: Wie geht es besser?

Idee der *Magic-Set* Optimierung:

Bei der Fixpunkt-Auswertung des Datalog-Programms sollen nur Werte für die *gebundenen* Argumente der Anfrage betrachtet werden, die für die Beantwortung *potentiell relevant* sind. Dazu wird das Programm mit sogenannten *Magic-Prädikaten* versehen, die diese Selektion durchführen.

Beispiel 124 (Ancestor, Magic-Set-Prädikate)

```
ancestor(X,Y)   <-   magic_ancestor(X),
                     parent(X,Y).
ancestor(X,Y)   <-   magic_ancestor(X),
                     parent(X,Z),
                     ancestor(Z,Y).

? ancestor(h,Y).
```

Wie sind die Magic-Prädikate zu definieren?

Betrachten wir, wie die Anfrage in einem Logikprogrammiersystem wie Prolog ausgewertet würde. In einem solchen System werden Anfragen *top-down* ausgewertet:

Aus der Anfrage werden neue Anfragen erzeugt, bis diese Anfragen schließlich den
DB-Fakten des Programms entsprechen.

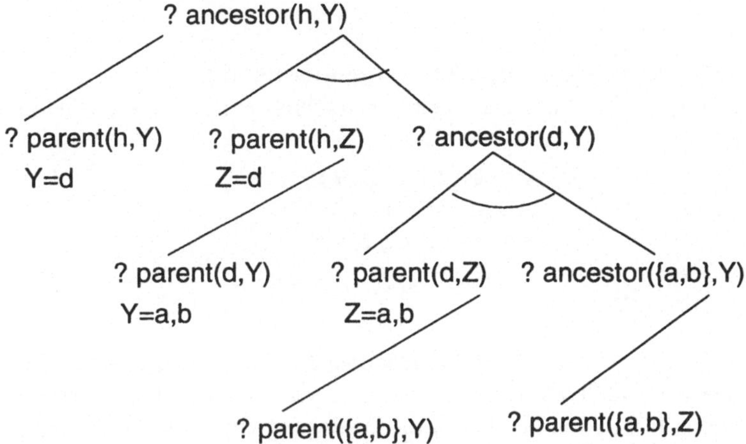

Wir beobachten, daß bei dieser Top-down-Auswertung keine unnötigen Fakten wie
z.B. `ancestor(f,a)` betrachtet werden.

Die Erzeugung der Anfragen läßt sich durch eine *Verzierung (adornment)* der Argumente des Programms und der ursprünglichen Anfrage mit der Bindungsinformati-
on b oder f beschreiben.

Beispiel 125 (Ancestor, Verzierung)

Eine Top-down-Analyse der Bindungen führt zu folgendem verzierten Programm:

```
ancestor_bf(X,Y)   <-   parent_bf(X,Y).
ancestor_bf(X,Y)   <-   parent_bf(X,Z),
                        ancestor_bf(Z,Y).


? ancestor_bf(h,Y).
```

Bemerkung 126

- Aus der ursprünglichen Anfrage der Form `ancestor_bf(X,Y)` wird (top-
  down und von links nach rechts betrachtet) eine Query `parent_bf(X,Y)` und
  eine weitere Anfrage `parent_bf(X,Z)` erzeugt, deren Ergebnis zu einer Bin-
  dung für Z und danach zur Erzeugnis einer neuen Query `ancestor_bf(Z,Y)`
  dient.

- Man beachte dabei, daß die Generierung der Anfragen von der Anordnung der
  Rumpfatome abhängt.

- Die Festlegung einer Anordnung der Rumpfatome wird als *SIP-Strategie* (si-
  deway information passing) bezeichnet. Sie entspricht einer Join-Order der
  Rumpfatome.

- Wir beobachten, daß bei der zunächst gewählten Anordnung die Anfragen an ein Prädikat immer das gleiche Bindungsmuster (`ancestor_bf` und `parent_bf`) hatten. Dies wird als *eindeutige Bindungseigenschaft* (unique binding property) bezeichnet.

Beispiel 127 (SIP ohne eindeutige Bindungseigensch.)

Folgende SIP-Strategie (von links nach rechts betrachtet) ergibt keine eindeutige Bindungseigenschaft:

```
ancestor_bf(X,Y)   <-   parent_bf(X,Y).
ancestor_bf(X,Y)   <-   ancestor_ff(Z,Y),
                        parent_bb(X,Z).


? ancestor_bf(h,Y).
```

Im folgenden setzen wir Programme mit eindeutiger Bindungseigenschaft voraus. Diese kann immer hergestellt werden, was aber zu einer exponentiellen Vergrößerung der Programme führen kann und auch die Festlegung einer Join-Order impliziert.

Die Magic-Prädikate werden nun so definiert, daß sie die Werte für die gebundenen Argumente von Anfragen enthalten, wie sie in einer Top-down-Auswertung erzeugt worden wären.

Beispiel 128 (Top-down-Spezifik. des Magic-Prädikats)

Das Magic-Prädikat `magic_ancestor` wird durch folgende DB-Klauseln definiert:

```
magic_ancestor(h).
magic_ancestor(Y)   <-   magic_ancestor(X), parent(X,Y).
```

Bemerkung 129

- Das DB-Faktum `magic_ancestor(h)` enthält den Wert des gebundenen Arguments der ursprünglichen Query.
- Die DB-Klausel erzeugt aus dem Wert eines gebundenen Arguments einer Anfrage und dem Anfrageergebnis an `parent` neue Bindungen für Anfragen.
- Man beachte, daß nur das DB-Faktum `magic_ancestor(h)` von der konkreten Anfrage `? ancestor(h,Y)` abhängt. Für eine Anfrage `? ancestor(j,Y)` muß lediglich dieses Faktum geändert werden.

Beispiel 130 (Magic-Set-transformiertes Programm)

Das vollständige magic-set-transformierte Programm zu dem Programm aus Beispiel 122 ergibt sich zu

```
ancestor(X,Y) <- magic_ancestor(X),
                 parent(X,Y).
```

```
ancestor(X,Y) <- magic_ancestor(X),
                 parent(X,Z),
                 ancestor(Z,Y).


magic_ancestor(h).
magic_ancestor(Z) <- magic_ancestor(X),
                     parent(X,Z).


? ancestor(h,Y).
```

Durch das Magic-Prädikat werden die Prädikate `parent` und
`ancestor` auf Werte beschränkt, die bei einer top-down Auswertung der Anfrage
erzeugt würden.

Dies wird durch folgende Animation veranschaulicht.

Animation

Allgemein läßt sich die Magic-Set-Transformation folgendermaßen beschreiben.

Algorithmus 131 (Magic-Set-Transformation)

Sei P ein sicheres Datalog-Programm und $?A$ eine Datalog-Anfrage. Das *magic-set-transformierte* Programm P_{magic} wird wie folgt konstruiert:

1. Zu jedem IDB-Prädikatssymbol p in P sei `magic_p` ein neues Prädikatssymbol. Die Argumente dieses Prädikatssymbols sind die gebundenen Argumente von p im verzierten Programm.

2. Für jede Klausel $C \equiv B \leftarrow A_1, \ldots, A_n$ aus P füge eine Klausel
   ```
   B  <-  magic_p(B+),  A1,  ...,  An.
   ```
   in P_{magic} ein, wobei p das Prädikatssymbol von B und B^+ die gebundenen Argumente von p im verzierten Programm sind.

3. Füge das DB-Faktum
   ```
   magic_p(A+).
   ```
   in P_{magic}, wobei p das Prädikatssymbol der Anfrage ist und A^+ die gebundenen Argumente der Anfrage sind.

4. Zu jeder Klausel $C \equiv B \leftarrow A_1, \ldots, A_n$ und jedem A_i füge eine magische Klausel
   ```
   magic_pi(Ai+)  <-  magic_p(B+),  A1,...,Ai-1.
   ```
   in P_{magic} ein, wenn A_i ein IDB-Atom ist. Dabei seien p_i (p) das Prädikatssymbol von A_i (B) und A_i^+ (B^+) die gebundenen Argumente von A_i (B) im verzierten Programm.

Bemerkung 132

- Die Magic-Set-Transformation stellt eine Kombination der Bottom-up-Fixpunktiteration mit der Top-down-Propagierungsstrategie für Bindungen eines Logikprogrammiersystems dar.

- Eine weitere Verbesserung des Verfahrens erreicht man durch die Identifikation und das Herausziehen gemeinsamer Teilausdrücke, die durch die Magic-Set-Transformation entstehen. Dies wird als *Supplementary-Magic-Set-Transformation* bezeichnet.

Beispiel 133 (Supplementary-Magic-Set)

Bei der Betrachtung des magic-set-transformierten Programms aus Beispiel 130 erkennt man folgenden gemeinsamen Teilausdruck:

```
magic_ancestor(X), parent(X,Y)
```

Damit ergibt sich:

```
sup_magic_ancestor(X,Y) <- magic_ancestor(X),
                           parent(X,Y).
ancestor(X,Y) <- sup_magic_ancestor(X,Y).
ancestor(X,Y) <- sup_magic_ancestor(X,Z),
                 ancestor(Z,Y).

magic_ancestor(h).
magic_ancestor(Z) <- sup_magic_ancestor(X,Z).

? ancestor(h,Y).
```

Bemerkung 134

- Die Magic-Set-Transformation ist eine gute Default-Optimierung, wenn keine bessere Methode zur Verfügung steht. Sie kann aber in gewissen Fällen sogar zu einer Verschlechterung führen und sollte deshalb nicht „blind" verwendet werden.

- Das Verfahren kann auch auf Datalog$^{f,\neg}$ verallgemeinert werden. Allerdings kann die durch die Transformation neu eingeführte Rekursion die Stratifikation eines Programms zerstören.

3.5 Ein deduktiver Query-Optimierer

Wir betrachten in diesem Abschnitt als Beispiel den *Optimizing Rule Compiler ORC* von DECLARE ([VLDB94]).

3.5.1 Verarbeitungsphasen

In einem Vorverarbeitungsschritt (*Rule Processing Phase*) werden folgende query-unabhängige Aufgaben erledigt:

- Syntaxchecks,
- kontextsensitive Prüfungen (Sicherheit),
- Aufbau des PCG und Bestimmung der Strata.

Die Auswertung der Query (*Query Processing Phase*) verläuft dann in mehreren Teilschritten. Aus der in der Rule Processing Phase gewonnenen Stratifikation lassen sich insbesondere die zur rekursiven Query-Auswertung benötigten rekursiven Cliquen ermitteln.

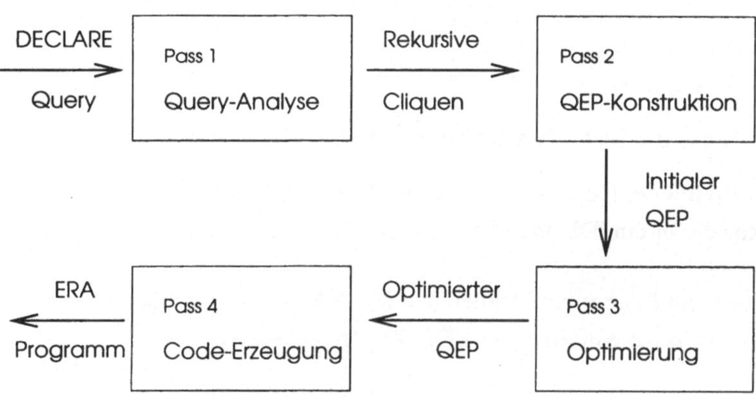

Der ausführbare Query-Code wird dabei in *Erweiterter Relationaler Algebra* (ERA) erzeugt.

3.5.2 Die Datenstruktur QEP

Kriterien für die Wahl der Datenstruktur des QEP sind:

- Der QEP soll die operationale Semantik einer Query repräsentieren.
- Der QEP muß ein breites Spektrum an Optimierungen gestatten und *erweiterbar* für neue Optimierungsmethoden sein.
- Optimierungen müssen als QEP-Transformationen bequem beschreibbar sein, aber auch die Code-Erzeugung muß kompakt möglich sein.

Definition 135 (QEP als azyklischer markierter Graph)

Ein QEP $Q = (N, E, A, \gamma, \alpha)$ ist ein endlicher, gerichteter Graph mit Wurzel sowie

- einer Knotenmenge $N \subseteq \mathbb{N}$ und Kanten $E \subseteq N \times N$,

- einer Menge A von Attributierungen und einer Markierungsfunktion $\alpha : N \to A$.
- einer Markierungsfunktion

  $\gamma : N \to \{OR, AND, LFP\}$.

Die Wurzel von Q ist stets ein OR-Knoten. In DECLARE verwendete Attributierungen sind aus den folgenden Beispielen ersichtlich.

Beispiel 136 (Erstellung eines initialen QEP)

Gegeben sei folgendes Datalog-Programm zur Lösung des Problems *„same generation" (sg)*:

```
R1:  sg(X,X) <- human(X).
R2:  sg(X,Y) <- parent(X,X1), sg(X1,Y1),
                parent(Y,Y1).


Query: ? sg(julia, werner).
```

Vorgehensweise bei der Erstellung des initialen QEP:

- Der QEP wird mit der Query beginnend top-down aufgebaut.
- Mehrere Regeln für ein IDB-Prädikat werden in einen OR-Knoten übersetzt, z.B.
  Regeln R1 und R2.
- Konjunktionen im Regelrumpf werden in einen AND-Knoten übersetzt.
- Jede rekursive Clique wird in einen LFP-Knoten übersetzt.

In der Online-Version ist eine Abbildung des initialen QEP verfügbar!

3.5.3 Das DECLARE-Optimierungsmodell

Dem Optimierer ORC lagen die folgenden Designentscheidungen zugrunde:

- Jede Optimierung muß als lokale QEP-Transformation darstellbar sein.
- Die Vorbedingungen über die Anwendbarkeit müssen aus den Attributierungen
  feststellbar sein.
- Effizienzbestimmende Faktoren:
  1. Suchstrategie im QEP-Suchraum (vgl. SQL2, greedy optimization).
  2. Auswahl an QEP-Transformationen:
     - `push-selection`, `push-projection`, jeweils erweitert um Vertau-
       schung mit LFP,
     - `push-filter`, `Join-Order`, angepaßt an die SIP-Strategie der Magic-
       Set-Erfordernisse,
     - `supplementary-magic-set`,
     - `common-subexpression`,..., Erweiterungen

3. Erweiterbarkeit:
   Spezielle Algorithmen wie `magic-counting`, `bounded-recursion`, `transitive-closure` etc. können bei Bedarf hinzugefügt werden.

Bemerkung 137

Im Gegensatz zu den Query-Optimierern anderer DedDBS integriert DECLARE die Magic-Set Optimierung mit allen anderen Optimierungsmethoden (in der Literatur wird die Magic-Set Optimierung stets als separates Rewriting des Logikprogramms beschrieben). Dies kann zu wesentlich besseren Optimierungsergebnissen führen.

Beispiel 138 (Optimierung des QEP, same generation)

Bei der Optimierung des initialen QEP aus Beispiel 136 wird `supplementary-magic-set` angewendet.

In der Online-Version ist eine Abbildung des optimierten QEP verfügbar!

3.5.4 Code-Erzeugung

Die Zielsprache von DECLARE ist eine Extended Relational Algebra (ERA) mit Pipelining:

- `project, select` (beide erweitert um Funktionen),
- `equijoin, thetajoin, semijoin, equijoinfct, product, antisemijoin, difference, union,`
- `iterate` (Delta-Iteration mit automatischer symbolischer Differenzierung des T_P-Operators in ERA-Form),
- `aggregate, groupby.`

Eine kompakte Erzeugung von ERA-Code aus dem QEP ist durch die folgende direkte Korrespondenz möglich:

- OR-Knoten wird abgebildet auf `union`
- AND-Knoten wird abgebildet auf `join, select, project` mit Pipelining
- LFP-Knoten wird abgebildet auf `iterate`

Beispiel 139 (Code-Erzeugung, same generation)

Aus dem optimierten QEP in Beispiel 138 wird kompakter ERA-Code erzeugt.

In der Online-Version ist dieser ERA-Code verfügbar!

3.6 Übungen (online)

Die Übungen sind nur in der Online-Version verfügbar!

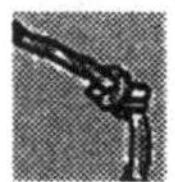

Übung

Literatur

[Cremers94] A. Cremers, U. Griefahn, R. Hinze. *Deduktive Datenbanken: Eine Einführung aus der Sicht der logischen Programmierung*. Vieweg, 1994.

[Ceri90] S. Ceri, G. Gottlob, L. Tanca. *Logic Programming and Databases*. Springer-Verlag, 1990.

[Minker88] J. Minker (Hrsg.). *Foundations of Deductive Databases and Logic Programming*. Morgan Kaufmann, 1988.

[Ullman88] J. Ullman. *Principles of Database and Knowledge-Base Systems*. Bd. 1, Computer Science Press, 1988.

[Ullman89] J. Ullman. *Principles of Database and Knowledge-Base Systems*. Bd. 2, Computer Science Press, 1989.

[VLDB94] *The VLDB Journal* Bd. 3, Nr. 2, April 1994. Special Issue on Prototypes of Deductive Database Systems.

Teil 3
Objekt-Datenbanksysteme

1. Motivation

1.1 Grundidee

Datenbanksysteme haben sich mittlerweile als *Querschnittstechnologie* in den vielfältigsten Anwendungsgebieten etabliert. Für die Informationsgesellschaft stellen sie eines der zentralen Fundamente dar.

Dabei werden *integrierte Informationssysteme* zunehmend wichtig in Bereichen wie

- dem Ingenieurwesen (Elektrotechnik, Maschinenbau, Architektur, Bauingenieurwesen, Robotik),
- der Biologie, der Chemie oder der Umwelttechnik.

Beispiele für derartige Informationssysteme sind

- CIM, PPS (Produktionsplanung und -steuerung),
- CAD (VLSI-Entwurf, Bau- und Konstruktionspläne),
- CASE (industrielle Softwareproduktion) oder
- GIS (Geographische Informationssysteme).

Als Charakteristika solcher *Nichtstandard*anwendungen sind zu nennen:

- Komplexe Datenobjekte, oft mit hierarchischer Struktur (z.B. Konstruktionszeichnungen),
- raumbezogene Queries auf Geometrieobjekten,
- Queries bezogen auf Unterobjekte von komplexen Objekten sowie
- lange (Design-)Transaktionen mit anderen Eigenschaften als ACID-Transaktionen.

Motivation für die Entwicklung *objektorientierter Datenbanksysteme (OODBS)* waren die Mängel des relationalen Datenmodells bei der Modellierung solcher Nichtstandardanwendungen. Eine relationale Modellierung der hierbei auftretenden komplexen Entitäten führt oft zu unnatürlichen, schwer verständlichen Lösungen.

Abhilfe schaffen soll die Verschmelzung der Vorzüge herkömmlicher Datenbanksysteme mit den Konzepten objektorientierter Programmiersprachen, die eine natürlichere Abbildung der realen Welt erlauben.

1.2 Historische Entwicklung

Die Entwicklung objektorientierter Programmiersprachen reicht bis in die 60er Jahre zurück (SIMULA). Etwa zeitgleich mit der Entwicklung von deduktiven Datenbanksystemen begann man Mitte der 80er Jahre mit der Entwicklung erster Prototypen von objektorientierten Datenbanksystemen.

Heutzutage ist eine Palette von kommerziellen objektorientierten Datenbanksystemen verfügbar. Hierzu zählen z.B. die Systeme O2, ObjectStore, Versant, Ontos, Objectivity oder Poet. Diese Systeme sind oftmals an die objektorientierte Programmiersprache C++ gebunden. Die Vereinheitlichung von Sprache zur Definition und Manipulation von Objekten in diesen Systemen sowie deren Anbindung an objektorientierte Programmiersprachen sind Ziel des Industriestandards ODMG-93 der *Object Database Management Group*.

1.3 Übungen (online)

Die Übungen sind nur in der Online-Version verfügbar!

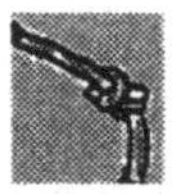

Übung

2. Grundlagen

Dieses Kapitel orientiert sich nahe an [Lausen96].

2.1 Eine Fallstudie

Unsere Beispielanwendung soll eine Firma mit Informationen über Angestellte, Firmen und deren Zweigstellen modellieren.

Beispiel 1 (Firma, SQL2-Modellierung)
Wir betrachten Entity-Typen mit folgenden Attributen:

1. *Firmen* haben einen Namen, einen Hauptsitz, Zweigstellen und einen Chef.
2. *Zweigstellen* haben ebenfalls einen Namen, einen Sitz, einen oder mehrere Leiter und Angestellte.
3. *Angestellte* haben einen Namen (bestehend aus Familien- und Vornamen), eine Personalnummer und ein Gehalt. Sie arbeiten für genau eine Zweigstelle.
4. *Leiter* sind Angestellte mit einem *Firmenwagen*; die Benutzung der Wagen teilt sich auf mehrere Leiter auf.

Das relationale Datenmodell erweist sich für diese Anwendung als unhandlich und schwerfällig:

- Zusammengesetzte Attribute (wie der Name einer Person oder der Hauptsitz) müssen zerschlagen werden, d.h. die Komponenten müssen als eigene Attribute deklariert werden.
- Mengenwertige Attribute (wie die Zweigstellen einer Firma) verstoßen gegen die 1NF und müssen geeignet normalisiert werden.
- Spezialisierungen, wie z.B. Leiter als spezielle Angestellte, führen zu eigenen Relationenschemata. Der Zusammenhang zum Superentity-Typ muß durch Fremdschlüssel ausgedrückt werden.
- Künstliche Schlüssel, wie Personalnummern etc. müssen eingeführt werden, wenn z.B. der Name einer Person nicht zur eindeutigen Identifikation genügt.

Eine mögliche Umsetzung dieser Firmenbeschreibung in SQL2 ist:

```
CREATE TABLE Firma
   (Firmenname VARCHAR(30) NOT NULL
         PRIMARY KEY,
    Strasse VARCHAR NOT NULL,
    Ort VARCHAR(30) NOT NULL,
    Chef INTEGER NOT NULL
         REFERENCES Leiter (PersonalNr)
   );

CREATE TABLE Zweigstelle
     (Firmenname VARCHAR(30) NOT NULL
         REFERENCES Firma (Firmenname),
      Zweigstname VARCHAR(30) NOT NULL
         PRIMARY KEY,
      Strasse VARCHAR(30) NOT NULL,
      Ort VARCHAR(30) NOT NULL,
      Leiter INTEGER NOT NULL
         REFERENCES Angestellter (PersonalNr)
     );

CREATE TABLE Zuordnung
     (Zweigstname VARCHAR(30) NOT NULL
         REFERENCES Zweigstelle (Zweigstname),
      Ang INTEGER NOT NULL
         PRIMARY KEY
         REFERENCES Angestellter (PersonalNr)
     );

CREATE TABLE Angestellter
     (PersonalNr INTEGER NOT NULL
         PRIMARY KEY,
      Name VARCHAR(30) NOT NULL,
      Vorname VARCHAR(30) NOT NULL,
      Gehalt INTEGER NOT NULL
     );

CREATE TABLE Leiter
     (PersonalNr INTEGER NOT NULL
         PRIMARY KEY
         REFERENCES Angestellter (PersonalNr)
      FOREIGN KEY (PersonalNr)
     );
```

```
CREATE TABLE KFZ
   (Kennzeichen VARCHAR(10) NOT NULL
        PRIMARY KEY
    Modell VARCHAR(30) NOT NULL,
    Farbe VARCHAR(30) NOT NULL
   );

CREATE TABLE Dienstwagen
   (Kennzeichen VARCHAR(10) NOT NULL
        REFERENCES KFZ (Kennzeichen),
    PersonalNr INTEGER NOT NULL
        PRIMARY KEY
        REFERENCES Leiter (PersonalNr)
   );
```

Die komplexen Entity-Typen wurden zerschlagen. Zur Beantwortung von Anfragen müssen sie, oftmals mit der Operation Join, mühsam (und teuer!) wieder zusammengesetzt werden.

Beispiel 2 (SQL-2 Anfrage)

„Wer ist der Firmenchef des Angestellten Rudi Rüssel, und welchen Dienstwagen fährt er?"

```
SELECT a2.Vorname, a2.Name, d.Kennzeichen
FROM Firma f, Zweigstelle zw, Zuordnung zu,
     Angestellter a1, Angestellter a2
     Dienstwagen d
WHERE a1.Name = 'Ruessel'
  AND a1.Vorname = 'Rudi'
  AND a1.PersonalNr = zu.Ang
  AND zu.Zweigstname = zw.Zweigstname
  AND zw.Firmenname = f.Firmenname
  AND f.Chef = a2.PersonalNr
  AND a2.PersonalNr = d.PersonalNr
```

Aus dieser Studie wird ersichtlich, daß ein ausdruckstärkeres Datenbankmodell zumindest folgende Eigenschaften aufweisen sollte:

- *Komplexe Typdeklarationen:* Insbesondere sollte die Bildung von Tupeln und von Mengen in beliebiger Schachtelung möglich sein. Eine Abkehr von der 1NF-Einschränkung ist also unumgänglich.

- Die Wiederwendung von Information durch *Referenzierung*: Die Konstruktion neuer Information sollte durch das Zusammensetzen (*Aggregation*) bereits vorhandener Information möglich sein.

- Die Wiederwendung von Information durch *Spezialisierung* mit *Vererbung* sollte direkt möglich sein.

Als Vorgeschmack auf die nachfolgenden Kapitel betrachten wir das folgende abstrakte objektorientierte Datenbankmodell für unsere Fallstudie. Als Notation wir hierbei [ ] für die Tupelbildung und { } für die Mengenbildung verwendet.

Beispiel 3 (Firma, Nicht-relationales Modell)

```
Firma: [
    Name: string,
    Hauptsitz: [Strasse: string, Ort:string],
    Zweigstellen: { Zweigstelle },
    Chef: Leiter ]
```

Durch das Attribut `Chef` ist eine Komponentenbeziehung ausgedrückt, d.h. eine Entität `Firma` hat eine Komponente `Chef`. Der `Chef` selbst ist eine Referenz auf `Leiter`. Durch die Verwendung von Referenzen sollen explizite Fremdschlüssel überflüssig werden.

```
Zweigstelle: [
    Zweigstname: string,
    Sitz: [Strasse: string, Ort:string],
    Leiter: Angestellter,
    Angestellte: { Angestellter } ]
```

Man beachte, daß durch die Verwendung von Referenzen die Zuordnung von Angestellten zu Zweigstellen bereits ausgedrückt ist.

```
Angestellter: [
    PersonalNr : integer,
    Name: string,
    Vorname: string,
    Gehalt : integer ]
```

Die Spezialisierung von Angestellten zu Leitern kann explizit angegeben werden. Dies impliziert eine Wiederverwendung der Struktur von Angestellte für Leiter.

```
Leiter inherits Angestellter: [
    Dienstwagen: KFZ ]
```

```
KFZ: [
    Kennzeichen: string,
    Modell: string,
    Farbe: string ]
```

Die Referenz in `Leiter` auf `KFZ` drückt aus, daß ein Wagen mehreren leitenden Angestellten zugeordnet ist.

Bemerkung 4

1. Ein verbessertes nicht-relationales Datenmodell soll zudem anstelle von SQL2 eine deklarative Objekt-Query-Sprache (OQL) unterstützen, die direkt auf komplexen Entitäten arbeiten kann.

2. Ein weiterer Mangel des relationalen Datenmodells und von SQL2 ist, daß keine speziellen Operationen für Entitäten definiert werden können (z.B. eine Operation, die die Zahl der Angestellten einer Zweigstelle bestimmt). Solche Operationen können nur in Anwendungsprogrammen, aber nicht zentral im Datenbankmodell festgelegt werden. Ein adäquates Datenbankmodell sollte diesen Mangel beheben.

2.2 Wünschenswerte Eigenschaften

Der letzte Abschnitt zeigte die Probleme bei der Verwendung des relationalen Datenmodells. Daraus ergeben sich allgemeine Anforderungen an ein ausdrucksstärkeres Datenbankmodell:

- Die Struktur der Entitäten kann beliebig verschachtelt werden. Solche Strukturen können sich gegenseitig referenzieren oder als Spezialisierung anderer definiert sein.
- Entitäten können mit spezifischem Verhalten (gegeben durch Operationen) versehen werden.
- Die Struktur und das Verhalten können vererbt werden.

Weiterhin ist folgende Eigenschaft oft wünschenswert:

- Einzelne Individuen sind wohlunterscheidbar, nicht nur über die Werte ihrer Schlüsselattribute. Damit könnten wir in Beispiel 3 die aus Identifikationsgründen eingeführte `PersonalNr` in `Angestellter` fallen lassen, so wir wollten.

Das objektorientierte Paradigma bietet eine Möglichkeit, all diese Anforderungen besser zu erfüllen.

2.2.1 Das objektorientierte Paradigma

Das objektorientierte Paradigma führt Konzepte aus verschiedenen Bereichen der Informatik wie Programmiersprachen, Softwaretechnik, Künstliche Intelligenz und Datenbanken zusammen. Es läßt sich im wesentlichen durch folgende fünf Prinzipien charakterisieren:

1. Jede Entität wird als ein *Objekt* modelliert.
   - Objekte besitzen eine unverwechselbare *Identität*, die unabhängig von ihrem Wert ist.

- Dadurch können Objekte aus anderen zusammengesetzt werden.
- Einzelne Objekte können von mehreren anderen referenziert werden (*object sharing*).
- Über die Objektidentität kann die referentielle Integrität wirkungsvoll kontrolliert werden.

2. Die Objekte *kapseln Struktur und Verhalten*:
   - Die Struktur wird durch *Attribute* beschrieben. Die Werte der Attribute sind einfach (z.B. `string` oder `integer`), zusammengesetzt oder Referenzen auf andere Objekte. Sie bilden den Zustand des Objekts.
   - Das Verhalten ist festgelegt durch *Methoden*, die auf den Objekten ausführbar sind. Bei der Spezifikation solcher Methoden stehen die *Objekte im Mittelpunkt* der Betrachtung (und nicht Funktionen oder Aufgaben wie in herkömmlichen Ansätzen).

3. Objekte kommunizieren durch den Austausch von *Nachrichten* miteinander (*message passing*):
   - Auf den Zustand eines Objekts wird durch Versenden einer Nachricht zugegriffen.
   - Ein Objekt, das eine verständliche Nachricht empfängt, führt eine der Nachricht zugeordnete Methode aus.

4. Objekte mit übereinstimmender Struktur und Verhalten werden in *Klassen* gruppiert:
   - Klassen bilden damit *abstrakte Datentypen*.
   - Jedes Objekt wird bei seiner Erzeugung einer Klasse zugeordnet. Damit können Methoden zentral für die Klasse verwaltet werden.

5. Eine Klasse kann eine *Spezialisierung* einer oder mehrerer Klassen sein:
   - Die spezialisierte Klasse ist dann Subklasse ihrer Superklassen.
   - Subklassen *erben* Struktur und Verhalten ihrer Superklassen.
   - Die *Empfängerklasse* einer Nachricht an ein Objekt ist die Klasse in dieser Hierarchie, die die entsprechende Methode bereitstellt.

Die hierdurch erzielten Vorteile sind:

- Verringerung der Redundanz innerhalb der Strukturbeschreibung.
- Softwarewiederverwendung durch die Vererbung von Methoden.

Bemerkung 5 (Vererbung)

- Probleme kann die *Mehrfachvererbung (multiple inheritance)* bereiten, wenn eine Subklasse von mehreren Superklassen Attribute oder Methoden gleichen Namens, aber unterschiedlichen Typs oder Implementierung erbt. Solche Konflikte bedürfen einer *Konfliktauflösungsstrategie* (z.B. durch den Benutzer).
- Es existieren verschiedene Vererbungssemantiken, auf die wir im folgenden noch genauer eingehen werden.

Beispiel 6 (Object Sharing)

Ein Beispiel für Object Sharing ist die Komponente `Dienstwagen` in `Leiter`.

Beispiel 7 (Message Passing)

Nachfolgende Abbildung illustriert den Vorgang des Message Passing.

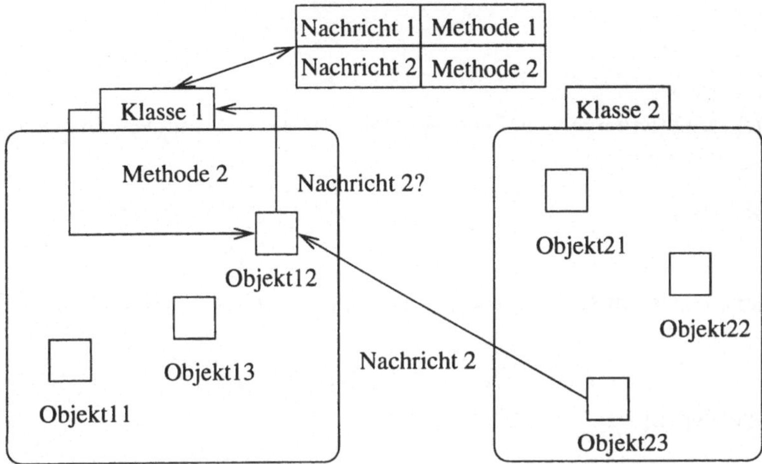

Die flexible Implementierung des objektorientierten Paradigmas beinhaltet auch die Konzepte *Polymorphismus* und *dynamisches Binden (late binding)*:

- *Polymorphismus* bedeutet, daß es verschiedene Methoden mit gleichem Namen (und unterschiedlicher *Signatur*) geben kann (*Überladen*).
- Weiterhin sollte es möglich sein, daß später neue Klassen definiert werden, die wiederum geerbte Methoden überschreiben können (*Overriding*). Das heißt allerdings, daß zur Kompilierungszeit nicht bekannt ist, welche Implementierung einer Methode die „richtige" ist! Es muß deshalb zur Laufzeit entschieden werden, welche Methodenimplementierung in einer bestimmten Situation relevant ist. Die korrekte Implementierung muß dann dynamisch bestimmt und ausgeführt werden. Dieser Vorgang wird als *dynamisches Binden* bezeichnet.

Beispiel 8 (Polymorphismus, dynamisches Binden)

Die Vorteile des Überladens/Überschreibens werden durch das folgende kanonische Beispiel illustriert:

Für ein generisches Objekt x sieht der Aufruf einer Display-Operation in einem konventionellen System etwa wie folgt aus:

```
...
case type(x)
   tuple: display_tuple(x);
   bitmap: display_bitmap(x);
   vectorgraph: display_vectorgraph(x);
   ...
end case
...
```

In einem objektorientierten System kann sich die Software wie folgt vereinfachen:

```
...
display(x);
...
```

Diesen Vorteilen steht allerdings ein erschwertes statisches Typ-Checking gegenüber.

2.2.2 Goldene Regeln

Im Gegensatz zum inzwischen allgemein akzeptierten und formalisierten relationalen Datenmodell ist ein Konzept über die wünschenswerten Eigenschaften eines objektorientierten Datenbanksystems (OODBS) erst seit einigen Jahren greifbar geworden.

Im folgenden werden die sogenannten „goldenen Regeln" vorgestellt, die erstmals im „Manifest der objektorientierten Datenbanksysteme" [Atkinson89] formuliert wurden. Neben diesen Regeln (*Muß-Regeln*) existieren noch verschiedene „Goodies" (*Kann-Regeln*), auf die wir hier nicht näher eingehen.

Die goldenen Regeln sind auch als Empfehlung für ein formales Modell) sowie für den Standard ODMG-93 (Kapitel 3) zu verstehen. Die Empfehlungen der goldenen Regeln untergliedern sich in zwei Aspekte:

1. Objektorientierte Eigenschaften (OO)
2. Datenbank-Eigenschaften (DBS)

Ein OODBS kombiniert beide Paradigmen und kann damit informell wie folgt definiert werden:

Merkregel:

$$\textbf{OODBS = OO + DBS}$$

2.2.2.1 (A) Objektorientierte Eigenschaften

Die wichtigsten Eigenschaften eines objektorientierten Datenmodells und einer objektorientierten DB-Sprache sind:

- *A1. „Thou shall support complex classes."*
  Modellierbarkeit komplexer Objekte
- *A2. „Thou shall support object identity."*
  Unterstützung von Objekt-Identität
- *A3. „Thou shall support classes and types."*
  Unterscheidung von Klassen und Typen
- *A4. „Thy classes or types shall inherit from their ancestors."*
  Unterstützung von Klassenhierarchien
- *A5. „Thou shall encapsulate thine objects."*
  Unterstützung des Kapselungsprinzips
- *A6. „Thou shall not bind prematurely."*
  Ermöglichung von Überladen (Overloading), Überschreiben (Overriding) und spätem Binden (late binding)
- *A7. „Thou shall be computationally complete."*
  Berechnungsvollständigkeit.
- *A8. „Thou shall be extensible."*
  Erweiterbarkeit

Dadurch werden die Modellierungsmöglichkeiten objektorientierter Sprachen auf den Datenbankbereich übertragen.

Nachfolgend wollen wir die einzelnen Konzepte nochmals näher beleuchten.

A1. Komplexe Objekte:

- *Komplexe Objekte* entstehen, wenn aus atomaren Objekten oder bereits zusammengesetzten Objekten neue Objekte konstruiert werden. Dies erfolgt durch Anwendung von Konstruktoren.
- Atomare Objekte sind z.B. vom Typ `integer`, `character`, `string`, `boolean` oder `real`.
- Konstruktoren sind z.B.
  - `tuple` (Tupelbildung),
  - `set` (Menge),
  - `bag` (Multimenge),
  - `list` (geordnete Liste).
- Die Konstruktoren müssen in beliebiger Weise (orthogonal) verwendet werden können (im Gegensatz zum relationalen Datenmodell, wo `tuple` nur auf atomare Werte und `set` nur auf Tupel anwendbar ist).

Komplexe Objekte verfügen also über eine interne Struktur und setzen sich (u.U. rekursiv) aus einfacheren Komponenten zusammen. Die Komponenten eines komplexen Objekts werden dabei meist als Referenzen auf die entsprechenden Objekte realisiert (*Aggregation*). Dadurch wird bei Mehrfachreferenzierung Information wiederverwendet.

Komplexe Objekte treten fast immer bei der Modellierung von Nichtstandardanwendungen auf (z.B. Modellierung eines Schaltkreises) auf. Wie jedoch Beispiel 1 gezeigt hat, können komplexe Objekte auch bei konventionellen Anwendungen beobachtet werden.

A2. Objekt-Identität:

- Jedes Objekt wird mit einem eindeutigen, systemunterstützten *Identifikator* (object identifier, OID) versehen. Dadurch ist die Existenz eines Objekts unabhängig von seinen aktuellen Werten.
- Objekt-Identität ermöglicht die Unterscheidung *gleicher* bzw. *identischer* Objekte. Zwei Objekte sind gleich, wenn sie die gleichen Werte haben, identisch jedoch, wenn der Identifikator übereinstimmt.

  (Diese Unterscheidung ist im relationalen Datenmodell nicht möglich. Es können nicht zwei Tupel auftreten, die in allen Werten übereinstimmen. Dies erzwingt die Einführung künstlicher selbstverwalteter IDs.)
- Komplexe Objekte können als Graph visualisiert werden. Die Knoten sind OIDs und die Kanten Objektreferenzen. Mehrfachreferenzen drücken sich durch mehrere Kanten zu einem Knoten aus.

A3. Klassen und Typen:

- Durch *Typen* wird die Struktur einer Klasse (aber nicht deren Verhalten) beschrieben.
- Ein Typ ist entweder ein Basistyp (wie z.B. `Integer`), eine Klasse oder ein zusammengesetzter Typ.
- Eine *Klasse* kapselt die Struktur und das Verhalten von gleichartigen Objekten.

Eine bereits bekannte Möglichkeit, Beziehungen zwischen Klassen auszudrücken, ist die Aggregation. Sie drückt aus, daß die Objekte einer Klasse Objekte einer anderen Klasse als Komponenten enthalten (*part-of-Beziehungen*).

A4. Klassenhierarchien:

- Klassenhierarchien drücken die *Spezialisierung* von Klassen aus. Eine Klasse K_1 kann als Subklasse einer zweiten Klasse K_2 deklariert werden.
- Natürlich kann K_1 zusätzliche Struktur und zusätzliche Methoden haben.

Vererbung haben wir bereits in unserem Beispiel 3 kennengelernt:

```
Leiter inherits Angestellter: [
  Dienstwagen: string ]
```

Bemerkung 9 (Semantik der Vererbung)

Achtung: Die Semantik der Vererbung ist dadurch i. allg. noch nicht festgelegt (vgl. Abschnitt 2.4).

A5. Kapselung:

- Das Kapselungsprinzip in Programmiersprachen wurde in Zusammenhang mit *abstrakten Datentypen (ADT)* entwickelt.

- Bei ADTs wird zwischen Schnittstelle nach außen und interner Implementierung unterschieden. Kapselung in OODBS bedeutet, daß Klassen sowohl Struktur als auch Verhalten festlegen.

- Nach außen ist das Verhalten nur durch Nachrichten(namen) und ihre *Signaturen* erkennbar. Die Signatur legt dabei fest, mit wie vielen Parametern welchen Typs die Nachricht parametrisiert ist.

- Erhält ein Objekt der Klasse eine solche Nachricht, führt es die zugeordnete *Methode* aus. Dies impliziert eine *physische Datenunabhängigkeit*, da die Implementierung einer Methode verändert werden kann, ohne die Schnittstelle nach außen zu beeinflussen.

Die folgende Abbildung faßt das Objektmodell zusammen.

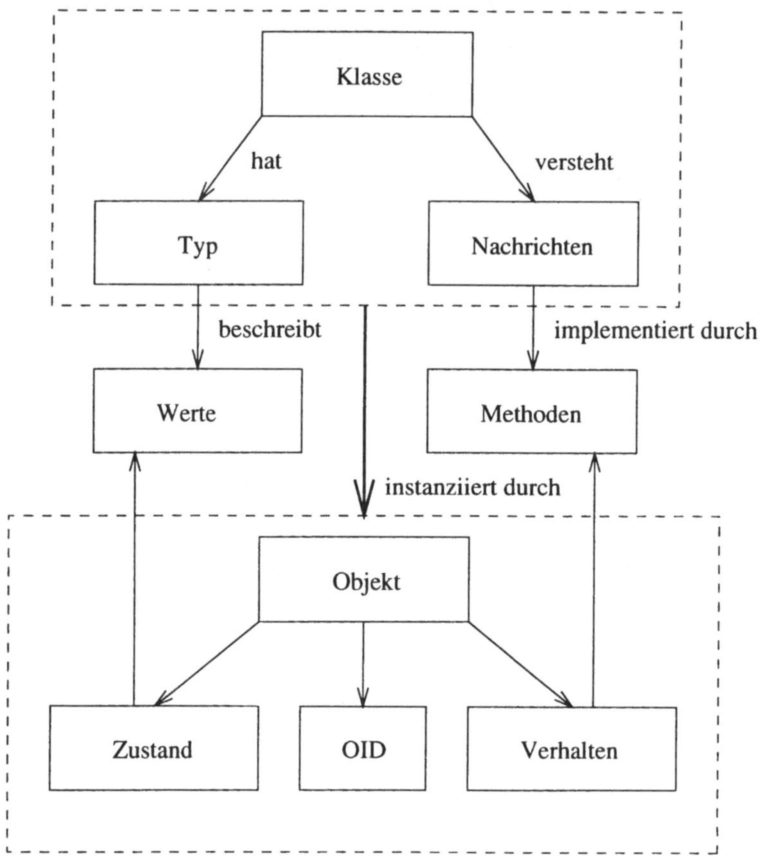

Man beachte, daß der Grad der Kapselung nicht festgelegt ist:

- Eine stärkere Kapselung ist vorteilhafter aus der Sicht des Software-Engineering.
- Eine Offenlegung von Attributen ist vorteilhafter bei der Konstruktion eines Query-Optimierers.

A6. Überladen, Überschreiben, spätes Binden:

- Gleiche Nachrichtennamen können in verschiedenen Klassen mehrfach verwendet werden (*Überladen*).
- Einer Nachricht kann in einer Klasse eine Methode, in einer Unterklasse jedoch eine andere Methode zugeordnet werden (*Überschreiben*).
- In beiden Fällen kann die Zuordnung der auszuführenden Methode erst zur Laufzeit (*spätes Binden*) erfolgen.

A7. Berechnungsvollständigkeit:

- Das Datenmodell soll über eine berechnungsvollständige Sprache verfügen, um nicht auf eine Hostsprache zurückgreifen zu müssen und somit den berüchtigten *impedance mismatch* zu vermeiden.
- Beispielsweise kann auf eine existierende objektorientierte Programmiersprache wie C++ oder Smalltalk zurückgegriffen werden.

A8. Erweiterbarkeit:

- Ein OODBS stellt eine Menge *vordefinierter* Datentypen, Klassen und Operationen zur Verfügung.
- Der Benutzer muß in der Lage sein, diese Menge zu erweitern.
- In der Benutzung der systemseitig unterstützten Konstrukte und den benutzerdefinierten soll kein Unterschied bestehen.

2.2.2.2 (B) DB-Eigenschaften

Ein OODBS muß natürlich auch die für DB-Systeme herausragenden Eigenschaften bzgl. Persistenz und Recovery, Concurrency Control, Sekundärspeicherverwaltung und deklarativer Query-Sprache aufweisen.

B1. Persistenz:

- Daten können *persistent* gespeichert werden, d.h. sie überleben die Ausführungsdauer eines Anwendungsprogramms und können von anderen Programmen wiederverwendet werden.
- Die Persistenz muß für Daten jeden Typs (ob vom System vorgegeben oder benutzerdefiniert) möglich sein.
- Manchmal ist es wünschenswert, daß der Benutzer Objekte als *transient* definiert, d.h. ihre Lebensdauer auf den Programmlauf begrenzt.

B2. Fehlerbehandlung:

- Es muß möglich sein, beim Auftreten von Fehlern die Datenbank wieder in einen konsistenten Zustand zu bringen (Recovery).

B3. Mehrbenutzerkontrolle:

- OODBS müssen das *Transaktionskonzept* unterstützen, so daß mehrere Benutzer mit der Datenbank arbeiten können.
- In OODBS können aber neben ACID-Transaktionen auch allgemeinere Transaktionsformen zum Einsatz kommen.
  Dies ist z.B. in CAD-Anwendungen wünschenswert, wo Transaktionen sehr lange dauern können (Designtransaktionen), so daß das Prinzip der Atomarität und der Isolation aufgeweicht werden muß.

B4. Sekundärspeicherverwaltung:

- OODBS müssen das *Transaktionskonzept* unterstützen, so daß mehrere Anwendungen gleichzeitig arbeiten können. Ein OODBS muß die Verwaltung sehr großer Datenbestände auf dem Hintergrundspeicher unterstützen.
- Der effiziente Zugriff durch Einsatz von Indexstrukturen und DB-Cache-Verwaltung muß unterstützt werden.
- Die in OODBS vorkommenden komplexen Objekte müssen besonders berücksichtigt werden.

B5. Deklarative Query-Sprache:

- Deklarative Query-Sprachen (wie SQL2 bei relationalen Datenbanksystemen) sollen unterstützt werden.
- Operatoren zum Durchlauf der Objektkomponenten (*pointer chasing*) und die Einbeziehung von Methoden ist dabei zu gewährleisten.

2.2.2.3 (C) Offene Punkte

Ob folgende essentiellen Aspekte zu den goldenen Regeln zu rechnen oder nur als optionale „Goodies" anzusehen sind, ist unter den Protagonisten der OODBS-Technologie zur Zeit noch umstritten (s. auch ODMG-93-Standard):

- Views
- Integritätsbedingungen
- Schemaevolution
- DBA-Utilities

Die Unterstützung *langer Designtransaktionen* oder auch *Versionierung* von Objekten wird nicht den zentralen goldenen Regeln zugeordnet.

2.3 Formalisierung von Struktur und Verhalten

Bei der Kombination von DBS mit dem objektorientierten Paradigma gibt es viele Entwurfsentscheidungen, was sich auch in der Vielzahl der Modelle in kommerziellen Systemen ausdrückt. Standardisierungbestrebungen wie durch die *Object Database Management Group* (ODMG) sind deshalb dringend erforderlich. Zunächst aber ist es hilfreich, Struktur und Verhalten in OODBS konkreter zu formalisieren.

In diesem Abschnitt wird deshalb *ein* formaler Rahmen für OODBS eingeführt. Man beachte, daß hierfür noch kein zum relationalen Datenmodell vergleichbarer Konsens herrscht und deshalb Formalisierungen existieren, die in manchen Punkten von der hier vorgestellten abweichen. Die im folgenden verwendete Formalisierung entstand in Anlehnung an [Lausen96].

Wir unterscheiden die Begriffe Objektbankschema und Objektbank (analog zu relationales DB-Schema und DB-Instanz in relationalen DBS). Das Objektbankschema wird untergliedert in das Strukturschema und das Verhaltensschema.

2.3.1 Formalisierung der Struktur

Zunächst soll der strukturelle Anteil einer OODB formalisiert werden.

Definition 10 (Attribute, OIDs, Klassen)
1. **A** bezeichne eine Menge von *Attributnamen*.
2. **O** bezeichne eine Menge von potentiellen *Objekt-Identitäten*. Wir vereinbaren, daß eine Objektidentität (OID) zusammengesetzt aus dem Zeichen # gefolgt von einer positiven ganzen Zahl ist.
3. **K** bezeichne eine Menge von *Klassennamen*, wobei
   $object \in$ **K** gelte.

Bemerkung 11
Verkürzend werden oft die Begriffe Attribut, Objekt und Klasse verwendet, obwohl Attributname, Objektidentität und Klassenname gemeint sind.

Eine Klasse in einem OODB ist der Zusammenschluß einer Menge gleichartiger Objekte, d.h. die Werte dieser Objekte sind alle von gleichem Typ.

Definition 12 (Typen)
Die Menge T der *Typen* ist induktiv wie folgt definiert:

1. $integer$, $string$, $Real$ und $boolean$ sind Typen, die *Basistypen*.
2. Jeder Klassenname aus **K** ist ein Typ, ein *Referenztyp*.
3. Seien $A_i \in$ **A** unterschiedliche Attribute und T_i Typen ($1 \leq i \leq n, n \geq 0$). Dann ist $[A_1 : T_1, \ldots, A_n : T_n]$ ein Typ, ein *Tupeltyp*.
   Die $A_i : T_i$ heißen *Komponenten*.
   Für $n = 0$ bezeichnet $[\,]$ den *leeren Tupeltyp*.
4. Sei T ein Typ.
   Dann ist $\{T\}$ ein Typ, ein *Mengentyp*.

Bemerkung 13
Die angegebenen Basistypen sind als eine plausible Möglichkeit der Definition eines Basistypsystems zu verstehen, die bei Bedarf erweitert werden kann. Gleiches gilt für die Typkonstruktoren.

Die Betrachtung von Klassen als Typen wird es erlauben, daß der Wert eines Objekts Referenzen auf andere Objekte enthält. Von der Reihenfolge der Komponenten eines Tupeltyps soll abstrahiert werden, d.h. zwei Tupeltypen, die sich nur in der Reihenfolge ihrer Komponenten unterscheiden, seien gleich.

Beispiel 14 (Firma, Typen)

Für Beispiel 3 erhält man z.B. folgende Typen:

```
type
(Firma) =

  [ Name: string,
    Hauptsitz: [Strasse: string, Ort:string],
    Zweigstellen: { Zweigstelle },
    Chef: Leiter ]

type
(Zweigstelle) =

  [ Zweigstname: string,
    Sitz: [Strasse: string, Ort:string],
    Leiter: Angestellter,
    Angestellte: { Angestellter } ]

type
(Angestellter) =

  [ PersonalNr : integer,
    Name: string,
    Vorname: string,
    Gehalt : integer ]

type
(KFZ) =

  [ Kennzeichen: string,
    Modell: string,
    Farbe: string ]
```

Die Klassen einer OODB sind in einer Hierarchie angeordnet mit dem Topelement object. Zweck einer derartigen Hierarchie ist die Vererbung von Struktur und Verhalten.

Definition 15 (Klassenhierarchie)

1. Eine *Klassenhierarchie* ist eine partielle Ordnung $\lhd$ (d.h. eine reflexive, antisymmetrische und transitive binäre Relation) auf der Menge der Klassennamen **K**, so daß $K \lhd$ object für alle $K \in$ **K**.
2. Gilt $K_1 \lhd K_2$, so heißt K_1 *Unterklasse* (Subklasse) und K_2 *Oberklasse* (Superklasse).

Beispiel 16 (Firma, Klassenhierarchie)

In Beispiel 3 hat die Klasse `Angestellter` die Unterklasse `Leiter`.

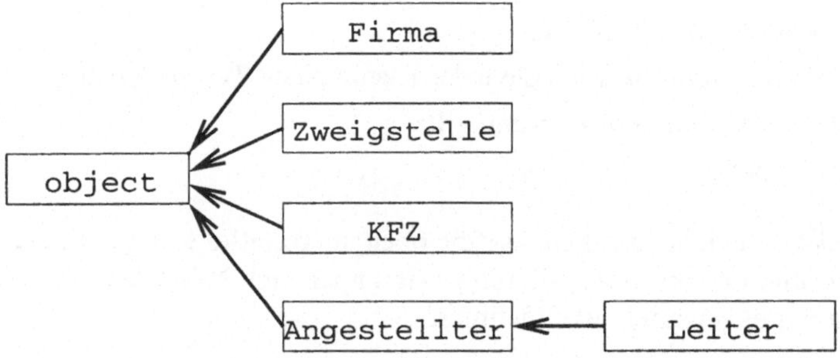

Da die Klassenhierarchie die Vererbung von Struktur ausdrücken soll, können die Typen von Unter- und Oberklassen nicht beliebig sein. Der Wert eines Objekts der Unterklasse muß auch als Wert eines Objekts der Oberklasse aufgefaßt werden können. Diese Kompatibilität wird durch die Untertypordnung formalisiert.

Definition 17 (Untertypordnung)

Sei $\lhd$ eine Klassenhierarchie. Die *Untertypordnung* $\leq$ ist die kleinste partielle Ordnung auf **T**, die bzgl. der folgenden Regeln abgeschlossen ist:

1. $K_1 \leq K_2$, falls $K_1 \lhd K_2$.
2. $[A_1 : T_1, \ldots, A_n : T_n] \leq [A_1 : S_1, \ldots, A_m : S_m]$,
   falls $n \geq m$ und $T_i \leq S_i, 1 \leq i \leq m$.
3. $\{T_1\} \leq \{T_2\}$, falls $T_1 \leq T_2$.

Beispiel 18 (Firma, Untertypordnung)

Wegen `Leiter` $\lhd$ `Angestellter` gilt

- $\{$`Leiter`$\} \leq \{$`Angestellter`$\}$ gilt
- `[Firmenname: string, Chef: Leiter]` $\leq$
  `[Firmenname: string, Chef: Angestellter]`
- `[Firmenname: string,`
  `Hauptsitz: [Strasse: string, Ort:string],`
  `Chef: Leiter]` $\leq$
  `[Firmenname: string, Chef: Leiter]`

Das Strukturschema einer OODB ist eine Menge von Klassen mit einer Klassenhierarchie und einer Zuordnung eines Typs zu jeder Klasse.

Definition 19 (Strukturschema)

1. Ein *Strukturschema* ist definiert als

$$\mathbf{SC}_{struct} = (\mathbf{K}, \lhd, \text{type}),$$

so daß

- $\mathbf{K}$ eine endliche Menge von Klassen,
- $\lhd$ eine Klassenhierarchie auf $\mathbf{K}$ und
- type: $\mathbf{K} \longrightarrow \mathbf{T}$ eine Abbildung ist, die jeder Klasse einen Typ zuordnet.

2. Ein Strukturschema ist *wohlgeformt*, wenn gilt:

$$K_1 \lhd K_2 \implies \text{type}(K_1) \leq \text{type}(K_2).$$

Wohldefinierte Strukturschemata erfüllen also die oben aufgestellte Kompabilitätsforderung für Unter- und Oberklassen. Allerdings sind noch nicht alle Klassendefinitionen, von denen wir es erwarten, wohldefiniert.

Beispiel 20 (Noch nicht wohlgef. Strukturschema)
In Beispiel 3 erhalten wir folgende Typen für `Angestellter` und `Leiter`.
type
(Angestellter)=

```
[ PersonalNr : integer,
  Name: string,
  Vorname: string,
  Gehalt : integer ]
```

type
(Leiter)=

```
[ Dienstwagen : KFZ ]
```

Es gilt jedoch `Leiter` $\not\leq$ `Angestellter` trotz `Leiter` $\lhd$ `Angestellter`. Deshalb ist dieses Strukturschema nicht wohlgeformt.

Dieses nicht-intuitive Ergebnis rührt daher, daß im bisherigen Objektmodell Vererbung *nicht* berücksichtigt wurde. Die Attribute `PersonalNr`, `Name`, `Vorname` und `Gehalt` sind deshalb für die Klasse `Leiter` nicht definiert.

Die Vererbung von Attributen an Unterklassen kann durch Erweiterung der Funktion type modelliert werden. Wir beschränken uns dabei auf type-Funktionen, die Klassen (mit Ausnahme von `object`) auf Tupeltypen abbilden, d.h. $\text{type}(K) = [\ldots]$, und auf Strukturschemata, die frei von Vererbungskonflikten im Falle von Mehrfachvererbung sind.

Definition 21 (Frei von Vererbungskonflikten)
Sei $\mathbf{SC}_{struct} = (\mathbf{K}, \lhd, \text{type})$ ein Strukturschema. $\mathbf{SC}_{struct}$ heißt *frei von Vererbungskonflikten*, wenn für alle $K_1, K_2, K_3 \in \mathbf{K}$ mit $K_1 \lhd K_2$, $K_1 \lhd K_3$ gilt:

Falls

- $\text{type}(K_2) = [\ldots, A : T_2, \ldots]$,
- $\text{type}(K_3) = [\ldots, A : T_3, \ldots]$ und
- $\text{type}(K_1)$ keine Komponente $A : T_1$ enthält,

dann existiert eine Klasse K_4, so daß

- $\text{type}(K_4) = [\ldots, A : T_4, \ldots]$ und
- $K_1 \lhd K_4$, $K_4 \lhd K_2$, $K_4 \lhd K_3$.

Die folgende Abbildung illustriert diese Definition.

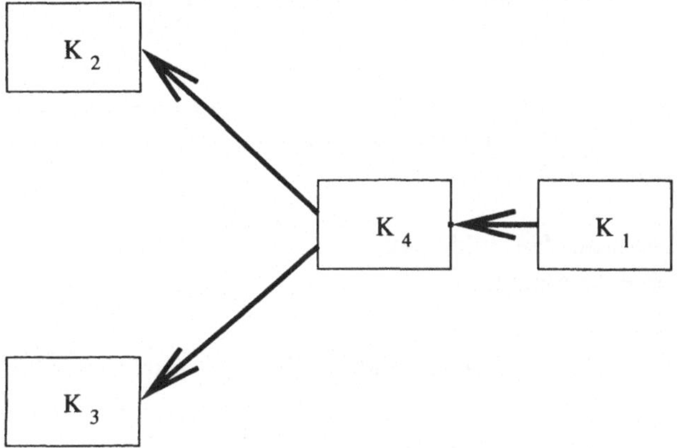

Durch Einfügen solcher künstlichen Klassen K_4 lassen sich strukturelle Vererbungskonflikte immer auflösen. Für Strukturschemata, die frei von Vererbungskonflikten sind, gibt es für jedes Attribut eine eindeutige Klasse, in der es definiert ist.

Definition 22 (Nächste Klasse bzgl. eines Attributs)
Sei K_1 eine Klasse und A ein Attribut. Die zu K_1 *nächste Klasse bzgl.* A ist die Klasse K_2, so daß

1. $K_1 \lhd K_2$,
2. $\text{type}(K_2) = [\ldots, A : T_2, \ldots]$,
3. Für alle Klassen K_3, die die ersten zwei Punkte ebenfalls erfüllen, gilt:
   Wenn $K_3 \lhd K_2$, dann $K_3 = K_2$.

Wegen der Reflexivität der Klassenhierarchie ist die Klasse, in der ein Attribut A definiert wird, sich bzgl. A selbst die nächste.

Aufbauend auf dem Begriff der nächsten Klasse wird die erweiterte Typfunktion definiert, die strukturelle Vererbung modelliert.

Definition 23 (Erweiterte Typfunktion)

Sei $\mathbf{SC}_{struct}$ ein Strukturschema. Die *erweiterte Typfunktion*

$$\text{etype}: \mathbf{K} \longrightarrow \mathbf{T}$$

ist wie folgt definiert:

etype(K_1) enthält eine Komponente $A : T$ gdw
eine zu K_1 bzgl. A nächste Klasse K_2 mit dieser Komponente existiert.

Wohlgeformtheit wird nun mit Hilfe der erweiterten Typfunktion definiert.

Definition 24 (Wohlgeformtes Strukturschema)

Ein Strukturschema heißt *wohlgeformt* gdw

$$K_1 \triangleleft K_2 \implies \text{etype}(K_1) \leq \text{etype}(K_2).$$

Strukturschemata beschreiben die Struktur einer OODB, die durch konkrete Objekte instanziiert werden muß. Zunächst wird den Klassen direkt eine Menge von OIDs, eine Basisextension, zugeordnet.

Definition 25 (Basisextension, Basisklasse)

- Eine *Basisextension* ist eine Abbildung

  $$\text{b\_ext}: \mathbf{K} \longrightarrow 2^\mathbf{O},$$

  die die Klassennamen auf paarweise disjunkte endliche Mengen von OIDs abbildet.
- Ist $o \in \text{b\_ext}(K)$, so heißt K *Basisklasse* von o.

Die Basisextension drückt aus, daß ein Objekt bei seiner Erzeugung genau einer Klasse zugeordnet wird.

Beispiel 26 (Basisextension)

Eine mögliche Basisextension für Beispiel 16 ist:

$$\text{b\_ext(object)} = \emptyset$$
$$\text{b\_ext(Firma)} = \{\#22\}$$
$$\text{b\_ext(Zweigstelle)} = \{\#33, \#34\}$$
$$\text{b\_ext(Angestellter)} = \{\#5, \#6, \#7, \#8\}$$
$$\text{b\_ext(Leiter)} = \{\#11\}$$
$$\text{b\_ext(KFZ)} = \{\#911, \#912\}$$

Den OIDs einer Klasse sei ein Wert zugeordnet.

Definition 27 (Werte)

Sei $\mathbf{D}$ die Menge, die aus den ganzen Zahlen, Zeichenreihen, Dezimalbrüchen und den Wahrheitswerten besteht. Die Menge der Werte $\mathbf{W}$ ist dann induktiv wie folgt definiert:

1. Jedes Element aus **D** ist ein Wert, ein *atomarer Wert*.

2. Jede Objekt-Identität aus **O** ist ein Wert, ein *Referenzwert*. Außerdem ist `nil` ein Wert, die *leere Referenz*.

3. Seien $A_i \in \mathbf{A}$ unterschiedliche Attribute und w_i Werte, $1 \leq i \leq n$ und $n \geq 0$. Dann ist $[A_1 : w_1, \ldots, A_n : w_n]$ ein Wert, ein *Tupelwert*. Die $A_i : w_i$ heißen *Komponenten*.

4. Seien w_i $(1 \leq i \leq n, n \geq 0)$ paarweise verschiedene Werte. Dann ist $\{w_1, \ldots, w_n\}$ ein Wert, ein *Mengenwert*.

Wie bei Tupeltypen wird auch bei Tupelwerten von der Reihenfolge der Komponenten abstrahiert. [ ] wird als der *leere Tupelwert*, { } als der *leere Mengenwert* bezeichnet.

Der Wert, der einer OID zugeordnet wird, soll nicht willkürlich sein, sondern dem Typ der Klasse entsprechen, d.h. im Wertebereich des Typs enthalten sein.

Definition 28 (Wertebereich)

Die Abbildung

$$\mathrm{dom} \colon \mathbf{T} \longrightarrow 2^{\mathbf{W}}$$

die jedem Typ einen *Wertebereich* zuordnet, ist induktiv wie folgt definiert:

1. $\mathrm{dom}(\texttt{integer})$ sei die Menge der ganzen Zahlen. Analog für `string`, `Real` und `boolean`.

2. $\mathrm{dom}(K) = \mathbf{O}$ für $K \in \mathbf{K}$.

3. Sei $T = [A_1 : T_1, \ldots, A_n : T_n]$ ein Tupeltyp. Dann ist $dom(T) := \{[A_1 : w_1, \ldots, A_n : w_n] \mid w_i \in \mathrm{dom}(T_i)\}$.

4. Sei $T = \{T'\}$ ein Mengentyp. Dann ist $\mathrm{dom}(T)$ die Menge der *endlichen* Teilmengen von $\mathrm{dom}(T')$.

Bemerkung 29

- Die zweite Festlegung bewirkt, daß – wie gewohnt – der Domänenbegriff zeitinvariant definiert ist. Eine Konsequenz ist jedoch, daß die referentielle Integrität verletzt sein kann.

  Eine Alternative, aber zeitvariante Definitionsmöglichkeit wäre, die zweite Festlegung auf aktuelle, zu einer Klasse gehörende OIDs einzuschränken. So wäre per definitionem die referentielle Integrität immer garantiert.

Eine Instanz eines Strukturschemas ist nun eine Basisextension und eine Abbildung, die jeder OID einen Wert des Wertebereichs zuordnet.

Definition 30 (Instanz eines Strukturschemas)

Sei $\mathbf{SC}_{struct} = (\mathbf{K}, \lhd, \mathrm{type})$ ein wohlgeformtes Strukturschema. Eine Instanz d von $\mathbf{SC}_{struct}$ hat die Form

$$d(\mathbf{SC}_{struct}) = (\text{b\_ext}, \text{val}).$$

Dabei ist die Wertefunktion

$$\text{val}: \mathbf{O} \longrightarrow \mathbf{W}$$

eine Abbildung, so daß für alle $K \in \mathbf{K}$ gilt:

$$o \in \text{b\_ext}(K) \implies \text{val}(o) \in \text{dom}(\text{etype}(K)).$$

Die Kombination aus OID und Wert wird als Objekt bezeichnet.

Definition 31 (Objekt)

- Ein *Objekt* ist ein Paar (o, w), bestehend aus einer OID
  $o \in \mathbf{O}$ und einem Wert $w \in \mathbf{W}$.

- Objekte existieren nur in einer Version, d.h. (o, w_1) und (o, w_2) impliziert $w_1 = w_2$.

Beispiel 32 (Objekte)

Beispiele für Objekte sind mit den Basisextensionen aus Beispiel 26

```
(#22, [ Firmenname: 'Cosmic Objects GmbH',
        Hauptsitz: [ Strasse: 'Am Neuland 1',
                     Ort: 'Augsburg' ]
        Zweigstellen: { #33, #34 },
        Chef: #11 ] )

(#33, [ Zweigstname: 'Cosmetic Objects GmbH',
        Sitz: [ Strasse: 'Am Schoenblick 6',
                Ort: 'Augsburg' ]
        Angestellte: { Angestellter } ] )

(#6,  [ PersonalNr: 1234,
        Name: 'Ruessel',
        Vorname: 'Rudi',
        Gehalt: 50000 ] )

(#11, [ PersonalNr: 100,
        Name: 'Bigboss',
        Vorname: 'Bodo',
        Gehalt: 200000,
        Dienstwagen: #911 ] )

(#911,[ Kennzeichen: 'A - AA 1',
        Modell: 'Porsche 911',
        Farbe: 'rot' ] )
```

Aus der Formalisierung von Objekten als OID plus Wert können mehrere Arten von Gleichheit abgeleitet werden.

Definition 33 (Objektgleichheiten)

Seien (o_1, w_1) und (o_2, w_2) zwei Objekte.

1. Die Objekte heißen *identisch* gdw $o_1 = o_2$.
2. Die Objekte heißen *oberflächengleich* (shallow equality) gdw $w_1 = w_2$.
3. Die Objekte heißen *tiefengleich* (deep equality) gdw sie nach rekursivem Ersetzen der Objektidentitäten durch die zugeordneten Werte oberflächengleich sind.

Bemerkung 34

Identität von Objekten impliziert Oberflächengleichheit, diese wiederum Tiefengleichheit. Umgekehrt gelten diese Implikationen nicht.

Die folgende Abbildung faßt das strukturelle Objektmodell (ohne Festlegung einer Vererbungssemantik) zusammen.

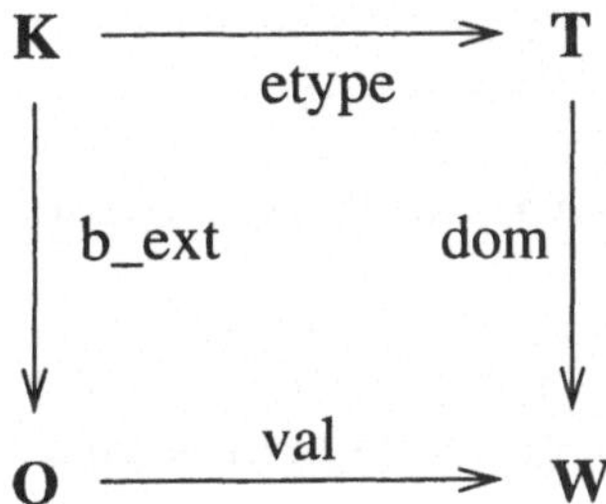

2.3.2 Formalisierung des Verhaltens

In diesem Abschnitt wird das Verhalten von OODB formalisiert. Wir beschränken uns hierbei auf *Query-Methoden*, d.h. Methoden ohne Seiteneffekte.

Sei **M** eine endliche Menge von *Methodennamen*. Wieder wird von Methoden gesprochen, obwohl Methodennamen gemeint sind. Methoden sind Nachrichten, die an Objekte verschickt werden und parametrisiert sein können. Diese Parametrisierung wird durch Signaturen ausgedrückt.

Definition 35 (Signatur in einer Methode)

Seien $M \in \mathbf{M}$ eine Methode, $T_i (1 \leq i \leq k, k \geq 0)$ und $T \in \mathbf{T}$ Typen und $K \in \mathbf{K}$ eine Klasse. Dann heißt

$$M : K \times T_1 \times \ldots \times T_k \to T$$

die in K der Methode M zugeordnete Signatur.

Die Signaturen definieren also die erlaubten Methodenaufrufe durch die Parametertypen $T_1, \ldots, T_k$ und den Ergebnistyp T.

Eine Klassenhierarchie zusammen mit einer Menge von Signaturen bilden das Verhaltensschema.

Definition 36 (Verhaltensschema)

Seien $\mathbf{K}$ eine endliche Menge von Klassen, $\lhd$ eine Klassenhierarchie auf $\mathbf{K}$ und $\mathbf{S}$ eine endliche Menge von Signaturen. Dann heißt

$$\mathbf{SC}_{behave} = (\mathbf{K}, \lhd, \mathbf{S})$$

Verhaltensschema, wenn gilt, daß pro Klasse $K \in \mathbf{K}$ einer Methode $M \in \mathbf{M}$ nur eine Signatur $S \in \mathbf{S}$ zugeordnet ist.

Beispiel 37 (Verhaltensschema)

Beispiele für Signaturen sind

```
wohnt_im_Inland: Person  -> boolean
Kinder_unter:
Angestellter x integer  -> {Person}
Alter : Angestellter  -> integer
```

Das Verhaltensschema sei bei Mehrfachvererbung frei von Vererbungskonflikten (analog zu Definition 21).

Definition 38 (Frei von Vererbungskonflikten)

Sei $\mathbf{SC}_{behave} = (\mathbf{K}, \lhd, \mathbf{S})$ ein Verhaltensschema. $\mathbf{SC}_{behave}$ heißt *frei von Vererbungskonflikten*, wenn für alle $K_1, K_2, K_3 \in \mathbf{K}$ mit $K_1 \lhd K_2$, $K_1 \lhd K_3$ gilt:

Falls

- $(M \colon K_2 \times \ldots) \in \mathbf{S}$,
- $(M \colon K_3 \times \ldots) \in \mathbf{S}$ gelten,
- der Methode M aber in K_1 keine Signatur zugeordnet ist,

dann existiert eine Klasse K_4, so daß

- $(M \colon K_4 \times \ldots) \in \mathbf{S}$ und
- $K_1 \lhd K_4$, $K_4 \lhd K_2$, $K_4 \lhd K_3$.

Wir nehmen also an, daß in K_4 Vererbungskonflikte durch ein geeignetes *Overriding* von M gelöst werden. Im folgenden werden Verhaltensschemata frei von Vererbungskonflikten angenommen. Für solche Schemata kann analog zu Strukturschemata die nächste Klasse bzgl. einer Methode angegeben werden.

Definition 39 (Nächste Klasse bzgl. Methode)

Sei K_1 eine Klasse und M eine Methode. Die zu K_1 *nächste Klasse bzgl.* M ist die Klasse K_2, so daß gilt:

1. $K_1 \lhd K_2$

2. $(M \colon K_2 \times \ldots) \in \mathbf{S}$

3. Für alle Klassen K_3, die die ersten zwei Punkte ebenfalls erfüllen, gilt: Wenn $K_3 \lhd K_2$, dann $K_3 = K_2$.

Die nächste Klasse bzgl. einer Methode M wird auch als *Empfängerklasse* bezeichnet. Ein Methodenaufruf ist somit als parametrisierte Nachricht an die eindeutige Empfängerklasse zu verstehen, die die dort definierte Methode ausführt.

Beispiel 40 (Substituierbarkeit)

In der folgenden Abbildung ist der gerade motivierte Sachverhalt für $K_0 \lhd K_1 \lhd K_2$ graphisch illustriert.

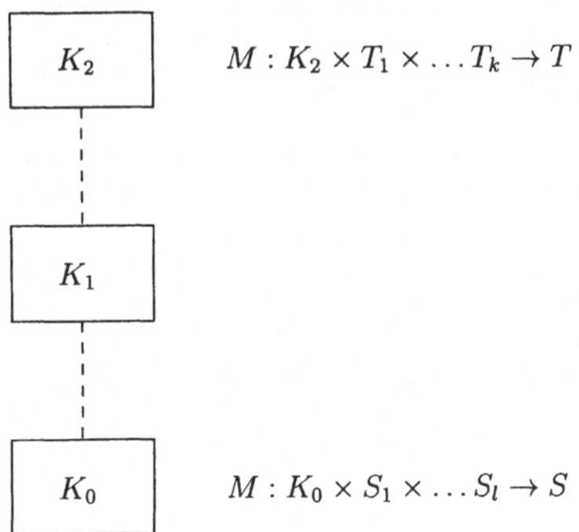

Die Empfängerklasse des Methodenaufrufs $o.M(w_1, \ldots, w_k)$ für ein Objekt $o \in K_1$ ist somit die Klasse K_2. Bei der Methodenausführung ist also statt des in M vorgesehenen Objekts $o \in K_2$ ein Objekt der Unterklasse K_1 verwendbar. Diese wünschenswerte Eigenschaft wird als *Substituierbarkeit* bezeichnet.

Die Vererbung von Struktur drückte sich in der Erweiterung der Typfunktion aus. Analog hierzu wird die Menge der Signaturen durch Vererbung von Verhalten erweitert.

Definition 41 (Erweiterte Signaturmenge)

Die *erweiterte Signaturmenge* $\mathbf{S}_{inherit}$ enthält eine Signatur

$$(M \colon K_1 \times T_1 \times \ldots \times T_k \to T) \text{ gdw}$$
$$(M \colon K_2 \times T_1 \times \ldots \times T_k \to T) \in \mathbf{S}$$

für die zu K_1 bzgl. M nächste Klasse K_2.

Beispiel 42

In Beispiel 3 ist `Leiter` eine direkte Unterklasse von `Angestellter`. Sei die Methode `Alter : Angestellter → integer` gegeben.

Durch die Erweiterung der Signaturmenge ist ein Methodenaufruf von `Alter` auch für Objekte der Klasse `Leiter` möglich.

Die Signaturmenge soll nicht beliebig, sondern wohlgeformt sein, um Substituierbarkeit auch beim Overriding zu gewährleisten.

Definition 43 (Wohlgeformtes Verhaltensschema)

Ein Verhaltensschema $\mathbf{SC}_{behave}$ heißt *wohlgeformt*, wenn für $K_2 \lhd K_1$ beim Overriding einer Methode M gilt:

$$(M : K_1 \times T_1 \times \ldots \times T_k \to T) \in \mathbf{S}_{inherit} \implies$$

$$(M : K_2 \times S_1 \times \ldots \times S_k \to S) \in \mathbf{S}_{inherit} \text{ mit } T_i \leq S_i, S \leq T$$

Diese Bedingung wird auch als *Kontravarianz* bezeichnet. Sie garantiert *Substituierbarkeit*, was seinerseits wesentlich für ein statisches Typ-Checking trotz dynamischen Bindens ist.

Folgende Beispiele sollen dies verdeutlichen.

Beispiel 44 (Kontravarianz, Fall 1)

Wir betrachten die Variablendeklarationen

```
x : real;
o : K₁;
```

für eine Klassenhierarchie $K_2 \lhd K_1$ mit den parameterlosen Methoden

```
M : K₁ → real,
·M : K₂ → integer.
```

Wenn `integer` $\leq$ `real` gilt, so ist die Kontravarianz gegeben. Dies gewährleistet, das folgende Anweisung zu keiner Typverletzung zur Laufzeit führen kann:

```
x = o.M
```

Das Prinzip der Substituierbarkeit verlangt, daß statt $o \in K_1$ auch ein $o \in K_2$ verwendet werden darf. Die Empfängerklasse ist somit K_2. Der Ergebnistyp also `integer`, was aber mit dem Typ `real` der Variable x verträglich ist.

Beispiel 45 (Kontravarianz, Fall 2)

Wir betrachten

$$K_2 \lhd K_1,$$
$$K_4 \lhd K_3,$$
$$\mathbf{M} : K_1 \times K_3 \to T$$
$$\mathbf{M} : K_2 \times K_4 \to T$$

Hier liegt die Kontravarianz nicht vor! Wir betrachten dazu die Deklarationen

$x : K_3;$
$o : K_1;$

sowie den Methodenaufruf

o.M(x)

Eine Typverletzung bei Laufzeit kann nun bei folgender Situation auftreten:

$o \in K_2$, aber $x \in K_3$!

Die Kontravarianzforderung ist jedoch auch eine Einschränkung, die semantisch sinnvolle Anwendungen verbieten kann.

Beispiel 46 (Kontravarianz, Fall 3)

Gegeben sei das folgende kontravariante Verhaltensschema zur Verteilung von Zimmerbelegungen in einer Pension:

```
Ehefrau  ◁  Frau  ◁  Person
Zimmergenosse : Frau x Frau → boolean
Zimmergenosse :
Ehefrau x Person → boolean
```

Eine andere Politik der Zimmerverteilung (in einem anderen Milieu) könnte aber auch folgende sein:

```
Zimmergenosse2 :
Frau x Person → boolean
Zimmergenosse2 :
Ehefrau x Frau → boolean
```

Diese Festlegung würde jedoch die Kontravarianz verletzen!

Bemerkung 47

C++ ist eine kontravariante OO-Programmiersprache.

Eine Instanz eines Verhaltensschemas ordnet den Methoden eine konkrete Implementierungsfunktion zu.

Definition 48 (Instanz eines Verhaltensschemas)

Sei $\mathbf{SC}_{behave} = (\mathbf{K}, \lhd, \mathbf{S})$ ein wohlgeformtes Verhaltensschema. Eine *Instanz*

$$d(\mathbf{SC}_{behave}) = (\text{b\_ext}, \text{impl})$$

ordnet einer Signatur

$$(M : K \times T_1 \times \ldots \times T_k \to T) \in S_{inherit}$$

eine Implementierungsfunktion *impl* zu:

$$\text{impl} : \text{b\_ext}(K) \times \text{dom}(T_1) \times \ldots \times \text{dom}(T_k) \longrightarrow \text{dom}(T)$$

Die Implementierungsfunktionen können z.B. mit Hilfe einer Programmiersprache wie C++ definiert werden und stützen sich auf die Attribute der Klasse. In manchen OODBS ist der Zugriff auf die Attribute nur über Methoden gestattet (Kapselung).

Eine Struktur und ein Verhaltensschema bilden ein zusammen ein Objektbankschema, dessen Instanz eine Objektbank ist.

Definition 49 (Objektbankschema und Objektbank)

Seien $\mathbf{SC}_{struct} = (\mathbf{K}, \lhd, \text{type})$ und $\mathbf{SC}_{behave} = (\mathbf{K}, \lhd, \mathbf{S})$ ein wohlgeformtes Struktur- bzw. Verhaltensschema. Seien weiterhin $d(\mathbf{SC}_{struct}) = (\text{b\_ext}, \text{val})$ und $d(\mathbf{SC}_{behave}) = (\text{b\_ext}, \text{impl})$ Instanzen.
Dann heißen

$$\mathbf{SC} = (\mathbf{K}, \lhd, \text{type}, \mathbf{S})$$

Objektbankschema und

$$d(\mathbf{SC}) = (\text{b\_ext}, \text{val}, \text{impl})$$

Objektbank.

Ein Objektbankschema definiert also eine Hierarchie von getypten Klassen und eine Menge von Signaturen. Eine Objektbank stellt einen möglichen Zustand dar, d.h. sie legt für die einzelnen Klassen eine Menge von Objekten mit Werten fest und ordnet den Signaturen konkrete Funktionen zu.

Nicht formalisiert haben wir Methoden, die Objekte erzeugen *(Konstruktormethoden)* bzw. vernichten *(Destruktormethoden)*.

Diese manipulieren die Basisextension b_ext und die Wertefunktion val einer Objektbank. Ebenfalls nicht betrachtet wurden *Updatemethoden* (z.B. Gehaltserhoehung), die die Wertefunktion val und die Implementierungsfunktion impl verändern.

2.4 Vererbungssemantiken

Durch die bisher vorgestellte Formalisierung von Struktur und Verhalten in Kombination mit der Vererbung in Klassenhierarchien ist der semantische Aspekt der Vererbung, insbesondere beim Vererben von Verhalten, noch **nicht** festgelegt.
Die allgemeine Problemstellung läßt sich informell wie folgt formulieren:

> *Sind die geerbten Methoden auch stets semantisch sinnvoll anwendbar?*

Im Vergleich dazu wurde bisher mittels der Kontravarianz nur die Substituierbarkeit, d.h. die aus Typ-Sicht syntaktisch sinnvolle Anwendbarkeit diskutiert.

2.4.1 Taxonomische Modellierung

2.4.1.1 Klassen mit Extensionen

Wir hatten bisher den Begriff der Basisextension kennengelernt. Die Basisextension einer Klasse C kann man als Behälter für alle direkt in der Klasse C erzeugten und noch existierenden Objekte interpretieren.

(Zum Vergleich: Bei relationalen DBS definiert ein Relationenschema $R(...)$ den Typ von Tupeln für R, zugleich ist R aber auch die Bezeichnung für eine Relationeninstanz.)

Berücksichtigt man zudem die Anordnung von Klassen in einer Vererbungshierarchie, so kommt man zum Begriff der *Extension* einer Klasse.

Definition 50 (Extension)

Die *Extension* einer Klasse K ist die Abbildung

$$\text{ext: } \mathbf{K} \longrightarrow 2^O,$$

so daß

$$K \mapsto \bigcup_{K' \in \mathbf{K}, K' \triangleleft K} \mathsf{b\_ext}(K').$$

Beispiel 51 (Firma, Extension)

Gegeben sei folgende Klassenhierarchie aus Beispiel 16 mit der Basisextension aus Beispiel 26:

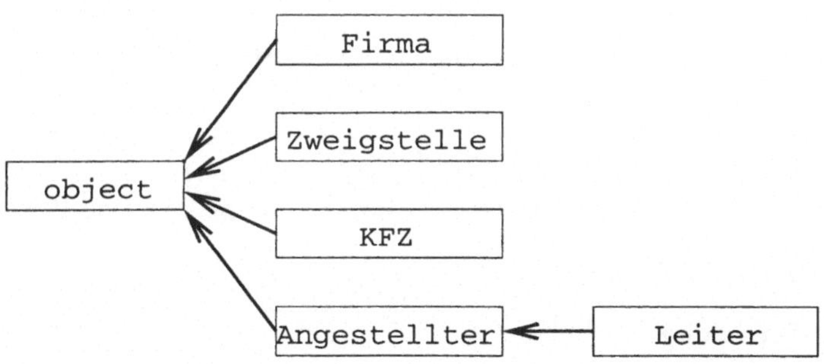

$$\mathsf{b\_ext}(\texttt{object}) = \emptyset$$
$$\mathsf{b\_ext}(\texttt{Firma}) = \{\#22\}$$
$$\mathsf{b\_ext}(\texttt{Zweigstelle}) = \{\#33, \#34\}$$
$$\mathsf{b\_ext}(\texttt{Angestellter}) = \{\#5, \#6, \#7, \#8\}$$
$$\mathsf{b\_ext}(\texttt{Leiter}) = \{\#11\}$$
$$\mathsf{b\_ext}(\texttt{KFZ}) = \{\#911, \#912\}$$

Daraus ergeben sich die folgenden Extensionen:

$$b\_ext(\texttt{object}) =$$
$$\{\#22, \#33, \#34, \#5, \#6, \#7, \#8, \#11, \#911, \#912\}$$
$$b\_ext(\texttt{Firma}) = \{\#22\}$$
$$b\_ext(\texttt{Zweigstelle}) = \{\#33, \#34\}$$
$$b\_ext(\texttt{Angestellter}) = \{\#5, \#6, \#7, \#8, \#11\}$$
$$b\_ext(\texttt{Leiter}) = \{\#11\}$$
$$b\_ext(\texttt{KFZ}) = \{\#911, \#912\}$$

Ob für Klassen Extensionen verwaltet werden oder nicht, beeinflußt ganz entscheidend die Wahl der Vererbungssemantik.

2.4.1.2 Set-Inclusion-Semantik und ISA-Hierarchien

Die Set-Inclusion-Semantik setzt die Existenz entsprechender Extensionen voraus.

Definition 52 (Set-Inclusion-Semantik der Vererbung)

Eine Klassenhierarchie gehorcht der *Set-Inclusion*-Semantik gdw für alle Klassen K_1 und K_2 mit $K_1 \lhd K_2$ gilt:

$$ext(K_1) \subseteq ext(K_2)$$

Objekte einer Unterklasse gehören also immer auch der Oberklasse an. Dieses Prinzip wird bei *taxonomischer Modellierung* zugrunde gelegt und spiegelt eine semantisch sinnvolle Modellierung wider.

Definition 53 (ISA-Hierarchie)

Eine Klassenhierarchie mit Set-Inclusion-Semantik heißt *ISA-Hierarchie*.

Bemerkung 54

* ISA ist als „is a" zu lesen .

* Bei entsprechender Verwaltung der Extensionen liegt in Beispiel 51 eine ISA-Hierarchie vor.

2.4.1.3 Constraint-Vererbung

Ein Spezialfall der Set-Inclusion-Semantik ist die *Constraint-Vererbung*, die bei entsprechender Extensionsverwaltung ebenfalls eine semantisch sinnvolle taxonomische Modellierung ermöglicht.

Definition 55 (Constraint-Vererbung)

Eine Klassenhierarchie gehorcht der *Constraint-Vererbungssemantik* gdw für alle Klassen K_1 und K_2 mit $K_1 \lhd K_2$ gilt:

Objekte der Unterklasse K_1 sind auch Objekte der Oberklasse K_2, unterliegen aber zusätzlichen Integritätsbedingungen.

Beispiel 56 (Constraint-Vererbung: Teenager)
Kanonisches Beispiel ist die Definition der Klasse `Teenager`: `Teenager` als spezielle `Person` mit einer Altersbeschränkung zwischen 13 und 19.

Beispiel 57 (Constraint-Vererbung: Dreiecke)
Gegeben sei folgendes Objektbankschema:

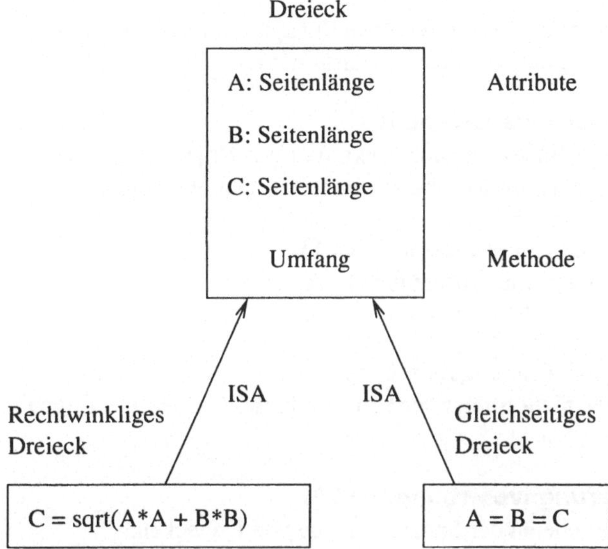

Die Methode

```
Umfang : Dreieck → real
```

mit der Implementierung

```
method body Umfang : real
                    in class Dreieck
  {return self->A + self->B + self->C}
```

wird von der Klasse

```
Dreieck
```

an die Unterklassen

```
RechtwinkligesDreieck und
GleichseitigesDreieck
```

vererbt und kann dort semantisch sinnvoll verwendet werden.

Falls eine effizientere Methodenimplementierung auf der Unterklasse `GleichseitigesDreieck` gewünscht wird, kann dies durch entsprechendes Overriding erreicht werden.

```
method body Umfang : real
in class GleichseitigesDreieck
   {return 3 * self->A}
```

2.4.2 Modellierung ohne Extensionen

Im folgenden betrachten wir zwei Vererbungssemantiken, die *ohne* die Bezugnahme auf Extensionen (sondern lediglich mit Basis-Extensionen) arbeiten.

Definition 58 (Spezialisierungsvererbung)

$K_1 \lhd K_2$ gdw die Objekte der Basisextension b_ext(K_1) den Objekten der Basisextension b_ext(K_2) gleichen, aber zusätzliche Zustandsinformationen besitzen.

Beispiel 59 (Spezialisierungsvererbung, Fall 1)

`Leiter ⊲ Angestellter` mit zusätzlichem Attribut `Dienstwagen` für `Leiter`.

Im Beispiel stimmt die Spezialisierungsvererbung mit einer taxonomischen ISA-Hierarchie überein. Daß dies nicht immer der Fall sein muß illustriert das folgende Beispiel.

Beispiel 60 (Spezialisierungsvererbung, Fall 2)

Gegeben sei das Vererbungsschema der Spezialisierung von Dreiecken.

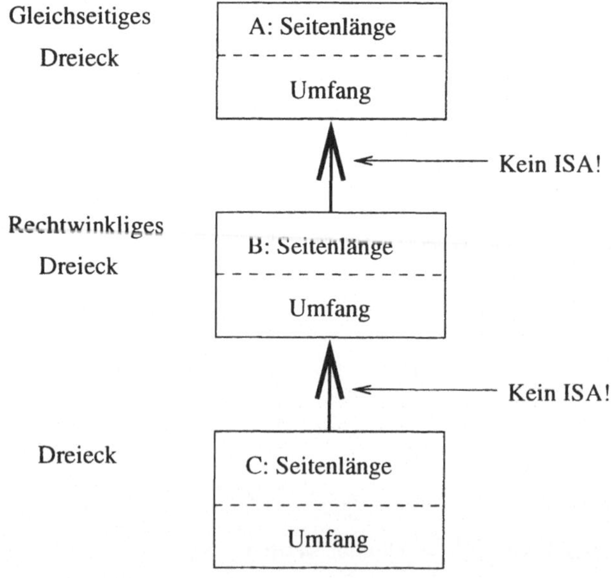

Diese Modellierungstechnik wird aus offensichtlichem Grund als *Subtyping zwecks Generalisierung* bezeichnet:

Die Querymethode Umfang muß als

```
{ return 3 * self->A }
```

in der Klasse GleichseitigesDreieck implementiert werden. Bei Vererbung an die Klasse RechtwinkligesDreieck führt deren Anwendung offensichtlich zu einem *semantischen* Fehler. Sie muß dort also redefiniert werden; dies gilt ebenso in der Klasse Dreieck.

Bemerkung 61

- Softwarewiederverwendung durch Methodenvererbung ist hier also nicht sinnvoll möglich!

- Diese Modellierungsmethode wird häufig aus Implementierungsaspekten (z.B. Speicherplatzersparnis für Attribute) gewählt.

Ebenso wie bei der Spezialisierungsvererbung wird die Modellierungsmethodik der *Substitutionsvererbung* überwiegend durch Implementierungsüberlegungen, weniger durch semantische (taxonomische) Aspekte geleitet.

Definition 62 (Substitutionsvererbung)

$K_1 \lhd K_2$ gdw auf Objekten von b_ext(K_1) mehr Methoden als auf Objekten von b_ext(K_2) ausgeführt werden können.

Jedes Objekt der Klasse K_2 kann somit beim Methodenaufruf durch ein Objekt der Klasse K_1 ersetzt werden (*Substituierbarkeit*). Ob diese Eigenschaft jedoch alleine ausreicht, um eine semantisch sinnvolle Methodenausführung zu gewährleisten, ist nicht immer zugesichert, wenn eine Übereinstimmung mit einer ISA-Hierarchie nicht gegeben ist.

2.4.3 Wahl der Vererbungssemantik

Wie wir gesehen haben, existieren unterschiedliche Vererbungssemantiken, wobei i. allg. gilt:

Set-Inclusion (ISA-Hierarchie) $\neq$

Spezialisierungsvererbung $\neq$

Substitutionsvererbung

Zusammenfassend läßt sich folgendes festhalten:

- Semantisch sinnvolle taxonomische Modellierung mittels ISA-Hierarchien ist eine im DB-Umfeld gewohnte Praxis (vgl. ER-Modellierung). Der Extensionsbegriff ist hier vertraut.

- Objektorientierte Programmiersprachen wurden ohne den Extensionsbegriff entwickelt. Die Vererbungsstrategie orientiert sich hier oft an reinen Implementierungsaspekten.

Zur Wahl der Vererbungssemantik können folgende Empfehlungen gemacht werden.

- Da semantisch sinnvolle DB-Modellierung ein wesentliches Anliegen ist, sollte nach Möglichkeit mit ISA-Hierarchien modelliert werden.
- Es mag jedoch Fälle geben, wo eine nicht-taxonomische Modellierung ohne Extensionen vorzuziehen ist.
- Der Standard ODMG-93 unterstützt sowohl ISA-Hierarchien als auch die Modellierung ohne Extensionen.
- Falls taxonomische Constraint-Vererbung nicht unterstützt wird (vgl. ODMG-93), muß man zu Ausweglösungen übergehen (vgl. Subtyping zwecks Generalisierung).

2.5 Übungen (online)

Die Übungen sind nur in der Online-Version verfügbar!

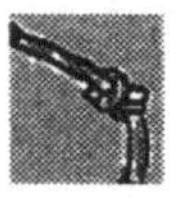

Übung

3. Der ODMG-93-Standard

Wichtige Standardisierungsbemühungen im Bereich objektorientierter (und verteilter) Systeme finden im Rahmen der *Object Management Group* (OMG) statt, in der über 500 Firmen und Institutionen vertreten sind.

Ziel der OMG ist die Definition eines *object request brokers*, der als Schnittstelle zwischen den Hard- und Softwarekomponenten verschiedener Hersteller dient und dessen Architektur in dem *CORBA* (Common Object Request Broker Architecture) genannten Vorschlag beschrieben ist. Das hierbei verwendete Objektmodell gliedert sich in ein *Kernmodell*, das von allen Beteiligten unterstützt wird, und mehreren *Profile*, die das Kernmodell kompatibel erweitern.

Die Entwickler und Hersteller von OODBS (z.B. O2, Objectivity, Ontos, Versant etc.) haben sich zu einer Untergruppe der OMG, der *Object Database Management Group (ODMG)* zusammengeschlossen. Diese Gruppe hat einen Standardisierungsvorschlag für OODBS, *ODMG-93*, erarbeitet. Er umfaßt

- ein Objektmodell, das ein Profil zum OMG-Kernmodell darstellt,
- eine Objektdefinitionssprache *ODL* (object definition language),
- eine deklarative Objektanfragesprache *OQL* (object query language), die sich an SQL orientiert,
- Anbindungen an die objektorientierten Programmiersprachen C++ und Smalltalk.

Der im Jahre 1993 verabschiedete Standard ODMG-93 [Cattell94] wird seit 1995 implementiert und derzeit von den kommerziellen OODBS mehr oder weniger unterstützt.

3.1 Datenbankmodellierung mit ODL

3.1.1 Das Objektmodell

Das Objektmodell von ODMG-93 ist wie folgt charakterisiert:

1. Das zentrale Konstrukt ist das *Objekt*, das mit einem OID ausgestattet ist. OIDs sind eindeutig innerhalb einer DB.

2. Einem Objekt kann ein *Typ* zugeordnet werden. Alle Objekte eines Typs haben die gleiche Struktur und das gleiche Verhalten.

3. Das Verhalten von Objekten wird durch *Operationen* festgelegt. Die Operationen sind durch *Signaturen* definiert; eine Signatur legt den Namen der Operationen, den Namen und Typ der Eingabeparameter und des Rückgabewerts fest.

4. Der Zustand eines Objekts wird definiert durch Werte für eine Menge von *Eigenschaften*. Eigenschaften sind *Attribute* und *Beziehungen* (Relationships) des Objekts zu anderen Objekten. Die Relationships sind binär und von der Kardinalität 1:1, 1:N oder M:N. Zu einer Relationship muß immer eine inverse Beziehung existieren.

5. Neben den Objekten gibt es auch Literale ohne OID und mit unveränderbarem Wert.

Im ODMG-93-Modell gibt es insgesamt eine Hierarchie folgender Typen und Klassen:

```
Denotable_Object
    Object
        Atomic_Object
            Type
            Exception
            Iterator
        Structured_Object
            Collection <T>
                Set <T>
                Bag <T>
                List <T>
                    String
                    Bit_String
                Array <T>
            Structure <e1:T1 ... en:Tn>
    Literal
        Atomic_Literal
            Integer
            Float
            Character
            Boolean
        Structured_Literal
            Immutable_Collection <T>
                Immutable_Set <T>
                Immutable_Bag <T>
                Immutable_List <T>
                    Immutable_String
                    Immutable_Bit_String
                Immutable_Array <T>
```

```
          Enumeration
        Immutable_Structure
              <el:T1 ... en:T>
          Date
          Time
          Timestamp
          Interval
Characteristic
     Property
         Attribute
         Relationship
     Operation
```

Bemerkung 63

Über den Typ `Type` ist Schemainformation zugänglich.

3.1.2 Die Objektdefinitionssprache ODL

Eine *Klasse* (*Interface*) ist im ODMG-93-Modell wie folgt zu verstehen:

- Eine Klasse ist eine Typspezifikation mit einer ihrer Implementierungen. Ein Typ kann auch als *transient* definiert werden.
- Klassenhierarchien einschließlich Mehrfachvererbung werden unterstützt.
- Die Verwaltung einer Extension (Extent) ist *optional*. Wird ein Extent definiert, so wird er vom DBS automatisch verwaltet.
- Die Extents realisieren eine Set-Inclusion-Semantik und definieren somit eine ISA-Beziehung.
- Wird die Option `extent` nicht angegeben, so hat der Anwendungsprogrammierer selbst entsprechend der verwendeten Vererbungssemantik Extensionen oder Basisextensionen nach Bedarf zu definieren und zu verwalten.
- Optional ist die Angabe benutzerdefinierter *Keys* möglich.
- Beziehungen zwischen Typen werden explizit behandelt und als binäre *Relationships* modelliert. Unterstützt werden die Funktionalitäten 1:1, 1:N und N:M.
- Implizite Part-of-Beziehungen sind über Referenztypen möglich.
- Referentielle Integrität wird überwacht und erzeugt bei Verletzung zur Laufzeit eine *Ausnahme* (*Exception*).
- Die Methodenimplementierungen sind nicht Teil des Objektmodells von ODMG-93. Sie werden in einer Host-Sprache wie C++, Smalltalk, O2C oder auch OQL vorgenommen.

Beispiel 64 (ODL)

Das folgende Beispiel zeigt die Modellierung des Beispiels 3 von Firmen, Zweigstellen, Angestellten und Leitern in der ODL von ODMG-93.

Zunächst sind in der folgenden Abbildung die Klassenhierarchie sowie die Klassenbeziehungen gemäß des ODMG-Vorschlags für eine graphische Notation modelliert.

Graphische ODL:

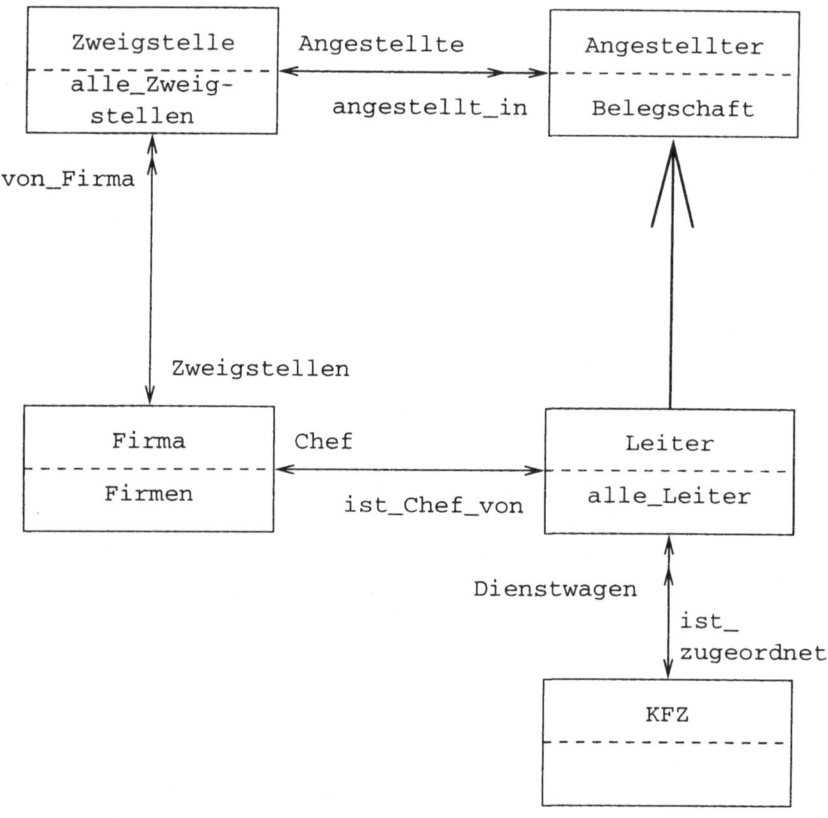

Die verwendeten graphischen Konstrukte haben folgende Bedeutung:

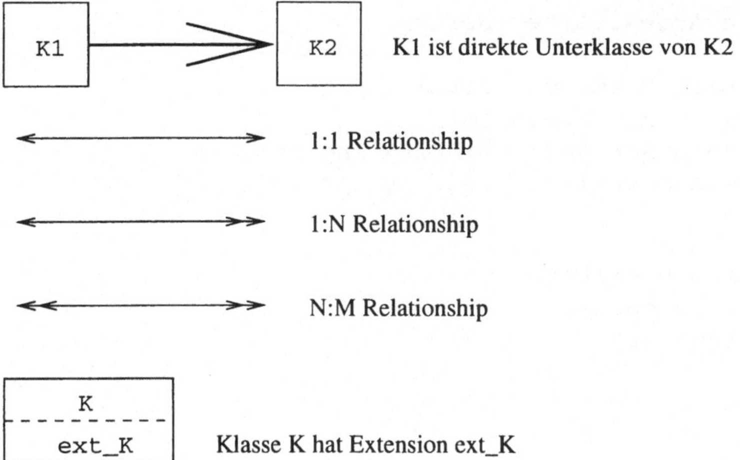

Bemerkung 65

Zusätzlich zu den Klassennamen haben wir in Erweiterung des Standards vorhandene Extensionen (extents) mit vermerkt.

Die textuelle Notation der Modellierung in der ODL von ODMG-93 ergibt sich nun wie folgt:

```
interface Firma
( extent Firmen,
  keys Firmenname )
{
  attribute String Firmenname;
  attribute Struct
    Adresse{String Strasse, String Ort}
    Hauptsitz;

  relationship Leiter Chef;
    inverse Leiter::ist_Chef_von;
  relationship List<Zweigstelle>
    Zweigstellen
    inverse Zweigstelle::von_Firma;
};

interface Zweigstelle
( extent alle_Zweigstellen,
  keys Zweigstname )
{
  attribute String Zweigstname;
  attribute [Strasse:String, Ort:String] Sitz;
```

```
  attribute Angestellter Leiter;

  relationship Firma von_Firma
    inverse Firma::Zweigstellen;
  relationship Set<Angestellter> Angestellte
    inverse Angestellter::angestellt_in;
};

interface Angestellter
( extent Belegschaft,
  keys PersonalNr )
{
  attribute String PersonalNr;
  attribute String Name;
  attribute String Vorname;
  attribute Integer Gehalt;

  relationship Niederlassung angestellt_in
    inverse Niederlassung::Angestellte;

  Integer Alter();
  void erhoehe_Gehalt
    (in Integer Gehaltserhoehung)
    raises (gehalt_zu_hoch)
};

interface Leiter : Angestellter
( extent alle_Leiter )
{
  relationship Firma ist_Chef_von
    inverse Firma::Chef;
  relationship KFZ Dienstwagen
    inverse KFZ::ist_zugeordnet;
};

interface KFZ
( keys Kennzeichen )
{
  attribute String Kennzeichen;
  attribute String Modell;
  attribute String Farbe;

  relationship Firma ist_zugeordnet
    inverse Leiter::Dienstwagen
}
```

Bemerkung 66

- Die Querymethode `Alter` hat die Signatur

  ```
  alter : Angestellter -> Integer
  ```

- Die Updatemethode `erhoehe_Gehalt` mit der Signatur

  ```
  erhoehe_Gehalt:
  Angestellter x Integer -> Void
  ```

  hat den *Eingabeparameter* `Gehaltserhoehung` und kann die *Ausnahme* `gehalt_zu_hoch` erwecken.

3.2 Anbindung an C++

Der Standard ODMG-93 enthält die Kopplung an kommerzielle objektorientierte Programmiersprachen (OOPLs). Hierzu gehören:

- ODMG/C++
- ODMG/Smalltalk

Aufgrund der Popularität der OOPL Java existiert seit kurzem (ODMG 2.0) auch eine Java-Kopplung:

- ODMG/Java

Die Vorteile solcher Kopplungen sind:

- Das Typsystem der OOPL kann direkt als Typsystem für das OODBS übernommen werden.
- OOPLs wie C++, Smalltalk oder Java sind berechnungsvollständig und können somit uneingeschränkt zur Methoden-Implementierung verwendet werden.
- Bereits vorhandene gelernte C++/Smalltalk/Java-Entwickler können mit vertretbarem Umschulungsaufwand für die DB-Entwicklung eingesetzt werden.
- Für die DB-Anwendungsentwicklung kann im Prinzip genau eine Programmiersprache verwendet werden, die *nahtlos* in die DB-Umgebung integriert ist.

Aus der im Standard spezifizierten Kopplung für C++ sei folgender Aspekt herausgegriffen:

Reines C++ kann nur transiente Objekte manipulieren. Es müssen also persistente Klassen sowie eine neue Zeigerart für persistente Objekte (*smart pointers*) eingeführt und implementiert werden.

Beispiel 67 (Persistente Klassen in ODMG/C++)
Die Deklaration der persistenten Klasse `Angestellter` in
ODMG/C++ lautet:

```
class
Angestellter : public Persistent_Object {
public:
    int         PersonalNr;
    String      Name;
    String      Vorname;
    int         Gehalt;


    Ref<Zweigstelle> angestellt_in
        inverse Zweigstelle::Angestellte;


    int     Alter();
    void    erhoehe_Gehalt
            (int Gehaltserhoehung);
};
```

Ein wesentlicher Aspekt der *Smart Pointers* in ODMG/C++ ist die systemseitige Gewährleistung der referentiellen Integrität, die in den folgenden Beispielen illustriert wird.

Beispiel 68 (Smart Pointer, 1:1-Relationship)

Gegeben seien folgende Klassendeklarationen:

```
class A {
    Ref<B> rb inverse B::ra;
};
class B {
    Ref<A> ra inverse A::rb;
};
```

In der Ausgangssituation existieren zwei Objekte a und b, die nicht in Beziehung zueinander stehen:

Die Erzeugung einer Referenz rb auf b durch den Programmierer löst automatisch die Erzeugung der inversen Referenz aus:

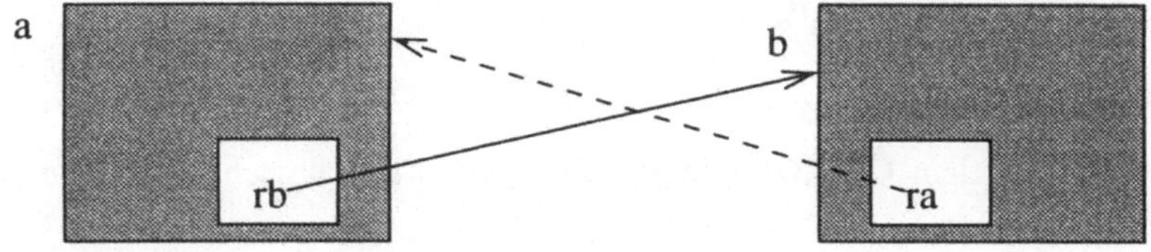

Die Modifikation der Referenz rb auf ein neues Objekt bb durch den Programmierer führt zu folgender Situation:

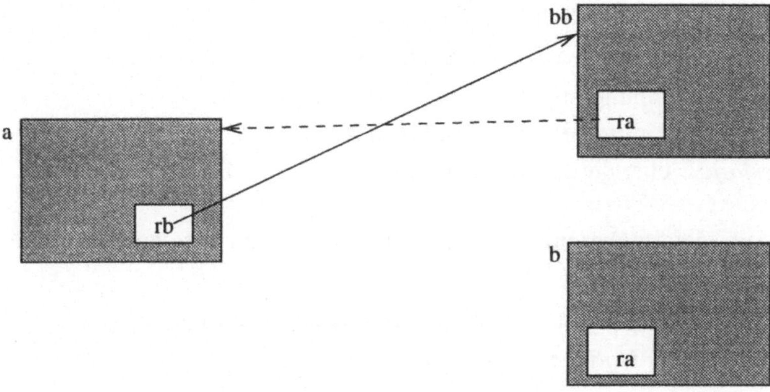

Bei allen Vorteilen bringt diese Art der Kopplung auch verschiedene Nachteile mit sich, z.B.:

- Natürlich erbt man alle Schwächen der verwendeten OOPL. In C++ etwa werden Extensionen grundsätzlich nicht unterstützt, d.h. der ODMG/C++-Entwickler ist selbst für die Verwaltung aller Extensionen verantwortlich (mit allen Konsequenzen der Vererbungssemantik).
- OOPLs wie C++, Smalltalk oder Java sind prozedurale Sprachen mit Einzelverarbeitung. Höhere Produktivität und Effizienz verspricht man sich aber im DB-Umfeld durch die Verwendung einer deklarativen, mengenorientierten Objekt-Querysprache (OQL).

3.3 Die deklarative Querysprache OQL

OQL (*Object Query Language*) ist die deklarative, mengenorientierte Querysprache der ODMG. Die genaue Spezifikation von OQL findet sich in [Cattell94].

3.3.1 Designprinzipien von OQL

Bei der Spezifikation von OQL wurden folgende Prinzipien verfolgt:

- OQL basiert auf dem ODMG-Objektmodell und ist syntaktisch an SQL angelehnt.
- Um das Optimierungsproblem in handhabbaren Dimensionen zu halten ist OQL als nicht berechnungsvollständig konzipiert.
  Analog zu SQL2 wird Rekursion derzeit in OQL nicht direkt unterstützt.
- Im Gegensatz zur nicht-orthogonalen Syntax von SQL ist OQL eine rein *funktionale* Sprache. Eine OQL-Query ist somit eine Funktion, die ein Objekt abliefern kann, dessen Typ dynamisch bestimmbar ist.
- OQL zeichnet sich durch zwei Besonderheiten aus:
  1. Die Anfrageformulierung ist auf zwei Arten möglich:
     - *Navigierend* mittels *Pfadausdrücken* in Richtung von ':1'-Relationships.
     - *Deklarativ* über die Extensionen von Klassen oder über mengenwertige Attribute.
  2. Die Anfrageformulierung kann Methodenaufrufe (mit passenden Ergebnistypen) beinhalten.

Eine derartige Flexibilisierung deklarativer Anfragen bringt natürlich auch zusätzliche Probleme bei der Optimierung mit sich.

3.3.2 Illustrierende Beispiele

Wir betrachten folgendes OODB-Schema in Anlehnung an [Cattell94].

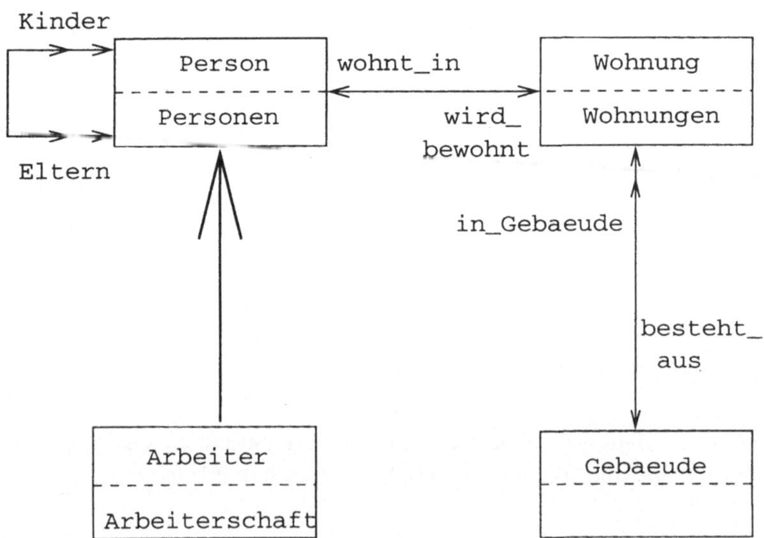

Zudem enthalte die Klasse `Gebaeude` ein Attribut `Anschrift` vom Typ:

```
Struct Adresse{String Strasse, String Ort}
```

Beispiel 69 (Pfadausdrücke)
Sei `p` eine Variable vom Typ `Person`, der bereits eine OID zugewiesen wurde.

Query 1: *In welcher Straße wohnt* `p`*?*

```
p.wohnt_in.in_Gebaeude.Anschrift.Strasse
```

Query 2: *Namen aller Kinder von* `p`*?*

Man beachte: Der Pfaddurchlauf mengenwertiger ':M'-Beziehungen (d.h. in Richtung der zweigespitzten Pfeile) ist **nicht** gestattet.
Statt dessen ist die folgende Lösung mit dem Ergebnistyp

```
Bag<String>
```

möglich:

```
SELECT k.Name
FROM k IN p.Kinder
```

Falls Duplikatelimination, d.h. ein Ergebnis vom Typ

```
Set<String>
```

gewünscht ist:

```
SELECT DISTINCT k.Name
FROM k IN p.Kinder
```

Query 3: *Alle Adressen von Kindern von Personen?*

Hierfür ist der Durchlauf zweier Mengen notwendig.

```
SELECT k.wohnt_in.in_Gebaeude.Anschrift
FROM p IN Personen, k IN p.Kinder
```

Der Ergebnistyp ist

```
Bag<Addresse>
```

Beispiel 70 (Selektionen)
Query 4:
Alle Adressen von Kindern von Personen, aber nur von Leuten, die in der Ludwigstraße wohnen, und mindestens vier Kinder haben, die nicht bei den Eltern wohnen?

```
SELECT k.wohnt_in.in_Gebaeude.Anschrift
FROM p IN Personen, k IN p.Kinder
WHERE
  p.wohnt_in.in_Gebaeude.Anschrift.Strasse =
  'Ludwigstrasse'
AND   count(p.Kinder) >= 4
AND   k.wohnt_in <> p.wohnt_in
```

Beispiel 71 (Joins)

Explizite Joins sind nur für „unerwartete", im DB-Schema nicht vordefinierte
Beziehungen notwendig.

Query 5:

Welche Leute haben den gleichen Namen wie die Straße, in der sie wohnen?

```
SELECT p
FROM p IN Personen,
        g IN (SELECT DISTINCT w.in_Gebaeude
             FROM w IN Wohnungen)
WHERE p.Name = g.Anschrift.Strasse
```

Beispiel 72 (Konstruktion komplexer Objekte)

Query 6: *Ermittle zu jeder Person deren Anschrift sowie die Namen und Anschriften
ihrer Kinder.*

```
SELECT struct(
       pe: p.Name,
       pe_Anschrift:
        p.wohnt_in.in_Gebaeude.Anschrift,
       pe_Kinder:
        (SELECT
           struct(
           ki_Name: c.Name,
           ki_Anschrift:
           k.wohnt_in.in_Gebaeude.Anschrift)
         FROM k IN p.Kinder))
FROM p IN Personen
```

Beispiel 73 (Methoden)

In OQL ist ein Methodenaufruf überall da erlaubt, wo der Ergebnistyp der Methode
dem erwarteten Typ der Query entspricht.

Query 7:

Alter des ältesten Kindes aller Personen mit dem Namen Paul?

```
max(SELECT p.Kinder.Alter
     FROM p in Personen
     WHERE p.Name='Paul')
```

Dabei sei `Alter` eine parameterlose Query-Methode der Klasse `Person`.

Beispiel 74 (Dynamisches Binden)

Sei `Aktivitaeten` eine Methode der Klasse `Person`, die für `Arbeiter` überschrieben wird. Wegen der Set-Inclusion Semantik der ISA-Hierarchie (alle in Frage kommenden Extensionen sind vorhanden) enthält die Extension `Personen` auch alle `Arbeiter`-Objekte:

```
SELECT p.Aktivitaeten
FROM   p IN Personen
```

Je nach Typ der Objektvariablen `p` (`Person` oder `Arbeiter`) erfolgt bei der Ausführung dieser Anfrage spätes Binden.

Für weitere Query-Funktionalitäten von OQL, z.B.

- `group by having`,
- Aggregation,
- explizite Quantoren: `forall, exists`

sei auf auf den Standard *ODMG-93* [Cattell94] verwiesen.

Bemerkung 75 (Updates)

Deklarative Updates (analog zu SQL) sind in OQL nicht möglich, sondern müssen prozedural über entsprechende Update-Methoden programmiert werden.

Nachdem wir nun ein Grundverständnis von OQL haben, möchten wir die Query aus Beispiel 2 nochmals aufgreifen.

Beispiel 76 (Firma, Pfadausdrücke)
Query 7:

„Wer ist der Firmenchef des Angestellten Rudi Rüssel und welchen Dienstwagen fährt er?"

Mit dem OQL-Schema aus Beispiel 64 ergibt sich nun folgende elegante Lösung:

```
SELECT struct(
        chef_Vorname: p.Vorname,
        chef_Name: p.Name,
        chef_Dienstwagen:
          p.Dienstwagen.Kennzeichen)
FROM p IN
     (SELECT a.angestellt_in.von_Firma.Chef
      FROM a IN Angestellter
      WHERE a.Vorname = 'Rudi'
        AND a.Nachname = 'Ruessel');
```

3.3.3 Eingebettetes OQL

Wir haben gesehen, wie OQL-Anfragen von Methodenaufrufen Gebrauch machten. Umgekehrt ist es jedoch auch möglich, OQL-Aufrufe in Methoden zu verwenden.

Wir betrachten die Einbettung von OQL am Beispiel von O2C, der Einbettung der OQL des Datenbanksystems O_2 in die Programmiersprache C:

- Die Einbettung einer OQL-Query geschieht mittels der Methode o2query.

- OQL-Queries sind parametrisierbar (Notation: $i).

Beispiel 77 (Rekursion in O2C)
Gegeben sei eine Klasse

```
interface Person
{
   attribute Set<Person> Eltern;
   .
   .
   .
}
```

Die Menge der Vorfahren zu einer Person kann durch folgende Anfrage berechnet werden:

```
method private
   Vorfahren: unique set(Person)
               in class Person;

method body Vorfahren:
   unique set(Person) in class Person {
    o2 unique set(Person) p;
    o2query(p,"flatten
               (SELECT DISTINCT
                   a->Vorfahren
                FROM a in $1)
                UNION $1",
            self->Eltern);
    return p;
   };
```

Bemerkung 78
- Da UNION eine Menge von Mengen liefert, wird die Operation flatten benötigt.
- Man vergleiche diese Lösung mit ESQL und Datalog.

3.4 Übungen (online)

Die Übungen sind nur in der Online-Version verfügbar!

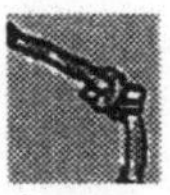

Übung

4. Implementierung

4.1 Verwaltung persistenter Objekte

In diesem Abschnitt betrachten wir Implementierungsverfahren zur persistenten Adressierung und Speicherung von Objekten. Gemäß ODMG gehen wir dabei von folgenden Annahmen aus:

- Die Persistenz ist *orthogonal* zu den Typen, d.h. Daten jeden Typs können persistent sein.
- Die Persistenz ist *transparent*, d.h. der Programmierer kann persistente und transiente Daten gleich behandeln.
- Die Persistenz ist *unabhängig* vom verwendeten Massenspeicher.

Die Festlegung, welche Daten persistent sind, kann erfolgen durch:

- Erreichbarkeit von einer persistenten Wurzel,
- Festlegung bei der Schemadeklaration,
- explizite Kommandos.

4.1.1 Realisierung von Objektidentifikatoren

Für persistente Daten gibt es zwei grundsätzliche Möglichkeiten, OIDs zu realisieren. Ein Objektidentifikator (OID) dient zur eindeutigen Identifikation eines Objekts während seiner Lebensdauer. Diese Haupteigenschaft von OIDs läßt aber noch verschiedene Realisierungsmöglichkeiten offen:

1. Ein OID heißt *invariant*, wenn er sich während der Lebensdauer des Objekts nicht ändert. Invariante OIDs erleichtern die Einhaltung der referentiellen Integrität.
2. Ein invarianter OID heißt *einmalig*, wenn er bei Beendigung der Lebensdauer seines Objekts nicht wiederverwendet werden darf. Einmalige OIDs haben vielerlei semantische Vorzüge.

Nicht-physische OIDs

Eine Möglichkeit bilden *total unabhängige OIDs*, die weder vom Sekundärspeicherplatz noch von der Klassenzugehörigkeit des Objekts abhängen.

Nachteile: Der Objektzugriff muß *indirekt* über eine *Objekttabelle* erfolgen, die Paare (nicht-physische OID, Adresse) enthält.

Vorteile: Objekte sind im Sekundärspeicher verschiebbar. Invariante und einmalige OIDs sind möglich.

Eine weitere Ausprägung bilden die *logischen* OIDs, in denen die Klassenzugehörigkeit eines Objekts fest kodiert ist. Während die Vor- und Nachteile analog zu total unabhängigen OIDs sind, muß bei logischen OIDs beachtet werden, daß eine eventuelle *Objektmigration* stark erschwert ist (z.B.: Student wird Assistent).

Physische OIDs

Beispiele für physische OIDs sind

- (Seiten#, Offset),
- (Gebiets#, Seiten#, Offset),
- Hauptspeicheradresse.

Nachteile: Das Verschieben der Objekte im Speicher ist stark erschwert, falls invariante oder einmalige OIDs realisiert werden sollen. Eine Lösung für dieses Problem sind etwa Vorwärtsverweise (vgl. Nachsendeauftrag an Post bei Umzug).

Vorteile: Beim Objektzugriff ist weniger Indirektion notwendig.

Die Länge von OIDs für persistente Objekte beträgt heute (außer bei Hauptspeicheradresse) typischerweise 64 Bits, d.h.

$$2^{64} = (2^{32})^2 \approx (4 * 10^9)^2$$

Objekte sind unterscheidbar.

4.1.2 Zugriff auf persistente Objekte

Für den Zugriff auf persistente Objekte existieren drei Ansätze:

- der plattenbasierte Ansatz,
- der hauptspeicherbasierte Ansatz und
- ein hybrider Ansatz aus beiden (pointer swizzling).

Natürlich sind diese Alternativen nicht völlig losgelöst von der Realisierung der OIDs zu sehen.

4.1.2.1 Der plattenbasierte Ansatz

Der Zugriff auf die Objekte erfolgt analog zu relationalen DBS über einen *Objekt-Cache*, der vom Cache Manager verwaltet wird.

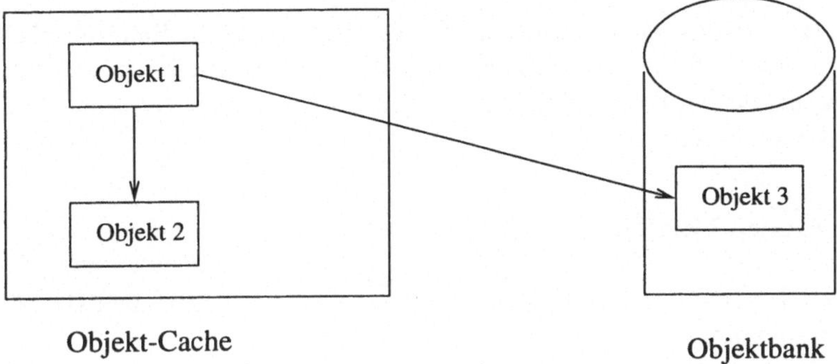

Nachteile: Der Zugriff auf Objekte, die sich bereits im Objekt-Cache befinden, ist infolge der Indirektion über die Objekt-Cache-Tabellen langsam. Dies kann besonders beim *Pointer Chasing* in Pfadausdrücken einen Performance-Verlust nach sich ziehen.

Vorteile: Das OODBS hat die vollständige Kontrolle darüber, welche Objekte im Hauptspeicher sind. Die DB-Cache-Verdrängungsstrategie kann somit maßgeschneidert für die Belange der Query-Auswertung oder der Transaktionsverarbeitung gewählt werden.

4.1.2.2 Der hauptspeicherbasierte Ansatz

Hier befinden sich alle Objekte im virtuellen Adreßraum. Als physische Adresse bzw. physische OIDs dienen Hauptspeicheradressen (heute meistens 32 Bit). Die Abbildung des virtuellen Speichers auf den Hintergrundspeicher wird, wie bei persistenten Programmiersprachen, dem Betriebssystem überlassen.

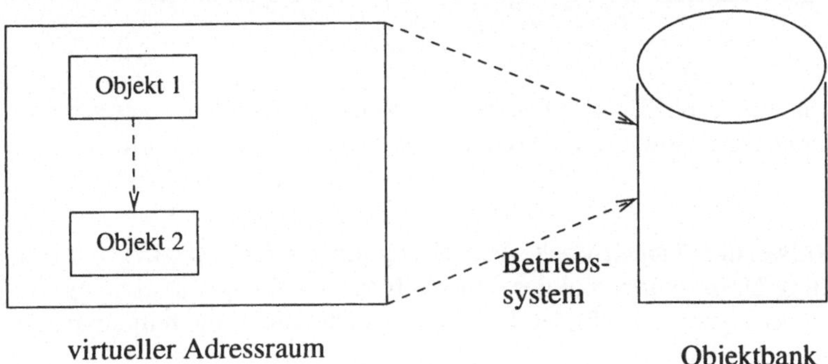

Vorteile: Schnelleres Pointer Chasing bei Objekten im Hauptspeicher, da keinerlei Pointer- oder Formatkonvertierung notwendig sind.

Nachteile: Das OODBS hat keine Kontrolle, welche Objekte im Hauptspeicher sind. Dies erschwert die Query-Optimierung und das Transaktionsmanagement. Zudem kann sich der virtuelle Adreßraum von 32-Bit als zu klein für sehr große OODBS-Anwendungen erweisen.

4.1.2.3 Das Pointer-Swizzling

Das OODBS führt eine *dynamische Konvertierung* zwischen Platten- und Hauptspeicheradressen durch:

- Verweise auf Objekte, die in den Hauptspeicher geladen werden, werden durch Hauptspeicheradressen ersetzt (*swizzling*).
- Verweise auf Objekte, die in den Plattenspeicher ausgelagert werden, werden durch nicht-physikalische OIDs oder Plattenadressen ersetzt (*unswizzling*).

Beim Swizzling/Unswizzling findet auch eine (aufwendige) Formatkonvertierung statt.

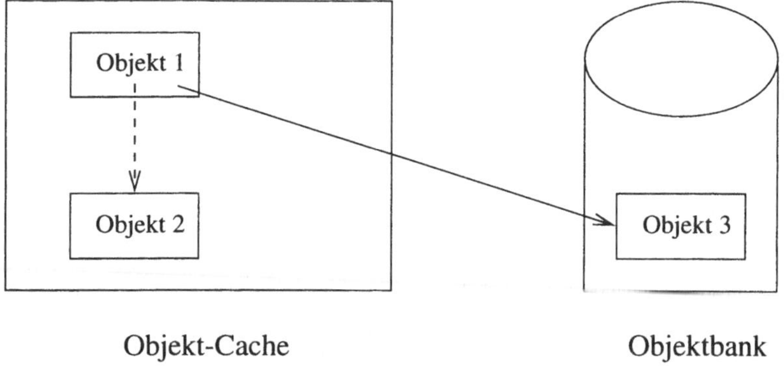

Vorteile: Schneller Zugriff auf Objekte im Objekt-Cache über *„geswizzelte"* Hauptspeicheradressen sowie eine vollständige Hauptspeicherkontrolle für das OODBS.

Nachteile: Aufwendige Objekt-Cache-Verwaltung infolge der zusätzlichen Tabelle mit Swizzling-Deskriptoren und des Aufwands für Swizzling/Unswizzling. Ein weiteres Optimierungsproblem bildet die Frage des Durchführungszeitpunktes für das Swizzling von Referenzen.

4.1.3 Speicherung komplexer Objekte

Die Wahl einer geeigneten Speicherstruktur für komplexe Objekte ist u.a. abhängig von

- den verfügbaren Typkonstruktoren (z.B. tuple, set, bag, list, ...),
- der Vererbungssemantik (mit/ohne Extentsionen bzw. Basisextensionen),
- dem Vorkommen *langer* Objekte (z.B. im GB-Bereich),
- dem Transaktions-/Query-Profil (Zugriff auf ganze Objekte oder auf Unterobjekte).

Im weiteren konzentrieren wir uns auf den Aspekt der Typkonstruktoren und stellen drei prinzipielle Speichermodelle vor. Die jeweiligen Vor- und Nachteile sollen am folgenden Beispiel demonstriert werden.

Beispiel 79 (Flug-DB)

```
Flug: [
    Flugnummer: String,
    Abflughafen: String,
    Flugangebot:
        { [ Datum: Date,
            Flugzeug: String,
            Crew: { Vorname: String } ] } ]
```

4.1.3.1 Direktes Speichermodell

Im direkten Speichermodell werden die Objekte als ganzes so gespeichert, wie sie vom Designer spezifiziert wurden:

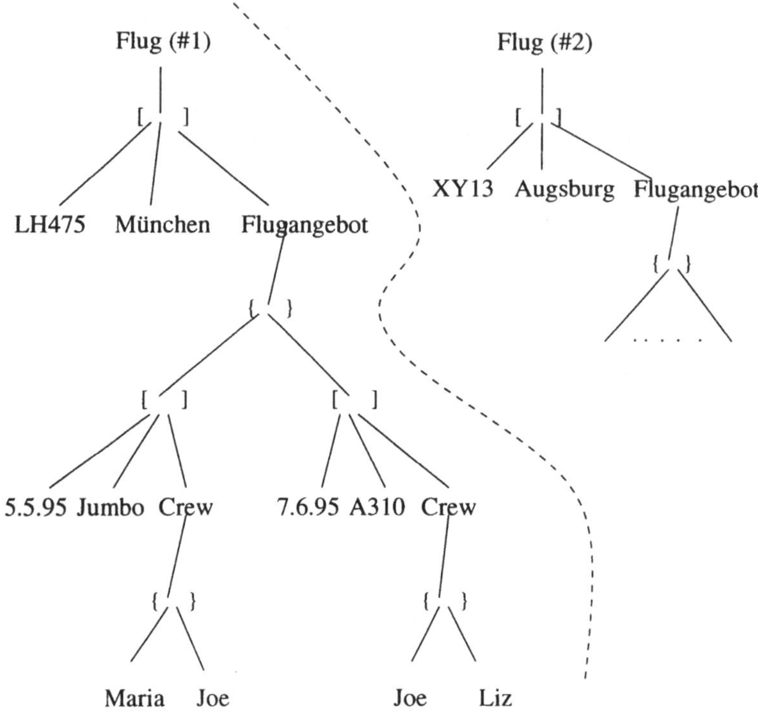

Vorteile:
Ein Zugriff ergibt das komplette Objekt („Garagenmetapher").

Nachteile:

- Bei Zugriff auf ein Teilobjekt muß das Gesamtobjekt geholt werden.
- Updates können zu Restrukturierung des Gesamtobjekts führen (z.B. bei speichersequentieller Ablage des Gesamtobjekts).

Bemerkung 80 („Garagenmetapher")
Ein beliebtes Verkaufsargument für OODBS ist wie folgt:

Wer würde schon beim Einparken in seine Garage (sprich Speichersystem) sein Auto (sprich komplexes Objekt) erst in alle Einzelteile zerlegen wollen, um dann beim Ausparken (sprich nächste Objektreferenz) dieses erst wieder mühsam zusammenzubauen.

4.1.3.2 Normalisiertes Speichermodell

Beim normalisierten Speichermodell werden die Objekte an den Stellen, an denen Mengen spezifiziert werden, in Relationen aufgebrochen:

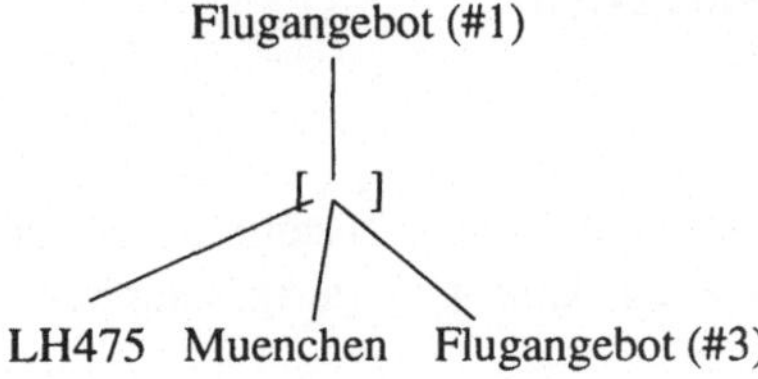

mit $\text{val}(\#3) = \{t1, t2\}$,

mit $\text{val}(\#5) = \{t4, t5\}$

und

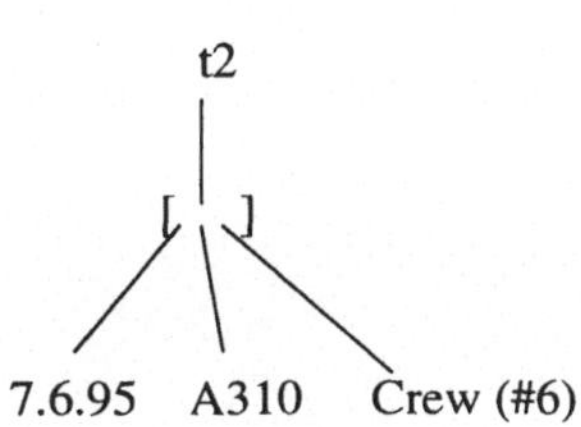

mit $\text{val}(\#6) = \{t5, t6\}$

Vorteile:

- Bei der Speicherung kann auf relationale Speichersubsysteme zurückgegriffen werden.
- Schneller Zugriff auf und Änderungen von Teilobjekten.

Nachteile:

- Das Gesamtobjekt muß bei Zugriff durch Join-Operationen zusammengesetzt werden, was durch Clustering beschleunigt werden kann („Garagenmetapher", Bemerkung 80).
- Zusätzlich werden interne OIDs für die Mengendarstellung benötigt.

4.1.3.3 Binäres Speichermodell

Beim binären Speichermodell stehen Attribute als Abbildungen von OIDs auf Werte im Mittelpunkt. OID/Wertepaare werden dabei in Relationen abgelegt:

Flugnummer-Rel	OID	Flugnummer
	O1	LH475
	O2	XY13

Abflughafen-Rel	OID	Abflughafen
	O1	München
	O2	Augsburg

Flugangebots-Rel	OID	Akt-Flug
	O1	t1
	O1	t2
	O2	t3

Flugdatum-Rel	OID	Datum
	t1	5.5.95
	t2	7.6.95

Flugzeug-Rel	OID	Flugzeug
	t1	Jumbo
	t2	A310

Crew-Rel	OID	Angestellte
	t1	t4
	t1	t5
	t2	t5
	t2	t6

Vorteile:

- flexibel für Schemaänderungen,
- schneller Zugriff auf atomare Teilobjekte.

Nachteile:
Das Gesamtobjekt muß sehr aufwendig zusammengesetzt werden.

Welches Speichermodell das beste ist, hängt stark von der Anwendung ab. Heutige OODBS unterstützen in der Regel nur das direkte Speichermodell. Wünschenswert wäre jedoch eine physische ODL, die die Auswahl des geeigneten Speichermodells abhängig vom Transaktionskonzept ermöglicht.

4.2 Client/Server-Architekturen

4.2.1 Das Client/Server-Konzept

Die Implementierung eines OODBS geschieht typischerweise gemäß der folgenden Schichtenarchitektur:

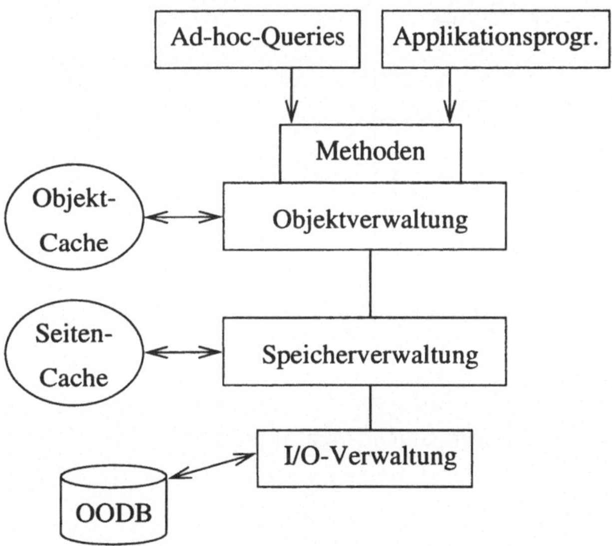

Da ein OODBS häufig im verteilten Umgebungen für Nichtstandardanwendungen eingesetzt wird, stellt sich die Frage nach einer geeigneten Aufgabenverteilung zwischen Clients und Server.

Aktuelle Entwicklungstendenzen der Rechnertechnologie spielen dabei eine zentrale Rolle:

- Rechenleistung wird i. allg. in den Clients, nicht im Server konzentriert sein.
- LAN-Übertragungsraten bilden keinen Engpaß mehr (FDDI: 100 MBit/sec, ATM noch mehr). Selbst WAN werden in Zukunft bei Datenautobahnen nicht der entscheidende Engpaß sein.
- Hingegen bleibt die sorgfältige Verwendung der Platten weiterhin kritisch! Zwar werden immer größere Kapazitäten im GByte-Bereich machbar, die Random-Zugriffszeit stagniert jedoch im Bereich von 5–10 ms.

Vor diesem Hintergrund stellen sich folgende Fragen:

- Was wird zwischen Client und Server übertragen?
- Wo werden Methoden, Queries, Locking ausgeführt?
- Wo wird Caching gemacht?
- Wo wird Indexing und Clustering durchgeführt?

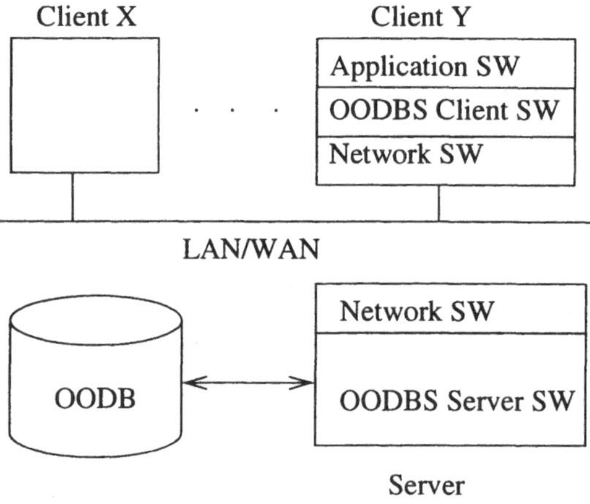

4.2.2 Architektur-Alternativen

Im folgenden Abbildungen wir „Manager„ durch „Mgr" abgekürzt.

Objekt-Server-Architektur

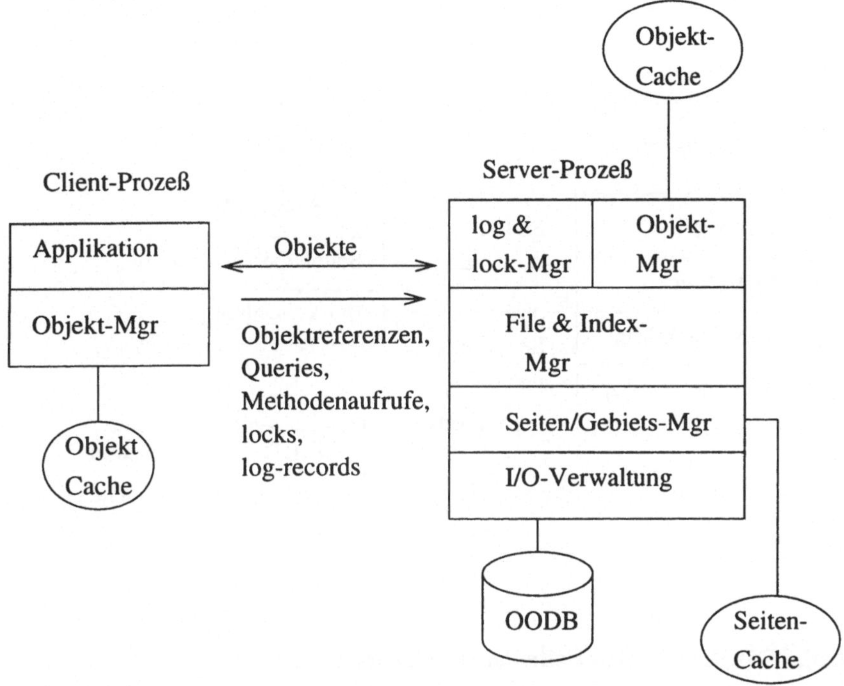

Methode: Der Server liefert **Objekte** an die Clients.

Vorteile:

- Methoden und Queries können sowohl auf dem Server als auch auf dem Client ausgeführt werden. Dies führt zu einer Lastbalancierung zwischen Client und Server. Weiterhin ist eine gute Ausnutzung des teuren Cache-Speichers möglich.
- Concurrency Control: Objektsperren sind leicht zu realisieren: Server und Clients sehen die gleiche Sperrgranularität.

Nachteile:

- Im Worst Case ist ein remote procedure call pro transferiertes Objekt auszuführen.
- Der Server muß das gesamte Objekt aufbauen und transferieren. Dies ist besonders schlecht bei großen Objekten.
- Die konsistente Verwaltung der verschiedenen Caches ist aufwendig.

Bemerkung 81

Das OODBS Versant implementiert eine Objekt-Server-Architektur.

Seiten-Server-Architektur

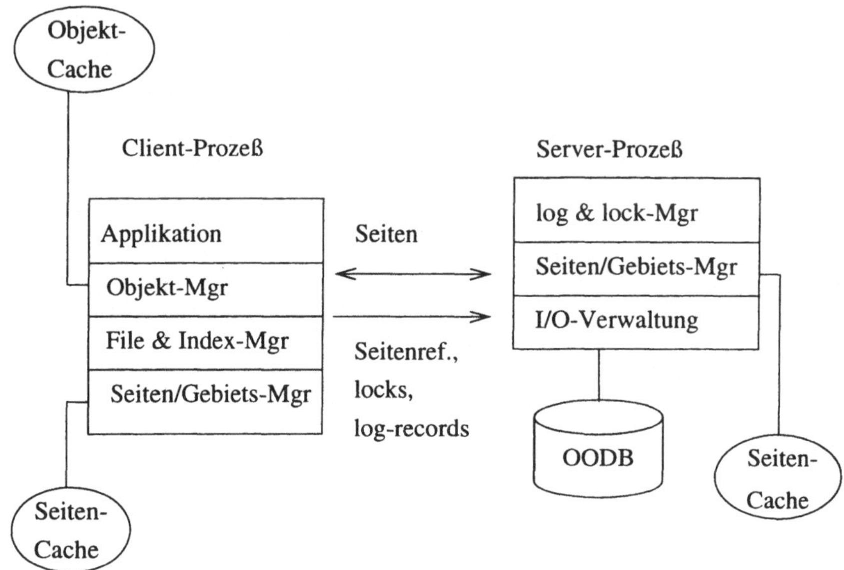

Methode: Der Server liefert **Seiten** an die Clients.

Vorteile:

- Reduktion der Serverlast (damit aber auch Replikation der Arbeit bei den Clients).
- Einfachere Implementierung des Servers (z.B. existierender Systemkern eines relationalen DBS).

Nachteile:

- Queryauswertung ohne Indexeinsatz kann sehr teuer werden.
- Realisierung von Objektsperren ist erschwert, da der Server nur Seiten kennt.
- Geringere Flexibilität bei der Lastverteilung, da die Methoden stets auf der Seite des Clients ausgeführt werden müssen.
- „Richtiges" Clustering auf dem Server ist sehr wesentlich.

Bemerkung 82
Die OODBS O2 und ObjectStore implementieren eine Seiten-Server-Architektur.

File-Server-Architektur

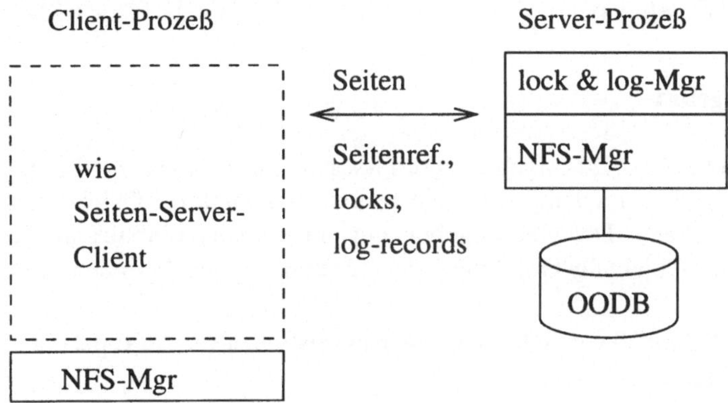

Vorteile/Nachteile: Wie Seiten-Server-Architektur.

Zusätzlicher Vorteil: Der Server ist noch einfacher zu implementieren, da im Betriebssystem vorhanden (NFS = Network File System).

Zusätzliche Nachteile:

- NFS-Schreibvorgänge sind sehr langsam.
- Kein Einfluß auf Clustering beim Server.
- Separate lock-Requests sind nötig (kann nicht mit NFS-Seitenrequest kombiniert werden).

Bemerkung 83

Das OODBS Objectivity implementiert eine File-Server-Architektur.

Bewertung der Architekturvarianten:

- Der File-Server hat die schlechteste Performanz.
- Objekt-Server vs. Seiten-Server: abhängig vom Transaktionsprofil und der Systemkonfiguration (wie groß können Caches eingerichtet werden? Ist gutes Indexing, Clustering erzielbar? Etc.).

4.3 Aspekte der Query-Optimierung

Aufgrund der Einschränkungen von SQL2 konnten wir die Query-Optimierung effizient auf die relationale Algebra abstützen. Für OQL ergeben sich jedoch zwei neue grundlegende Schwierigkeiten:

- Die komplexen Objekte bewirken eine Abkehr von den simplen 1NF-Relationen der relationalen Algebra.

- Durch die Zulassung von Methoden in OQL-Queries wird quasi für jede Klasse eine eigene Algebra definiert.

4.3.1 Eine NF2-Algebra

Dieser Abschnitt stellt eine NF^2-Algebra (Non First Normal Form, auch NF2 geschrieben) vor, die zur Beschreibung von nicht-rekursiven komplexen Objekte mit Baumstruktur dienen kann. Die NF2-Algebra gibt einen ersten Einblick in die Schwierigkeiten einer Objektalgebra, ohne jedoch Methoden oder Vererbung mit einzubeziehen.

NF2 weicht vom 1NF-Modell von SQL2 ab, indem es relationenwertige Tupel (aber keine Methoden) erlaubt.

Definition 84 (NF2-Schema)
1. $R = (A_1, \ldots, A_n)$ ist ein (flaches) NF2-Schema über den einfachen Attributen $A_1, \ldots, A_n$.
2. Seien $R_1, \ldots, R_m$ verschiedene NF2-Schemata und
   $A_1, \ldots, A_n$ einfache Attribute (alle beteiligten Attribute seien verschieden). Dann ist
$$R = (A_1, \ldots, A_n, R_1, \ldots, R_m)$$
   ein (geschachteltes) NF2- Schema.

Beispiel 85 (NF2-Schema)
Beispiele für NF2-Schemata sind $R_1 = (\mathtt{C}, \mathtt{D})$, $R = (\mathtt{A}, R_1, \mathtt{E})$.

4.3.1.1 Grundoperationen

Die fünf Grundoperationen der relationalen Algebra lassen sich kanonisch auf NF2-Relationen verallgemeinern.

Definition 86 (NF2-Projektion)
Sei $Y \subseteq \{A_1, \ldots, A_n, R_1, \ldots, R_m\}$. Dann wird die NF2-Projektion definiert als:

$$\pi_Y(r) := \{\mu[Y] \mid \mu \in r\}$$

Für die Duplikatelemination von komplexen Werte wird Tiefengleichheit verwendet.

Beispiel 87 (NF2-Projektion)
Wir betrachten die folgende NF2-Relation r und die Projektion $r' := \pi_{\mathtt{A,R1}}(r)$

r	A	$\frac{R1}{CD}$	E
1	1, 3		3
	1, 4		
1	1, 4		7
2	2, 3		3
	2, 5		
2	2, 5		4
	2, 5		

r'	A	$\frac{R1}{CD}$
1	1, 3	
	1, 4	
1	1, 4	
2	2, 3	
	2, 5	

Definition 88 (NF2-Selektion)

Sei r eine NF2-Relation. Dann ist die BF2-Selektion definiert als

$$\sigma_C(r) := \{\mu \in r \mid \mu \text{ erfüllt } C\}$$

Dabei ist C eine Selektionsbedingung folgender Gestalt:

- $A_i\ \theta\ \text{const},\ \theta \in \{=, \neq, >, >, \geq, \leq\}$
- $R_i \triangle r_j,\ \triangle \in \{=, \neq, \subset, \supset, \subseteq, \supseteq\}$
  wobei r_j eine Relationeninstanz von R_j ist.

Die Erweiterung auf boolesche Ausdrücke ist offensichtlich.

Beispiel 89 (NF2-Selektion)

Wir betrachten die folgende NF2-Relation r und die Selektion $r'' := \sigma_{R1 \subset \{(1,4),(1,3)\}}(r)$.

r	A	$\frac{R1}{CD}$	E
1	1, 3		3
	1, 4		
1	1, 4		7
2	2, 3		3
	2, 5		
2	2, 3		4
	2, 5		

r''	A	$\frac{R1}{CD}$	E
1	1, 4		7

Die NF2-Verallgemeinerungen von

- Vereinigung,
- Differenz und
- Kartesischem Produkt

sind offensichtlich.

Als essentiell neu kommen bei der NF2-Algebra die Operationen **nest** und **unnest** hinzu.

Nest erzeugt eine geschachtelte Relation aus einer flachen oder bereits geschachtelten Relation.

Definition 90 (NF2-Nest)

- Partition des Schemas:
  $N_1 := \{B_1, \ldots, B_k\}$ mit
  $B_i \in \{A_1, \ldots, A_n, R_1, \ldots, R_m\}$,
  $1 \leq i \leq k$, sind die zu schachtelnden Attribute.
  $N_2 := \{A_1, \ldots, A_n, R_1, \ldots, R_m\} \setminus N_1$ sind die zu gruppierenden Attribute.
- Die Schachtelung soll eine neue geschachtelte Teilrelation mit dem Namen R' ergeben: $R' = (B_1, \ldots, B_k)$

Der NF2-Nest ist dann definiert als

$$n_{R'=(B_1,\ldots,B_k)}(r) := \{\mu \mid \exists \nu \in r \mid \mu[N_2] = \nu[N_2] \wedge$$
$$\mu[N_1] = \{\varrho[N_1] \mid \varrho \in r \wedge$$
$$\varrho(N_2) = \mu(N_2)\}$$

Konstruktiv läßt sich die Nest-Operation wie folgt beschreiben:

1. Gruppiere r nach N_2.

2. Für jedes Tupel $\mu \in \pi_{N_2}(r)$ enthält das Nest-Ergebnis ein Tupel, das zusammengesetzt ist aus μ und

$$s = \{\varrho[N_1] \mid \varrho \in r \wedge \varrho[N_2] = \mu\}.$$

Beispiel 91 (NF2-Nest)

Sei q eine NF2-Relation. Die Anwendung der Nest-Operation $n_{R1=(C,D)}(q)$ ergibt die NF2-Relation r aus Beispiel 89.

q	A	C	D	E
	1	1	3	3
	1	1	4	3
	1	1	4	7
	2	2	3	3
	2	2	5	3
	2	2	5	4
	2	2	3	4

r	A	$\frac{R1}{CD}$	E
	1	1, 3 1, 4	3
	1	1, 4	7
	2	2, 3 2, 5	3
	2	2, 3 2, 5	4

Die Nest-Operation $r''' := n_{R2=(E)}(r)$ ergibt

r'''	A	$\frac{R1}{CD}$	$\frac{R2}{E}$
	1	1, 3 1, 4	3
	1	1, 4	7
	2	2, 3 2, 5	3 4

Achtung: Die Reihenfolge der Nest-Operationen ist wichtig! In unserem Beispiel (überzeugen Sie sich selbst) gilt:

$$n_{R1=(C,D)}(n_{R2=(E)}(q)) \neq n_{R2=(E)}(n_{R1=(C,D)}(q))$$

Unnest ist die „inverse" Operation zu *nest*, die eine geschachtelte Relation disaggregiert und „flacher" macht.

Definition 92 (NF2-Unnest („Flatten"))

$R_i = (B_1, \ldots, B_k)$ sei zu entschachteln,
N_1, N_2 seien wie bei der Definition von Nest definiert.
Dann ist die Nest-Operation definiert als

$$u_{R_i}(r) := \{\mu \mid \exists \nu \in r \mid \mu[N_2] = \nu[N_2] \wedge \\ \mu[N_1] \in \nu[N_1]\}$$

Konstruktiv läßt sich die Unnest-Operation wie folgt beschreiben:
Für jedes Tupel, bilde alle Kombinationen mit den R_i-Werten.

Beispiel 93 (NF2-Unnest)

Für die Relationen r und q aus Beispiel 91 erhält man: $u_{R_1}(r) = q$. Also:

$$q = u_{R_1}\left(n_{R_1=(C,D)}(q)\right).$$

Satz 94

1. Für alle NF2-Instanzen r über einem NF2-Schema gilt:

$$u_{R_i}\left(n_{R_i=(B_1,\ldots,B_k)}(r)\right) = r$$

2. Im allgemeinen gilt jedoch:

$$n_{R_i=(B_1,\ldots,B_k)}\left(u_{R_i}(r)\right) \neq r.$$

Beispiel 95 (Beispiel zu Satz 94)

Wir betrachten die NF2-Relation r über $R = (A, R1 = (B))$.

r	A	R1 / B
	6	3
		4
	6	4
		5

Die NF2-Relationen $r' := u_{R1}(r)$ und $r'' := n_{R1=(B)}(r')$ sind dann

r′	A	B
	6	3
	6	4
	6	5

r″	A	R1 / C
	6	3
		4
		5

Also: $r \neq r''$.

Bemerkung 96

Der Grund für diese Anomalie ist, daß B nicht funktional abhängig von A ist.

4.3.1.2 Implementierung

Jede NF2-Relation kann durch eine geeignete Folge von Unnests in eine 1NF-Relation transformiert werden. Dies eröffnet zwei prinzipielle Möglichkeiten zur NF2-Implementierung:

1. Neuimplementierung eines Objektspeichers und NF2-Optimierers von Grund auf.
2. Transformation einer NF2-Query in 1NF, dann standardmäßige Auswertung durch einen SQL2-Optimierer und schließlich Rücktransformation des Ergebnisses durch geeignete Nests in NF2-Format.

Einige Rechengesetze der NF2-Algebra

(a) $u_{R_i}(u_{R_j}(r)) = u_{R_j}(u_{R_i}(r))$

(b) Push Selection für eine Selektionsbedingung C, die weder R_i noch $B_1, \ldots, B_k$ betrifft:

- $n_{R_i=(B_1,\ldots,B_k)}(\sigma_C(r)) = \sigma_C(n_{R_i=(B_1,\ldots,B_k)}(r))$
- $u_{R_i}(\sigma_C(r)) = \sigma_C(u_{R_i}(r))$
- $\sigma_C(r) = u_{R_i}(\sigma_C(n_{R_i=(B_1,\ldots,B_k)}(r)))$

(c) Push Projection, $R_i = (B_1, \ldots, B_k)$:

- $u_{R_i}(\pi_{X,R_i}(r)) = \pi_{X,B_1,\ldots,B_k}(u_{R_i}(r))$

Bemerkung 97

Achtung: Push Projection gilt nicht für die Nest-Operation. Wir betrachten folgende NF2-Relation s

s	A	B	C
	6	3	1
	6	4	1
	6	4	2
	6	5	7

Die NF2-Relationen $r' := n_{R1=(B)}(\pi_{A,B}(s))$ und $s' := \pi_{A,R1}(n_{R1=(B)}(s))$ sind dann

r'	A	$\frac{R1}{B}$
	6	3
		4
		5

s'	A	$\frac{R1}{B}$
	6	3
		4
	6	4
	6	5

Also: $r' \neq s'$.

4.3.2 Erweiterbarer Query-Optimierer

Leistungsfähige Query-Optimierer für OODBS sind z.Z. noch Gegenstand der Forschung bzw. Erprobung. Neue Probleme resultieren für einen OQL-Optimierer im wesentlichen aus folgenden Punkten:

- komplexe Objekte als Typen,
- Methodenaufrufe in OQL,
- Mischung aus Pfadnavigation und Mengenverarbeitung.

Wir betrachten folgenden generischen `select-from-where`-Block von OQL:

```
SELECT [DISTINCT] E
FROM x₁ IN L₁, ..., xₙ IN Lₙ
WHERE F
```

Wir gehen von folgender operationellen Semantik von OQL aus (vgl. dazu die operationelle Semantik von SQL2):

1. Bilde das kartesische Produkt der Mengen $L_1, \dots, L_n$.
2. Filtere das Ergebnis von 1 mittels $\mathcal{F}$.
3. Wende $\mathcal{E}$ auf alle Elemente von 2. an.

Bei den Mengen L_i handelt es sich dabei um

- eine Extension,
- eine mengenwertige Relationship oder
- eine OQL-Subquery.

Beispiel 98 (OQL, Operatorbaum)

```
SELECT STRUCT (n: p.Name, a: p.Alter)
FROM p IN Persons
WHERE p.Alter >= 18
```

Darstellung als Operatorbaum

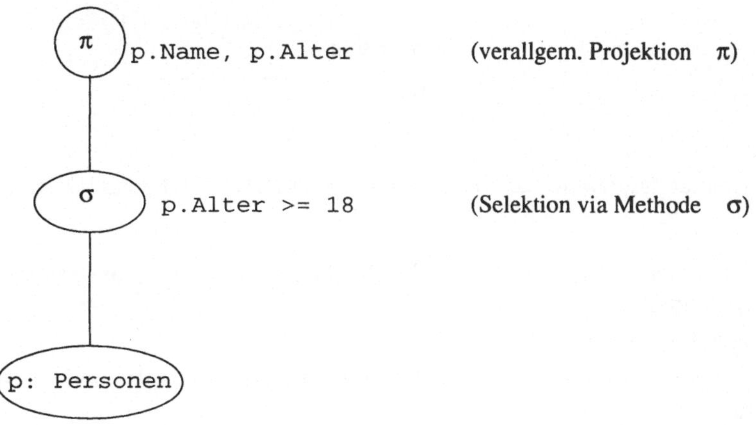

(verallgem. Projektion π)

(Selektion via Methode σ)

Die Schwierigkeiten der Optimierung sind:

- Was ist ein ausreichender Satz von Transformationsregeln, d.h. welche Rechengesetze gelten für die zugrundeliegende Objektalgebra (vgl. NF2-Rechengesetze)?
- Besonderer Knackpunkt („*Nightmare*"):
  Methoden kapseln Objekte, um Implementierungsaspekte zu isolieren. Damit hat aber der Query-Optimierer keine Anhaltspunkte mehr über:
  - algebraische Eigenschaften:
    Welche Transformationsregeln gelten für den Operatorbaum?
  - Kosten der Methodenausführung:
    Algorithmenauswahl für die Objektalgebra?
  - Die Verwendung spezieller Indexstrukturen ist erschwert:
    Wie sieht die Wartung solcher Indizes bei Update-Methoden aus?

Ziel der Forschung und Entwicklung muß ein **erweiterbarer Query-Optimierer** innerhalb eines **erweiterbaren** OODBS sein:

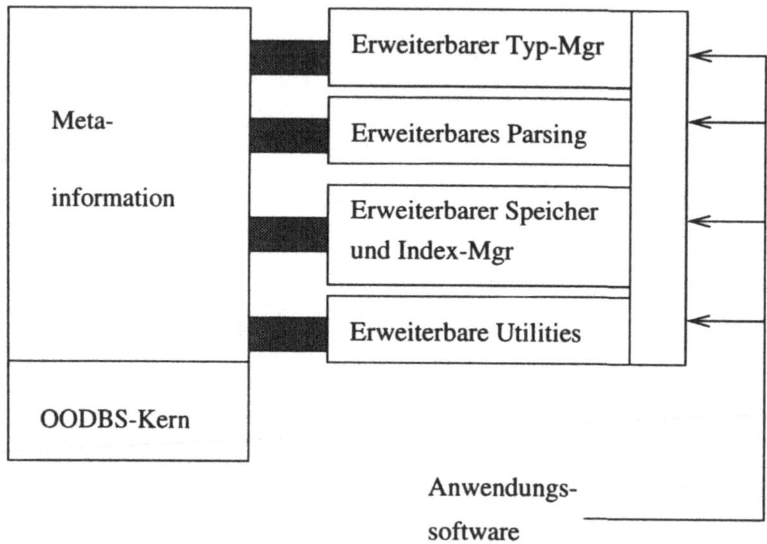

Spezielle Anwendungssoftware zur Erweiterung der OODBS-Funktionalität kann z.B. sein:

- wichtige Datentypen wie Text, geometrische Objekte, Zeitreihen, ...sowie spezielle Indexstrukturen,
- neue Aggregatsfunktionen,
- Bereitstellung von Kosten- und Selektivitätsinformation für Methoden und komplexe Datentypen.

Bemerkung 99
Erste erweiterbare Systeme ähnlicher Art findet man z.Z. erst bei den objektrelationalen Systemen (siehe auch [Stonebraker96]):

- „Datablades" im Universal Server von Informix,
- „Cartridges" im Universal Server Oracle/8.0,
- „Extenders" in DB2 Universal Database.

5. Objektrelationale Datenbanksysteme

5.1 Der Weg zu universellen DB-Systemen

Als Resümee der bisherigen Betrachtungen über den Stand heutiger DB-Technologie lassen sich grob folgende Schlüsse ziehen:

1. *Relationale SQL2-Systeme* zeichnen sich besonders durch ihre Zuverlässigkeit, Robustheit und Skalierbarkeit aus.
2. *Deduktive Datalog-Systeme* haben ihre Stärken in der Ausdruckskraft deklarativer regelbasierter Queries.
3. *Objektorientierte ODMG-Systeme* profilieren sich bei der Modellierung und softwaretechnischen Behandlung komplexer Nichtstandardanwendungen.

Die Kombination von (2) und (3) würde zu vollen „deduktiven und objektorientierten DB-Systemen (DOOD)" führen.

Merkregel:

DOOD-System = DedDBS + OODBS

Schließlich ergäbe die Kombination von DOOD-Systemen mit den Stärken von (1) in puncto Zuverlässigkeit, Robustheit und Skalierbarkeit die künftige Generation von **universellen DB-Systemen**. Von den drei möglichen Wegen zu universellen DB-Systemen, nämlich

- der Fortentwicklung von SQL2-Systemen,
- der Fortentwicklung von ODMG-93-Systemen oder
- einer vollständige Neuentwicklung,

scheint der erstere am schnellsten erfolgreich zu sein.

Grundlage dazu wird der *SQL3-Standard* (ab 1998?, ca. 1000 Seiten) sein, der relationale SQL2-Systeme aufwärtskompatibel zu **objektrelationalen DB-Systemen** erweitert.

Erste kommerzielle verfügbare objektrelationale DB-Systeme sind Oracle 8.0, der Universal Server von Informix sowie DB2 Universal Database von IBM.

5.2 Deduktive Erweiterungen in SQL3

SQL3 erlaubt die Formulierung rekursiver Views, jedoch begrenzt eingeschränkt auf *lineare Rekursion*. Damit lassen sich einfache „transitive Hüllenprobleme" (wie Erreichbarkeit in Graphen, Stücklistenprobleme) lösen.

Der Zugang zu Rekursion in SQL3 öffnet sich am leichtesten über Datalog.

Beispiel 100 (Transitive Hülle, Datalog)
Wir betrachten eine EDB-Relation

```
flug(Start, Ziel, Preis).
```

und interessieren uns für alle von Augsburg aus – evtl. mit Umsteigen – erreichbaren Städte.

```
erreichbar(Start, Ziel, Preis, 0) <-
    flug(Start, Ziel, Preis).


erreichbar(Start, Ziel, Preis, Umsteigen) <-
    erreichbar(Start, Stop, Preis1, Umsteigen1),
    flug(Stop, Ziel, Preis2),
    Preis = Preis1 + Preis2,
    Umsteigen = Umsteigen1 + 1.


? erreichbar(augsburg, Ziel, Preis, Umsteigen).
```

Bemerkung 101
- Wir haben schon bewußt die linear-rekursive Regel für `erreichbar` so formuliert, daß die Stelligkeitsregel für die Vertauschung der Selektion nach `Start=augsburg` und der Rekursion anwendbar ist.
- Problem: Terminierung bei zyklischen Flugdaten?

Aus dieser Datalog-Formulierung plus Optimierung gemäß der Stelligkeitsregel ist die äquivalente SQL3-Lösung direkt ablesbar. Die einzelnen Datalog-Regeln werden dabei in den T_P-Operator in SQL-Form übersetzt.

Beispiel 102 (Transitive Hülle, SQL3)
```
WITH RECURSIVE trans_erreichbar
    (Start, Ziel,Preis, Umsteigen) AS

    ((SELECT Start, Ziel, Preis, 0
      FROM    flug
      WHERE   Start = 'Augsburg')

     UNION ALL
```

```
  (SELECT  e.Start, f.Ziel,
           e.Preis + f.Preis,
           e.Umsteigen + 1
   FROM    trans_erreichbar e, flug f
   WHERE   e.Ziel = f.Start
     AND   e.Umsteigen < 4))

SELECT Ziel, Preis, Umsteigen
FROM trans_erreichbar;
```

Bemerkung 103

- Die Formel e.Umsteigen < 4 erzwingt die Terminierung.
- Man vergleiche diese SQL3-Lösung mit einer OQL-Lösung.

Fazit:

- Lineare Rekursion läßt sich in SQL3 deklarativ formulieren.
- Der Benutzer ist aber z.Z. selbst für Optimierung und Terminierung verantwortlich.

5.3 Objektorientierte Erweiterungen in SQL3

Die Kompatibilität von SQL2 mit SQL3 wird durch eine Verallgemeinerung des Relationenkonzepts erreicht:

- Abkehr von 1NF durch mengenwertige Attribute
- Relationen können auch Methoden haben (ADTs).
- Datentypen können in einer Vererbungshierarchie angeordnet werden.
- Relationeninstanzen (Extensionen) können in einer Hierarchie angeordnet werden.

5.3.1 Komplexe Datentypen

Umbenennung von Datentypen (Distinct Types)

```
CREATE DISTINCT TYPE cdn_dollar
       AS decimal(9,2)

CREATE DISTINCT TYPE us_dollar
       AS decimal(9,2)
```

SQL3 ist (wie SQL2) streng typisiert. Typkorrektheit ist mittels des CAST-Operators erzielbar.

Komplexe Datentypen

```
CREATE TYPE Adresse
( Strasse char(40),
  Stadt char(30),
  PLZ integer);
```

Komplexe Typkonstruktoren:

```
CREATE ROW TYPE Angestellter
( Id integer,
  Name varchar(30),
  Anschrift Adresse,
  Manager Ref(Angestellter),
  Projekte Set(Ref(Projekt)),
  Kinder List(Ref(Person)),
  Hobbies Set(varchar(20)));
```

Datentypen für große Objekte

- BLOB (Binary Large Object)
- CLOB (Character Large Object)

BLOB/CLOB-Objekte werden direkt vom DBS verwaltet und manipuliert (Funktionalität zur Volltextsuche, „Locator"-Funktionen).

5.3.2 Subtyping und Vererbung

Typenhierarchien

```
CREATE TYPE Form
(...
  Geometrie Blob (1M));

CREATE TYPE Linie UNDER Form
( ... );
```

Typen und Methoden

Methoden können Typen zugeordnet werden. Die Methodenimplementierung kann in SQL3, der prozeduralen Erweiterung SQL/PSM, gängigen 3GLs oder herstellerabhängigen 4GLs geschehen.

```
CREATE FUNCTION Lohnerhoehung
                (r Ref(Angestellter))
RETURNS decimal(8,2)
LANGUAGE SQL
...
;
```

Vererbung

- Subtypen erben sowohl Struktur (Attribute) als auch Verhalten (Funktionen) von den Supertypen.
- Mehrfachvererbung wird unterstützt.

Bemerkung 104

Gemäß unserem *formalen Modell* haben wir zwischen Objekten einer Klasse mit OIDs und Werten von Typen unterschieden.

Demnach stellt sich die Frage nach der Objektidentität eines Objekts für einen SQL3-Typ. Zur Zeit stehen folgende Optionen zur Auswahl:

- WITH OID VISIBLE
- WITH OID NOT VISIBLE
- WITHOUT OID

Ein SQL3-Typ ohne OID entspricht somit einem Typ mit Werten, ein SQL3-Typ mit OID (ob sichtbar oder nicht) hingegen einer Klasse.

Substituierbarkeit

Statt eines Objekts des Obertyps kann zur Laufzeit auch ein Objekt des Untertyps auftreten (was spätes Binden erfordert.)

```
CREATE TABLE Immobilien-Info
( Preis Geld,
  Besitzer char(30),
  Grundstueck Form),
  ...
);
```

Wir nehmen an, daß us_dollar und cdn_dollar als Untertypen des Typs Geld definiert seien.

```
INSERT INTO Immobilien_Info
VALUES (cdn_dollar (200000),
        'B.Black', Linie (...)),

SELECT Besitzer, Dollarbetrag(Preis)
FROM   Immobilien_Info
WHERE  Dollarbetrag(Preis) < us_dollar(300000);
```

5.3.3 Relationenhierarchien

Relationeninstanzen übernehmen in SQL3 die Rolle der Basisextensionen. Darüber hinaus besteht die Möglichkeit, ISA-Hierarchien mit Set-Inclusion-Semantik der Extensionen zu definieren.

```
CREATE TABLE Angestellte OF Angestelltern

CREATE TABLE alle_Leiter OF Leiter
       UNDER Angestellte
```

Mit diesen Deklarationen sollte SQL3 nun die Set-Inclusion-Semantik

$$alle\_Leiter \subseteq Angestellte$$

realisieren.

Abschließend sei festgehalten, daß analog zu ODMG-93 die Query-Formulierung in SQL3 das komplexe Datenmodell voll ausnützen kann (Pfadausdrücke, Methoden, mengenwertige Referenzen als Extensionen für deklarative Queries usw.).

5.4 Ausblick

5.4.1 Queries auf Bildinhalten

Ein schwieriges Problem, dessen Erforschung und Umsetzung in praktikable Softwarelösungen derzeit noch nicht abgeschlossen ist, stellt der Bereich *inhaltsabhängige Suche für Bilddatenbanken* dar. Als Beispiel diene der Ultimedia Manager von IBM. Sein Ansatz besteht darin, Farbbilder inhaltlich durch folgende *Features* charakterisieren zu können:

- Farbe
- Textur
- Form

Indizierung über die Farbe:
Eine Farbe C wird als Mischung der drei Grundfarben Rot (R), Grün (G) und Blau (B) aufgefaßt, wie dies bereits beim Farb-TV üblich ist. Man gelangt so zu

$$C = r \cdot R + g \cdot G + b \cdot B$$

Für jedes zu analysierende Bild erstellt das System auf diese Weise ein Farbhisto-
gramm, das als Suchfeature verwendbar ist. Spezielle *Feature-Indizes* können zur
Suchbeschleunigung eingesetzt werden.

Indizierung über die Textur:
Damit sind Eigenschaften wie Musterung, Kontrast oder bevorzugte Richtung eines
Bildes beschreibbar.

Indizierung über die Form:
Das Feature Form ist bei weitem das schwierigste. Formen können als zweidimen-
sionale ebene Kurven beispielsweise mittels einer Freihandzeichnung oder durch
Vorgabe eines Vergleichsbildes spezifiziert werden, woraus Parameterwerte wie
Fläche, Umfang, Exzentrizität etc. ermittelbar sind.

Zur Ermittlung der *ähnlichsten Bildtreffer (nearest neighbor search, ranked queries)* verwendet der Ultimedia Manager eine Entfernungsmetrik, die sich durch eine
Gewichtung der drei Features Farbe, Textur und Form festlegen läßt.

Bemerkung 105 (Entwicklungsstand)

- Derartige Bilddatenbanken sind erst in der Experimentierphase. Eine Verfeinerung der Bildinhaltsbeschreibung über die drei Features sowie der Entfernungs-
  matrix muß vermutlich abhängig von Anwendungsklassen geschehen.

- Eine Integration mit SQL3 ist sehr erstrebenswert.

5.4.2 Weitere Themen

Trotz der Fülle des Stoffs hat dieser Datenbankkurs folgende wichtigen Themenbe-
reiche nicht oder nur knapp behandeln können:

- aktive Datenbanksysteme, ECA-Regeln und Triggers (SQL3 enthält ein sehr
  mächtiges Triggerkonzept)
- temporale Datenbanksysteme, TSQL2
- räumliche Datenbanksysteme, Geo-Informationssysteme
- Multimedia-Datenbanksysteme, SQL/MM
- erweiterte Transaktionssysteme, Workflow-Management, CSCW-Systeme
- kooperative Datenbanksysteme, DB-Queries mit Präferenzen, Preference SQL

5.5 Übungen (online)

Die Übungen sind nur in der Online-Version verfügbar!

Übung

Literatur

[Heuer97]   A. Heuer. *Objektorientierte Datenbanken: Konzepte, Modelle, Standards und Systeme.* Addison Wesley Longman, 2. Aufl. 1997.

[Lausen96]   G. Lausen, G. Vossen. *Objekt-orientierte Datenbanken: Modelle und Sprachen.* Oldenbourg, 1996.

[Saake97]   G. Saake, I. Schmitt, C. Türker. *Objektdatenbanken: Konzepte, Sprachen, Architekturen.* International Thomson Publishing, 1997.

[Atkinson89]   M. Atkinson, F. Bancilhon, D. DeWitt, K. Dittrich, D. Maier, S. Zdonik. *The Object-Oriented Database System Manifesto.* Proceedings of the 1st International Conference on Deductive and Object-Oriented Databases, 1989.

[Bancilhon92]   F. Bancilhon, C. Delobel, P. Kanellakis (Hrsg.). *Building an Object-Oriented Database System: The Story of O_2.* Morgan Kaufmann, 1992.

[Cattell94]   R. Cattell (Hrsg.). *The Object Database Standard: ODMG-93.* Morgan Kaufmann, 1994.

[Kim90]   W. Kim. *Introduction to Object-Oriented Databases.* MIT Press, 1990.

[Stonebraker96] M. Stonebraker. *Object-Relational DBMSs.* Morgan Kaufman, 1996.

Springer und Umwelt

Als internationaler wissenschaftlicher Verlag sind wir uns unserer besonderen Verpflichtung der Umwelt gegenüber bewußt und beziehen umweltorientierte Grundsätze in Unternehmensentscheidungen mit ein. Von unseren Geschäftspartnern (Druckereien, Papierfabriken, Verpackungsherstellern usw.) verlangen wir, daß sie sowohl beim Herstellungsprozess selbst als auch beim Einsatz der zur Verwendung kommenden Materialien ökologische Gesichtspunkte berücksichtigen.

Das für dieses Buch verwendete Papier ist aus chlorfrei bzw. chlorarm hergestelltem Zellstoff gefertigt und im pH-Wert neutral.